Morir en la Edad Media

Los hechos y los sentimientos

Emilio Mitre

Morir en la Edad Media
Los hechos y los sentimientos

SEGUNDA EDICIÓN

CÁTEDRA
HISTORIA/SERIE MENOR

1.ª edición, 2019
2.ª edición, 2025

Ilustración de cubierta: *Triunfo de la Muerte,* de Andrea di Cione llamado Orcagna (1360). Detalle del Refectorio del Museo de la Santa Croce, Florencia
© Album / CM Dixon / Heritage-Images

Reservados todos los derechos. El contenido de esta obra está protegido por la Ley, que establece penas de prisión y/o multas, además de las correspondientes indemnizaciones por daños y perjuicios, para quienes reprodujeren, plagiaren, distribuyeren o comunicaren públicamente, en todo o en parte, una obra literaria, artística o científica, o su transformación, interpretación o ejecución artística fijada en cualquier tipo de soporte o comunicada a través de cualquier medio, sin la preceptiva autorización.

© Emilio Mitre, 2019, 2025
© Ediciones Cátedra (Grupo Anaya, S. A.), 2019, 2025
Valentín Beato, 21. 28037 Madrid
Depósito legal: M. 19.382-2019
I.S.B.N.: 978-84-376-4033-4
Printed in Spain

Índice

Introducción 13

Primera parte
LA ELABORACIÓN DE UN DISCURSO PARA LA MUERTE: UN MUNDO PARA LA METÁFORA Y LA POLISEMIA

Capítulo primero. El campo del medievalista a propósito de la muerte   21

    Un sumario recorrido por los perfiles historiográficos   22
    Alcance de ciertas figuras explotadas en el Medievo   27

Capítulo II. Para un primer acercamiento   31

    Las danzas de la muerte y su mensaje universal   31
    Un extendido *topos*   33
    Una especial muerte en la base de una religión   37

Capítulo III. Edades del mundo y edades del hombre   41

    Dos clásicos para la época medieval y su legado   41
    Los riesgos de la muerte (a): la *infantia*   44
    Los riesgos de la muerte (b): la *senectus*   49

Capítulo IV. Las asechanzas de la muerte: grandes fenómenos colectivos más allá de la edad de las gentes   57

    La peste y otras enfermedades   58
    Hambre y hambruna   62
    La guerra como fuerza activadora de la mortalidad   66
    Los despoblados: un fenómeno con diversas causas   67

Capítulo V. La muerte y su sentido acerbo 71

Algunos autores básicos 71
El pecado, causa de la muerte 73
De las construcciones teológicas a los sentimientos generalizados 77
La ambivalencia ante otras posibles consecuencias del pecado 80
La muerte y «las muertes» en el léxico medieval 83
Otra batería de definiciones para la muerte 85

Capítulo VI. La muerte medieval, más allá de un problema físico: el modelo de las elites sociales 89

El día de la muerte y su valoración asociativa 89
Proyección teológico-institucional y dimensión mesiánico-popular en la muerte del rey 95
Vida de la fama y memoria: ¿una construcción para minorías? 98
Recapitulando 101
¿Hacia un proyecto global de desdramatización de la muerte «primera»? 102

Capítulo VII. Figuras para esta vida terrenal 105

Exilio, tránsito y peregrinación en el mundo mortal 105
El desprecio del mundo, una recurrencia en la ascética y mística cristianas 111
La problemática suavización de una dicotomía 113
La muerte para un memorialista entre dos épocas. ¿Ocaso de la Edad Media o albores del Renacimiento? 117

Segunda parte
ENCARANDO LA MUERTE PRIMERA

Capítulo VIII. Pasos y gestos 121

Ritos de la sociedad cristiana para el momento de la muerte 122
El legado testamentario: carga material y carga moral 127
Enfermedades y medicinas de los cuerpos / enfermedades y medicinas de las almas 137
Armas del cuerpo y del espíritu 143
La *ultima unctio*, un sacramento para cerrar la *vida primera* 145
El morir como todo un arte 147
El ritual funerario 149
A modo de sumaria reflexión 154

Capítulo IX. El dormitorio de los muertos 155
    Para la ubicación de los sepulcros 157
    Panteones familiares y dinásticos (a): Inglaterra y Francia 161
    Panteones familiares y dinásticos (b): la España medieval 166
    Otras reflexiones para los enterramientos y la memoria (a): la realeza   172
    Otras reflexiones para los enterramientos y la memoria (b): el orden caballeresco 177

Tercera parte
ALEJÁNDOSE DE LA MUERTE PROPIA EN EL MEDIEVO

Capítulo X. *Subitanea mors* 185
    Líneas generales de una muerte imprevista 186
    Ejemplos notorios de muertes reales subitáneas 188
    En la frontera de lo subitáneo: inconsciencia y desidia ante la muerte en Enrique IV de Castilla 193

Capítulo XI. La muerte violenta y sus variantes (1): ¿un castigo adicional?   197
    De cara al homicidio: individual o colectivo 198
    El especial caso de la guerra 200
    El regicidio y otras formas de magnicidio... o tiranicidio 205
    Coadyuvante de la muerte violenta: la justicia vengadora de Dios 211
    La justicia humana en la administración de la muerte (a): algunos ejemplos esencialmente políticos 215
    La justicia humana en la administración de la muerte (b): la defensa de la pureza religiosa 221
    La muerte martirial (a): desde la ortodoxia religiosa 225
    La muerte martirial (b): figuraciones literarias y otras asimilaciones 230

Capítulo XII. La muerte violenta y sus variantes (2): veneno y suicidio   235
    El emponzoñamiento 235
    El suicidio en la cultura medieval y sus asimilaciones 240

Cuarta parte
MÁS ALLÁ DE LA MUERTE

Capítulo XIII. La muerte y los novísimos o postrimerías 251
    El credo niceno y la configuración de los novísimos: ¿una base para la esperanza? 252

Los novísimos y el lenguaje plástico medieval 254
Dos formas para el juicio: individual y universal 256
El infierno y sus varios significados 260
La gloria y sus imágenes 264
Purgatorio: la teología del tercer lugar 266
Y después de Dante 271
Para la divulgación de un más allá: viajes fantásticos y apariciones 274
El más allá: sus lagunas y la disidencia religiosa 278

Capítulo XIV. El discurso medieval de la muerte y nosotros 285

Desde el pasado: ¿modelos y contramodelos para el presente? 285
Muerte y recreación literaria 288
De la muerte real a la moral 294
Y... la vida eterna 296

Conclusión 301

Apéndice. Textos y documentos 305

Siglas 319

Bibliografía 321

Selección de fuentes primarias 321
Una orientación bibliográfica 328

¡Necio! Lo que tú siembras no recibe vida si primero no muere.

SAN PABLO, 1 Cor. 15, 36

Creyendo firmemente en la Santa Trinidad y en la Fe católica, e temiéndome de la muerte que es natural, de la qual ningún hombre puede escapar.

Del Testamento del rey Enrique III,
BAE, t. 68, pág. 264

Bienaventurado el que tiene siempre la hora de la muerte delante de sus ojos y se dispone cada día a morir.

TOMÁS DE KEMPIS,
Imitación de Cristo, lib. I, cap. XXIII, 2

Introducción

Desde el más común descreimiento, la negación de un más allá hace que la muerte conduzca al hombre a una suerte de eterna nada. Sin embargo, dado que nos encontramos ante el fenómeno más universal al que han tenido que enfrentarse todas las sociedades, es lógico que cada una de ellas haya tenido su particular forma de abordarla desde el humus religioso sobre el que se asiente.

El más cómodo y extendido recurso consiste en echar mano del Egipto faraónico como modelo de civilización preocupada por un más allá, con su Libro de los Muertos, su doctrina del peso de las almas (psicostasia) o su juicio de Osiris, que determinarán el lugar que en el más allá ocuparán los muertos en función de las virtudes y taras que hayan desarrollado. Ahora nos concierne, sin embargo, situarnos en un mundo más cercano del que, en distintos grados, seguimos siendo herederos. Un mundo que también se interrogó insistentemente sobre el sentido de la muerte y la posibilidad de un más allá después de la extinción física.

El teólogo G. Greshake recuerda que el mundo cristiano (del que el Occidente medieval será paradigma) hincó sus raíces en cuanto a filosofía de la muerte en tradiciones extraídas de la filosofía clásica y de la espiritualidad del mundo hebraico. Las primeras conciernen esencialmente al platonismo, que admite que en el hombre hay algo inmortal: su alma imperecedera, que no es afectada por la muerte del cuerpo. Por medio de ella el hombre participa de la vida eterna. Desde la óptica hebraico-veterotestamentaria la esperanza en un más allá de la muerte no se basa tanto en que algo sobreviva a esta, sino en que Dios vuelva a infundir su espíritu en el muerto, vuelva a darle vida y le resucite[1].

El cristianismo partió de una especial muerte a la que se dotaba de una marcada historicidad: la del verbo de Dios (único) encarnado, segunda persona de la Trinidad. Muerte seguida de resurrección que otorgaba a todos los seres humanos un camino a la esperanza más allá de este paso por el mundo. Los últimos artículos del símbolo de fe niceno-constantinopolitano (credo de Nicea en la expresión más común)[2] constituyen una valiosísima guía para entender lo que fue el discurso/modelo mediante el cual las autoridades espirituales de la Edad Media desearon ahormar al conjunto de la cristiandad. Un discurso con el que dar respuesta a las dudas y angustias de una sociedad castigada, además, por limitadas expectativas de vida que hacían clamar contra las frecuentes guerras, las enfermedades epidémicas o las recurrentes hambrunas.

En esencia, la Iglesia inspiraba a sus fieles la creencia en un tránsito entre un mundo terreno y perecedero y un más allá de premios o castigos —ambos eternos— según hubiera sido el comportamiento de cada cual en esta vida. Las artes plásticas y las fuentes literarias medievales, en el más amplio sentido que puede darse a ambas expresiones, constituyen importantes, aunque no únicos, instrumentos para trabajar sobre el tema.

Los mentores ideológicos de la época hablaban de un *arte de bien morir* que convenía fuera la culminación de otro *arte de bien vivir*. Se propiciaría, así, una suerte de muerte «canónica» que debería permitir una especie de doble perpetuación de la vida. En el más acá, a través de la memoria que el difunto haya sido capaz de dejar a los suyos. Y en el más allá, de acuerdo con el inapelable juicio de la

---

[1] G. Greshake, *Más fuertes que la muerte. Lectura esperanzada de los «novísimos»*, Santander, Sal Terrae, 1981, págs. 84-87.

[2] Cfr. I. Ortiz de Urbina, *Nicea y Constantinopla*, Vitoria, Eset, 1969.

divinidad, para eterna ventura, que sería el premio de los justos, por oposición a la eterna condenación que esperaba a los réprobos.

Sin embargo, el historiador no debe olvidar aquellas muertes, de las que han quedado multitud de testimonios, y que difícilmente se ajustarían a las normas fijadas por el aparato eclesiástico... o se ajustarían *contrario sensu,* pues pueden apreciarse como el castigo de la justicia divina a comportamientos inadecuados. Es la muerte que puede llegar sin aviso previo (la muerte súbita) o la muerte (súbita o no) muchas veces producto de la violencia. Estaríamos así lejos de las muertes serenas que la Iglesia ponía como modelo pero que, a su modo y manera, también podían resultar ejemplificantes por cuanto son el justo castigo para quienes no han vivido de acuerdo con las pautas morales exigidas. La infinita bondad de Dios se veía complementada por su inapelable justicia.

En todo caso —juicios de valor aparte— estas líneas maestras propiciarían la difusión de unas figuras que hacen de la visión de la muerte en el Medievo todo un reino de la metáfora. De ahí que —de acuerdo con el léxico difundido en la época— haya muertes en vida significadas en almas manchadas por graves pecados; pero también vidas (sobre todo una, la eterna) más allá de la muerte física.

Y de ahí, podríamos añadir, una derivada: la que marcan los contrastes que, desde nuestro siglo, podamos percibir entre la muerte real y la muerte «figurada».

La presente obra desea ajustarse a un cierto criterio actualizador, ampliador y sistematizador a propósito de un tema sobre el que el autor viene publicando trabajos desde hace casi treinta años.

Queremos destacar dos hechos complementarios que se reflejan de forma preferente en esta obra y que afectan de manera muy directa a los estudiosos españoles. El primero, la explotación de fuentes medievales redactadas en el ámbito peninsular ibérico, por lo general escasamente utilizadas por autores del otro lado de los Pirineos salvo la honorabilísima excepción de algunos hispanistas. Y, consecuencia de ello a su vez, el uso de numerosos trabajos en torno a la muerte surgidos en los últimos tiempos en los medios académicos (y culturales en general) del mundo hispánico, con una importante cuña al otro lado del Atlántico. Una consecuencia más de lo que hace ya años se definió como «normalización» de los estudios históricos en nuestro país. Y algo que reconoció un inolvidable historiador francés, el profesor Duby, quien situó al medievalismo español del presente a la misma altura que el de cualquier otro país[3]. Ni la España cristiana del Medievo ni el medievalismo español actual quedan al margen de la evolución que experimenta el conjunto del Occidente europeo.

El cristianismo tiene una historia que conviene conocer aunque solo sea por la intención de criticarla. Dentro de ella están, por supuesto, las visiones y sentimientos que, no solo desde el estamento eclesiástico, se han dado sobre el fenómeno más universal e ineluctable cual es la muerte. Es obligado reconocer, sin embargo, que la mayor parte de los testimonios a nuestra disposición proceden del mundo de los eclesiásticos y de los caballeros, que representan una minoría; cualificada, pero minoría a fin de cuentas. Sus, por lo general, ejemplares salidas de este mundo mortal acaban constituyendo modelos para el conjunto de la sociedad.

El libro va dividido en cuatro partes:

La primera la referimos a la construcción de un discurso para la muerte a lo largo del Medievo, plagado de metáforas y de una fuerte carga polisémica y en el que muy distintas expresiones vienen a rodear a la muerte. Y el vocablo «muerte», a su vez, puede designar distintas situaciones.

La segunda está dedicada a la preparación de una muerte cristiana, desde la redacción del testamento hasta el enterramiento, el papel de los discursos fúnebres y la importancia que los sepulcros y sus inscripciones tienen en la época.

La tercera parte se ocupa de aquellas muertes que, lejos de esa programada preparación, o bien son totalmente inesperadas (subitáneas, súbitas) o cortan violentamente el natural (aunque sea breve)

---

[3] G. Duby, *La historia continúa,* Madrid, Debate, 1992, pág. 138.

ciclo vital: las que son producto de homicidio (individual o colectivo), sentencia capital, envenenamiento, suicidio...

La cuarta parte aborda dos cuestiones. Por un lado, el mundo de ultratumba con los destinos que se otorgarán a las almas de acuerdo con lo que en la terminología cristiana se denomina novísimos o postrimerías: la muerte y después de ella el juicio y el infierno y/o la gloria. Por otro, lo que el particular lenguaje del Medievo ha legado a nuestros días.

En toda introducción a una obra de esta naturaleza el autor suele dedicar un apartado de agradecimiento a todos aquellos que la hicieron posible. Me remito para ello a la relación de autores que figuran en el apéndice bibliográfico y a los que, omitidos en él, son citados solamente en las notas a pie de página. Entre ellos hay compañeros, colegas y maestros en la distancia. Muchos de estos últimos, tras su peregrinar por este mundo, dieron ya su salto hacia el más allá. De todos ellos, en mayor o menor grado, estas páginas son deudoras.

Ediciones Cátedra se hace, por supuesto, merecedora a todo mi agradecimiento. No es la primera vez que ha tenido la amabilidad de dar acogida en sus fondos a obras de mi autoría.

Primera parte

*La elaboración de un discurso
para la muerte: un mundo para la metáfora
y la polisemia*

Capítulo primero

El campo del medievalista a propósito de la muerte

La muerte, como realidad siempre presente en el mundo, ha suscitado reacciones diversas. Muchas veces han primado los sentimientos de impotencia, pesimismo o resignación; pero también se han provocado estímulos para que el hombre se haga preguntas trascendentes sobre lo más profundo de su ser[1].

Uno de los textos más importantes emanados del Concilio Vaticano II decía en relación con la muerte: «El máximo enigma de la vida humana es la muerte. El hombre sufre con el dolor y con la disolución progresiva del cuerpo. Pero su máximo tormento es el temor por la desaparición perpetua»[2].

Puede resultar interesante, así, contrastar estas palabras con otras escritas desde ópticas no confesionales pero profundamente interesadas también por este universal e irrevocable hecho. A título de ejemplo, la afirmación de que, siendo la muerte un misterio, «es

---

[1] G. Pons, *El más allá en los padres de la Iglesia,* Madrid, Ciudad Nueva, 2001, pág. 31.

[2] «Constitución *Gaudium et Spes* sobre la Iglesia en el mundo actual (7 de diciembre de 1965)», primera parte, cap. I, 18; recogido en *Ocho grandes mensajes,* J. Iribarren, J. L. Gutiérrez y E. Benavent (eds.), Madrid, BAC, 1977, pág. 403.

la condición de la vida en tanto que esta, paradójicamente, es negación de esta vida»[3]. En cualquier caso estamos ante reflexiones que dan un extraordinario juego a estudiosos del más dispar signo.

Un sumario recorrido por los perfiles historiográficos

Refiriéndose al mundo de los historiadores, algún autor afirmó hace ya algunos años que la muerte semejaba «un jardín francés cultivado especialmente por modernistas»[4]. Entre ellos algunos merecerían especial mención. Ph. Ariès, M. Vovelle, P. Chaunu...[5]. Se corría el riesgo, sin embargo, de dejar de lado a otros autores que o bien ya habían cultivado ese jardín fijando su atención en la Edad Media, aunque sus intereses desbordaran los límites de esta época: casos como los de Émile Mâle[6], Johan Huizinga[7] o Alberto Tenenti[8], o bien se fijaron en los mundos del más allá en obvia relación con la muerte: caso de Howard R. Patch, con una obra en la que se hacía gala de una notable erudición[9]. Hoy día nadie pone en cuestión que

---

[3] V. Jankelevitch, *La mort,* París, Flammarion, 1977, pág. 449.

[4] M. Vovelle, «Encore la mort: un peu plus qu'une mode?», *AESC,* 1982, pág. 277.

[5] Especialmente Ph. Ariès, *Essais sur l'histoire de la mort en Occident du Moyen Âge à nos jours,* París, Seuil, 1975 (recopilación de trabajos publicados entre 1966 y 1975), o *L'homme devant la mort,* París, Seuil, 1977; y el propio M. Vovelle, *La mort et l'Occident de 1300 à nos jours,* París, Gallimard, 1983. Sobre espacios más concretos, cfr. entre otros F. Lebrun, *Les hommes et la mort en Anjou aux XVII et XVII siècles,* París, 1971, o P. Chaunu, *La mort à Paris. XVI, XVII, XVIII siècles,* París, Fayard, 1978. Consideraciones sobre el papel de algunos de estos autores se recogen en A. J. Gurevic, «Au Moyen Âge: Conscience individuelle et image de l'au-delà», *AESC,* 1982, págs. 255-275.

[6] É. Mâle, *L'art religieux de la fin du Moyen Âge en France,* París, Librairie Armand Colin, 1908.

[7] Véanse algunos capítulos de J. Huizinga, *El otoño de la Edad Media,* cuya primera versión neerlandesa arranca de 1919 (múltiples ediciones en diferentes lenguas incluida el castellano; citaremos por la de Madrid, Alianza Editorial, 1961).

[8] A. Tenenti con algunos títulos como *La vie et la mort à travers l'art du XV siècle,* Cahiers des Annales, París, Librairie Armand Colin, 1952.

[9] H. R. Patch, *El otro mundo en la literatura medieval,* México, FCE, 1956 (primera edición en inglés de 1950).

la muerte constituya un tema de primer orden para los historiadores en general y los medievalistas en particular.

Sigue vigente la afirmación lanzada hace cuarenta años por J. Le Goff: «La muerte está de moda»[10]. Aunque toda fecha puede tener un valor relativo, el coloquio celebrado en Estrasburgo en 1975[11] pudo marcar un hito para la entrada (de lleno) de los medievalistas en ese terreno. O, al menos, para adquirir avales suficientes para su reconocimiento. Para calibrar ese giro cabría recordar las diferencias de criterio marcadas por dos excelentes diccionarios franceses dedicados al mundo de la historia. Uno, aparecido en 1978[12], no recogió aún artículos específicos dedicados a la muerte... aunque remitiera a otros varios (demografía histórica, equipo mental, larga duración o mentalidades) que permitían bucear en la más inexorable de las realidades. Otro diccionario, posterior en casi veinte años[13], dedicó ya un artículo específico al tema de la muerte[14], a cuyo estudio, por ende, se reconocía una indudable autonomía.

¿Qué decir del medievalismo ibérico a propósito de esta cuestión? Para el mundo académico portugués, M. A. Beirante aseveró a principios de los ochenta del pasado siglo: «Está por hacerse la Historia de la muerte en Portugal»[15]. Para el caso español (con una

---

[10] Recogido por D. Alexandre-Bidon, *La mort au Moyen Âge, XIII-XVI siècle*, París, Hachette, 1998, pág. 7.
[11] *La mort au Moyen Âge*, Colloque de la Société des Historiens Médiévistes de l'Enseignement Supérieur Publique, Estrasburgo, junio de 1975 (introducción de B. Guillemain, prefacio de P. Chaunu y conclusiones de F. Thiriet), Colmar, 1977.
[12] J. Le Goff, R. Chartier y J. Revel (dirs.), *La Nouvelle Histoire (Les Encyclopédies du savoir moderne)*, París, Retz-CEPL, 1978 (ed. española de 1988).
[13] J. Le Goff y J.-C. Schmitt (comps.), *Diccionario razonado del Occidente medieval*, Madrid, Akal, 2003, sobre la edición francesa de 1999.
[14] M. Lauwers, voz «Muerte/muertos», *ibíd.*, págs. 577-588.
[15] M. A. Beirante, «Para a história da morte em Portugal (séc. XII-XIV)», en *Estudos de História de Portugal. Volume I. Seculos X-XV. Homenagem a A. H. de Oliveira Marques*, Lisboa, Estampa, 1982, pág. 359.

especial prolongación al otro lado del Atlántico)[16] tuvo su importancia el encuentro de medievalistas celebrado en Barcelona en el verano de 1985[17], y al que uno de los organizadores —el profesor Claramunt— tuvo la deferencia de invitarme. Hasta esa fecha apenas había abordado en mis trabajos el tema de la muerte con esa autonomía a la que acabo de referirme[18]. Pero a partir de entonces el interés que tomé —o ¿me hicieron tomar?— por él no ha sido menor. Ha sido hacia los aspectos ideológicos hacia los que he manifestado mayor atención; así el lector podrá comprobarlo a través del aparato crítico que acompaña a estas páginas y de la relación bibliográfica final. Ideológicos o ¿mentales? Opto por la primera expresión, ya que me he venido refiriendo en especial a discursos construidos en buena medida desde (y para) las elites. Las mentalidades, aunque se inscriban en el campo de las ideologías, constituyen su nivel inferior, lo que, según M. Vovelle, «permanece muy enterrado en el nivel de las motivaciones inconscientes»[19].

---

[16] Cfr. para ello el útil y amplio artículo de una profesora chilena que facilita una panorámica de lo que fue el trance supremo en época medieval. El trabajo se articula en dos partes (La idea de la muerte y El tiempo de la muerte) y se basa, sobre todo, en el manejo de algunas recientes publicaciones sobre la cuestión. Ana Luisa Haindl Ugarte, «La muerte en la Edad Media», *Historias del Orbis Terrarum*, 2009, págs. 106-206; http://www.orbisterrarum.cl.

[17] *La muerte en la Edad Media*, XIII Semana de Estudios Medievales, Barcelona, 1985.

[18] Mi intervención en esa semana llevó el título de «La preparación ante la muerte en torno a 1300 (algunos elementos configuradores del *Ars moriendi* en Occidente)» y fue publicada en la revista *Acta Mediaevalia*, 1986-1987. Se insertó luego como uno de los capítulos de mi primera publicación de cierta entidad en torno al tema: E. Mitre, *La muerte vencida. Imágenes e historia en el Occidente medieval (1200-1348)*, Madrid, Encuentro, 1988, págs. 89-130. Transcurrido un tercio de siglo, el contenido de este libro requiere hoy en día una revisión a la que, parcialmente, procedemos ahora con estas páginas.

[19] M. Vovelle, «Ideologías y mentalidades, una clarificación necesaria», introducción a *Ideologías y mentalidades*, Barcelona, Ariel, 1985, pág. 15. A. Guiance ha establecido la frontera entre ideología y mentalidad en función de la mayor (ideología) o menor (mentalidad) sistematización articuladora de los discursos. «La muerte del santo en la obra de Gonzalo de Berceo (modelos ideológicos y creencias

Los años transcurridos entre ese 1985 y el momento actual han discurrido para mí *(¡tempus fugit!)* con una progresión que podría decirse acelerada. Son, sin embargo, muchos años. Hasta el punto de que un elevado número de los actuales miembros del *gremio* de medievalistas españoles se ha incorporado a él durante ese lapso de tiempo. Y más de uno, habría que añadir, se ha visto atraído por el tema que ahora (de nuevo) abordo. Sería una manifestación más del alineamiento del medievalismo español con las grandes corrientes del medievalismo mundial[20]. Esa situación, en mi caso, se ha reflejado en el requerimiento en más de una docena de ocasiones para disertar o escribir sobre el tema de la muerte en la Edad Media. Una circunstancia que acaba por otorgarle a uno el oficioso título de especialista en la materia[21]. La, por ahora, última oportunidad de ex-

---

populares)», en G. Godoy y E. Horcajo (comps.), *La muerte en la cultura (Ensayos históricos)*, Rosario, UNR Editora, 1993, pág. 128.

[20] Útiles son algunas visiones que se han dado, desde el mundo hispanoparlante (o desde el hispanismo), en torno a la muerte en la Edad Media. Así: A. Guiance, *Muertes medievales. Mentalidades medievales. Un estado de la cuestión sobre la historia de la muerte en la Edad Media*, Temas y testimonios 2, Buenos Aires, Facultad de Filosofía y Letras, 1989; J. Aurell, «Introducción. La transversalidad de la historia de la muerte en la Edad Media», en J. Aurell y J. Pavón (eds.), *Ante la muerte. Actitudes, espacios y formas en la España medieval*, Pamplona, EUNSA, 2002, págs. 9-26, o J. Pavón, «Los testimonios históricos e historiográficos», en J. Pavón y M. Á. García de la Borbolla, *Morir en la Edad Media. La muerte en la Navarra medieval*, Valencia, Universitat de València, 2007, págs. 213-284. Para la Corona de Castilla en los siglos finales del Medievo contamos con una útil, aunque escasamente difundida, obra, a la que nos remitiremos en distintas ocasiones: la de F. Martínez Gil, *La muerte vivida. Muerte y sociedad en Castilla durante en la Baja Edad Media*, Toledo, Diputación Provincial, 1996. También de este mismo autor, y referida a un período posterior, es *Muerte y sociedad en la España de los Austrias*, Madrid, Siglo XXI, 1993.

[21] He de agradecer al profesor D. Baloup que me considere una especie de pionero en España de los estudios sobre la historia de la muerte en la Edad Media. Véase su «La mort au Moyen Âge (France et Espagne): Un bilan historiographique», en C. González Mínguez e I. Bazán (eds.), *El discurso legal ante la muerte durante la Edad Media en el nordeste peninsular*, Vitoria, Universidad del País Vasco, 2006, pág. 25. Esta obra se prolongó en otra con los mismos coordinadores: la primera mitad dedicada a estudios de algunos medievalistas, y la segunda, a la transcripción de sesenta y cinco piezas documentales: *La muerte en el nordeste de*

presarme vino hace pocos años con motivo del VIII Seminario multidisciplinar organizado por el Departamento de Historia Medieval de la Universidad Complutense[22]. En ese momento me correspondió exponer la lección inicial bajo el título «En el reino de la metáfora y la polisemia: la muerte en el Medievo como clave de los novísimos», cuestión que, con las correspondientes ampliaciones y actualizaciones, voy a desarrollar en distintos pasajes de este libro[23].

Por mi condición de medievalista y parafraseando al clásico, nada de lo que afecte a la Edad Media debe resultarme ajeno. Un principio que tiene otra forma más desenfadada de expresarse: la del historiador convertido en «ogro», ya que allí donde huele carne (metáfora de cualquier tipo de temas, incluidos los aparentemente más triviales) salta a coger la presa[24]. Y ¿qué presa puede ser más apetecible que el fenómeno más universal e ineluctable, sobre el que se han pronunciado y siguen pronunciándose los más variados especialistas: filósofos, moralistas, médicos, antropólogos, sociólogos, filólogos, historiadores en general e historiadores del arte en particular?[25]. Y, por supuesto, teólogos[26].

Uno de los mayores historiadores de las religiones —Mircea Eliade— afirmó que en la vida del hombre religioso, aparte de ese rito de tránsito por excelencia (común a todos) que es la iniciación a la pubertad, se dan otros tres: el nacimiento, el matrimonio y la

---

la Corona de Castilla a finales de la Edad Media, Vitoria, Universidad del País Vasco, 2014.

[22] Su título es *La muerte en la Edad Media,* 18-20 de enero de 2014 (actas aún inéditas).

[23] Una apretada síntesis la he publicado bajo el título «Realidades y figuraciones del Occidente Medieval (II). La muerte», en *XXXIV Ruta cicloturística del románico internacional,* Pontevedra, 2016, págs. 94-98.

[24] Referida esta figura a un conocido medievalista francés; véase J. Revel y J. C. Schmitt (dirs.), *L'ogre historien. Autour Jacques Le Goff,* París, Gallimard, 1998.

[25] Para una visión de la muerte en función de esta conjunción de disciplinas, véase R. Sanmartín Bastida, *El arte de morir. La puesta en escena de la muerte en un tratado del siglo XV,* Frankfurt, Iberoamericana Vervuert, 2006.

[26] Desde la óptica de la teología, con una penetrante aplicación a la historia, véase la importante recopilación de ensayos de J.-I. Saranyana *Sobre la muerte y el más allá. Medio siglo de debate escatológico,* Pamplona, EUNSA, 2010.

muerte. Esta última no es solamente un «fenómeno natural» (separación de cuerpo y alma), sino también un cambio ontológico y social por cuanto el difunto ha de «afrontar ciertas pruebas que conciernen a su propio destino de ultratumba, pero asimismo debe ser reconocido por la comunidad de los muertos y aceptado entre ellos»[27]. Un reconocimiento, cabría añadir, para el que la comunidad de vivos ha fijado unas determinadas reglas. ¿Hasta qué punto estas han variado con el discurrir de los siglos? ¿Qué cambios se fueron produciendo a lo largo del milenio que, *grosso modo,* constituye la Edad Media en Occidente? Y, por lo que va a ser objeto principal de este trabajo, ¿bajo qué figuras se oculta la muerte en esta época?

(De momento optamos por no recargar las referencias bibliográficas. Las iremos aportando a través de las notas a pie de página de los sucesivos capítulos de este libro).

Alcance de ciertas figuras explotadas en el Medievo

Los filólogos han destacado algunas de las que la sociedad en general —y los historiadores en particular— hacen generoso uso. Vamos a referirnos a las que de forma muy especial van a ser tratadas a lo largo de este trabajo. Para las correspondientes definiciones vale tomar como guía algún conocido y prestigioso diccionario de nuestra lengua.

Polisemia: «multiplicidad de significados de una palabra»[28]. Un ejemplo de cara al mundo medieval lo facilita el término «sacramento», que adquiere un doble significado: el de juramento o compromiso entre dos partes[29] y el de signo-ritual sagrado con una dimensión religioso-eclesial que lo erige en fuente de gracia[30].

Metáfora: «tropo consistente en usar palabras con sentido distinto del que tienen propiamente, pero que tienen con este una re-

---

[27] M. Eliade, *Lo sagrado y lo profano,* Barcelona, Paidós, 1988, págs. 134-135.
[28] María Moliner, *Diccionario de uso del español,* t. II, Madrid, Gredos, 1998, pág. 725.
[29] Vg. el «sacramentum fidelitatis», como compromiso entre vasallo y señor, F. L. Ganshof, *El feudalismo,* Barcelona, Gredos, 1963, págs. 98-99.
[30] Véase voz «Sacramento» en L. Bouyer, *Diccionario de teología,* Barcelona, Herder, 1977, pág. 590.

lación descubierta por la imaginación»[31]. En el caso de la herejía será su visión como *lepra volatilis, pestis* o como enfermedad en general[32]. La enfermedad, a su vez —tuberculosis, cáncer, lepra, locura, sida—, ha generado todo un complejo de metáforas[33]. Los cambios políticos de los últimos decenios han dado lugar al nacimiento en este campo —aunque no forzosamente en relación con el hecho de la muerte— de un amplio muestrario de figuras[34].

En un plano inferior para lo que a estas páginas que vamos a redactar interesa quedan otras figuras:

Metonimia: «figura retórica que consiste en tomar el efecto por la causa, el instrumento por el agente, el signo por la cosa, etc., o viceversa»[35].

Sinécdoque: «figura que consiste en designar una cosa con el nombre de otra que no es más que una parte de ella»[36].

Neologismo: «palabra o expresión introducida en una lengua»[37].

---

[31] M. Moliner, *Diccionario de uso del español, op. cit.,* t. II, pág. 334. El DRAE (ed. de 1970, pág. 872) dice que lo que se hace en la metáfora es una suerte de «comparación tácita». En la Antigüedad por metáfora se entendía «la transposición de un nombre de un sujeto a otro que ya tenía nombre propio», en R. Williams, *Arrio. Herejía y tradición,* Salamanca, Sígueme, 2010, pág. 262. Para P. Ricoeur, que bucea en la «deriva metafórica», la metáfora describe un pensamiento con los rasgos de otro, *La metaphore vive,* París, Seuil, 1973, pág. 116.

[32] Para esta cuestión, véanse R. I. Moore, «Heresy as Disease», en *The Concept of Heresy in the Middle Ages (11th-13th C.),* Mediaevalia Lovaniensia. Series I / Studia IV, Lovaina, Leuven University Press, 1976, págs. 1-11, y E. Mitre, «Muerte, veneno y enfermedad, metáforas medievales de la herejía», *Heresis,* 25, 1995, págs. 63-84.

[33] Cfr. el difundido ensayo de S. Sontag *La enfermedad y sus metáforas,* Madrid, Taurus, 2005. Cuestión también tratada en E. Mitre, *Fantasmas de la sociedad medieval. Enfermedad. Peste. Muerte,* Valladolid, Universidad de Valladolid, 2001, *passim.*

[34] Entre ellas el de «péndulo de la modernidad», *metáfora dinámica* relacionada con la oscilación del mundo entre dos polos opuestos: el del «individualismo» y el del «comunitarismo», en A. Heller y F. Fehér, *El péndulo de la modernidad. Una lectura de la era moderna después de la caída del comunismo,* Barcelona, Península, 1994, págs. 155-157.

[35] M. Moliner, *Diccionario de uso del español, op. cit.,* t. II, pág. 339.

[36] *Ibíd.,* pág. 1093.

[37] *Ibíd.,* pág. 442.

Alegoría: «representación de una cosa o idea abstracta por medio de un objeto que tiene con ella una cierta relación real, convencional o creada por la imaginación»[38]. Un interesante estudio publicado en los últimos años en torno al más allá según los autores de época medieval ha rendido en este terreno un extraordinario servicio[39].

Aunque no todas estas expresiones sean intercambiables, en conjunto se pueden situar bajo el paraguas de lo comúnmente denominado «lenguaje figurado». Hoy hablamos (George Orwell por medio) de «neolengua». Nos referimos con ello a una proclividad al eufemismo, a la edulcoración —o neutralización al menos— a la hora de hablar de situaciones que ocultan desagradables realidades. Un camino que puede llevarnos a verdaderas perversiones del lenguaje[40] o, por el contrario, al ridículo reiteradamente propiciado por el lenguaje políticamente correcto[41]. ¿No tratamos, así, de alejar de nosotros aquellas cosas que nos causan contrariedad evitando el uso directo del nombre que las designa? En esa operación, la muerte se encontraría en un lugar privilegiado por tratarse de la realidad más universal[42]. Podríamos hablar también, aunque de manera desenfadada, de un «lenguaje multiusos» en el que la Iglesia disponía de una arraigada tradición. Partiría de las exégesis escriturarias de Orígenes (siglo III) y tendría una gran difusión a lo largo de los años hasta llegar a nuestros días. Nos referimos, sobre todo, a esos cuatro senti-

---

[38] *Ibíd.,* t. I, pág. 122.
[39] F. Pomel, *Les voies de l'au-delà et l'essor de l'allégorie au Moyen Âge,* París, Champion, 2000.
[40] Como la descrita por V. Klemperer al referirse al léxico del nacionalsocialismo: *LTI. La lengua del Tercer Reich. Apuntes de un filólogo,* Barcelona, Minúscula, 2001.
[41] Una aguda denuncia de los excesos de este se recoge en F. R. Lafuente e I. Sánchez Cámara, *La apoteosis de lo neutro,* Madrid, Fundación para el Análisis y los Estudios Sociales, 1996.
[42] Destacable en este campo la colaboración de H. Martin, «Comment il est parlé de la mort par deux prédicateurs du XV siècle», recogida en las actas del Coloquio de Estrasburgo citado al inicio de este trabajo, págs. 103-124. Va dedicado a Bernardino de Siena y a Simón Cupersi.

dos que el intelectual cristiano otorgará a los distintos pasajes de las Escrituras: literal, alegórico, moral y anagógico[43].

Podría alegarse por algunos que corremos con ello el riesgo de caer en los meros artificios retóricos, en la simple hojarasca verbal con algunas importantes derivaciones que han llegado hasta el momento presente.

Es posible, pero, como sostenía el retórico Libanio a mediados del siglo IV con un deje etnicista de superioridad cultural: si perdemos la elocuencia, ¿en qué nos vamos a diferenciar de los bárbaros?[44]. Retórica y erudición no deben ser vistas, de acuerdo con este criterio, cual meros cascarones expositivos tal y como se piensa con cierta frecuencia. ¿En nuestra época, por ejemplo, en la que la pobreza de léxico de la que hace gala la masa social constituye toda una lacra?

---

[43] H. de Lubac, *Exégèse médiévale: les quatre sens de l'écriture,* París, Cerf, 1959-1961.
[44] Recogido en F. Lot, *El fin del mundo antiguo y los comienzos de la Edad Media,* México, Unión Tipográfica Editorial Hispano-Americana, 1956, pág. 144.

Capítulo II

Para un primer acercamiento

Comencemos por una de las visiones más comunes que se ha extendido entre el gran público a propósito de la muerte y su visión en (y desde) el Occidente medieval. Las dudas y el miedo ante ese ineluctable trance se presentarían como el sentimiento más extendido y admitido. Un género —las danzas de la muerte— resultaría el más atractivo. La conjunción entre temas religiosos y profanos y entre formas literarias y artísticas le darán especial vigor.

Las danzas de la muerte y su mensaje universal

Sus raíces las han situado algunos autores en una obra del cardenal Lotario de Segni (papa Inocencio III desde 1198) sobre la que tendremos oportunidad de volver más adelante: *Contemptus mundi sive miseria conditionis humanae libri tres*. Otros las remontan a la tradición de los llamados danzantes de Kölbigk (diócesis de Magdeburgo) datada en el siglo XI, que nos habla de tertulias populares que, desafiando a las autoridades eclesiásticas que prohibían bailar en los cementerios, lo harían a lo largo del año hasta caer muertos[1].

---

[1] P. Binski, *Medieval Death. Ritual and Representation,* Londres, British Museum Press, 1996, pág. 154.

Más lógico parece echar mano de otro testimonio de fecha más tardía: *Encuentro entre los tres vivos y los tres muertos*. Sus orígenes suelen situarse en la literatura sapiencial budista. Sus primeras manifestaciones en el Occidente cristiano datarían del siglo XIII. Los vivos están representados por un noble, un clérigo y un burgués —expresión tripartita de la sociedad medieval— o, simplemente, por tres personas acomodadas que, despreocupadas habitualmente, acaban topándose con la realidad de la muerte en la figura de tres macabras visiones[2].

El fresco del camposanto de Pisa hacia 1340 y la danza del fresco del cementerio de los Inocentes de París (realizada en 1424) implicarían la consagración de este especial género que son las danzas de la muerte, *danse macabre*, *Totentantz*... En el caso de París estaríamos ante una danza macabra que no es tanto *de la muerte* como *de los muertos* y en la que desfilan ante nosotros parejas formadas por un vivo y un muerto: el segundo representa la imagen de lo que pronto va a ser el primero. Es una confrontación con la figura póstuma que «cumple un viejo deseo, poder contemplarse después de su propia muerte»[3]. En otro caso, como el de la *Dança general de la muerte* castellana (hacia 1400), nos encontramos con una manifestación escrita sin soporte iconográfico[4].

---

[2] H. González Zymla, «El encuentro de los tres vivos y los tres muertos», *Revista Digital de Iconografía Medieval*, vol. III, núm. 6, 2011, págs. 51-82. Para esa figura aplicada al mundo peninsular, véase F. Español, «El encuentro entre los tres vivos y los tres muertos y su representación en la Península Ibérica», *Estudios de Iconografía Medieval Española*, Barcelona, Universidad Autónoma de Barcelona, 1984, págs. 53-116.

[3] Observaciones de S. Claramunt recogidas en «La danza macabra como exponente de la iconografía de la muerte en la Baja Edad Media», en el ciclo de conferencias *La idea y el sentimiento de la muerte en la historia y en el arte de la Edad Media* (I), Santiago de Compostela, Universidad de Santiago de Compostela, 1988, pág. 95.

[4] Cfr. la útil «Introducción» de J. Barja y J. Calatrava a H. Holbein, *La danza de la muerte. Seguido de un texto de John Ruskin y del Códice del Escorial*, Madrid, Abada, 2008, págs. 9-11. La serie de grabados la realizaría Holbein entre 1523 y 1526, *ibíd.*, pág. 15. Unos años después (hacia 1562), y dentro también de la temática iconográfica de la muerte y lo macabro, Pieter Brueghel el Viejo pintaría su *Triunfo de la muerte*.

Alberto Tenenti recordó en su día dos textos relacionados con las danzas de la muerte redactados en los años sesenta del siglo XV. Uno es el corto poema que lleva por título «Le Mors de la pomme», en donde el desfile macabro se articula en torno a un inicio (el pecado original causa de la mortalidad del hombre) y una escena central: Cristo en la cruz redentor de la humanidad transgresora. El otro lleva por título *Danse des aveugles,* escrito antes de 1466 por Pierre Michault. El autor imagina un viaje bajo la guía del Entendimiento a los reinos del Amor, de la Fortuna y de la Muerte[5]. En todo caso, resulta indudable la capacidad de difusión que el tema va a tener en el mundo europeo[6].

Si algo caracteriza al género es su agresivo sentido nivelador —«a la mortal danza venid los nacidos / que en mundo soes, de cualquier estado»[7]—, que mide por el mismo rasero a todas las categorías: desde el papa y el emperador hasta el humilde labrador, el ladrón y el mendigo.

> Desgraciados que vivís en el mundo
> siempre colmados de adversidades
> por ese poco de bien que os toca
> todos seréis visitados por la Muerte[8].

Un extendido *topos*

Ese sentido nivelador de la muerte que se ligará también al interrogante del *ubi sunt?* (¿dónde están?, ¿qué se fue de...?) inspiraría a autores de muy variado signo.

Alguien considerado de carácter generalmente jocundo como Juan Ruiz, Arcipreste de Hita (mediados del siglo XIV), dejará un

---

[5] A. Tenenti, *La vie et la mort..., op. cit.,* págs. 34-35.
[6] J. Saugnieux, *Les danses macabres de France et d'Espagne et leurs prolongements littéraires,* París, Belles Lettres, 1972.
[7] En la «Danza de la muerte del Códice del Escorial», en H. Holbein, *La danza de la muerte, op. cit.,* pág. 140.
[8] *Ibíd.,* pág. 44.

poso amargo a propósito del fin de Trotaconventos y define a la muerte como «malandante» y también socialmente igualadora:

> Muerte, al que tú fieres, liévaslo de belmez,
> al bueno e al malo, al rico e al refez,
> a todos los egualas e los llevas por un prez,
> por papas e por reyes non das una vil nuez[9].

También en el ámbito de la Corona de Castilla, y unos años después, el magnate y escritor Pero López de Ayala († 1407), en una interesante y polivalente obra en verso, abundaría en la idea de que la muerte «non sabe a ninguno perdonar»:

> Esta mata los moços, los mancebos loçanos
> los viejos e los fuertes nunca los dexa sanos
> nin perdona humildes, nin soberbios ni ufanos
> nin los pobres escapan, nin los ricos han manos[10].

En varios autores del segundo tercio del siglo XV, no uniformes en su extracción social ni en su sensibilidad, merece también la pena detenerse.

Íñigo López de Mendoza, marqués de Santillana, marca toda una época de las letras (lírica fundamentalmente) castellanas. En su *Pregunta de nobiles* se interroga: «¿Qué fue d'aquellos que fueron sojuzgadores del siglo mundano?», para hacer un recorrido por personajes de la ficción literaria y de la historia (desde Sansón hasta Octavio Augusto) y desembocar en un «Que de aquestos todos ninguno non veo»[11]. Aunque a veces no es la muerte la cruel igualadora, sino la Fortuna, a la que los autores del mundo medieval recurren con cierta frecuencia. El mismo marqués dirá de ella que:

---

[9] Juan Ruiz, Arcipreste de Hita, *Libro de buen amor* (ed. de A. Blecua), Madrid, Cátedra, 1992, pág. 392.

[10] Pero López de Ayala, *Libro rimado del Palaçio* (ed. de J. Joset), t. 1, Madrid, Alhambra, 1978, pág. 219.

[11] Marqués de Santillana, *Poesías completas* (II) (ed. de M. Durán), Madrid, Castalia, 1980, págs. 25-29.

> Mirad los imperios e casas reales
> Y como Fortuna es superiora,
> Rebuelve lo baxo en alto a desora
> Y faze a los pobres e richos yguales[12].

Y, sobre todo, merecerá un especial recuerdo la obra de Juan de Mena, dedicada a esta especial fuerza, que el poeta ofreció al rey Juan II en Tordesillas en 1444. Lamentando su volubilidad, dirá:

> ¿pues cómo Fortuna, regir todas cosas
> con ley absoluta, sin orden te plaze?[13].

El poeta francés François Villon, ajeno a todas las convenciones y profundamente encanallado, es inspirador de todos los autores malditos que en el Occidente han sido. En un conjunto de textos conocido como su *Testamento* reflexiona:

> Sé que a pobres y ricos
> cuerdos y locos, curas y laicos
> nobles, villanos, generosos, tacaños
> pequeños y grandes, hermosos y feos
> damas descotadas
> de cualquier condición
> con adornos y altos sombreros
> a todos agarra la Muerte sin excepción[14].

Con mayor elegancia aristocrática, y en una de sus composiciones poéticas más delicadas, el castellano Jorge Manrique nos trans-

---

[12] Marqués de Santillana, «La comedieta de Ponça fecha por Yniego Lopis de Mandoça, Marqués de Santillana», en *Poesías completas* (I), Madrid, Castalia, 1975, pág. 241.

[13] Juan de Mena, *Laberinto de fortuna. Poemas menores* (ed. de M. A. Pérez), Madrid, Editora Nacional, 1976, pág. 53.

[14] François Villon, «Testamento», en *Poesía* (ed. de C. Alvar), Madrid, Alianza Editorial, 1980, pág. 47.

mite una conocida metáfora fluvial: la que establece la similitud entre las distintas categorías sociales (mayores, medianos y más chicos) y el diverso caudal de los ríos que, todos, van a parar a la mar «que es el morir». La conocida moraleja para el conjunto de los humanos no es otra que: «allegados son yguales / los que viven por sus manos / e los ricos»[15].

Aunque sea con redacción más atenuada, este espíritu impregna hasta la literatura más áulica, como la constituida por las crónicas reales. A la muerte se le da un sentido entre lo ejemplificante, lo igualitario y lo vindicativo. Así, a propósito de la muerte de un monarca castellano del siglo XV, se recordará que: «La muerte natural, que a todos hace iguales, aquella que a ninguno jamás perdona, e a los más poderosos priva del mando, y los quita el señorío, transportó del mundo, y agenó del estado al segundo rey don Juan en la villa de Valladolid...»[16].

A ese sentido igualitario y alcance universal de la muerte contribuían poderosamente tres pertinaces calamidades ante las cuales la sociedad medieval clamaba a la divinidad para que las alejase de sus vidas: la peste, el hambre y la guerra, que hacían de la vida un bien extremadamente precario. Tanto que —se ha dicho— el hombre de la época aceptaría la muerte de una manera naturalmente pasiva. Pero ni este ni tampoco otros muchos temas pueden despacharse de una forma tan simple. Como bien se viene destacando, el sentimiento ante la muerte en la Edad Media —especialmente en su tramo final— ha ido oscilando entre la resignación y el miedo[17]. Y, como ha recordado otra autora: resulta variada la actitud ante la muerte en esos mismos años, si nos remitimos a las categorías so-

---

[15] Jorge Manrique, «Coplas de Don Jorge Manrique por la muerte de su padre», en *Poesía* (ed. de G. Caravaggi), Madrid, Taurus, 1984, pág. 117.

[16] Diego Enríquez del Castillo, *Crónica del rey Don Enrique el cuarto*, BAE, vol. 70, Madrid, Atlas, 1953, pág. 101.

[17] Para un territorio concreto, véase A. Rucquoi, «De la resignación al miedo: La muerte en Castilla en el siglo XV», en *La idea y el sentimiento de la muerte en la historia y en el arte de la Edad Media* (I), *op. cit.*, págs. 51-66.

ciales más relevantes —las mejor documentadas— y a testimonios literarios muy concretos[18].

Una especial muerte en la base de una religión

De entrada cabría tener en cuenta un elemental principio que explicaría algunas de las ambigüedades con las que podemos toparnos. El cristianismo, que nutre de manera sustancial el pensamiento de la época —y el de los tiempos posteriores, por supuesto—, tiene su fundamento en una especial muerte: la de Jesucristo, que Boecio en el siglo VI presentaba como una reparación por la tremenda transgresión de nuestros primeros padres[19].

A esa función salvadora de la Pasión pensadores sucesivos tratarían de darle un cierto tinte de racionalidad.

Tres teorías se construyeron sobre ella. La primera se edificó sobre la base de que, al hacerse hombre, Cristo dignificó la naturaleza humana. La segunda se basaba en el sacrificio de Cristo, que reconcilió al hombre con Dios. La tercera, llamada teoría del rescate, fue difundida por Ireneo de Lyon, Orígenes y ya en la transición al Medievo por San Ambrosio, parcialmente por San Agustín y por los papas León Magno y Gregorio Magno. Según ella, Satanás tenía a la especie humana en prisión y solo Dios mismo podía ofrecerse como rescate por nuestra libertad. Solo Él tenía capacidad para abordar esta empresa, ya que todo hombre carecía de libertad al estar mancillado por el pecado original. Dios, así, entregó a Jesús, quien, con su sacrificio, maniató al demonio y nos libró de la muerte y la condenación. Ello no obstó

---

[18] M. Morrás, «*Mors bifrons*: Las elites ante la muerte en la poesía cortesana del Cuatrocientos castellano», en J. Aurell y J. Pavón (eds.), *Ante la muerte. Actitudes, espacios y formas, op. cit.*, págs. 156-195.

[19] Reparación que fue precedida por otras dos (el Diluvio y el papel de Abraham como cabeza del linaje de David y del Mesías) y que sería sucedida en el futuro por otra representada con el Juicio Universal; Boecio, «La foi catholique», en *Courts traités de Théologie. Opuscula sacra* (ed. de H. Merle), París, Cerf, 1991, págs. 26-27.

para que el diablo se siguiera esforzando vanamente por frustrar la salvación a través de la propagación de herejías, cismas, apostasías, blasfemias, etc.[20].

Una muerte en condiciones terribles como la de Jesús se hizo explicable en términos de la llamada satisfacción condigna por San Anselmo de Canterbury en su *Cur Deus Homo:* el enorme sacrificio del Verbo encarnado iba en justa proporción con la inmensidad de la falta cometida por los primeros padres contra la divinidad[21]. Santo Tomás de Aquino, uno de los pensadores más influyentes[22], afirmaría: «Cristo quiso también morir, no solo para que su muerte fuese para nosotros un remedio satisfactorio, sino un sacramento de salud, a fin de que, a imitación de su muerte, muramos en la vida carnal, pasando a una vida espiritual»[23].

Esa idea se transmitiría al gran público del Medievo, tanto en esos años como en los posteriores, a través de aportes de más bajo perfil intelectual.

Ramón Llull, en un curioso poema narrativo, dirá a propósito de los padecimientos de Cristo que «fue mayor su Pasión que toda otra pasión, la cual convenía fuese tan grande que bastase para crear el linaje humano que estaba perdido»[24]. Y en 1325 el catecismo del obispo de Segovia Pedro de Cuéllar habla de ese papel (necesario) de Cristo en el proceso de redención-restauración de una humanidad mancillada por el pecado de nuestros primeros padres. Lo presenta de acuerdo con un esquema. En primer lugar: no hay hombre co-

---

[20] Recogido por J. B. Russell, *Satanás. La primitiva tradición cristiana,* México, FCE, 1986, págs. 103-106; prolongado por este mismo autor en *Lucifer. The Devil in the Middle Ages,* Ithaca (NY), Cornell University Press, 1984.

[21] Citado por H. Küng, *Ser cristiano,* Madrid, Trotta, 1987, págs. 534-541.

[22] El mismo Hans Küng le sitúa entre las grandes autoridades intelectuales del cristianismo (junto a San Pablo, Orígenes, San Agustín, Lutero, Schleiermacher y Barth): *Grandes pensadores cristianos. Una pequeña introducción a la teología,* Madrid, Trotta, 2015, págs. 89-112.

[23] Tomás de Aquino, *Compendio de teología* (ed. de F. J. Fortuny y L. Carbonero), Barcelona, Orbis, 1986, pág. 198.

[24] Raimundo Lulio, *Blanquerna* (ed. de L. Riber), Madrid, Aguilar, 1944, pág. 672.

mún capaz de hacer enmienda por semejante desatino; de ahí que Dios «enviaría a su Fijo, que es egual al Padre con el Spíritu Sancto». En segundo lugar, dado que «conviene que el que oviesse de fazer la dicha emienda que fuesse ome»; por ello «vino Dios e omne Salvador». Y teniendo en cuenta que «por mujer (Eva) era perdido el humanal linaje», a través de otra mujer «virgen e non aún conculcada nin lesa» se produciría el nacimiento del Redentor[25]. A mediados del siglo XIV, y de forma harto sentida, Francesco Petrarca recoge, en una de las últimas piezas de su *Cancionero* (1338-1374), el significado de la muerte de Cristo para el conjunto de la humanidad, de la que el poeta se convierte en una especie de portavoz:

> y Aquel que con su sangre me ha salvado
> las tártaras puertas destruyendo
> y con su muerte a mi alma socorriendo
> ¡Ven, Muerte, que te aguardo esperanzado![26].

El que la redención fuese a través del tormento del madero abría camino a una interpretación/representación literaria y plástica de la cruz y del propio Jesús que experimentará ciertos cambios a lo largo del tiempo[27]. En fecha reciente, J. Ratzinger ha recordado que en la literatura neotestamentaria hay diversos intentos de presentar la cruz de Cristo «como el nuevo culto, la verdadera expiación y la verdadera purificación del mundo contaminado». La muerte de Jesús se presentaría así tanto en clave de reconciliación (expiación) como de salvación[28].

---

[25] J. L. Martín y A. Linage Conde, *Religión y sociedad medieval. El catecismo de Pedro de Cuéllar (1325),* Salamanca, Junta de Castilla y León, 1987, pág. 170.

[26] Francesco Petrarca, *Cancionero* (ed. de A. Crespo), Barcelona, Bruguera, 1983, pág. 443.

[27] L. Maldonado, *Génesis del catolicismo popular. El inconsciente colectivo de un proceso histórico,* Madrid, Cristiandad, 1979, págs. 185 y ss.

[28] J. Ratzinger, *Jesús de Nazaret. Desde la entrada en Jerusalén hasta la Resurrección,* Madrid, Encuentro, 2011, págs. 267 y ss.

Capítulo III

Edades del mundo y edades del hombre

La pasión por el simbolismo de los escritores cristianos hizo que asumieran las teorías mágico-científicas de los filósofos jonios del siglo VI a.C. que hablaban de una solidaridad fundamental entre lo natural y lo sobrenatural, entre el cosmos y la vida individual. De ahí la correspondencia que se establece entre edades de la vida humana y edades del mundo[1].

Valga la remisión, de entrada, a dos autores extraordinariamente influyentes.

Dos clásicos para la época medieval y su legado

San Agustín desarrolló esta tesis en varias obras. En *Sobre el Génesis contra maniqueos* habló de siete edades de la vida; la última, que era la de la vejez, correspondía al renacimiento de la vida espiritual. En *Las 83 cuestiones diversas,* redujo las edades a seis, aunque la última —la vejez, que podía alcanzar hasta los ciento veinte años— era

---

[1] G. Minois, *Historia de la vejez. De la Antigüedad al Renacimiento,* Madrid, Nerea, 1987, págs. 159 y ss.

tan larga como todas las anteriores[2]. Al final de *La ciudad de Dios* hace una elucubración más abstrusa sobre las edades del mundo que quedan marcadas por cinco momentos que llegan hasta «el nacimiento de Cristo en carne». A partir de ahí estaríamos viviendo una sexta edad que desembocará en otra: «Con todo, esta séptima será nuestro sábado, cuyo fin y término no será la noche, sino el día del domingo del Señor, como el octavo eterno que está consagrado a la resurrección de Cristo, significándonos el descanso eterno, no solo del alma sino también del cuerpo»[3].

El momento en que se produzca la segunda venida de Cristo queda en una nebulosa por cuanto «no nos toca saber los tiempos que el Padre puso en su potestad»[4].

Isidoro de Sevilla, aunque menos original que Agustín de Hipona, tendrá una fuerte influencia como educador del Occidente medieval. Al igual que en el Hiponense, la vida humana se divide en seis o siete etapas: infancia (hasta los siete años), pueritia (hasta los catorce), adolescencia (hasta los veintiocho), juventud (hasta los cincuenta), madurez (hasta los setenta) y vejez, en adelante, hasta llegar a la senectud, que deriva finalmente en la decrepitud[5]. La equivalencia con las edades del mundo es muy similar a la fijada por San Agustín. En el momento presente nos encontramos en la sexta edad, abierta con la venida de Cristo, y «cuánto tiempo resta de esta sexta edad, solo Dios lo sabe»[6], una forma de contrarrestar ciertas corrientes escatológicas que, a lo largo del Medievo, no dejaron de especular sobre un final de los tiempos en un plazo fijo.

Una cosa eran las elucubraciones más o menos eruditas sobre simbólicas equivalencias que entrarían en el manido campo de las

---

[2] *Ibíd.*, pág. 160.

[3] San Agustín, *La ciudad de Dios* (ed. de F. Montes de Oca), lib. XXII, cap. 30, México, Porrúa, 1978, pág. 603.

[4] *Ibíd.*

[5] G. Minois, *Historia de la vejez, op. cit.*, pág. 160.

[6] San Isidoro de Sevilla, *Etimologías* (ed. de J. Oroz Reta, M. A. Marcos Casquero y M. Díaz y Díaz), lib. V 39, Madrid, BAC, 1982, pág. 565.

metáforas, y otra, la permanente espada de Damocles (nunca mejor empleada la figura) que, para el hombre de siglos pasados, ha supuesto el continuado acoso de la muerte desde el mismo instante del alumbramiento.

En este contexto, ha preocupado a los investigadores el papel y la visión que se tuvo en el Medievo sobre los dos extremos de la vida del hombre: la infancia y la vejez, dos momentos entre los que se inscribían las etapas de la vida humana: ya se considerara que el número de estas fueran siete (paráfrasis de los días de la creación), seis o cinco. En cualquier caso, serán básicos los aportes de los autores clásicos pasados por el tamiz del cristianismo.

Y será básico también tener en cuenta la diversidad de criterios que sobre la edad se han tenido a lo largo de los diez siglos que constituyen el Medievo; y entre este y los tiempos actuales. Bernard Guenée, uno de los grandes medievalistas de nuestro tiempo, recordó que «es artículo fundamental del credo de todos los medievalistas» afirmar que la sociedad medieval era una sociedad de jóvenes gobernada por jóvenes. Pero en su momento, Carlos V de Francia murió en 1380 a los 42 años con fama de viejo y sabio. Para el hombre del Medievo existían fechas más importantes que la del nacimiento: el bautismo, la coronación de los reyes, la investidura de caballero, la ordenación presbiterial o la entrada en una orden religiosa... El rey mantendrá también una particular devoción al santo del día en que tuvo lugar su coronación[7]. O, lo que es también harto significativo: incluso es más importante que el día del nacimiento el día de la muerte, ya que ese es el momento en que *se nace,* en el caso de los santos y particularmente de los mártires, a la vida eterna.

La muerte en plena juventud se convertirá en un extendido tópico: así, morir en torno a los 35 años, edad aproximada de la muerte de Cristo, a diferencia de la avanzadísima edad a la que llegaron las grandes figuras del Antiguo Testamento. Quizás superar ciertas pruebas que

---

[7] B. Guenée, «L'âge des personnes authentiques; ceux qui comptent dans la société médiévale sont-ils jeunes ou vieux?», en F. Autrand, *Prosopographie et genèse de l'État moderne,* París, ENSJF, 1986, págs. 250-256.

afectaron más a los jóvenes que a los adultos —caso de las oleadas de Peste Negra— aumentaría en torno a 1350 el porcentaje de ancianos[8].

En cualquier caso, a propósito de la valoración de infancia y vejez en el Medievo y de la relación de estas con la muerte, se abre un amplio campo para la elucubración. Y, en consecuencia, también para la ambigüedad.

Los riesgos de la muerte (a): la *INFANTIA*

Para una percepción de la infancia en el pasado, estamos en la actualidad lejos de adoptar la afirmación de Ph. Ariès: la inexistencia del niño en el espíritu de la sociedad medieval[9]. El derecho canónico y la literatura didáctica, por el contrario, aportan importantes materiales en lo referente a los deberes hacia los menores y su educación. El niño sería, incluso, objeto de una suerte de sacralización que, en muchos aspectos, recordaría al hijo de Dios[10]. La recomendación del bautismo lo más pronto posible convertía al niño de forma automática en miembro de una sociedad: la cristiana, una vez quedaba libre del pecado original[11].

Más aún, la narración evangélica haría del sacrificio de los niños menores de dos años por orden de Herodes (Mt. 24, 16-18) una suerte de anticipo de la muerte martirial[12]. La repugnante muerte

---

[8] S. Royer de Cardinal, *Morir en España (Castilla Baja Edad Media)*, Buenos Aires, Universidad Católica Argentina, 1992, págs. 41-42.

[9] Ph. Ariès, *L'Enfant et la vie familiale sous L'Ancien Régime*, París, Plon, 1960 (obra reeditada con algunas matizaciones en 1973).

[10] D. Alexandre-Bidon y D. Lett, *Les enfants au Moyen Âge, V-XV siècles*, París, Hachette, 1997, pág. 43.

[11] Frente a la visión que acabará siendo la canónica, algún pintoresco hereje como el poco conocido y ultrarradical Hieracas (o Hierax) sostendría, a principios del siglo IV, que los niños bautizados no iban al paraíso si morían en la infancia, ya que no habían acumulado méritos para acceder a la salvación. Cfr. R. Williams, *Arrio. Herejía y tradición, op. cit.*, pág. 56.

[12] D. Hugh Farmer, voz «Holy Innocents», *The Oxford Dictionary of Saints*, Oxford, Oxford University Press, 1978, págs. 195-196.

del culpable del hecho será, asimismo, anticipo de otros fines de responsables de posteriores martirios[13]. Poco importaba que las víctimas del mandato de Herodes no fueran cristianos ni tuvieran uso de razón. Sobre el valor de la infancia, el primer evangelio canónico por boca de Jesús condiciona la entrada en el reino de los Cielos a hacerse como niños (Mt. 18, 3). Los evangelios apócrifos, muy populares en la Edad Media, contribuirán también a difundir piadosas tradiciones sobre la infancia de Jesús. *Las Partidas* de Alfonso X el Sabio hablan de «piedad e debda natural» al referirse al cuidado de los hijos por cuanto si las bestias «aman naturalmente e crían a sus hijos, mucho más lo deven fazer los omes, que han entendimiento e sentido sobre todas las otras cosas»[14].

Con todo, la infancia será durante largo tiempo y en la percepción más descarnada la «aetas imperfecta», que convierte al niño en una suerte de «ser inacabado»[15]. (En medida similar a la imagen de la mujer como «varón frustrado» en razón de ser *aliquid deficiens et occasionatum,* según afirmación de Tomás de Aquino)[16]. En su más tierna infancia el niño es un ser extremadamente frágil, a merced de todo tipo de contingencias: partos prolongados, mala dieta alimenticia, fiebres puerperales, encefalitis, desatención médica en general, e incluso casos de infanticidio por medio de sofocación[17]. Un tipo de muerte que en algunas disposiciones eclesiásticas se asimila al aborto[18]. En el III Concilio de Toledo (589) se advierte con toda severidad a:

---

[13] Cfr. el conocido hagiógrafo Jacobo de Vorágine, *La légende dorée* (ed. de J. B. M. Rozé y H. Savon), París, Garnier-Flammarion, 1967, pág. 91.

[14] Alfonso X el Sabio, «Quarta Partida, tít. XIX», *Las Siete Partidas,* glosadas por el licenciado Gregorio López, Salamanca, Andrea de Portonaris, 1555, fol. 51v.

[15] Cfr. el sugestivo artículo de M. Núñez Rodríguez, «El concepto de la muerte en la "aetas imperfecta". Iconografía del niño», en *La idea y el sentimiento de la muerte en la historia y en el arte de la Edad Media* (II), Santiago de Compostela, Universidad de Santiago de Compostela, 1992, págs. 37-64.

[16] Recogida en H. Küng, *La mujer en el cristianismo,* Madrid, Trotta, 2011, pág. 51.

[17] M. Núñez Rodríguez, «El concepto de la muerte...», art. cit., pág. 54.

[18] Caso del Concilio de Lérida de 546, can. II, en donde al culpable se le castiga con siete años de alejamiento de la comunión, en J. Vives, T. Marín y G. Mar-

Los padres [que] ansiosos de fornicar e ignorando toda piedad, dan muerte a sus propios hijos. Y si les resulta molesto el aumentar el número de sus hijos, apártense más bien de toda relación carnal, puesto que habiendo sido instituido el matrimonio para la procreación de los hijos, se hacen culpables del parricidio y fornicación, lo que demuestran asesinando su propia prole, que no se unen para tener hijos, sino para saciar su liviandad.

Se dispone que los jueces y obispos investiguen estas situaciones para que los culpables sean castigados «con las penas más severas, exceptuando solo la pena de muerte»[19].

Una creencia popular, sistematizada a finales del siglo XV por dos hermanos dominicos (Enrique Institoris y Jacobo Sprenger), asociaría la figura de la partera con la brujería. Las parteras aparecen como culpables de hacer morir al concebido en el seno materno y, caso de nacimiento, ofrecen a los niños a los demonios. Todo ello «contra la inclinación de la humana naturaleza, e incluso contra la de todas las bestias»[20].

Las familias más acomodadas no se libraron del fantasma de la mortalidad infantil, como demostraría, por ejemplo, el caso de Florencia en el Bajo Medievo, en donde el índice de menores de 3 años muertos alcanza un 20 por 100[21]. Ello sin tener en cuenta los que fallecerían antes de los 10. En el ámbito de la realeza en más de una oportunidad he recurrido al ejemplo de una encumbrada familia de la plenitud medieval en la que, de acuerdo con los actuales parámetros, las expectativas de vida son harto limitadas. Se trata de la fami-

---

tínez, *Concilios visigóticos e hispano-romanos,* Barcelona y Madrid, CSI e Instituto Enrique Flórez, 1963, pág. 55. En el Concilio de Braga II de 572 la pena para la abortista y sus colaboradores es de diez años de penitencia; *ibíd.,* pág. 104.

[19] *Ibíd.,* pág. 130.
[20] Enrique Institoris y Jacobo Sprenger, *El martillo de las brujas* (ed. de M. Jiménez Monteseirín), Valladolid, Maxtor, 2004, págs. 147-148; reiterado en págs. 305 y ss.
[21] C. Klapisch-Zuber, «L'enfant, la mémoire et la mort dans l'Italie des XIV et XV siècles», en E. Bechi y D. Julia (dirs.), *Histoire de l'enfance en Occident. De l'Antiquité au XVII siècle,* t. I, París, Seuil, 1988, págs. 211-212.

lia real Capeto a lo largo del siglo XIII (el «siglo de San Luis», Luis IX de Francia), supuesto momento de esplendor de la sociedad medieval. Ninguno de sus miembros alcanzaría esa etapa de senectud de la que hablaban San Agustín o San Isidoro. La mortalidad infantil se cebará en la familia cobrándose hasta seis de los once hermanos del monarca, que mueren antes de cumplir los 10 años; de los restantes, ninguno alcanzará los sesenta[22]... ¡y la gran oleada de Peste Negra de 1347-1348 aún se haría esperar para cobrarse un tercio de la humanidad según difundidos esquemas de la época! Oleada a la que seguirán otras particularmente letales para personas de baja edad: en Cataluña será la «mortaldat dels infants» de 1362, o la «mortaldat dels mitjans» de 1371[23].

Los testimonios cronísticos referidos a los estados hispánicos en la Edad Media no dejan de sembrar el pesimismo: la mortalidad infantil en los pequeños de sangre real llega a alcanzar hasta un 42,5 por 100[24]. En la Corona de Aragón fallecen a muy temprana edad hasta siete infantes hijos de Juan I y de sus sucesivas esposas, Marta de Armagnac y Violante de Bar, entre 1374 y 1396[25].

Con las manifestaciones del gótico, y especialmente desde Italia, el nuevo valor que se dé a la maternidad (María como nueva Eva) redundará también en una visión más positiva de la infancia. Luis IX de Francia promovió la creación de un cementerio para niños en la abadía cisterciense de Royaumont y encargó al dominico Vicente de Beauvais un *De eruditione puerorum*[26]. En fecha algo posterior, la *Doctrina Pueril* de Ramón Llull recuerda que el hombre «debe ense-

---

[22] Véase cuadro en pág. 198 de D. O. Connell y J. Le Goff, *Les propos de Saint Louis*, París, Gallimard, 1974.

[23] Recogido entre otros por D. Piñol Alabart, *A les portes de la mort. Religiositat i ritual funerari al Reus del segle XIV*, Reus, Centre de Lectura de Reus, 1998, pág. 70.

[24] M. Cabrera, «La muerte de los niños de sangre real durante el Medievo. Aproximación al tema a través de las crónicas», *En la España Medieval*, 2008, página 226. Un caso excepcional sería el de Pedro IV de Aragón, niño prematuro y frágil que llegó a alcanzar los 67 años de edad; *ibíd.*, págs. 247-248.

[25] *Ibíd.*, págs. 243-244. Sobre datos recogidos de R. Tasis i Marca, *Pere el Cerimoniós e ils seus fills*, Barcelona, Vicens Vives, 1962.

[26] M. Núñez Rodríguez, «El concepto de la muerte...», art. cit., pág. 42.

ñar a su hijo las cosas generales para que a través de ellas pueda llegar a las especiales»[27].

En el terreno de la fantasía, encontró el hombre del Medievo una forma de paliar los peligros a los que se veía sometida una infancia tremendamente frágil. Tradiciones piadosas populares jugaron así con ideas como la resurrección de niños por mediación de María, una de las protectoras por excelencia. En sus *Cantigas,* Alfonso X recoge algunos ejemplos: el del hijo de una mujer a la que se consideraba estéril y que, muerto, volvió a la vida ante las súplicas de su madre a la Virgen[28]; el del niño al que María resucita después de seis días muerto ante las súplicas y gritos de su madre[29]; el de la moza de Elche a la que se devuelve a la vida tras ahogarse en una acequia[30]; el del hijo de una mora que, resucitado, provocó la conversión de su madre[31], o el del niño muerto tras posesión diabólica que fue recuperado por Dios a ruegos de la Virgen[32].

Nuevos problemas se suscitan cuando, más allá de la infancia, el menor convertido en adolescente pueda ser objeto de preocupaciones para sus mayores por su humor inestable, tendencia a la indisciplina y a la sensualidad, poco gusto por el esfuerzo, etc.[33]. La trayectoria personal de San Agustín reflejada en sus *Confesiones* constituye un importante testimonio de los esfuerzos de una madre —Mónica— para que su hijo no se internara por «sendas tortuosas»[34]. La Europa carolingia conoció la redacción de un importante texto —el *Manual de Dhuoda*— en torno a 841-843. Escrito por una dama de la aristocracia franca para su hijo Guillermo, de 16 años, le instruye en las verdades de fe; le insiste en el respeto que ha de tener a su señor el

---

[27] Véase la útil panorámica de J. L. Martín, «El niño medieval», *Historia 16*, núm. 88, agosto de 1983, págs. 43-52.

[28] Alfonso X el Sabio, *Cantigas de Santa María* (ed. de J. Filgueira), Madrid, Castalia, 1985, págs. 48-49.

[29] *Ibíd.,* pág. 84.

[30] *Ibíd.,* pág. 226.

[31] *Ibíd.,* pág. 276.

[32] *Ibíd.,* pág. 322.

[33] D. Alexandre-Bidon y D. Lett, *Les enfants...*, op. cit., págs. 45-47.

[34] San Agustín, *Confesiones* (ed. de J. Cosgaya), lib. II, 6, Madrid, BAC, 2000, pág. 62.

rey Carlos el Calvo, a sus consejeros y a los clérigos, y le recomienda una serie de virtudes, haciendo hincapié en la castidad. Le recuerda, además, que ore por sus superiores y los suyos y por los difuntos de la familia, cuyos nombres cita[35]. En la plenitud del Medievo, el amor paterno se presenta más mesurado que el materno y, a su vez, los rasgos de amor filial son menos frecuentes que los signos de ternura parental[36].

Los riesgos de la muerte (b): la *senectus*

Para evaluar los sentimientos ante la vejez, el Medievo contaba con importantes precedentes de los mundos bíblico y clásico-latino. Nos llevarían a la conclusión de una ausencia de unidad de criterio a la hora de afrontar esta etapa de la vida. Así, en el Eclesiastés, si la longevidad resulta un premio, la poco frecuente idea abstracta de vejez responde a los aspectos más dolorosos y negativos que acompañan a esta. La meditación sobre la vejez es un medio para empujar al hombre a acercarse al Creador. En el mundo cristiano se mantendrá el respeto por el anciano, pero no su situación de privilegio[37].

La literatura del mundo clásico facilita un extraordinario testimonio de signo estoico cual es el *De senectute* de Cicerón. Tomando la figura de Catón el Viejo como referencia, el gran orador latino consideraba que la vejez era una fase natural de la existencia, diseñada por la naturaleza, y que, como etapa de la vida humana, dependía del grado de virtud con el que se hubieran vivido las anteriores etapas. Existían —dice nuestro autor— ciertos tópicos en torno a la vejez que hacían creer que en esa situación la vida ya no era vida. Entre ellos:

---

[35] P. Riché, *De l'éducation antique à l'éducation chevaleresque,* París, Flammarion, 1968, págs. 46-47.

[36] D. Alexandre-Bidon y D. Lett, *Les enfants..., op. cit.,* págs. 105-109. Un hecho que se reflejaría en una educación religiosa impartida fundamentalmente a través de las madres; *ibíd.,* págs. 110 y ss.

[37] Consideraciones recogidas por R. Homet, *Los viejos y la vejez en la Edad Media. Sociedad e imaginario,* Rosario, Universidad Católica Argentina, 1997, páginas 154-160.

actividad intelectual disminuida, debilitamiento de las fuerzas que se habían tenido en la juventud o privación del placer. Todo era cierto, pero convenía no dramatizar. En lo que al último punto se refiere, Cicerón sentencia: «¡qué regalo inmenso de la edad si nos quita el mayor defecto de la juventud!»[38].

A uno de los padres del monacato eremítico oriental, San Antonio Abad († 356), le atribuyen haber dicho a sus discípulos en los momentos finales de su vida: «ha llegado el momento de mi partida. Ya tengo ciento cinco años»[39]. Posiblemente no fuera de edad tan avanzada, aunque la hagiografía tiende a exagerar en esta materia para enfatizar la venerabilidad de algún personaje de excepción, como lo fue el gran padre del desierto[40].

Es significativo también que bajo el nombre de presbíteros se conozca desde los inicios del cristianismo (Act. 11, 30; 14, 23) a los rectores de las comunidades de fieles. La expresión *presbiteroi* en griego quiere decir literalmente «los más ancianos», aunque en el caso que nos incumbe haya que interpretarlo en virtud de la madurez y la experiencia para desempeñar unas funciones: la predicación de la doctrina, el cuidado del culto y la vigilancia de la disciplina[41].

De «magnífica indiferencia de la Iglesia con respecto a la edad» se ha hablado entre los medievalistas sobre la base de un hecho: que el tiempo está «instalado en la eternidad»[42]. Para San Bernardo, la verdadera vejez la constituyen la sabiduría y la virtud; el número de años es completamente secundario. La decrepitud del cuerpo es lo

---

[38] Cicerón, «Sobre la vejez» (ed. de E. Torrego Salcedo), *Sobre la vejez. Sobre la amistad*, Madrid, Alianza Editorial, 2009, pág. 73.

[39] San Atanasio, *Vida de San Antonio Abad* (ed. de A. Ballano), Zamora, Monte Casino, 1975, pág. 102.

[40] Esa edad de 105 años se repetirá de forma acrítica por distintos hagiógrafos. Así lo hará a finales del siglo XIII Jacobo de Vorágine, *La légende dorée, op. cit.,* vol. I, pág. 134.

[41] En estos primeros tiempos, las diferencias entre presbíteros y obispos (del griego *episcopein*, que significa «vigilar») serían prácticamente inexistentes; L. Ott, *El sacramento del orden*, Madrid, BAC, 1976, págs. 4-13.

[42] Reflexiones de G. Minois (sobre consideraciones de J. Le Goff) en *Historia de la vejez. De la Antigüedad el Renacimiento, op. cit.,* págs. 221 y ss.

que permite elevarse a las realidades celestiales[43]. A efectos estrictamente físicos y estadísticos, las grandes oleadas de Peste Negra de mediados del siglo XIV trataron con mayor indulgencia a los ancianos que a los jóvenes, algo que se repetirá en latigazos epidémicos posteriores, aunque menos generalizados, como el de París de 1418. Un testigo de los acontecimientos dice que «nadie de los que fue afectado escapó a la muerte, especialmente jóvenes y niños», enterrados en grandes fosas en los cementerios de la capital[44].

Georges Minois ha advertido que en los siglos XIV y XV se aprecia un considerable fortalecimiento del papel de los ancianos por haberles tratado la peste con mayor indulgencia. En Francia los soberanos prefieren echar mano de consejeros experimentados. Los clérigos son los campeones de la longevidad, como se apreciará, por ejemplo, con los papas, elegidos por lo general entre los mayores de sesenta años: Urbano VI (1378-1389) alcanzará el pontificado con 60 años, y Alejandro VI (1492-1503), con 61. La longevidad será también característica propia de los artistas italianos, según recoge Vasari en su *Vida de los artistas:* Giotto muere a los 71 en 1337 y Miguel Ángel a los 89 en 1564[45]. Entre los miembros de la nobleza británica, la muerte en el campo de batalla entre 1330 y 1479 se cobra hasta un 46 por 100 de sus miembros de más de 15 años. A partir de 1480, con el fin de las guerras civiles (y de las aventuras bélicas en Francia, habría que añadir), esa proporción se queda en un 19 por 100[46].

Para el mundo ibérico del siglo XV disponemos de dos magníficas fuentes para evaluar el papel y las consideraciones que sobre la vejez se daban en aquel entonces.

Fernán Pérez de Guzmán es autor de una espléndida galería de destacados personajes de su época (finales del XIV y primera mitad

---

[43] *Ibíd.,* pág. 226.
[44] *Journal d'un bourgeois de Paris de 1405 à 1449* (ed. de C. Beaune), París, Librairie générale française, 1990, pág. 133.
[45] G. Minois, *Historia de la vejez, op. cit.,* págs. 319-320.
[46] *Ibíd.,* pág. 379.

del siglo XV) con algunos de los cuales había tenido contacto directo. Se trata de *Generaciones y semblanzas,* en donde destaca la llegada a una avanzada edad de once de los treinta y cuatro protagonistas: Ruy López Dávalos (70 años), el canciller Ayala (75), el maestre Lorenzo Suárez de Figueroa (65 años), Garci González de Herrera (70), Alvar Pérez de Osorio (entre los 70 y los 80), Pedro Suárez de Quiñones (75), Pablo de Santa María (85 años), Lope de Mendoza (80), Diego Gómez de Sandoval (más de 70), el arzobispo Pedro Tenorio (también «de más de setenta años») y Juan Hurtado de Mendoza (75)[47]. De esta misma época (aunque fuera de la relación de Pérez de Guzmán) es el caso atípico del caballero de la orden de la Banda Juan Martínez Roco, del que se conserva testamento redactado en 1401 y que, según se calcula por las referencias familiares que transmite, moriría ¡con más de 100 años![48]. Todos estos personajes serán víctimas de la decadencia física y, en algún caso, de la desventura política en forma de caída en desgracia del rey y en el destierro. Excepcional parece el caso de Pedro Suárez de Quiñones, muerto de «dolencia natural, muerte pacífica y sosegada», lo que le diferenciaba de la vida de la generalidad de los hombres, «llena de trabajos y tribulaciones»[49]. En conclusión: el paradigma de una vejez afortunada, que suele ser poco frecuente, se caracterizaría por una descendencia numerosa e intacta[50].

Años más tarde, Fernando del Pulgar († 1493) nos legaría otra similar galería de personajes —*Claros varones de Castilla*— con semblanzas de veinticinco miembros de la nobleza y la clerecía castellanas. De diecisiete de ellos se dice la edad en la que mueren. Los 60 los alcanzan el arzobispo Alfonso Carrillo y Alfonso de Santa María,

---

[47] Véase para ello Fernán Pérez de Guzmán, *Generaciones y semblanzas,* recogido al final del vol. 68 de BAE, Madrid, 1953, entre las págs. 702 y 710. Contrastaría con la más limitada edad de los monarcas a los que sirvieron: Enrique III, muerto a los 27 años, y Juan II, a los 49.

[48] Referencia recogida por A. del Solar y Taboada y J. de Rújula y de Ochotorena, *Juan Martín Roco. Señor de Campofrío. Su testamento y apuntes sobre su familia,* Badajoz, Tipografía y Librería viuda de Antonio Arqueros, 1928, pág. 36.

[49] Fernán Pérez de Guzmán, *Generaciones y semblanzas, op. cit.,* pág. 708.

[50] R. Homet, *Los viejos y la vejez...*, *op. cit.,* págs. 206-207.

obispo de Burgos. A los 65 llegan el marqués de Santillana Íñigo López de Mendoza, el conde de Cifuentes Juan de Silva y el duque del Infantado Diego Hurtado de Mendoza. Los 70 los alcanzan el conde de Haro Pero Fernández de Velasco, Rodrigo de Villandrando, el conde de Plasencia Pedro de Estúñiga, el maestre de Santiago Rodrigo Manrique y el obispo de Córdoba don Tello. A los 80 mueren el cardenal Juan de Torquemada y el cardenal de Sant Angelo Juan de Carvajal. Por debajo de los 60 quedan el rey Enrique IV (muerto a los 50); Alfonso Fonseca, arzobispo de Sevilla, que muere a los 55, y Alfonso, obispo de Ávila, que también fallece a los 55. El conde de Medinaceli Gastón de la Cerda es el que muere a más baja edad: a los 40[51]. El interés de Del Pulgar por la ancianidad se manifiesta considerándola una etapa peculiar que, en ciertos casos, merece ser presentada como paradigma[52]. Otro autor castellano de la época, Alonso de Cartagena, hace de la senectud del rey un signo de autoridad[53].

Si nos atenemos a las edades alcanzadas por los reyes castellanos desde finales del siglo XIII, nos encontraríamos con el siguiente panorama. Alfonso X muere muy excepcionalmente a los 63 años en 1284. Sus descendientes a lo largo de siglo y pico no alcanzarán la cincuentena. Sancho IV muere en 1295 a los 38 años; Fernando IV, en 1312 a los 26; Alfonso XI, en 1350 a los 39; Pedro I, en 1368 a los 35; Enrique II, en 1379 a los 45; Juan I, en 1390 a los 32; Enrique III, en 1406 a los 27; Juan II, en 1454 a los 49; Enrique IV, en 1474 a los 49. Isabel la Católica en 1504 alcanza ya los 53. Su esposo Fernando II de Aragón (V en el ordinal castellano) muere en 1516 a los 64, edad que para entonces se podía considerar ya avanzada. Al antepasado de ambos, el infante castellano Fernando «el de

---

[51] Comprobar en Fernando del Pulgar, *Claros varones de Castilla,* Madrid, Austral, 1948. (El cronista recoge algunas pequeñas imprecisiones, como la referida a la edad alcanzada por Enrique IV, que murió con 49 años).

[52] R. Homet, *Los viejos y la vejez..., op. cit.,* pág. 210.

[53] L. Fernández Gallardo, «Idea de la historia y proyecto iconográfico en la *Anacephaleosis* de Alonso de Cartagena», *Anuario de Estudios Medievales,* 40/1, enero-junio de 2010, pág. 343.

Antequera», regente de su sobrino Juan II y elegido para ocupar el trono aragonés en el Compromiso de Caspe (1412), le cupo un destino similar al de su hermano Enrique III «el Doliente». De salud también quebradiza, se vio afectado por fiebres tercianas *(ciciones,* según las crónicas) y por un tumor en la ingle entre 1407 y 1411. Ya como rey de la Corona de Aragón, los males se convertirán en permanentes («dolor de Ygada», litiasis renal posiblemente) hasta su fallecimiento en 1416 a la edad de tan solo 35 años[54]. Las limitadas esperanzas de vida de muchos de estos monarcas darán pie a diferentes períodos de regencia, poco propicios para mantener la estabilidad política del reino[55].

Las ventajas de una avanzada edad son objeto de atención en esta misma época por parte del marqués de Santillana, quien dice:

> Non te desplega la edat
> Postrimera
> Como sea la carrera
> De bondat
> ¡O, modesta vejedat.
> Qual resfría
> Los vicios de mançebía
> E moçedat![56].

Frente al respeto que según algunos debe merecer una vejez —ya lo sea plena e incluso feliz, ya lo sea sacudida por contratiempos de la vida—, el Medievo mostró otra cara mucho menos complaciente.

---

[54] En lo referente a la mala salud del personaje, véanse los datos recogidos por S. González Sánchez, *Fernando I, regente de Castilla y rey de Aragón (1407-1416),* Gijón, Trea, 2012, págs. 201-206.

[55] Caso típico el de María de Molina, que hubo de ejercer como reina en varias ocasiones: una como esposa de Sancho IV y dos como regente de su hijo Fernando IV y luego de su nieto Alfonso XI. Un clásico sobre este personaje es el de M. Gaibrois, *María de Molina, tres veces reina,* Madrid, Espasa Calpe, 1936.

[56] Marqués de Santillana, «De senetut o vejez», en *Poesías completas* (II), *op. cit.,* pág. 73.

Será la que nos transmite, por ejemplo, Andrés el Capellán en su conocido tratado sobre las prácticas amatorias (segunda mitad del siglo XII), en donde duda de la capacidad de los varones a partir de los 60 años y de las mujeres desde los 50. Aunque puedan tener relaciones amorosas, sostiene, ello no supone aptitud para el amor, ya que la pérdida de fuerzas lleva al hombre a diversas inquietudes y a todo tipo de enfermedades, con lo cual «no le queda más consuelo que comer y beber»[57]. Y será también la imagen reflejada en la literatura burlesca que hace de la vejez objeto de escarnio: esas segundas nupcias de un viejo con una mujer mucho más joven, esos defectos (la avaricia[58], el rencor) que se van agudizando con los años...

G. Minois ha afirmado categóricamente que el anciano que había adquirido un reconocimiento en los siglos XIV y XV caerá en la caricatura en el siglo XVI, que exalta la belleza y la juventud a través de humanistas y cortesanos[59].

---

[57] Andrés el Capellán, *De amore. Tratado sobre el amor* (ed. de I. Creixell), Barcelona, Quaderns Crema, 1985, pág. 67.
[58] Fernando del Pulgar pone como ejemplo al conde de Cifuentes Juan de Silva en *Claros varones de Castilla, op. cit.,* pág. 70.
[59] G. Minois, *Historia de la vejez, op. cit.,* págs. 327 y 338.

Capítulo IV

Las asechanzas de la muerte: grandes fenómenos colectivos más allá de la edad de las gentes

Tres fantasmas que recorren la Europa medieval no harían particular distinción entre jóvenes y viejos. Las gentes de entonces invocaban al Altísimo para conjurarlos: «De la peste, el hambre y la guerra, libéranos, Señor».

La conjunción de estas tres calamidades[1] provocaría en Europa entre mediados del siglo XIV y mediados del XV una brutal regresión demográfica. Henri Pirenne hace ya casi un siglo afirmó que: «Se puede considerar el principio del siglo XIV como el término del período de expansión de la economía medieval»[2]. Tal sentencia habría de manifestarse extraordinariamente fructífera. Algunos años

---

[1] Sobre tal conjunción tratamos en E. Mitre, *Fantasmas de la sociedad medieval. Enfermedad. Peste. Muerte, op. cit., passim.* Con posterioridad, uno de los grandes especialistas en nazismo, R. J. Evans, ha aseverado: «Los Cuatro Jinetes del Apocalipsis —Peste, Guerra, Hambre y Muerte— siempre han cabalgado juntos. A lo largo de la historia, los conflictos bélicos han llevado consigo la muerte no solo en el campo de batalla, sino también por inanición y por la propagación de enfermedades», *El Tercer Reich en la historia y la memoria,* Barcelona, Pasado y Presente, 2015, pág. 203.

[2] H. Pirenne, *Historia económica y social de la Edad Media,* México, FCE, 1963, pág. 140 (la edición original en francés data de 1933).

más tarde otro autor, E. Perroy, dio a la luz un artículo en el que hablaba de la sucesión de varias crisis: la alimenticia entre 1315 y 1320, la financiera entre 1333-1345 y la demográfica entre 1348 y 1350[3]. Con posterioridad, un clásico de la demografía histórica dio para el Occidente una cifra de 73,5 millones de habitantes en 1340, y de tan solo 50 en 1450, momento a partir del cual se produciría una lenta recuperación[4]. La idea de un mundo en crisis (se la ha calificado de sistémica)[5] en el que se contrajeron drásticamente las cifras de población viene siendo tema de permanente debate. Aunque no vayamos a remitirnos a lo que tiene de discusión historiográfica, en la que cuentan mucho las diferencias territoriales[6], sí queremos hacer algunas consideraciones sobre tres catástrofes que, en buena lógica, tuvieron que incidir sobre la visión de la muerte como el fenómeno humano más universal.

La peste y otras enfermedades

El término «peste» designa, de forma genérica, aquellas enfermedades particularmente letales con enorme capacidad de contagio. En lugar preferente figuraría la Peste Negra *(Black Death* en la terminología anglosajona, *Yersinia pestis* en la jerga científica), de la cual, y para el pano-

---

[3] E. Perroy, «À l'origine d'une économie contractée: les crises du XIV siècle», *AESC,* 4, 1949, págs. 167-182.

[4] J. C. Russell, «La población de Europa del año 500 al 1500», en C. M. Cipolla (ed.), *Historia económica de Europa (1). La Edad Media,* Barcelona, Ariel, 1981, pág. 38 (la edición original de este artículo en inglés data de 1969).

[5] Cfr. G. Bois, *La grande dépression médiévale, XIV et XV siècles. Le précédent d'une crise systémique,* París, PUF, 2000.

[6] A título de ejemplo, véase la recopilación de trabajos llevada a cabo por F. Seibt y W. Eberhard, *Europa 1400. La crisis de la Baja Edad Media,* Barcelona, Crítica, 1993 (original de 1984). Para el caso del condado de Flandes se ha considerado que el hambre de 1316, que se cobraría un 10 por 100 de la población, sería el auténtico punto de partida de la crisis, más que la tragedia de 1348-1349; E. Aerts y E. Van Cauwenberghe, «El condado de Flandes y la llamada depresión bajomedieval», *ibíd.,* pág. 85.

rama europeo, se han distinguido varias oleadas especialmente mortales. Será la propagada en Atenas en tiempo de Pericles durante la primera guerra del Peloponeso (siglo IV a.C.). Será la difundida por el Imperio Romano desde finales del siglo II que algunos autores consideran síntoma inicial de la decadencia de esta magna construcción política. Será la conocida como «peste justinianea», extendida por el mundo mediterráneo a mediados del siglo VI con una serie de recurrencias posteriores[7]. Y, sobre todo, la gran epidemia de mediados del siglo XIV propagada desde el corazón de Asia hacia el oeste del continente, hacia el Oriente Medio, norte de África y el Occidente europeo en general[8].

Los científicos suelen distinguir tres formas de desarrollo de la enfermedad: la bubónica (aparición de tumores, particularmente en las ingles, razón por la que se la conoce también como peste inguinal), la pulmonar (afección del aparato respiratorio) y la septicémica, que afecta al torrente sanguíneo conduciendo irremediablemente a la muerte. Algo así recoge la introducción de Boccaccio a su más conocida obra. En ella nos hace una dramática descripción de cómo se cebó la epidemia en la Florencia de 1348, en donde perecían casi todos los afectados tres días después de contraer el mal[9]. Algunos cálculos dan para el conjunto de Toscana un decrecimiento de la población entre 1330 y 1427 de un millón de almas a cerca de cua-

---

[7] Para su incidencia en la España visigoda, véase P. Fuentes Hinojo, «Las grandes epidemias en la temprana Edad Media y su proyección en la Península Ibérica», *En la España Medieval*, 15, 1992.

[8] Entre las obras de conjunto sobre este fenómeno, véanse R. S. Gottfried, *The Black Death,* Londres, MacMillan, 1986; O. J. Benedictow, *The Black Death, 1346-1553. The Complete History,* Woodbridge, The Boydell Press, 2004. Para el caso general hispánico una buena aproximación la facilitó hace ya años J. Sobrequés, «La Peste Negra en la Península Ibérica», *AEM,* 7, 1970-1971, págs. 67-102. Para el caso regional castellano, véanse los distintos trabajos al respecto de A. Vaca, entre ellos: «La peste negra en Castilla. La primera et grande pestilencia que es llamada mortandad grande», *Fundación,* núm. 4, 2001-2002, págs. 19-50. Desde una óptica eminentemente médica, véase M. V. Amasuno, *La peste en la Corona de Castilla durante la segunda mitad del siglo XIV,* Salamanca, Junta de Castilla y León, 1996.

[9] G. Boccaccio, *El Decamerón* (ed. de J. G. de Luaces), Barcelona, Plaza y Janés, 1973, pág. 14.

trocientas mil[10]. Como obligada referencia, los autores de la época cifran en un tercio de la humanidad las bajas causadas por la extensión del mal entre 1348 y 1351. En esa dirección, por ejemplo, se manifiestan en esa última fecha los agentes del papa Clemente VI, que calcularon en casi 24 millones el número de bajas en la Europa cristiana[11]. Algún medievalista de nuestra época que considera la peste de 1348 como «uno de los acontecimientos más catastróficos de nuestra historia» puso sin embargo en guardia sobre las excesivas generalizaciones, ya que los accidentes graves no resultan fáciles de definir, y «ni siquiera de manera aproximada las fluctuaciones accidentales o fundamentales»[12].

Frente a la Peste Negra, la sociedad, y la ciencia médica en especial, manifiestan su absoluta impotencia. Echar mano de causas como la corrupción del aire o ciertas conjunciones astrológicas es fenómeno tan extendido como inoperante. La peste reaparecerá en el Occidente en años sucesivos aunque bajo formas más localizadas. En Castilla, entre finales del XIV e inicios del XV (reinado de Enrique III), algunas referencias resultan bastantes ilustrativas. Es el caso del brote epidémico que se produjo en Madrid en 1393 y que obligó a la corte a abandonar el lugar «por quanto la villa non estaba sana de pestilencia que avía en ella». Interesantes son también en esas fechas los incentivos en pro de una recuperación demográfica que se considera severamente amenazada, aunque no siempre se responsabilice a factores pestíferos. Ejemplo de ellos son la concesión de ciertas exenciones fiscales a varias poblaciones afectadas por despoblación, la creación de ferias en Vitoria, adelantamiento de Cazorla o Béjar o la liberalización de la ley que prohibía a las viudas contraer matrimonio antes de transcurrir un año desde la muerte del esposo...[13]. Contundente es

---

[10] Citado por A. von Müller, «Entre la crisis y las crisis: La sociedad en Italia hacia 1400», en F. Seibt y W. Eberhard (eds.), *Europa 1400, op. cit.,* pág. 209.

[11] Recogido por R. S. Gottfried, *The Black Death, op. cit.,* pág. 77. Desglosándolo por regiones, O. J. Benedictow corrige al alza los efectos de la epidemia.

[12] J. Heers, *Occidente durante los siglos XIV y XV. Aspectos económicos y sociales,* Barcelona, Labor, 1976, págs. 337-338.

[13] Hace ya bastantes años abordamos el tema en «Algunas cuestiones demográficas en la Castilla de fines del siglo XIV», *AEM,* 7, 1970-1971, págs. 615-621.

el ejemplo que facilita París en 1433, fecha para la que se habla de: «una epidemia de bubones que fue tan larga y violenta como no se conocía desde 1348. Las sangrías, lavados y cuidados eran inútiles y aquel a quien alcanzaba la epidemia no podía más que morirse»[14].

Para algunos la Peste Negra en torno a ese trágico 1348 fue una «epidemia proletaria», por considerarse que afectó con especial virulencia a los grupos más desheredados (aparte de a los de menor edad). Es más que probable que así fuera, aunque solo porque el número de sus miembros era mucho más alto que el de los pertenecientes a las categorías socialmente más favorecidas. Estas —como ocurre con los acomodados jóvenes de los cuentos del *Decamerón*— disponían del recurso de retirarse al campo, donde, se suponía, el aire era más puro que en las ciudades atestadas y por ende con condiciones de salubridad menores. Los grupos privilegiados, no obstante, no se libraron tampoco de la plaga. Echando mano de la retórica podría decirse que pocas veces como en estos momentos se pudo ver ese sentido nivelador de la muerte. Lo probaría así el fin del rey Alfonso XI de Castilla, víctima del mal durante el asedio al que había sometido a la plaza de Gibraltar y que los suyos hubieron de levantar[15].

Otras enfermedades[16] se mostraron también especialmente letales. Es el caso de la lepra, objeto de especial rechazo social porque convierte al afectado, sometido a un estricto aislamiento, en una especie de muerto en vida[17]. También de la tisis (conocida a veces como *peste blanca).* Y de la viruela y el ergotismo, conocido como mal de los ardientes o fuego de San Antonio, producido por la in-

---

[14] *Journal d'un bourgeois de Paris, op. cit.,* pág. 327.

[15] «Crónica del rey Don Alfonso el onceno», en *Crónicas de los reyes de Castilla,* I, t. 66, Madrid, BAE, 1953, págs. 391 y ss.

[16] Para las enfermedades en general existe una abundante bibliografía. Interesantes son las colaboraciones de distintos especialistas en el número monográfico de la revista *L'Histoire,* coordinado por J. Le Goff y Ch. Sournia, *Les maladies ont une histoire,* París, Seuil, 1985. Una panorámica para el Medievo la recogimos en E. Mitre, *Fantasmas de la sociedad medieval, op. cit., passim.*

[17] Sobre esta particular afección, véase F. Bériac, *Histoire des lépreux au Moyen Âge. Une société d'exclus,* París, Imago, 1988.

gesta de pan de centeno contaminado por cornezuelo. Extendidas asimismo a lo largo de todo el Medievo estarán diversas formas de afección palúdica como las que sacudían a la población de Roma, propagadas desde las llamadas marismas pontinas que rodeaban la capital de la cristiandad[18].

Hambre y hambruna

El hambre constituye un fenómeno hacia el que los historiadores no se han mostrado ni mucho menos indiferentes[19]. La Europa medieval fue terreno abonado para la extensión de esta plaga como factor desestabilizador de una demografía excesivamente vulnerable. Numerosos factores contribuirán a mantenerla y difundirla. Los textos de la época nos hablan con cierta regularidad de inclemencias meteorológicas, como el inesperado exceso de lluvias, el pedrisco, denominado a veces «fortuna de piedra», y puntuales inviernos excesivamente fríos o veranos particularmente calurosos. A ello se añadirían el escaso desarrollo del utillaje agrícola y de los fertilizantes o la deficiente red de distribución, agravada por la multiplicidad de

---

[18] Esta plaga desintegró al ejército invasor del emperador Federico Barbarroja en 1167 matando, entre otros, al canciller Reinaldo de Dassel, firme defensor de las prerrogativas imperiales. Considerando el hecho como un castigo de la divinidad, Tomás Becket se pronunciaría de forma categórica: «Jamás se ha visto el poder de Dios más manifiesto»; recogido por B. Llorca, R. García Villoslada y F. J. Montalbán, *Historia de la Iglesia católica II (La Edad Media),* Madrid, BAC, 1963, pág. 450.

[19] Al menos desde la publicación de la obra pionera del geógrafo e historiador alemán Fritz Curschmann, *Hungersnöte im Mittelalter.* Va referida a la situación de Alemania entre los siglos VIII y XIII. Original de 1900, reimpresa en 2014. Véase también la brillante síntesis de M. Montanari, *El hambre y la abundancia. Historia y cultura de la alimentación en Europa,* Barcelona, Crítica, 1993. Una acertada puesta al día se recoge en el artículo de P. Benito i Monclús, «Crisis alimenticias en la Edad Media: caracteres generales, distinciones y paradigmas interpretativos», en *Comer, beber, vivir: consumo y niveles de vida en la Edad Media hispánica* (XXI Semana de Estudios Medievales), Nájera, Logroño, 2011, págs. 123-158.

poderes locales y la inseguridad de los caminos y acrecentada por los endémicos conflictos bélicos. Desde un punto de vista esencialmente ecologista se han considerado también fenómenos como el agotamiento de algunos suelos por unas prácticas agrarias poco racionales; e incluso se ha jugado con auténticas alteraciones climáticas[20] a las que cronistas del momento pueden referirse en términos apocalípticos[21]. O, ¿por qué no?, con un matiz pintoresco contamos con la descripción del gélido invierno de 1468, momento en el que se vivía bajo lo que algunos especialistas consideran una «pequeña glaciaciación». En la zona de París, se recuerda, la temperatura descendió hasta el punto de que el vino se heló y hubo que cortarlo con hacha y transportar sus témpanos no en barricas, odres o vasijas, sino en los cubrecabezas[22].

La productividad de la tierra, en consonancia con todas estas limitaciones, se mantuvo a bajo nivel a lo largo de todo el Medievo, aunque hubiera épocas de una relativa mejora. G. Duby habló hace años de una elevación del rendimiento de las semillas entre el siglo IX y el XIII: desde en torno a un 2,5 a por lo menos el 4 en los casos menos favorables[23]. Este mismo autor destacó la incapacidad de un auténtico progreso agrícola para alimentar a una población que mantuvo en ese período un crecimiento sostenido[24]. Más aún, la extensión del terreno cultivado a costa de la tala de árboles puede tener un efecto contradictorio: las zonas incultas eran también importantes para la subsistencia diaria. Se

---

[20] Al hilo de la debatida obra pionera de E. Le Roy Ladurie, *Histoire du climat depuis l'an mil*, París, Flammarion, 1967.

[21] En fecha temprana (siglo V) el cronista Idacio, obispo de Aquae Flaviae (actual Chaves), habla, al compás de las migraciones germánicas, de alteración en el curso de las estaciones que produce una «mutación de aires y de frutos»; J. Campos, *Idacio, obispo de Chaves. Su Cronicón*, Salamanca, Ediciones Calasancias, 1984, pág. 133.

[22] P. Pedelaborde, *Le climat du Bassin parisien*, París, M. T. Génin, 1957, pág. 406; citado en E. Le Roy Ladurie, *Histoire du climat...*, *op. cit.*, pág. 252.

[23] G. Duby, *Economía rural y vida campesina en el Occidente medieval*, Barcelona, Península, 1968, pág. 143.

[24] Habla, incluso, de un «sobrepoblamiento», *ibíd.*, pág. 167.

produciría así una difícil integración entre los sectores agrario y silvopastoril[25].

Una evolución zigzagueante en cuanto a escasez y hambrunas la resume M. Montanari, que advierte que el siglo XI (1042, 1076, 1089 o 1094) conoció algunos brotes letales causados fundamentalmente por el cornezuelo (el ergotismo que contaminaba el centeno). «Luego llegaron los éxitos: a partir del siglo XII parece que disminuyen la frecuencia e intensidad de las hambres, y la situación alimentaria parece consolidarse»[26]...; con las limitaciones que conviene advertir, ya que la situación de subalimentación casi crónica en amplias capas de la sociedad facilita ejemplos dramáticos. En algunos casos se tratará de crisis localizadas, pero en otros serán auténticas hambrunas. Remitámonos a algunos ejemplos suficientemente documentados.

Un texto referente al período en torno a 1033 (año de pluviosidad desacostumbrada que hizo muy difícil la siembra) nos habla de forma truculenta de la hambruna que desembocó en ciertas regiones de Francia en episodios de antropofagia: caminantes que eran asaltados en su viaje «por individuos más fuertes que ellos, desmembrados y devorados una vez cocinados al fuego»[27]. A lo largo del siglo XII algunas hambrunas devastaron Toscana y el norte de Italia: 1162, 1172, 1177-1178 y 1181-1183[28]. Carácter continental adquieren las hambrunas 1093-1095, 1194-1197 y 1257-1260[29]. Algún exitoso episodio político-militar, cual fue para Castilla la batalla de las Navas de Tolosa (1212), se vio oscurecido por una terrible escasez de alimentos que padeció el reino en los meses siguientes; lo que dio lugar a que «querien los omnes pan et auiendo muy mester et non

---

[25] M. Montanari, *El hambre y la abundancia*, op. cit., págs. 46-47.
[26] *Ibíd.*, pág. 50.
[27] Raúl Glaber, *Historias del primer milenio* (ed. de J. Torres Prieto), Madrid, CSIC, 2004, pág. 225.
[28] Según recogen los *Annales Pisani*, citado por P. Benito i Monclús, «Crisis alimentarias en la Edad Media», art. cit., pág. 129.
[29] *Ibíd.*, pág. 147.

fallavan quien lo ouiesse que ge lo diesse, et muriense de fambre los omnes por las plaças et por las carreras». Desastre que provocó que «el noble rey don Alffonsso non se pudo detener de sus sabidurías buenas que tenie asmadas en el coraçon»[30].

Bien documentada está la gran hambre que sacudió al condado de Flandes en los inicios del siglo XIV, preámbulo de las distintas catástrofes que iban a sacudir Occidente en años inmediatos[31]. En Inglaterra la situación será también dramática[32], como en el conjunto de Europa. Así, en territorio navarro, la conjunción de escasez y epidemia se sucedería en el siglo XIV con veinticinco años de penuria a lo largo de cuarenta y seis años del siglo XIV: particularmente duros serán los años 1315-1317, 1328-1330, 1333-1336, 1342 y 1347[33]. Para el mundo ibérico sería la hambruna de 1333-1334, y para el ámbito mediterráneo, la que se produce en 1374-1375[34].

Peste y hambre, que fueron flagelos del Medievo, lo serán también de los tiempos modernos. Así, para la España entre 1599 y 1601 dirá Mateo Alemán que «el hambre de Andalucía enlaza con la peste que baja desde Castilla»[35]. A conjurar estos dos terribles males de la sociedad europea contribuirían poderosamente dos aportes. De una parte: los avances científicos logrados desde

---

[30] Alfonso X el Sabio, *Primera crónica general de España* (ed. de R. Menéndez Pidal), Madrid, Gredos, 1977, pág. 706.

[31] H. van Werveke, «La famine de l'an 1316 en Flandre et dans les régions voisines», *Revue du Nord*, XLI, 1959, págs. 5-14. Para Brujas, con una población de 35.000 personas, se registrarían casi 2.000 víctimas. A ampliar con otro trabajo posterior de W. C. Jordan, *The Great Famine. Northern Europe in the Early Fourteenth Century*, Princeton, Princeton University Press, 1996.

[32] I. Kershaw, «The Great Famine and Agrarian Crisis in England (1315-1322)», *Past and Present*, 59, 1973, págs. 3-50.

[33] Excelente para el reino de Navarra el estudio de M. Berthe, *Famines et épidémies dans les campagnes navarraises à la fin du Moyen Âge*, París, ASFIED, 1984.

[34] Recogido en P. Benito i Monclús, «Crisis alimenticias en la Edad Media...», art. cit., pág. 147. Al año 1333 se le llamaría el «mal any primer» como expresión del largo período de depresión que le sucedería.

[35] Recogido por P. Vilar, «El tiempo del Quijote», en VV.AA., *La decadencia económica del Imperio*, Madrid, Alianza Editorial, 1973, pág. 115.

el siglo XVIII en adelante en terrenos como la medicina y la microbiología. De otra, la revolución agraria, que logra un notable avance en la productividad de la tierra y a la que se unirán los productos de la explotación colonial de los territorios de ultramar. Brotes como la terrible hambruna irlandesa de mediados del siglo XIX[36] o la mal llamada «gripe española», inmediatamente posterior a la Gran Guerra de 1914-1918, constituirán dramáticas alarmas puntuales que no lograrán comprometer estructuralmente la gran expansión demográfica de los últimos siglos[37].

LA GUERRA COMO FUERZA ACTIVADORA DE LA MORTALIDAD

La guerra en el Medievo (como en todo momento de la historia) no solo destruía vidas y todo tipo de bienes sino que contribuía a alimentar esas otras dos bestias apocalípticas que eran las enfermedades epidémicas y el hambre. Valga constatar dos ejemplos. La difusión de la Peste Negra en la Europa de mediados del siglo XIV tuvo su origen en una acción bélica que constituye un primer episodio de guerra bacteriológica. Se desarrolló durante el cerco de la colonia genovesa de Caffa en Crimea por un ejército tártaro que arrojó contra los sitiados cuerpos de personas muertas a causa de la peste. La plaza no se rindió, pero sus vecinos, ya contaminados, extenderían en sus viajes hacia el Occidente el mal que habían incubado con los efectos ya reseñados[38]. Años después, una conjunción de las tres ca-

---

[36] Producto más de la desidia que de la mala fe de las autoridades políticas de la isla. Mayor intencionalidad se dará en otras situaciones. Así en el bloqueo naval que los aliados impusieron a la Alemania guillermina en los últimos años de la Gran Guerra, que provocó en la Europa Central, de forma directa o inducida, varios cientos de miles de muertos por infraalimentación. O en la aplicación de la criminal política agraria de Stalin en territorio ucraniano a principios de los años treinta que dio lugar a una desoladora hambruna *(Holodomor,* especie de holocausto por hambre) con un conjunto de bajas cifrado entre el millón y los diez millones.

[37] Sintetizado en E. Mitre, *Fantasmas de la sociedad medieval...*, op. cit., págs. 109-110.

[38] E. S. Gottfried, *The Black Death,* op. cit., págs. 36-37.

lamidades se dará en el cerco que pusieron las tropas de Juan I de Castilla a Lisboa en 1384. (Fue un episodio de la guerra de sucesión portuguesa acaecida a la muerte de Fernando I, último monarca de la dinastía de Borgoña). Si a los sitiados les acosaba el hambre, a los sitiadores lo hacía la peste, que se cobró un elevado número de víctimas. Al final el hambre —los lisboetas consiguieron ser reabastecidos por mar— se sobrepuso a la peste y las fuerzas castellanas se vieron obligadas a regresar a sus bases de partida dejando en su camino un trágico reguero de muertos[39].

(Las diferencias de la guerra con las otras dos calamidades están en que con el discurrir de los siglos no se ha conseguido evitar la conflictividad bélica. Por el contrario, se ha hecho más letal en razón del continuado desarrollo del armamento y de que la guerra es siempre resultado de una voluntad humana auténticamente «programadora» de la muerte. Las guerras del siglo XX, por ejemplo, han sido, de forma directa o indirecta, las causantes principales del mayor número de muertos habidos en el continente europeo. Tal circunstancia nos lleva a desarrollar este punto en un posterior capítulo en el que hablaremos de la muerte violenta en su dimensión colectiva).

Los despoblados: un fenómeno con diversas causas

Para cerrar este capítulo conviene tener en cuenta un hecho.
Fenómeno concomitante a la regresión demográfica es la proliferación de despoblados en la geografía europea. Se trata de un hecho que ya se dio en el Bajo Imperio Romano, que conoció también una notable quiebra poblacional desde el siglo III. Se reflejó en la existencia de tierras abandonadas conocidas como *agri deserti* que las autoridades pretendieron reocupar con el establecimiento de colonias de campesinos-soldados reclutados muchas veces más allá de las fronteras. Con el tiempo esos colonos podían llegar a convertirse

---

[39] Pero López de Ayala, «Crónica del rey Don Juan primero de Castilla e de León», en *Crónicas de los reyes de Castilla,* II, vol. 68, Madrid, BAE, 1953, pág. 92.

en auténticos poseedores del predio explotado[40]. Para el Medievo —especialmente en esa Baja Edad Media de demografía tan castigada— se habla de *villages désertés* en Francia, de *masos ronecs* en Cataluña, de *lost villages* en Inglaterra, de *wüstungen* en Alemania y de lugares *hermados e astragados* en la Corona de Castilla[41].

No obstante, la desaparición de la población en esos territorios no siempre se ha debido a la muerte de sus vecinos por causa de esa trilogía maldita de la guerra, el hambre y la peste a la que venimos refiriéndonos. Para los inicios de la Reconquista, Sánchez Albornoz, en una brillante y muy discutida obra, habló de una política de los primeros monarcas astures consistente en arrastrar a las poblaciones del Duero hacia los reductos del norte a fin de crear un «yermo estratégico» que de momento protegiese al pequeño reino cristiano del joven y pujante poder islámico[42]. Para el Bajo Medievo, la visión catastrofista que asocia despoblados poco menos que con exterminio de la población ha sido considerablemente matizada, aunque ello suponga muchas veces una degradación del estatus de esta. Puede tratarse de simples desplazamientos de poblaciones que, por efecto de la guerra misma, busquen lugares más seguros. Puede tratarse del abandono de ciertas poblaciones cuyos habitantes se desplacen en busca de lugares de mayor fertilidad o simplemente emigren a las ciudades. La presión señorial está también en la raíz del abandono de su tierra original por comunidades de vecinos que optan por desplazarse a zonas más prometedoras. El nomadismo ganadero y su antítesis, la extensión de prados cercados, colaborarían también a esa desocupación, que lo es muchas veces de reorganización —con frecuencia un tanto brutal— del espacio. Dos territorios del Occi-

---

[40] C. R. Whittaker, «Agri deserti», en M. Finley (ed.), *Studies in Roman Property*, Cambridge, Cambridge University Press, 1976, págs. 137-165 y 193-200.

[41] Capital para el estudio de este fenómeno fue el encuentro de historiadores en torno al tema *Villages désertés et histoire économique (XI-XVIII siècles). Les hommes et la terre,* París, SEVPEN, 1965. Para territorio castellano gran interés tiene, entre otros del mismo autor, el trabajo de N. Cabrillana, «Los despoblados en Castilla la Vieja», *Hispania*, 1971, págs. 485-550.

[42] C. Sánchez Albornoz, *Despoblación y repoblación del Valle del Duero,* Buenos Aires, Instituto de Historia de España, 1966.

dente pueden facilitarnos buenos ejemplos de lo que la desocupación del espacio supone en virtud de esa pluralidad de factores.

Para el caso castellano resulta de especial interés la reunión de cortes en Valladolid en 1351 en el inicio del reinado de Pedro I. La epidemia que estaba causando graves estragos está en el origen de una serie de medidas (aunque para su promulgación cuenten también otros factores), entre ellas la redacción de un detallado catastro que revela cuáles eran la situación y las peripecias que atravesaba una parte del reino: el *Libro becerro de las behetrías de Castilla*[43]. Situación y peripecias en lo que concierne a disputas jurisdiccionales, pero también en lo que se refiere a las posibles alteraciones demográficas. Para un caso concreto —el del obispado de Palencia, que, aunque no coincida con la actual provincia de este nombre, tendría a mediados del XIV una extensión similar— Nicolás Cabrillana detectó que entre los años 1345 y 1353 desaparecerían hasta 82 lugares de los 460 que integraban esta jurisdicción eclesiástica. Aunque tal despoblación no se debiera exclusivamente a la peste, cabe pensar que este sería un importante factor[44]. Ya en el ocaso del siglo XIV, la localidad de Benavente presenta un buen ejemplo de lo que la guerra y la presión señorial han significado de cara a una drástica disminución del número de vecinos. En un memorial de agravios dirigido al rey, las quejas se centran en los efectos de la invasión angloportuguesa sufrida por la localidad después de la derrota castellana en Aljubarrota y, sobre todo, en los abusos del exiliado portugués Juan Alfonso Pimentel, a quien Juan I de Castilla convirtió en señor del lugar. La suma de distintos atropellos (entre ellos forzar a contraer matrimonio a gentes de la localidad con miembros del séquito del

---

[43] Una importante edición de esta obra, con estudio y texto crítico, se debe a Gonzalo Martínez Díez, León, Centro de Estudios e Investigación San Isidro, 1981. Sobre esta particular institución señorial una de las obras más sólidas es la de C. Estepa, *Las behetrías castellanas,* 2 vols., Valladolid, Junta de Castilla y León, 2003.

[44] N. Cabrillana, «La crisis del siglo XIV en Castilla: La Peste negra en el obispado de Palencia», *Hispania,* 109, 1968, págs. 245-258; información recogida por L. V. Díaz Martín, *Pedro I (1350-1369),* Palencia, La Olmeda, 1995, págs. 90-92 y 345.

señor) culmina en que Benavente «se yerma de cada día» hasta «la metad de los omes e casas desta villa»[45].

En el caso de Inglaterra, se ha citado como ejemplo la aldea de Tusmore, en el condado de Oxford. En 1279 contaba con treinta y tres familias campesinas y en 1357 estaba vacía. El señor recibió permiso para cercar el lugar y convertir su tierra en pasto[46]. Para un arco cronológico amplio (entre 1086, fecha de redacción del *Domesday Book*, y 1900), desaparecen más de mil aldeas, buena parte de ellas en los siglos XIV y XV y muy en especial en las Midlands, Yorkshire y Lincolnshire. Consecuencia de este fenómeno será un masivo proceso de cercamiento de tierras *(enclosures)* que protagonizaron los *graziers* o *depopulators,* generalmente burgueses ricos de las ciudades y monasterios que impulsaron el paso de una economía que primaba la agricultura a otra que lo hacía con la ganadería[47].

---

[45] Algunas observaciones sobre este memorial se hicieron en E. Mitre, *Evolución de la nobleza en Castilla bajo Enrique III,* Valladolid, Universidad de Valladolid, 1968, págs. 88-89. Con detalle fue tratado por J. Valdeón, *Los conflictos sociales en el reino de Castilla en los siglos XIV y XV,* Madrid, Siglo XXI, 1975, págs. 117-124.

[46] Recogido por G. Duby, *Economía rural y vida campesina..., op. cit.,* pág. 391.

[47] B. H. Slicher Van Bath, *Historia agraria de Europa Occidental (500-1850),* Barcelona, Península, 1974, pág. 246. También véase A. Meynier, *Los paisajes agrarios,* Bilbao, Moretón, 1968, pág. 171. La gran ofensiva, según M. Bloch, vendrá con el siglo XVIII, cuando los agrónomos ingleses asocien cercamiento de tierras con progreso agrario; *La historia rural francesa. Caracteres originales,* Barcelona, Crítica, 1978, pág. 156. Algunas interesantes consideraciones también en J. Heers, *Occidente durante los siglos XIV y XV, op. cit.,* págs. 36 y ss.

Capítulo V

La muerte y su sentido acerbo[1]

Desde la más estricta óptica cristiana, y para cualquier momento de la historia, morir no dejaba de ser una forma de castigo para la especie humana. No importaba que esa muerte se produjera en la más tierna infancia, en la flor de la juventud, en la más espléndida madurez o en la más acentuada decrepitud.

Algunos autores básicos

Al hablar de la muerte, Isidoro de Sevilla reconoció: «Es acerba la de los niños; prematura la de los jóvenes; justificada o natural la de los ancianos»[2]. Para siglos después, Dante Alighieri resulta

---

[1] En relación con este tema, aparte de los títulos citados en notas anteriores de los que soy autor, véase también E. Mitre, «La muerte primera y las otras muertes. Un discurso para las postrimerías en el Occidente medieval», en J. Aurell y J. Pavón (eds.), *Ante la muerte, op. cit.,* págs. 27-48. Con algunas variantes este tema lo volví a tratar en «Muerte y modelos de muerte en la Edad Media clásica», en el dosier *La muerte y el más allá,* recogido en *Edad Media. Revista de Historia,* núm. 6, 2003-2004, especialmente págs. 11-13.

[2] San Isidoro de Sevilla, *Etimologías,* XI, tomo 2, 32 (ed. de J. Oroz Reta, M. A. Marcos Casquero y M. Díaz y Díaz), Madrid, BAC, 1983, pág. 45.

autor de obligada referencia. Abordaría la muerte, se ha dicho, no tanto en sentido teológico o metafísico como simplemente ético. Según el reconocimiento más común, insiste, había una muerte física, producto de la caducidad de todo lo terrenal y que, dependiendo de la edad en que nos llega, puede ser acerba, prematura y natural. Tras la muerte física se ingresaría en uno de esos tres espacios que correspondían a las tres partes en que Dante dividía su *Divina Comedia:* el Infierno, en donde los réprobos experimentan una metamorfosis regresiva; el Purgatorio, en donde, como reino de la penitencia, se permanece en un estado de pesada ascensión, y el Paraíso, donde la metamorfosis es ya declaradamente progresiva[3].

Como conjuro ante la cercanía de la muerte física, el genial florentino podía evocar no solo las pautas del autor de las *Etimologías,* sino también las de otro autor anterior: Severino Boecio (de final más desdichado que el de Dante), quien redactó su *Consolación de la filosofía* en 524 a la serena espera de su ejecución[4]. Dios con su presciencia contempla nuestros actos recompensando a los buenos y castigando a los malos[5]. La muerte, con todo, siempre podía acarrear el riesgo de la pérdida del renombre de cara a la posteridad[6]. Una idea que, con los correspondientes matices, ha llegado hasta nuestros días.

El lenguaje figurado en torno a la vida y a la muerte tuvo en un autor castellano del ocaso del Medievo un destacado cultivador: Jorge Manrique, con su conocido panegírico a su padre el maestre de Santiago don Rodrigo. La vida tiene en el poeta un triple sentido: el hedonístico es el de la vida corporal, el ético es el del honor que

---

[3] Para el sentido metamorfoseador de esos tres espacios, véase A. Crespo, *Conocer a Dante y su obra,* Barcelona, Dopesa, 1979, págs. 119-137.

[4] E. Auerbach recuerda la lectura que Dante hizo de Boecio durante la redacción de *Convivio,* como consuelo por la pérdida de su amada; *Dante, poeta del mundo terrenal,* Barcelona, Acantilado, 2008, pág. 120.

[5] Boecio, *Consolación de la filosofía* (ed. de P. Masa), Madrid, Sarpe, 1984, pág. 218.

[6] G. H. Allard, «Dante et la mort», en VV.AA., *Le sentiment de la mort au Moyen Âge,* Montreal, Université de Montréal, 1979, págs. 217-221.

permanece y el trascendente es el de la vida eterna para la salvación[7]. Simétricamente a esas tres vidas, la muerte adquiriría también estas tres dimensiones tal y como, hacia 1525, recordaría el maestro Alejo Venegas al insistir en las tres formas de muerte que ponían fin a tres formas de vida: de la naturaleza, de la gracia y de la gloria[8].

(El honor, o la fama, como elemento imperecedero no es tanto, según advirtió en su momento M.ª Rosa Lida, dominio regido por la Iglesia «sino el de la acción, el ambiente caballeresco y cortesano, que, a diferencia del eclesiástico, no cultiva como especial medio de expresión el ejercicio literario»)[9].

El pecado, causa de la muerte

Definida en el terreno más común como separación del cuerpo y el alma, los hombres del saber medievales, que hicieron de la teología la madre de todas las disciplinas, establecieron el origen y razón de la muerte en el pecado; especialmente en ese Pecado con mayúscula que había expulsado del paraíso a nuestros primeros padres (Gen. 3, 21-24)[10]. A la muerte como castigo para el hombre pecador algunos autores añadieron otra suerte de maldición: la que se asociaba a la visión negativa de la vejez. Efrén de Nísibe, doctor de las iglesias de lengua siria del siglo IV, la convertirá en el castigo por excelencia del pecado original. Adán, eternamente joven en el paraíso, se convirtió en un anciano decrépito por su desprecio del orden. Posteriores autores como los anacoretas del Jura en el siglo VI harían también de la vejez y la enfermedad las taras que el hombre

---

[7] Jorge Manrique, «Coplas de Don Jorge Manrique por la muerte de su padre», en *Poesía, op. cit.*, pág. 130.

[8] Alejo Venegas, *Agonía del tránsito de la muerte* (ed. de R. Fiol), Madrid, Rialp, 1969, págs. 25-27.

[9] María Rosa Lida de Malkiel, *La idea de la fama en la Edad Media castellana*, Madrid, FCE, 1983, pág. 133 (la edición original data de 1952).

[10] Un estudio teológico sobre esta cuestión en L. Ligier, *Peché d'Adam, peché du monde*, 2 vols., París, Aubier, 1961. Con un criterio más divulgativo, G. Minois, *Les origines du mal. Une histoire du peché original*, París, Fayard, 2002.

arrastra desde la fatal transgresión cometida por la primera pareja humana a los mandatos de la divinidad. Como contrapartida, el paraíso sería el lugar de eterna juventud para los elegidos[11].

Para forjar esa fundamental relación entre pecado y muerte, la cultura religiosa medieval dispuso de las aportaciones de tres autores de obligada referencia: Pablo de Tarso, Agustín de Hipona y Tomás de Aquino. A ellos habría que añadir otros muchos de menor enjundia.

Para San Pablo: «Por el primer hombre, el pecado entró en el mundo y por el pecado la muerte, y la muerte ha pasado sobre todos los hombres porque todos han pecado» (Rom. 5, 12). El pecado es el aguijón de la muerte (1 Cor. 15, 55-57). El delito de Adán, que sería el prototipo de los pecadores, acarreó, así, una condena a muerte que afecta a todos los hombres. La muerte sería un dato físico, pero también «un signo de maldición que el pecado encierra en sí mismo»[12]. Frente a este castigo, Cristo trae el «indulto y la vida»[13]. Su muerte en la cruz cabría interpretarla como una suerte de expiación sacrificial[14] que permite al apóstol de los gentiles interpelarla en los conocidos términos de: «¡Muerte! ¿Dónde está tu victoria?, ¡muerte! ¿Dónde está tu aguijón?» (1 Cor. 15, 55).

San Agustín, en su más difundida obra, sostendrá que con la caída del primer hombre hemos heredado todos la condición de ser mortales. Ello nos diferencia de los ángeles, que, por ser de distinta naturaleza, aunque pecasen, no estaban abocados a la muerte[15]. Agustín y el monje y también destacado teólogo de ascendencia bretona Pelagio mantuvieron una agria polémica a propósito de los efectos contaminadores (y en alguna forma «solidarios») que para toda la especie humana había tenido

---

[11] G. Minois, *Historia de la vejez. De la Antigüedad al Renacimiento, op. cit.*, pág. 167.

[12] P. Bouyer, voz «Pecado», en *Diccionario de teología, op. cit.*, pág. 523.

[13] X. Leon-Dufour, *Jesús y Pablo ante la muerte,* Madrid, Cristiandad, 1982, págs. 215-218.

[14] *Ibíd.*, pág. 198.

[15] San Agustín, *La ciudad de Dios, op. cit.*, lib. XIII, cap. 1, pág. 288.

esa falta cometida por nuestros primeros padres. El triunfo de Agustín lo sería de la doctrina de lo que, en estricta puridad ortodoxa, conocemos como pecado original[16]. Según la visión consagrada, de no haber existido este, la muerte no se habría visto acompañada de los horrores del dolor sino que se habría expresado como un tránsito bienaventurado, del *status viae* al *status finalis*[17]. Ello al margen de las distintas versiones que a lo largo del tiempo —católicos frente a heréticos— se den de esa grave falta. Así, el catarismo, frente a la visión agustiniana (el primer pecado fue de desobediencia a un mandato de la divinidad), dio una versión alegórica del pasaje bíblico: el fruto prohibido por Dios a Adán en el paraíso (Gen. 3, 21) no era otro que la mujer que había creado[18].

De esa relación entre pecado y muerte y de esa «solidaridad» intergeneracional manifiesta en la transmisión de la culpa se hará eco el monje y cronista Raúl Glaber. Fue testigo privilegiado de aquellas maravillas (pánicos para algunos) que, según la visión más tradicional, sacudieron a la humanidad en torno al milenario del nacimiento del Salvador. Al referirse (año 956) a la muerte del duque Hugo el Grande, hábil manipulador de la política francesa que le otorgará el calificativo de «hacedor de reyes», dirá: «Cuando estaba en la cúspide de sus incomparables cualidades mentales y físicas, de repente, en castigo por las faltas de sus antepasados, la muerte envidiosa lo arrebató de este mundo»[19].

Santo Tomás de Aquino es figura capital en la sistematización y ordenación del pensamiento del Medievo. Refiriéndose al pecado original, sostiene que su nombre deriva de que «afecta directamente a la naturaleza, en tanto los pecados actuales solo afectan a la perso-

---

[16] San Agustín, «De la gracia de Jesucristo y del pecado original» (ed. de V. Capánaga), en *Obras completas de San Agustín,* t. VI, Madrid, BAE, 1956. Para la figura de su rival, véanse S. Prete, *Pelagio y el pelagianismo,* Barcelona, Editorial Litúrgica Española, 1962, y B. R. Rees, *Pelagius. A Reluctant heretic*, New Hampshire, The Boydell Press, 1989.

[17] D. von Hildebrand, *Sobre la muerte,* Madrid, Encuentro, 1980, pág. 117.

[18] P. Jiménez Sánchez, *Les catharismes. Modèles dissidents du christianisme médiéval (XII-XIII siècles),* Rennes, Presses Universitaires de Rennes, 2008, pág. 143.

[19] Una defunción que cantará en sentidos versos yámbicos Raúl Glaber, *Historias del primer milenio, op. cit.,* pág. 393.

na. El primer padre, en efecto, corrompió la naturaleza con su pecado y la naturaleza, corrompida a su vez, comunica el mal a la persona de sus hijos, que reciben la naturaleza del primer padre»[20]. Y más aún: «La muerte y los demás defectos corporales consecuentes son pena del pecado original. Y aunque estos defectos no tratara el primer padre de adquirirlos, los ha impuesto con razón la justicia divina»[21].

Desde la sensibilidad mística, Catalina de Siena († 1380) haría reflexionar a la divinidad a propósito de ese primer pecado y de sus consecuencias:

> La carne se solivianto inmediatamente contra el espíritu, perdiendo el estado de inocencia. El hombre se convirtió en animal inmundo, y todas las criaturas le fueron rebeldes, cuando más bien le habrían estado sometidas si él se hubiera mantenido en el estado en que lo puse. Al no permanecer en él y transgredir mi obediencia, mereció muerte eterna en el alma y en el cuerpo[22].

Morir es ahora el signo de la necesidad de conversión y salvación[23].

Y en el ocaso del Medievo (hacia 1493) Sebastian Brant redactaría una obra de acentuado perfil satírico. Con todo, lamentaba en ella la vaciedad del mundo, relacionando también enfermedad con pecado:

> La enfermedad surge a menudo de los pecados; el pecado trae muchas graves dolencias. Por ello, quien quiera salvarse de la en-

---

[20] Tomás de Aquino, *Compendio de teología, op. cit.,* págs. 153-154.
[21] Tomás de Aquino, «Tratado de los vicios y los pecados», en *Suma teológica,* t. V, vol. 122, Madrid, BAC, 1954, pág. 845.
[22] Catalina de Siena, «El diálogo» (ed. de J. Salvador y Conde), en *Obras,* Madrid, BAC, 1980, pág. 92; recogido en E. Mitre, *Una muerte para un rey. Enrique III de Castilla (Navidad de 1406),* Valladolid, Universidad de Valladolid y Editorial Ámbito, pág. 23.
[23] J. I. Murillo, «El valor revelador de la muerte. Estudio desde Santo Tomás de Aquino», *Cuadernos del Anuario Filosófico. Serie Universitaria,* núm. 74, Pamplona, 1999, págs. 62 y 77.

fermedad debe tener a Dios delante de los ojos, tratar de acercarse a la confesión antes de recibir la medicina, y de que sane el alma antes de que llegue el médico del cuerpo[24].

De las construcciones teológicas
a los sentimientos generalizados

Lo que los teólogos fijaron en especulaciones más o menos eruditas será transmitido al gran público a través de relatos de variado signo. Entre ellos el recogido por el cisterciense y cronista un tanto parcial de la cruzada antialbigense Pierre des Vaux de Cernay. Al referirse a los disidentes del sur de Francia en los comienzos del siglo XIII identifica herejía —uno de los más graves pecados— y muerte y hace a esta última consecuencia de la primera: «Se levantaron contra Dios y contra su Iglesia haciendo un pacto con la muerte. Prefirieron morir heréticos que vivir cristianos»[25]. La masa popular accedería a esos discursos a través de esa conjunción de arte y literatura que tiene en las ya recordadas danzas de la muerte una acabada expresión. «Dios expulsó al hombre del placer / para vivir de la labor de sus manos / entonces vino a cogerlo la Muerte / y en consecuencia a todos los humanos»[26].

A un nivel más doméstico la muerte es el castigo por la inquina que un determinado personaje tenga hacia su prójimo, que puede ser su superior jerárquico. Un buen ejemplo lo recoge la *Historia compostelana,* redactada en el siglo XII a mayor gloria del arzobispo de Santiago Diego Gelmírez. En sus páginas finales nos habla del tesorero Bernardo, de la iglesia santiaguesa, quien, después de hacer las paces con su superior, retornaría a las hostilidades con el resultado de una intervención letal de la justicia divina: «turbado en su

---

[24] Sebastian Brant, *La nave de los necios* (ed. de A. Regales), Madrid, Akal, 1998, pág. 150.
[25] P. des Vaux de Cernay, *Histoire albigeoise* (ed. de P. Guebin y H. Maisonneuve), París, Vrin, 1951.
[26] H. Holbein, *La danza de la muerte, op. cit.,* pág. 40.

corazón aún hacia el arzobispo, en la misma ciudad por intervención del juicio divino, ¡oh dolor!, pagó la deuda a la muerte»[27].

Hasta el ocaso mismo de la Edad Media, aparece la muerte como un castigo de la divinidad al pecado del hombre. En términos más suaves será proclamada también como enmienda al pecado[28]. Todo ello aunque esa muerte tenga un carácter masivo y quien la documente haya legado fama de ecuanimidad. Será el caso de la Florencia de 1347, acosada por una terrible oleada de Peste Negra y a propósito de la cual el cronista Giovanni Villani (que acabaría víctima de ella misma) dice: «Debemos creer y tener por cierto que Dios permite las mencionadas pestilencias y las restantes desdichas que caen sobre los pueblos, las ciudades y las regiones, como castigo de los pecados, y no solamente por el curso de los planetas y de las estrellas»[29].

Y Giovanni Villani, cabeza de una saga de cronistas florentinos, pasa por representar una temprana tendencia historiográfica humanista marcada por cierta conciencia civil[30].

Otro florentino, Giovanni Boccaccio, en el prólogo a la conocida colección de cuentos que pone en boca de un grupo de jóvenes alejados de la urbe toscana a causa de la epidemia, dice: «[la epidemia,] bien por la fuerza de los cuerpos astrales, o bien por nuestros inicuos actos, en virtud de la justa cólera de Dios, fue enviada a los mortales para corregirnos, después de haberse enseñoreado durante algunos años de las regiones orientales»[31].

---

[27] *Historia compostelana* (ed. de E. Falque Rey), Madrid, Akal, 1994, págs. 569-570. Sobre la figura del prelado compostelano, una reciente y magnífica semblanza la recoge E. Portela, *Diego Gelmírez (c. 1065-1140). El báculo y la ballesta,* Madrid, Marcial Pons, 2017.

[28] Pero López de Ayala, *Libro rimado del Palaçio, op. cit.,* t. 1, pág. 118. Especialmente del pecado original, *ibíd.,* pág. 67.

[29] G. Villani, *Crónicas florentinas* (edición y selección de N. Guglielmi), Buenos Aires, Centro Editor de América Latina, 1967, pág. 138.

[30] D. Hay, *Annalists and Historians. Western Historiography from VIIIth to the XVIIIth century,* Londres, Methuen, 1977, pág. 80.

[31] G. Boccaccio, *El Decamerón, op. cit.,* págs. 13-16.

Y Boccaccio ha dejado fama de procaz y desinhibido...

En términos parecidos se pronunciará otro autor del siglo xiv, coterráneo y coetáneo del gran Chaucer, aunque menos famoso que él. Se trata de William Langlad, quien usará frecuentemente un recurso narrativo muy medieval, el sueño, para expresar sus inquietudes y sentimientos. La peste y otras calamidades naturales son también un lógico castigo de la divinidad contra una sociedad corrompida. La Razón predica al rey y a todo el reino de forma que: «Les hizo ver con toda claridad que su pecado era el único causante de la Peste y que la fortísima galerna que soplaba del sudoeste los sábados por la noche era, sin lugar a dudas, el juicio de Dios por la excesiva soberbia»[32].

Y la soberbia pasaba en el Medievo —y pasará en épocas posteriores— por ser el origen de los demás pecados capitales...

No obstante, caben otras posibilidades de relacionar la muerte con algún otro pecado. Así lo hará, por ejemplo, Alfonso Martínez de Toledo a mediados del siglo xv con una obra encaminada en principio a la reprobación del amor mundano y alabanza del amor a Dios. El primero, identificado con la lujuria, es de categoría más infame que la de los otros vicios capitales. Si estos matan el alma, el amor «enpero mata el cuerpo e condepna el alma por do el cuerpo luxuriando padesce en todos sus naturales cinco sentydos» (vista, oído, olfato, gusto y tacto), aparte de que debilita gravemente las tres potencias del alma: memoria, entendimiento y voluntad[33].

Distinto será el caso de Francesco Petrarca ante la muerte de Laura, víctima de la peste en Parma en 1348. Nuestro autor mantuvo hacia la dama durante ¡veintiún años! una pasión amorosa a la que ella correspondió de forma arisca e impasible. Una vez desaparecida, y templado su carácter por la edad y la madurez espiritual, Petrarca se entrega a sus sueños y la imagen de Laura se le aparece

---

[32] William Langland, *Pedro el labriego* (ed. de P. Guardia), Madrid, Gredos, 1997, págs. 85-86.

[33] Alfonso Martínez de Toledo, *Arcipreste de Talavera o Corbacho* (ed. de J. González Muela), Madrid, Castalia, 1970, pág. 52.

«entretejida en todos los aspectos de un paisaje amable y romántico, en todos los anhelos de dicha, de gloria, de paz y de beatitud»[34].

LA AMBIVALENCIA ANTE OTRAS
POSIBLES CONSECUENCIAS DEL PECADO

La muerte es castigo por el pecado, pero también lo es el dolor que puede conducir a ella. Se trata, reconoció G. Duby, de algo degradante que «no adquiriría un valor positivo más que como instrumento de corrección y de redención». De ahí los horribles tormentos padecidos por Cristo, que resultaron «inconmensurables dada la propia medida de su divinidad»[35]. El Redentor se convierte en personificación del siervo de Yahvé, el varón de dolores del que habla el profeta, y que tanto éxito tendría en las artes plásticas desde la plenitud del Medievo: «Despreciado, y el desecho de los hombres, varón de dolores, y que sabe lo que es padecer; y su rostro, como cubierto de vergüenza y afrentado; por lo que no hicimos ningún caso de él» (Is. 53, 3).

La condición del hombre caído en pecado, y luego recuperado, será invocada por los grandes maestros del pensamiento cristiano. Así, dice San Agustín del hombre: «perdió el descanso que poseía en la divinidad de Cristo, pero lo consiguió en su humanidad»[36]. Siglos después, otra gran autoridad, como fue Bernardo de Claraval, abundaría en ello aunque, a diferencia del hiponense, sin utilizar la introversión. Bernardo no habla apenas de sí mismo: él no es un convertido salido de una larga existencia lejos de Dios. Su experiencia es la de un monje a quien el recogimiento de la vida contemplativa le da ocasión para ser lúcido sobre sí mismo. Su conocimiento de las Escrituras le lleva a pensar que la imagen de Dios en el hombre ha sido alterada

---

[34] K. Vossler, *Historia de la literatura italiana,* Barcelona, Labor, 1925, pág. 48. También A. Crespo, «Introducción», en F. Petrarca, *Cancionero, op. cit.,* pág. xxxv.

[35] G. Duby, «Reflexiones sobre el dolor físico en la Edad Media», en *El amor en la Edad Media y otros ensayos,* Madrid, Alianza Editorial, 1990, págs. 180-181.

[36] San Agustín, *Tratado catequístico* (ed. de A. Seage), Sevilla, Apostolado Mariano, 1991, pág. 53.

pero no destruida. Dios ha procurado salvar a su criatura enviando a la tierra a su propio Hijo para enderezar la situación[37].

La cruz, instrumento de infamia según la justicia romana, y hacia cuya representación había en principio ciertas reservas, acabó convirtiéndose en seña de identidad de una fe y en símbolo de la primera gran operación colectiva del Occidente de cara al exterior: las cruzadas[38].

Podría recordarse, a su vez, la casi indiferencia con la que los mártires (tema sobre el que volveremos más adelante) aceptan las torturas de sus verdugos, de acuerdo con las semblanzas que de ellos nos han legado los hagiógrafos. Y de ahí también esa imagen de monarcas de escasa prestancia corporal[39] que soportarán sus limitaciones físicas de forma encomiable; y se entregarán de lleno a sus funciones hasta el momento mismo de la muerte. El Occidente bajomedieval facilita dos excelentes ejemplos cuyos protagonistas, a diferencia de otros de sus homólogos, no alcanzaron la santidad. Uno lo tenemos en Carlos V de Francia, regente primero del reino y más adelante monarca efectivo (1364-1380). A su gestión se deberá el resurgir del país, severamente castigado por desastres militares frente a los ingleses como Crécy y Poitiers, y por graves conmociones sociales como la *jacquerie* o el movimiento comunal parisino de Étienne Marcel. Inmovilizado en un sillón por una suerte de parálisis progresiva, Carlos gobernará con extraordinaria habilidad y verá cantadas sus excelencias políticas y personales por la escritora Cristina de Pisan[40]. Similar será el caso de Enrique III de Castilla (1390-1406), a quien la historiografía más tradicional ha asignado el signi-

---

[37] J. Leclercq, *St. Bernard et l'esprit cistercien,* París, Seuil, 1978, págs. 86-87.

[38] Sobre los grados de popularidad de la cruz y de otros símbolos dentro del movimiento cruzadista, cfr. M. Pastoureau, «La coquille et la croix: Les emblèmes des croisés», en *Les croisades,* número especial de la revista *L'Histoire,* París, 1988, págs. 132-139.

[39] Para los monarcas franceses medievales en general, véase el breve pero sugerente artículo de C. Gauvard, «Les maladies des rois de France», en J. Le Goff y J. C. Sournia (dirs.), *Les maladies ont une histoire, op. cit.,* págs. 93-95.

[40] Véase Ch. de Pisan, *Le livre des faits et bonnes moeurs du sage roi Charles V* (ed. de J. Blanchard), París, Pocket, 2013.

ficativo apodo de «Doliente». Permanecería en activo, pese a sus carencias físicas, hasta el mismo día de su fallecimiento, en camino hacia la frontera granadina para emprender una campaña militar[41]. El dolor no es tanto un castigo como un factor de engrandecimiento para el personaje; una circunstancia con un importante valor político añadido.

El pecado es causa de muerte y de dolor, pero también del trabajo y penalidades afines. El Génesis nos presenta a la Divinidad lanzando sobre Adán la maldición de: «con grandes fatigas sacarás [de la tierra] el alimento en todo el curso de tu vida» (Gen. 3, 17) y sobre Eva: «con dolor parirás los hijos» (Gen. 3, 16). Aunque, de acuerdo con todas las tradiciones, las fatigas del trabajo acaban siendo comunes a la pareja: Adán trabajando con la azada y Eva tejiendo constituyen una imagen muy común. Lo será en las artes plásticas; vg. puertas de bronce de la catedral de Hildesheim en 1015, o la puerta de la basílica de San Zenón de Verona[42]. Y lo será en algunos textos y proclamas, como la del predicador inglés de finales del XIV Juan Ball, quien de forma reivindicativa clamará: «Cuando Adán araba y Eva hilaba, ¿qué era de los señores?»[43].

La propia adjetivación (mortal, criminal) para un tipo de pecados especialmente horribles —incluidos los capitales, llamados a veces también mortales[44]— acarrea una importante carga simbólica. Los asimila, por su gravedad, a la muerte interpretada en esa clave de castigo. La intrínseca perversión de esas faltas permite asociarlas a lo

---

[41] E. Mitre, *Una muerte para un rey*, op. cit., págs. 45-48.
[42] J. Le Goff, *Una Edad Media en imágenes*, Barcelona, Paidós, 2007, págs. 78-79.
[43] *Chronicon Angliae, auctore monache quodam Sancti Albani*, Londres, Rolls Series, 1874, I, pág. 321.
[44] Cfr. a título de ejemplo Juan Ruiz, Arcipreste de Hita, *Libro de buen amor*, op. cit., pág. 61, o el canciller Pero López de Ayala, *Libro rimado del Palaçio*, op. cit., t. 1, pág. 85. En la lengua inglesa aún sigue designándoselos por este nombre. Vg. S. Wenzel, «The seven deadly sins: some problems of research», *Speculum*, XLIII, 1968, págs. 1-22.

que, en lo más profundo de las mentes, se consideraba una terrible maldición natural: la muerte física. De ahí el conjunto de figuras que las elites dirigentes van forjando para conjurar los lógicos temores que pudieran darse ante el trance supremo.

La muerte y «las muertes» en el léxico medieval

Uno de los grandes expertos en religiosidad medieval ha destacado que el vocablo «muerte» es de los más utilizados por los predicadores. Se refieren, por supuesto, a la muerte física. Sin embargo, esta queda contrapesada frecuentemente por otro tipo de muerte que tiene unas connotaciones morales: «El orador se desliza constantemente del plano físico al moral»[45]. De la conexión de muerte y pecado surgirá, en principio, una duplicidad de muertes: muerte primera y muerte segunda. La muerte primera se identifica con un hecho biológico: es el destino de todos; es —como se dice en ocasiones en algunos textos medievales— entrar en el destino (reino) universal de la carne. La muerte segunda aborda un hecho espiritual cual es la condenación eterna para una serie de categorías: cobardes, incrédulos, execrables, homicidas, deshonestos, hechiceros, idólatras y embusteros, caso de remitirnos al último libro canónico de las Escrituras (Ap. 21, 8). Esa segunda muerte es la que resume San Juan con la expresión: «Esta es la muerte segunda, el estanque de fuego» (Ap. 20, 14). Siglos después, y sobre pautas similares, San Francisco de Asís opondría «nuestra hermana la muerte corporal de la cual ningún hombre viviente puede escapar» a la «muerte segunda», que es terrible por identificarse con la condenación eterna[46]. Y, por remitirnos a un autor de finales del Medievo, el cardenal Pe-

---

[45] H. Martin, *Le métier de prédicateur à la fin du Moyen Âge, 1350-1520,* París, Cerf, 1988, pág. 330.

[46] San Francisco de Asís, «Cántico de las criaturas» (ed. de J. A. Guerra), en *Escritos. Biografías. Documentos de la época,* Madrid, BAC, 1980, pág. 50; cfr. J. Le Goff, *San Francisco de Asís,* Madrid, Akal, 2003, pág. 137. Para este santo, véase también A. Vauchez, *François d'Assise. Entre histoire et mémoire,* París, Fayard, 2010.

dro de Luna (futuro papa/antipapa Benedicto XIII) hablaría de la «muerte amargosa del infierno»[47].

Ahora bien, partiendo de la base de que por el bautismo se muere al pecado (Rom. 6, 11), cabía la posibilidad de aplicar el vocablo «muerte» (un ejercicio de polisemia matizado) a más situaciones. Así, San Ambrosio de Milán nos hablará de tres géneros de muertes cuyo orden no coincide con ese de signo binario que se hará clásico: la *mors pecati*, que es la situación en que cae el alma pecadora; la *mors mystica*, que es la muerte al pecado y la vida para Dios merced al bautismo y a la penitencia, y la *animae corporisque secessio*, que es la muerte natural. La primera es mala, la segunda buena y *tertia mors media sit*[48]. San Agustín apostillaría: «El alma vive evitando aquellas cosas por cuyo deseo muere»[49]. Esa asociación de muerte y pecado cruzaría los siglos dejando su huella en muy distintos testimonios. Así, dentro de lo más convencionalmente literario, y avanzado el Medievo, tendremos esa sentencia del ermitaño Ogril al joven Tristán: «Muerto es quien vive en pecado y no se arrepiente»[50].

En relación con la *mors mystica*, la Iglesia establecería una diferencia entre dos clases de sacramentos: los sacramentos *de muertos* eran el bautismo y la penitencia, que se recibían cuando el alma estaba muerta a la gracia y con ellos se recuperaba. El bautismo liberaba del pecado original, y la penitencia, del pecado actual, ya mortal, ya venial. A los restantes sacramentos la Iglesia los define como sacramentos *de vivos* por cuanto se reciben en estado de gracia y la mantienen o acrecientan[51]. La muerte mística, en definitiva, sería, como admite un reconocido teólogo español, «la forma concreta que toma en cada creyente la pasión y la muerte de Cristo en cuanto estas, antes que acontecimientos físicos exteriores a la vida, fueron

---

[47] Pedro de Luna, «Libro de las consolaciones de la vida humana», en *Escritores en prosa anteriores al siglo XV*, t. 51, BAC, Madrid, Atlas, 1952, pág. 574.
[48] San Ambrosio, *De bono mortis liber unus*, PL 7 14, cols. 540-541.
[49] San Agustín, *Confesiones, op. cit.*, pág. 484.
[50] *Tristán e Iseo* (versión de Alicia Yllera), Madrid, Alianza Editorial, 1984, pág. 103.
[51] L. Bouyer, voz «Sacramentos», en *Diccionario de teología, op. cit.*, pág. 592.

un gesto y una consecuencia de su lucha contra el pecado y contra su fruto, la muerte»[52].

La definición de la muerte física como separación de cuerpo y alma no se contenía de manera explícita en las Escrituras, pero desde la temprana patrística la predicación de la Iglesia la integró en su discurso. Será una definición que trascenderá los siglos constituyendo la forma clásica de ver la muerte desde la óptica teológica[53]. A caballo entre la teología y la muy extendida reprobación del amor mundano, el Arcipreste de Talavera dirá que la muerte no es «persona Ynvesible que anda matando onbres e mujeres, synon»: «separación del ánima al cuerpo; e esto es llamada muerte, o privación desta presente vida, quedando cadáver el cuerpo que primero era ornado de ánima. Esta es dicha muerte»[54].

OTRA BATERÍA DE DEFINICIONES PARA LA MUERTE

Coetáneo de Santo Tomás fue Vicente de Beauvais, también dominico pero que no ha gozado de la misma fama que el gran maestro de la escolástica. Pasa por un mero vulgarizador a través de su enciclopedia *Speculum maius,* dividida en tres partes (de la historia, de la ciencia y de la doctrina). Una cuarta parte *(Speculum morale)* sería redactada por uno de sus continuadores[55]. Se habla en ella hasta de cuatro tipos de muerte: la inevitable *mors naturae* (Salmo 88), destino de todos los humanos; la *mors culpae* (Oseas 18), que es aquella en la que cae el alma pecadora y de la que había que huir; la *mors gratiae* (Rom. 6), que es la muerte al pecado, y la *mors gehenae* (Ba-

---

[52] O. González de Cardedal, *Sobre la muerte,* Salamanca, Sígueme, 2003, página 117.

[53] K. Rahner, *Sentido teológico de la muerte,* Barcelona, Herder, 1965, pág. 19 (original en alemán de 1958).

[54] Alfonso Martínez de Toledo, *Arcipreste de Talavera o Corbacho, op. cit.,* pág. 246.

[55] Uno de los grandes historiadores del arte aún la atribuía a mediados del pasado siglo al propio Vicente. E. Mâle, *El arte religioso del siglo XII al XVIII,* México, FCE, 1966, pág. 50 (original en francés de 1945).

ruch. 2), a la que debemos muy especialmente temer («quam debemus formidare»)[56]. Y en un ejercicio de marcada erudición, y remitiéndose al tema, el mismo autor recordará hasta catorce figuras bastante repetitivas: *exitus de carcere, finis exilii, laborum consummatio, ad portum aplicatio, peregrinationis terminus, gravissimi oneris liberatio, corporis depositio, de domo minora liberatio, omnium periculorum evasio, omnium malorum consumptio, debitii naturae solutio, reditus ad patriam, ingressus ad gloriam e introitus ad eternae vitae*[57].

Del popular autor que fue Gonzalo de Berceo se ha afirmado que las diversas expresiones que usa para indicar el paso de la vida a la muerte suelen proceder de la Vulgata: finar, morir, perecer, transir, essida, desamparar el cuerpo, enviar las almas al paraíso, cumplir la carrera (el corso), prender la soldada, rendir el alma[58].

Otro Vicente posterior —San Vicente Ferrer, uno de los más famosos predicadores de la Baja Edad Media— no se expresaría de forma muy distinta a la de sus predecesores cuando distinguía entre tres tipos de muerte. La muerte del ánima era peor que «morir e perder el cuerpo en la vida corporal». La muerte corporal se producía «quando el ánima sale del cuerpo e el cuerpo queda en tierra muerto debido al pecado de Adán. Nosotros morimos cada día pero non somos muertos»; como la piedra que se lanza de lo alto de la torre y va cayendo «mas non dezimos que es cayda fasta que llegó al suelo». Por último, la muerte infernal era aquella «contra la que nos debemos guarnescer». Se produce cuando la criatura «se parte de la carne con pecado mortal» y va al infierno[59].

---

[56] Vicente de Beauvais, *Speculum morale,* en *Speculum maius,* t. III, Douai, 1624, cols. 692-693.

[57] *Speculum morale,* cols. 713-715; recogido en E. Mitre, *La muerte vencida...,* op. cit., págs. 58-59.

[58] J. Sagnieux, «Le vocabulaire de la mort dans l'Espagne du XIII siècle d'après l'oeuvre de Berceo», en VV.AA., *Death in the Middle Ages,* Medievalia Lovaniensia Series, Lovaina, Leuven University Press, 1983, pág. 173.

[59] Recogido por P. M. Cátedra, *Sermón, sociedad y literatura en la Edad Media. San Vicente Ferrer en Castilla (1411-1412),* Valladolid, Junta de Castilla y León, 1994, págs. 277-281.

En último extremo, y a la estela de los clásicos, la muerte se sublima haciéndola dulce y decorosa cuando la vida se sacrifica en defensa de la patria. Un concepto este que puede adquirir dimensiones que van más allá de lo perceptible (el territorio en el que se ha nacido, el reino al que se pertenece) para elevarse a la trascendencia y convertirla en la comunidad invisible de los cielos[60]. La máxima horaciana tendrá una particular aplicación al mundo hispánico de la Reconquista al identificar la patria con la fe[61].

Para el mundo francés la defensa de (y la muerte por) la patria o el país se identificaba con la defensa del reino. Un proceso que toma cuerpo a lo largo del Bajo Medievo al calor de la Guerra de los Cien Años, cuando las singularidades políticas de Francia e Inglaterra van a experimentar un notable impulso[62].

---

[60] Véase el ya clásico de E. H. Kantorowicz «Mourir pour la patrie *(Pro patria mori)* dans la pensée politique médiévale», en *Mourir pour la patrie et autres textes*, París, PUF, 1984, págs. 105-141.

[61] A. Guiance, «Morir por la patria, morir por la fe: la ideología de la muerte en la *Historia de Rebus Hispaniae*», *Cuadernos de Historia de España*, 1991, páginas 75-106.

[62] B. Guenée, «Un royaume et des pays. La France de Michel Pintoin», en R. Babel y J. M. Boeglin (eds.), *Identité régionale et conscience nationale en France et en Allemagne du Moyen Âge à l'époque moderne,* Sigmaringen, Thorbecke, 1977, págs. 411-412.

Capítulo VI

La muerte medieval, más allá de un problema físico: el modelo de las elites sociales

Un texto neotestamentario y otro patrístico pueden resultarnos suficientemente ilustrativos. El cuarto evangelio canónico utiliza una bella figura para referirse a la próxima muerte del Maestro: «sabiendo Jesús que había llegado la hora de su tránsito de este mundo al Padre, como hubiese amado a los suyos, que vivían en el mundo, los amó hasta el fin» (Jn. 13, 1).

Y mística y sobriamente, San Agustín se referiría a la muerte de su madre Mónica en los siguientes términos: «Finalmente en el noveno día de su enfermedad, a los cincuenta y seis años de edad y treinta y tres de la mía, aquella alma fiel y piadosa quedó liberada de su cuerpo»[1].

El día de la muerte y su valoración asociativa

Las muertes de personajes de relumbrón —los santos pero también los reyes y algunos miembros de la aristocracia feudal— se verán especialmente beneficiadas por un camuflaje verbal que, de al-

---

[1] San Agustín, *Confesiones, op. cit.,* pág. 300.

guna forma, paliaba ese sentido vindicativo-nivelador que numerosos textos daban al óbito. Una forma estándar de utilizar la muerte de un destacado personaje implica destacar los méritos que le han aureolado en vida y los servicios prestados a los suyos. En el caso, por ejemplo, del emperador Otón I (muerto en 973), el cronista Widukindo de Corvey dirá:

> El pueblo dijo muchas cosas en su alabanza y acción de gracias, y recordó que había gobernado a sus súbditos con la piedad de un padre, los había liberado de sus enemigos altaneros como los ávaros, sarracenos, daneses y eslavos. Había sometido Italia, destruido los santuarios de los dioses de los pueblos vecinos y fundado templos y las comunidades de sus ministros; y refiriendo entre sí otras muchas bondades se aplicaron al funeral real[2].

Otros hechos son también dignos de destacar. Así, entre los santos (especialmente los mártires, de quienes hay certeza absoluta que han alcanzado la gloria), el día de la muerte se celebra como *dies natalis*: no es tanto el día de su nacimiento sino el de su defunción, ya que esta les ha permitido *nacer* a la vida eterna[3].

A ciertas fechas, o a su cercanía, tienden a asociarse asimismo las muertes de personajes a los que se ha considerado, simplemente, ejemplares.

Sucede con monarcas prestigiosos, que se afirman en la muerte[4]. La cronística que les aureola conecta ese momento —a pie forzado algunas veces— con alguna significada celebración del calendario cristiano. Así sucederá con el monarca asturiano Alfonso I, que deja el legado de un buen cristiano muy cercano a la santidad.

---

[2] Widukindo de Corvey, *Gestas de los sajones* (ed. de P. Herrera Roldán), Cáceres, Universidad de Extremadura, 2016, pág. 99.

[3] M. Á. García de la Borbolla, *La «praesentia» y la «virtus»: la imagen y la función del santo a partir de la hagiografía castellano-leonesa del siglo XIII*, Abadía de Silos, 2002, pág. 124.

[4] Caso de Luis IX de Francia, especialmente carismático. J. Le Goff, *Saint Louis*, París, Gallimard, 1996, pág. 37.

La *Crónica de Alfonso III* le hace descendiente de Hermenegildo (príncipe-mártir) y de Recaredo (afirmador de la ortodoxia en la España visigoda). Alfonso muere la víspera de Pascua de 757[5]. Fernando I de Castilla y León muere en la capital leonesa en 1065 «a ora sesta en el día de sant Johan euangelista», tras haber tenido el privilegio de ser avisado de ello por San Isidoro a fin de tener tiempo para «desembargar su alma de sus pecados»[6]. (Fernando I, de acuerdo con el texto áulico correspondiente, muere con una fama de santidad similar a la del otro Fernando (III) muerto casi dos siglos después en Sevilla en 1252).

Luis IX de Francia muere con fama de santo el 25 de agosto de 1270 al día siguiente de la festividad de San Bartolomé, apóstol y mártir[7]. El fervor monárquico del pueblo francés convirtió el día del óbito del rey en una fiesta popular. Como curiosidad cabe recordar que siglos más tarde los cambios políticos traídos por la revolución y el imperio napoleónico trataron de suplantar esa efeméride por otra: la del 15 de agosto. El cristianismo conmemoraba la Asunción de María pero el bonapartismo quiso darle otro sentido: era el cumpleaños del emperador, lo que otorgaba a ese día la dimensión de fiesta nacional[8].

---

[5] A. Isla Frez, *Memoria, culto y monarquía hispánica entre los siglos X y XII*, Jaén, Universidad de Jaén, 2006, págs. 31-32.

[6] Alfonso X el Sabio, *Primera crónica general de España, op. cit.*, págs. 493-494.

[7] J. de Joinville, *Vie de saint Louis* (ed. de J. Monfrin), París, Garnier, 1995, pág. 375. En dos diócesis (Epternach y Cambrai) San Bartolomé se celebra excepcionalmente el día 25; D. Hugh Farmer, voz «Bartholomew», *The Oxford Dictionary of Saints, op. cit.*, pág. 29. El nacimiento de San Luis fue el 25 de abril, día de San Marcos, que para Joinville tiene un valor profético. En ese día en Francia mucha gente porta cruces en procesión. Anticipa con ello el gran número de muertos (equiparables a mártires) en las dos cruzadas emprendidas por el rey; J. Le Goff, *Saint Louis, op. cit.*, págs. 34-35.

[8] Incluso en determinados círculos se explotó la figura de un inverosímil San Napoleón, mártir de la persecución de Diocleciano a principios del siglo IV, tema al que el propio Bonaparte no otorgó demasiado crédito. Explotar como fiesta nacional el 15 de agosto perseguiría también otras finalidades que no llegaron a cuajar tampoco: celebrar la firma del concordato con la Santa Sede y hacer olvidar los

En el ámbito peninsular, Pedro III de Aragón, rey caballero por antonomasia a quien la historia y la leyenda presentan como antítesis de su rival Carlos de Anjou, que hará el papel de villano, muere el «bendito día del bendito monseñor San Martín, caballero de Dios, muy generoso y digno», de 1285[9]. Enrique III de Castilla fallece en 1406, el día de Navidad, celebración importante para los cristianos, quizás desde el siglo IV, en tiempo de Constantino[10].

La muerte de Juan I de Portugal a los avanzados 77 años se hace coincidir con un 14 de agosto, víspera de la importante festividad mariana, por la que el primer monarca Avis tenía gran predilección. En ese mismo día, 48 años antes, había obtenido la decisiva victoria de Aljubarrota frente a las fuerzas castellanas (1385). Y dieciocho años antes (1415) había tenido lugar su partida para la conquista de Ceuta que marcará el inicio de la expansión lusitana por el litoral africano. En la mitificación de la figura del rey se entremezclan los modelos de buena muerte y la consumación de ciclos cronológicos perfectos. Se trata de una absoluta mixtificación, ya que Juan I nació el 11 de abril de 1357 y no murió un 14 sino un 13 de agosto. Toda una puesta al servicio del patriotismo portugués y de la propaganda dinástica[11].

---

fastos del 14 de julio (de 1789: toma de la Bastilla), fecha que para algunos quedaba asociada a los excesos que la Revolución produjo en los años siguientes. Véase H. Delehaye, «La légende de Saint Napoléon», en VV.AA., *Mélanges d'histoire offerts à Henri Pirenne par ses anciens élèves et ses amis à l'occasion de sa quarentième année d'enseignement à l'Université de Gand, 1886-1926*, Bruselas, Vromant, 1926, págs. 81-88. Una sumaria visión en A. Horne, *El tiempo de Napoleón*, Barcelona, Debate, 2005, pág. 92.

[9] R. Muntaner, *Crónica* (ed. castellana de J. F. Vidal Jové), Madrid, Alianza Editorial, 1970, pág. 317.

[10] Circunstancia que hemos destacado en E. Mitre, *Una muerte para un rey, op. cit.*, págs. 68-69. Sobre el papel del emperador Constantino en la fijación de esa festividad, coincidiendo con el solsticio de invierno, ha pronunciado sus reservas en los últimos años P. Veyne, *El sueño de Constantino. El fin del imperio pagano y el nacimiento del mundo cristiano*, Barcelona, Paidós, 2008, págs. 166-167.

[11] Véase el trabajo de A. de Sousa, *A morte de D. João I (Um tema de propaganda dinástica)*, Oporto, Centro de Estudos Humanísticos, 1984.

El modelo sigue el ejemplo de lo sucedido con los mismos santos. Así, el epitafio del sepulcro de Santo Domingo de Silos reza lo siguiente:

En esta tumba se halla quien goza de la luz divina
Llamado Domingo, de renombrada fama
A quien Cristo envió al mundo como espejo de perfección,
para animar a los buenos y corregir a los malos,
Cuando el inicio del invierno da el solsticio a la tierra
Es arrebatado al mundo y se une al Señor
Defiende este su grey, que con mente segura le es fiel
Y guiando ahora a los suyos, los lleve después hasta el cielo[12].

Dentro de la piedad franciscana, Santa Clara de Asís muere el día del también mártir y «bienaventurado Lorenzo», momento en que, «disuelto el templo de su carne, el espíritu emigra felizmente a los cielos»[13]. Las biografías de San Francisco, figura emblemática de la religiosidad de una Edad Media avanzada, no llegan tan lejos, aunque sí coinciden en asociar su muerte a ciertas fechas. Así, el día del fallecimiento será el domingo, día del Señor, 4 de octubre del año de la encarnación de 1226[14]. Y así, en relación con la trayectoria vital del santo, su hora le llega «dos años después de la impresión de las sagradas llagas [del Señor], es decir, al vigésimo año de su conversión»[15]; o «de haberse unido totalmente a Cristo en el seguimiento de la vida y huellas de los apóstoles»[16].

En algunos casos, la muerte del personaje de excepción se acompaña de una serie de fenómenos fuera de lo corriente. Según Eginardo, la muerte de Carlomagno fue precedida de significativos presa-

---

[12] Grimoaldo, *Vita Dominici Silensis* (estudio, edición crítica y traducción de Vitalino Valcárcel), Logroño, Instituto de Estudios Riojanos, 1982, pág. 315.
[13] Santa Clara de Asís, *Escritos de Santa Clara y documentos complementarios* (ed. de M. I. Ormaechevarria), Madrid, BAC, 1982, pág. 180.
[14] A título de ejemplo cfr. San Francisco de Asís, «Leyenda de los tres compañeros» (ed. de J. A. Guerra), en *Escritos. Biografías. Documentos de la época, op. cit.*, pág. 568.
[15] San Buenaventura, «Leyenda menor», *ibíd.*, pág. 524.
[16] «Leyenda de los tres compañeros», *ibíd.*, pág. 568.

gios sobre su próximo fin, de forma que no solo se dieron cuenta de ello los demás sino también el propio emperador. Serán: numerosos eclipses de sol y de luna a lo largo de los tres años precedentes, una mancha de color negro en el sol durante siete días, hundimiento el día de la Ascensión del Señor del pórtico de la basílica que se había hecho construir, incendio del puente sobre el Rin en la ciudad de Maguncia, accidente ecuestre del monarca (causado por una antorcha caída del cielo) en una expedición contra el rey de los daneses Godofredo o temblores de tierra que afectan al palacio de Aquisgrán...[17]. Augurios, sin duda, de los malos tiempos que se avecinaban a la muerte del restaurador del Imperio en Occidente.

Negro cuadro presentó el monje Aelred de Rievaulx a propósito de la muerte de Eduardo el Confesor, último monarca anglosajón que, pese a su buena memoria, dejó unas conflictivas perspectivas sucesorias. El biohagiógrafo del rey escribe dos siglos después del evento, el año de la canonización del personaje. Dice que murió

> en el año de la Encarnación del Señor de 1066, después de reinar veintitrés años, seis meses y veintisiete días; en la cuarta indicción, el día antes de las nonas de enero. Con él cayó virtualmente toda la felicidad de Inglaterra; pereció su libertad, se perdió todo el poder. No puede decirse cuán grande fue el miedo que cayó sobre todos, qué dolor y qué oscura desesperación cubrió toda la isla[18].

Meses después, el duque Guillermo de Normandía, con su victoria de Hastings, se apoderaría de Inglaterra, una operación que se saldaría con efectos devastadores, según la tradición más consagrada, para la población sajona.

De forma similar, el momento de la muerte de otro monarca cuyas excelencias se desea cantar supone un punto de inflexión entre un antes (de venturas) y un después (marcado por las desgracias), valoraciones en las que no suele estar ausente la subjetividad del enfoque. Así, la *Historia*

---

[17] Eginhardo, *Vida de Carlomagno* (ed. de A. de Riquer), Barcelona, Promociones y Publicaciones Universitarias, 1986, págs. 111-113.

[18] Aelred de Rievaulx, *Life of St. Edward the Confessor* (ed. de J. Bertram), Southampton, The Saint Austin Press, 1997, pág. 94.

compostelana habla del fin de Alfonso VI en estos términos: «Murió de grave enfermedad el rey Alfonso, quien fue luz y escudo de las tierras de España, en la era 1147 (año 1109) el 29 de junio. Tras su muerte, la fidelidad, como si nunca hubiese existido, es relegada y la paz que en otro tiempo había dominado el reino desaparece con el soberano».

La guerra, el hambre y la injusticia, se dice, acabaron campando por sus respetos[19].

Proyección teológico-institucional
y dimensión mesiánico-popular en la muerte del rey

En relación con el momento de la muerte, cierta teología política del Occidente medieval consideraba que el final del rey lo es solo del cuerpo natural y corruptible. Queda *otro* cuerpo: el místico, el institucional, que no muere. Tiene como destino transmitirse a la posteridad dando continuidad a la dinastía como expresión de un cuerpo político. En esa idea juega el principio del rey como *typus Christi,* que hacía del monarca, al menos potencialmente, una *gemina persona* «que reflejaba las dos naturalezas del prototipo divino y humano de la realeza terrena»[20]. Dado que la dignidad real nunca muere, el rey lo es no tanto a partir de su consagración sino desde el mismo momento de la muerte de su predecesor, tal y como por ejemplo hizo Felipe III de Francia a la muerte en Túnez de su padre Luis IX en 1270. Francia (e Inglaterra) abolían así el «pequeño interregno» que se daba entre el acceso del rey y su coronación solemne[21]. R. Giesey, por su parte, ha afirmado que los funerales reales franceses (siglos XV y XVI) tenían un cierto sentido reforzador de las ceremonias de consagración dada la exhibición al completo de todos los atributos de poder[22].

---

[19] *Historia compostelana, op. cit.,* pág. 154.
[20] Cfr. el magnífico libro de E. Kantorowicz *Los dos cuerpos del rey. Un estudio de teología política medieval,* Madrid, Alianza Editorial, 1985, pág. 95.
[21] *Ibíd.,* págs. 300 y ss.
[22] R. Giesey, *Le roi ne meurt jamais. Les obsèques royales dans la France de la Renaissance,* París, Flammarion, 1987, pág. 350; citado en E. Mitre, *Una muerte para un rey, op. cit.,* pág. 89.

En el caso castellano, esa visión inmortalizadora se manifestará en la fórmula «el rey ha muerto, viva el rey»... y, descendiendo de nivel, en dichos populares como «a rey muerto, rey puesto»[23]. En resumen, el poder procede de Dios, y al rey, al morir físicamente, se lo restituye sin condiciones aunque, en último término, pensando en quien ha de sucederle[24]. En Aragón, la muerte del rey, desde la óptica del ritual político municipal, da pie a que los representantes de las ciudades muestren una interesada proximidad a la corona, tanto en la figura del difunto como de cara al sucesor. La solidaridad con la casa real hace buena esa metáfora corpórea según la cual el dolor de la cabeza (el monarca recién entronizado) lo es también de todo el cuerpo social representado por los gobernantes de los diferentes municipios[25].

El desarrollo de una teología política en torno a la figura del rey y su doble sentido «corporal», y la implantación de rituales más o menos codificados a propósito de su muerte, son figuras que parecen asumidas en su dimensión más institucionalizada. Queda otra imagen que puede desbordar esos límites: la muerte de un rey que se hace desviar desde su mera desaparición hasta la esperanza de su retorno. Una creencia que puede adquirir una marcada dimensión popular y entrar así en el campo de las fantasías milenaristas. Hay un personaje que dará extraordinario juego en este campo aunque desborde los límites del Medievo: el desdichado rey Sebastián de Portugal, muerto trágicamente en Alcazarquivir en 1578 al frente de un ejército con el que, se dice, pretendía una megalómana operación tipo cruzada: ocupar Marruecos y progresar luego hacia Tierra Santa. La crisis en la que se vio sumido Portugal, abocado a su absorción por la monarquía hispánica

---

[23] Sobre esta fórmula, véanse J. L. Martín, «El rey ha muerto. ¡Viva el rey!», *Hispania*, 1991, y J. M. Nieto Soria, *Fundamentos ideológicos del poder real en Castilla (siglos XIII-XVI)*, Madrid, Eudema Universidad, 1988, pág. 240.
[24] J. Mattoso, «O poder e a morte», *Anuario de Estudios Medievales*, 25/2, 1995, pág. 406.
[25] F. Sabaté, *Lo senyor rei es mort!*, Lleida, Estudi General, 1994, págs. 31 y 53.

de Felipe II, hizo concebir en muchos la idea de que el último monarca de la casa de Avis no había muerto, sino que se encontraba oculto y volvería algún día a devolver a Portugal su perdida grandeza. Incluso algunos autores como el jesuita Antonio Vieira († 1678) confiaban en que don Sebastián, o algún posible sucesor suyo, hiciera que Portugal encabezase un quinto imperio (que prolongase los cuatro imperios de la historiografía antigua y de algún modo también medieval) con dimensiones auténticamente escatológicas. Esa creencia, denominada «sebastianismo»[26], la encarnarán variados personajes pronto carne de leyenda, como Gabriel Espinosa, «el pastelero de Madrigal», que se hizo pasar por el rey portugués. (Y se encarnó previamente en el conocido como El Encubierto durante las germanías valencianas).

El Medievo fue campo propicio para el desarrollo de un sebastianismo *avant la lettre*.

En Alemania, reivindicación político-social y glorificación de un monarca desaparecido confluirían en la persona de Federico I Barbarroja, ahogado en un riachuelo del Asia Menor cuando se disponía a encabezar la Tercera Cruzada (1190). En la Alemania de los años siguientes se pensaba que el emperador no había muerto sino que: «Solo duerme en las montañas de Turingia, sentado entre sus caballeros en una mesa de piedra, esperando el día en que vendrá a liberar a Alemania de la esclavitud para darle el primer puesto en el mundo»[27].

El contraste entre una vida gloriosa y una muerte aparentemente miserable lo salvaría el cronista Alberto de Stade haciendo pronunciar al emperador una frase en el momento de ahogarse: «Bendito el Hijo crucificado de Dios, que me acoge por medio del agua que me regeneró en el bautismo, ¡que esa misma agua que me hizo cristiano pueda hacerme mártir!»[28].

---

[26] Sobre la proyección del sebastianismo, un buen resumen en J. Hermano Saraiva, *História concisa de Portugal*, Lisboa, 1981, págs. 168-172.
[27] Referencia recogida por M. Pacaut, *Federico Barbarroja*, Madrid, Espasa Calpe, 1971, pág. 219.
[28] Citado por F. Cardini, *Barbarroja. Vida, triunfos e ilusiones de un emperador medieval*, Barcelona, Península, 1987, pág. 285.

Una curiosa forma de ampliar la idea de martirio sobre la que volveremos más adelante. Algo similar sucederá con el conde Balduino de Flandes, elegido soberano de Bizancio por los caudillos de la Cuarta Cruzada (1204), creadores de un efímero Imperio Latino de Oriente. Pronto desaparecido en guerra contra los búlgaros, en su país de origen se negarían a creer en su muerte y esperarían su retorno a fin de devolver a su condado la perdida prosperidad y la libertad política[29].

Vida de la fama y memoria: ¿una construcción para minorías?

Hay, por último, otras formas de encarar la extinción física de un personaje. Sin llegar a esa dimensión mesiánica a la que acabamos de referirnos, la buena fama de la que se rodea su trayectoria por este mundo terrenal le otorga una cierta «inmortalidad»: la que se plasma en el recuerdo de los vivos. La propaganda en su sentido más amplio dio fuerza, así, a una vida más allá de la muerte: esa vida de la fama de la que se han hecho eco distintos textos[30]. Nuestro Jorge Manrique, en su conocido panegírico a la muerte de su padre el maestre don Rodrigo, nos dice que dejar esta vida no es tan grave:

> pues otra vida más larga
> De fama tan gloriosa
> Acá dexays[31].

Por movernos en el mismo espacio geográfico, los cancioneros bajomedievales serán una fuente de primer orden para acrecentar la

---

[29] N. Cohn, *En pos del milenio. Revolucionarios milenaristas y anarquistas místicos de la Edad Media,* Barcelona, Seix Barral, 1972, págs. 96-98.

[30] Para el ámbito hispánico contamos con la ya clásica obra de María Rosa Lida de Malkiel, *La idea de la fama en la Edad Media castellana, op. cit.*

[31] Jorge Manrique, «Coplas de Don Jorge Manrique por la muerte de su padre», en *Poesía, op. cit.,* pág. 130.

fama de destacados personajes de la vida política. En algún dramático caso, sobre el que volveremos más adelante, el cancionero nutre un aparato de propaganda política justificadora de un discutible cambio dinástico como el producido con el ascenso de los Trastámara al trono castellano[32].

Hablar de la vida de la fama es hacerlo, sin duda, de una elaboración al servicio de grupos restringidos significados por su legado moral o simplemente su buen hacer desde una relevante condición social. Entre los primeros se encuentran aquellos que han accedido a la condición de santos: al principio merced a una exaltación popular o a la iniciativa del clero local y, a la postre, a través de la intervención (convertida en auténtico monopolio) de la Iglesia de Roma. Su memoria se popularizará en la rica producción escrita que nutre la hagiografía medieval[33]. En ese terreno, recopilaciones de vidas de santos como la de Jacobo de Vorágine († 1298), que abarcan desde las raíces mismas del cristianismo hasta la Edad Media avanzada, desempeñarán un relevante papel al margen de su discutible calidad literaria[34]. La capacidad para obrar milagros dejará en la memoria colectiva un particular poso: el del santo que *vive* en el diario protegiendo a personas individuales o a colectivos (caso de los santos patronos de las ciudades o de los gremios profesionales) más allá de su tránsito por este mundo terrenal.

Si el personaje no ha ejercido una vida religiosa de signo clerical (regular o secular) sino que ha tenido responsabilidades de otro tipo, entraríamos en un especial y amplio terreno. Sería, por ejemplo, esa vida de la fama de la que bastantes monarcas del Medievo se han

---

[32] Destacado por O. Perea, *La época del Cancionero de Baena: Los Trastámara y sus poetas,* Baena, Ayuntamiento de Baena, 2009, pág. 256. Véase también S. Royer de Cardinal, *Morir en España (Castilla Baja Edad Media), op. cit.,* págs. 233 y ss.

[33] J. Dubois y J.-L. Lemaitre, *Sources et méthodes de l'hagiographie médiéval,* París, Cerf, 1993.

[34] Sobre este relevante hagiógrafo, véanse, entre otras obras, la de A. Boureau, *La légende dorée. Le système narratif de Jacques de Voragine,* París, Cerf, 1984, y el trabajo postrero de J. Le Goff, *À la recherche du temps sacré. Jacques de Voragine et la Légende dorée,* París, Perrin, 2011.

convertido en destacados beneficiarios. En algunos casos de forma oficial, como los reyes de Francia (y los de Inglaterra), a los que se reconocía una curiosa forma de taumaturgia: la curación de escrófulas por la imposición de manos[35]. Y, dando un salto cualitativo, alguno como Luis IX (canonizado en 1297) sería beneficiario de una especial y más amplia fama como sanador: la de curar diversos males gracias a su intercesión tal y como recordó alguno de sus hagiógrafos[36]. La condición de mártires que se reconocerá a algunos monarcas —y de la que hablaremos más extensamente en otro capítulo— les otorgará un especial prestigio.

Sin llegar al fin martirial, la precaria salud de algunos monarcas, que les ha hecho especialmente sufrientes, ha sido un tanto a favor del incremento de su *vida de la fama*. Ello siempre que, sobreponiéndose a sus graves limitaciones físicas, hayan sido capaces de llevar una buena gestión de gobierno y de mantener una especial preocupación por la administración de justicia. Los ejemplos de algunos monarcas ya citados con anterioridad resultan ilustrativos. Será el caso de Carlos V de Francia, exaltado por Cristina de Pisan, quien recuerda que, pese a la enfermedad que le mantuvo postrado buena parte de su reinado, fue siempre «templado en sus acciones, en sus gestos y en su mantenimiento, cual conviene a un príncipe a quien guía la prudencia»[37]. Del enfermizo Enrique III de Castilla, el «rey doliente» de la historiografía más tradicional, un cronista del XVII dirá con un deje de nostalgia: «en él tuvo el pueblo padre, la nobleza príncipe, las leyes guarda, Castilla rey y la religión amparo»[38]. En el

---

[35] Véase el magistral trabajo, cuya lectura al cabo de casi un siglo sigue siendo de enorme provecho, de M. Bloch, *Les rois thaumaturges. Étude sur le caractère surnaturel attribué à la puissance royale particulièrement en France et en Angleterre*, París, Gallimard, 1983 (edición prefaciada por J. Le Goff sobre el texto original de 1923).

[36] Guillaume de Saint-Pathus, *Les miracles de Saint Louis* (ed. de P. B. Fay), París, Champion, 1932, págs. 1-7.

[37] Ch. de Pisan, *Le livre des faits et bonnes moeurs du sage roi Charles V, op. cit.*, vol. 2, pág. 14; recogido en E. Mitre, *Una muerte para un rey, op. cit.*, pág. 51.

[38] Gil González Dávila, *Historia de la vida y hechos del rey don Henrique III*, Madrid, 1638, pág. 203; recogido en E. Mitre, *Una muerte para un rey, op. cit.*, pág. 136.

caso de su hermano Fernando de Antequera, recientemente se ha recogido todo un florilegio de dichos de sus coetáneos o de autores algo posteriores que destacan sus características como ambicioso, justiciero, religioso, casto y honesto[39].

Recapitulando

Al difuminar y aureolar frecuentemente las muertes con expresiones edulcoradas, al asociarlas a una fecha importante del calendario cristiano o al hacer hincapié en el buen recuerdo legado por un difunto, se trata de reforzar un triple objetivo. Por un lado se suavizaba esa «pastoral de la muerte» que infundía horror hacia ella por diversos motivos: su ineluctabilidad, su presencia constante en el entorno de cada cual o la incertidumbre del momento en que se ha de producir[40]. Por otro, se contrarrestaban las escasas menciones que nos hablan del mal o de los males físicos causantes de los óbitos. Por último, tal y como ya hemos anticipado, se evitaba en la medida de lo posible el propio vocablo «muerte»[41]. Un discurso este último que, según Ph. Ariès, solo se consumaría en fecha mucho más tardía: cuando la *mort apprivoisée* de carácter familiar, próxima y casi indiferente, sea sustituida por otra forma de muerte *(mort sauvage, mort interdite)* creadora de tal pánico y vergüenza que preferimos no pronunciar su nombre[42].

---

[39] S. González Sánchez, *Fernando I..., op. cit.*, págs. 292-300.
[40] D. Alexandre-Bidon, *La mort au Moyen Âge, op. cit.,* pág. 38.
[41] Entre otros trabajos sobre la cuestión, véanse A. Ruiz Moreno, «Enfermedades y muertes de los reyes de Asturias, León y Castilla», *Cuadernos de Historia de España*, núm. 6, 1946, págs. 100-130; E. Mitre, «La muerte del rey: la historiografía hispánica (1200-1348) y la muerte entre las élites», *En la España Medieval,* núm. 11, 1988, págs. 167-183; «Muerte y memoria del rey en la Castilla bajomedieval», en *La idea y el sentimiento de la muerte en la historia y en el arte de la Edad Media* (II), *op. cit.,* págs. 17-26, y M. Cabrera Sánchez, «La muerte de los miembros de la realeza hispánica medieval a través de los testimonios historiográficos», *En la España Medieval* (34), 2011, págs. 97-132.
[42] Ph. Ariès, *Essais sur l'histoire de la mort en Occident du Moyen Âge à nos jours, op. cit.,* págs. 28 y 67.

¿Hacia un proyecto global de desdramatización de la muerte «primera»?

Desdramatización e incluso sublimación de la muerte es lo que nos propone San Francisco de Asís en uno de sus textos más famosos, ya antes mencionado. La loa a la muerte *primera* (frente a la *segunda*) culmina las dirigidas a los distintos elementos (sol, luna, tierra, aire...) que integran la naturaleza:

> Loado seas, oh Señor, por nuestra hermana la muerte corporal
> de la cual ningún hombre viviente puede escapar.
> ¡Ay de aquellos que mueran en pecado mortal!
> bienaventurados aquellos a quienes encontrará en tu santísima
> [voluntad,
> pues la muerte segunda no les hará mal[43].

Uno de los biógrafos de *Il Poverello* pondrá en su boca un «Bienvenida sea mi hermana la muerte», tomada como «puerta de la vida»[44].

Retomemos otra vez el caso de Vicente de Beauvais, esta vez como autor de una larga y sentida misiva dirigida al rey Luis IX de Francia con motivo de la muerte de su primogénito, también de nombre Luis (1260). En ella se recogen hasta diez consideraciones por las que hay que moderar la pena por la muerte de un ser querido: la voluntad divina; la justicia que hace que devolvamos lo que hemos recibido; la necesidad que hace que estemos todos obligados a morir; la utilidad fraterna en relación con la liberación de las miserias del presente; la divina disposición que conoce cuando al hombre le conviene vivir y morir; la inutilidad de la aflicción y la tristeza

---

[43] San Francisco de Asís, «Cántico de las criaturas», en *Escritos. Biografías. Documentos de época, op. cit.*, págs. 49-50.
[44] Tomás de Celano, «Vida segunda», *ibíd.*, pág. 355.

que no pueden devolver la vida al muerto ni librarlo de la pena; el daño propio que hace que la aflicción y tristeza perjudiquen al hombre en cuerpo y alma; la utilidad de la muerte del amigo, pues los amigos de este mundo pueden obstaculizar el camino de la salvación; la consideración de la futura resurrección que devuelve a la vida a aquellos a los que se ha perdido, y porque desde la patria celestial los amigos que lo fueron en la tierra pueden seguir dirigiéndonos en esta vida con sus méritos[45].

En una línea parecida se pronunciaría dos siglos más tarde el agustino Simon Cupersi. Abundando en ese sentido triple de la muerte (corporal, espiritual e infernal), recordaba a sus fieles que la meditación sobre la muerte corporal ayudaba a prepararse para bien morir y escapar de la muerte infernal. Esa meditación tenía seis efectos benéficos: incitaba a despreciar el mundo, a humillarse, a huir del pecado, a dirigir correctamente la vida, a hacer penitencia y a buscar la vida eterna[46].

Ante las visibles y naturales limitaciones de este mundo, el cristianismo jugaría también con otras figuras que merecen un capítulo especial. Vayamos a ellas.

---

[45] Vicente de Beauvais, *Epístola consolatoria por la muerte de un amigo* (ed. de J. Vergara y F. Calero), Madrid, BAC, 2006, págs. 23-37.
[46] H. Martin, *Le métier de prédicateur à la fin du Moyen Âge, 1350-1520, op. cit.*, págs. 331-332.

Capítulo VII

Figuras para esta vida terrenal

Las danzas macabras tenían, como ya hemos indicado, esa función vindicativa desde el punto de vista social por cuanto la muerte igualaba a todos. También otras imágenes con mucho de metáfora contribuirían, en la enseñanza de la Iglesia, a amortiguar lo que para el común de los seres humanos sería un sentimiento dramático que acompañaba a la muerte corporal.

Exilio, tránsito y peregrinación en el mundo mortal

Un clásico de la espiritualidad hispánica del siglo XVI diría que la vida terrenal[1] era semejante a un exilio: «Viviendo desterrados en esta vida quiso Dios abreviarla para acortar tu destierro»[2]. Es tanto como presentar el paso por la vida física como un estado de provisionalidad, como una peregrinación; como un proceloso caminar

---

[1] Vida «primera» por contraposición a la muerte «primera» ya citada.
[2] Fray Diego de Estella (1534-1578), *La vanidad del mundo* (ed. de Pío Sagüés), Madrid, Diputación Foral de Navarra y Editorial Franciscana «Aránzazu», 1980, pág. 237.

según el lenguaje ciceroniano: la madurez «me resulta a mí tan agradable que, a medida que me acerco más a la muerte, casi me parece que estoy avistando la tierra y que voy a llegar alguna vez a puerto después de una larga travesía»[3].

A esta situación transitoria que era la vida en este mundo *(Status viae)*[4] el cristiano de forma muy especial debe desear ponerla término.

Los testimonios, en este sentido, son muy remotos. El primero sobre el que se insiste es la *Epístola a Diogneto:* en ella se habla de los cristianos como seres que están provisionalmente en este mundo. Para ellos cualquier país extraño es su patria, pero toda patria les es país extranjero... viven en la carne pero no viven la carne: «Lo que el alma es en el cuerpo, los cristianos son en el mundo. El alma está en todos los miembros del cuerpo; los cristianos por ciudades todas del mundo. El alma mora en el cuerpo sin ser parte del mismo, los cristianos habitan en el mundo pero no son del mundo»[5].

Otro importante testimonio lo facilita en el siglo III el metropolitano Cipriano de Cartago con una hermosa reflexión hecha al calor de una gravísima epidemia que asoló buena parte del Imperio: «vivimos aquí durante la vida como huéspedes y viajeros... ¿Quién estando lejos no se apresura a volver a su patria?»[6]. A principios del siglo V, San Jerónimo destacaría el profundo significado de la palabra «tránsito» como referencia a la muerte del cristiano: «Sería largo querer recoger de todas las escrituras los ejemplos de la palabra tránsito»[7]. A finales del siglo VII

---

[3] Cicerón, «Sobre la vejez», en *Sobre la vejez. Sobre la amistad, op. cit.,* pág. 92.

[4] Cfr. el capítulo «Una visión medieval de la frontera de la muerte: *Status viae y status finalis (1200-1348)*», en E. Mitre, *La muerte vencida..., op. cit.,* págs. 63-88.

[5] «Discurso a Diogneto», en VV.AA., *Textos cristianos primitivos. Documentos. Martirios* (ed. de T. H. Martín), Salamanca, Sígueme, 1991, págs. 147-148.

[6] Cipriano de Cartago, «Sobre la peste» (versión castellana del tratado *De mortalitate),* en *Obras completas* (ed. de J. Campos), Madrid, BAC, 1964, pág. 271. Sobre la sublimación del hombre como transeúnte un clásico es G. B. Ladner, *«Homo viator.* Mediaeval ideas on alienation and order», *Speculum. A Journal of Mediaeval Studies,* vol. XLII, núm. 2, abril de 1967, págs. 233-259.

[7] San Jerónimo, Carta 78, 33, ed. BAC 530, 829, en *Cartas* (ed. de D. Ruiz Bueno), 2 vols., Madrid, BAC, 1962; citado en G. Pons, *El más allá en los padres de la Iglesia, op. cit.,* pág. 40.

el metropolitano Julián de Toledo recomienda ayudarse en la «hora extrema de nuestra vida» en la oración continua. Se trata de una suerte de compañía análoga a la que nos procuramos cuando «nos disponemos a partir hacia lugares desconocidos y lejanos»[8].

Si era dulce morir por la patria —terrenal— según el dicho latino, ¿cómo no lo iba a ser morir por esa otra patria eterna a la que todo buen cristiano aspiraba? La patria así puede adquirir diferentes dimensiones: el lugar donde ha nacido uno, el señorío, el reino o la corona a los que se está adscrito o incluso el Imperio por cuanto Roma es una suerte de *communis patria*. Son los símbolos de una comunidad territorial nacional. En último término, y con una dimensión trascendente, la patria eterna es el paraíso prefigurado en la ciudad de Dios agustiniana[9]. Política y fe acaban por entreverarse, como ocurrirá en algún caso de la historiografía hispánica[10].

Las peregrinaciones, formas para el cristiano de mera piedad *(pietatis causa)* o de penitencia *(in poenam)*, se convertían en metáforas a pequeña escala de esa otra gran peregrinación que el alma experimentaba llegado el momento de separarse del cuerpo[11].

La peregrinación-tránsito del hombre por esta vida mortal sería definida por el papa Inocencio III en términos de «pascua»[12]. Esta

---

[8] Julián de Toledo, *Pronóstico del mundo futuro* (ed. de J. E. Oyarzun), Madrid, Ciudad Nueva, 2013, págs. 72-73. Se trata de una obra escasamente original profundamente influida por el pensamiento agustiniano.

[9] Sobre este tema aplicado al Medievo, véase E. Kantorowicz, *Mourir pour la patrie et autres textes, op. cit.*, págs. 105-131.

[10] A. Guiance, «Morir por la patria, morir por la fe: la ideología de la muerte en la *Historia de Rebus Hispaniae*», art. cit., págs. 75-106.

[11] Tema tratado en E. Mitre, «Las peregrinaciones medievales: realidades, analogías y anagogías», *XX Siglos*, 41, 1999, págs. 47-60; recogido a su vez en E. Mitre, *Fronterizos de Clio. Marginados, disidentes y desplazados en la Edad Media*, Granada, Universidad de Granada, 2003, págs. 179-199.

[12] J. Ratzinger recuerda que ya en el Evangelio de San Juan se habla de las tres pascuas que celebró Jesús en su vida pública: la primera con la purificación del templo; otra con la multiplicación de los panes, y una tercera (su gran Pascua) con su muerte y resurrección; en *Jesús de Nazaret. Desde la entrada en Jerusalén hasta la Resurrección, op. cit.*, pág. 11.

palabra conservaba una doble acepción (de paso o de sufrimiento) que el pontífice aplicaba a tres situaciones: la del paso de una Iglesia corrupta a otra purificada, la de la marcha hacia Oriente para proteger los Santos Lugares y, por encima de ambos objetivos, esa gran pascua que implicaba el paso eterno de «esta vida a la otra» y a la gloria[13]. Organizar la cruzada, tomada como una muy especial peregrinación *(passagium ultramarinum, iter Hierosolymitanum)*[14], y acometer la reforma *(purgatio, transformatio)*[15] de la Iglesia constituían, en efecto, verdaderas cláusulas de estilo que el pontificado acostumbró a introducir en documentos de marcada solemnidad. En el discurso de apertura del Cuarto Concilio Lateranense (1215) Inocencio III insiste en su ardiente deseo de alcanzar esas dos metas aunque subordinándolas a la voluntad divina: «Ciertamente preferiría permanecer vivo hasta la culminación de la obra emprendida. No obstante, que no sea mi voluntad sino la de Dios la que se cumpla»[16]. En estas palabras se ha querido ver un reflejo de la delicada salud del papa en esos días. Al poco de clausurarse el concilio emprendería, en efecto, esa gran pascua para encontrarse con el Creador[17].

---

[13] *Lateranense IV* (estudio y ed. de docs. de R. Foreville), Vitoria, Eset, 1973, pág. 56. Interesantes trabajos sobre este concilio los recoge A. García y García, *Iglesia, sociedad y derecho*, Salamanca, Universidad Pontificia de Salamanca, 1987, págs. 15-277.

[14] Entre otras expresiones para designar la cruzada, vocablo de tardía aparición. Cfr. E. Mitre, «Iter Hierosolemytanum: alcance y limitaciones de un horizonte mental», en L. García Guijarro (ed.), *La primera cruzada novecientos años después: el Concilio de Clermont y los orígenes del movimiento cruzado*, Castellón, 1997, páginas 199-211; recogido a su vez en E. Mitre, *Fronterizos de Clio, op. cit.*, págs. 201-223.

[15] Expresiones, entre otras muchas, para designar lo que comúnmente llamamos reforma. Cfr. E. Mitre, «El concepto de reforma y el mundo medieval (realidad histórica y categoría historiográfica)», en *XX Siglos*, 34, 1997, págs. 21-28; recogido también en E. Mitre, *Fronterizos de Clio, op. cit.*, págs. 121-137.

[16] «Discurso pronunciado por Inocencio III en el concilio el 11 de septiembre de 1215», en *Lateranense IV, op. cit.*, págs. 146-147.

[17] Sobre el proyecto de *plenitudo potestatis* impulsado por el papa y los escasos resultados obtenidos, véase la útil panorámica de J. M. Nieto, «Inocencio III y la reforma del pontificado medieval: una revisión historiográfica», en E. Reinhardt

En el segundo tercio del siglo XIII, Jean de Meun redactó la continuación de la compleja obra que fue el *Roman de la rose* iniciada por Guillermo de Lorris. Invocando a autores como Pitágoras y Boecio, advertía: «Muy desdichado es y necio loco quien piensa que este mundo es su destino. Vuestro destino no está en la tierra, esto puede aprenderse de los clérigos que leen la *Consolación* de Boecio y las sentencias que en ella se esconden»[18].

Y por los mismos años, Santo Tomás vuelve a insistir en el paso por este mundo como una peregrinación en la que hay que conocer cuál es el recto camino. «El reconocimiento y acción de gracias de los elegidos hacia Dios no serían suficientes si no conociera el camino que es principio de salvación»[19].

Sobre ese camino insistirá, de forma muy especial, la mística Margarita Porete, ejecutada por la Inquisición en 1310 como herética y relapsa. La purificación del alma suponía un camino ascendente, una suerte de peregrinación, en el que se recorren siete estados de gracia en los que se superan cuatro tipos de muerte: la muerte al pecado, la muerte a la naturaleza, la muerte al espíritu y la muerte física. Tras esta se llega a la vida de gloria, de la que «no tendremos conocimiento hasta que nuestra alma abandone el cuerpo»[20].

Y ¿quién mejor que Dante Alighieri para relacionar al hombre con un peregrino-exiliado-viador?

Dante, en efecto, conocerá las penalidades de un exilio en vida, resultado de los ajustes de cuentas entre las diversas facciones políticas florentinas. Fue el pago de sus ingratos vecinos a su desinteresado afán por alejar las discordias internas de la ciudad, según testimo-

---

(dir.), *Tempus implendi Promissa. Homenaje al Prof. Dr. Domingo Ramos-Lissón,* Pamplona, EUNSA, 2000, págs. 747-771.

[18] G. de Lorris y J. de Meun, *El libro de la rosa* (ed. de C. Alvar), Madrid, Siruela, 1986, pág. 93.

[19] Tomás de Aquino, *Compendio de teología, op. cit.,* pág. 18.

[20] Margarita Porete, *Espejo de las almas simples* (ed. de B. Gari), Barcelona, Icaria, 1995, págs. 186-194 y 271.

nio de un ilustre conciudadano[21]. Pero también Dante fue, en el sentido primariamente literario, un peregrino que emprende un fantástico viaje a ultratumba pasando por sus tres espacios: infierno (reino de la justicia divina), purgatorio (reino de la misericordia divina) y paraíso (reino de la beatitud). Con acierto se ha podido decir que esa larga *viación* mística constituye una especie de «Sublime "summa" poética del saber y la mentalidad medievales»[22]. Y Dante, además, nos transmitirá lo que es la conexión entre peregrinación física y peregrinación mística. Lo hará al comparar lo que es venerar el santo sudario que tenía impreso el rostro del Señor por parte de un grupo de peregrinos que iban camino de Roma y lo que era verlo directamente, como había conseguido su amada Beatriz después de muerta y de consumado el viaje hacia el más allá[23].

A comienzos del siglo XVI, otro ilustre florentino cual fue Nicolás Maquiavelo, a quien se ha considerado innovador en diversas materias —el sentido de la historia o la teoría política—, echaría mano de figuras similares. Refiriéndose a su conciudadano Rinaldo degli Albizzi, expulsado también de la ciudad del Arno a mediados del siglo XIV y refugiado en Ancona, dirá:

> Para ganarse la patria celestial una vez que había perdido la de esta tierra, peregrinó hasta el santo sepulcro de Cristo. Una vez regresado, y mientras celebraba las bodas de una hija suya, estando sentado a la mesa, murió repentinamente. La fortuna fue benigna para él en este caso, ya que lo hizo morir en el día menos infeliz de su destino[24].

---

[21] G. Boccaccio, *Vida de Dante* (ed. de C. Alvar), Madrid, Alianza Editorial, 1993, pág. 58.

[22] J. Le Goff, voz «Dante», en el «Diccionario de nombres, términos y nociones» recogido como apéndice a su libro *La civilización del Occidente medieval*, Barcelona, Juventud, 1969, pág. 632.

[23] Dante Alighieri, *Vida nueva* (ed. de F. Almela), Madrid, Aguilar, 1931, pág. 563; recogido en E. Mitre, *Fronterizos de Clio, op. cit.*, pág. 198.

[24] Nicolás Maquiavelo, *Historia de Florencia* (ed. de F. Fernández Murga), Madrid, Alfaguara, 1979, pág. 314.

El desprecio del mundo, una recurrencia en la ascética y mística cristianas

El pensamiento estándar cristiano nos habla del mundo de venturas que se puede alcanzar una vez que —tras esa peregrinación a la que acabamos de referirnos— se cruza la frontera entre la vida y la muerte. También abunda en el abandono de todo lo que de limitado y despreciable hay en esta vida. Los tratados en torno al desprecio del mundo *(contemptus mundi)* se inscribirán dentro de la más recia tradición ascética cristiana, que se remontaría a los primeros grandes padres de la Iglesia[25]. En ellos se daba un pesimista juicio de las realidades temporales. Andando el tiempo los autores del siglo XI parecieron convencidos de una absoluta incompatibilidad entre la vida religiosa y las preocupaciones de este mundo, reflejo degradado de un mundo celeste en el que se encuentra la verdad. Solo la paz del claustro y la disciplina de la regla parecían garantizar la tranquilidad que hacía posible la vida interior[26]. Y no olvidemos, además, que los siglos XI y XII son la época en la que en el Occidente se expandieron corrientes definidas, sin duda de una manera un tanto laxa, como maniqueas[27]. De todas ellas el catarismo será una de las que mejor expresen esa oposición entre el mundo del espíritu y el de la carne... aunque a día de hoy se la analice con más precisión[28].

Inocencio III, precisamente uno de los grandes rivales del catarismo, redactaría a fines del siglo XII (en sus tiempos como cardenal

---

[25] Cfr. R. Bultot, *Christianisme et valeurs humaines. Le mépris du monde en Occident de Saint Ambroise à Innocent III*, París, Nauwelaerts, 1963-1964.

[26] A. Vauchez, *La espiritualidad del Occidente medieval (siglos VIII-XII)*, Madrid, Cátedra, 1985, págs. 42-44.

[27] Una clásica visión del tema, ya superada, la recogió en su día S. Runciman, *Le manichéisme médiéval*, París, Payot, 1949.

[28] Cfr. el significativo título de una de las grandes especialistas en la materia, la profesora A. Brenon, *Les cathares. Vie et mort d'un Église chrétienne*, París, J. Grancher, 1996.

Lotario de Segni) una obra en torno al tema[29] sobre la que ya algo hemos adelantado. La bajeza de la condición humana se inicia ya desde sus mismos orígenes: «Concibe la mujer con suciedad y fetidez, pare con tristeza y dolor, amamanta con dificultad y trabajo, vigila con ansiedad y temor»[30]. La obra tendría una notable difusión y contaría en el mundo castellano con un anónimo seguidor que supera en truculencia al modelo. Por incidir en la misma cuestión a la que acabamos de referirnos, dirá:

> Cierto: Adam, sepades, de tierra virgen criado
> formolo Dios con sus manos e d'él fue suspirado
> tú, de semiente de omne müy podrida criado
> e demás fuste concebido en culpa e en pecado[31].

Este sentimiento, que ha impregnado a diversos sectores de la espiritualidad cristiana a lo largo de los siglos, se sintetizaría a finales del Medievo en una popular obra atribuida al asceta Tomás de Kempis. Uno de sus capítulos va dedicado, precisamente, a la «consideración de la miseria humana» cargada de tribulación y angustia[32].

Estaríamos así ante una visión en la que el cuerpo aparecería como una cárcel del alma, principio que había de inducir al cristiano a desear desprenderse de él. Ya Cicerón, que creía en la inmortalidad del alma, diría que «mientras estamos encerrados en esta armazón del cuerpo, cumplimos la tarea y el pesado trabajo impuestos por la necesidad, pues el alma está degradada de su elevado domicilio y como sumergida en la tierra, en lugar contrario a su naturaleza divina y a su eternidad»[33].

---

[29] *Inocentius III, de contemptu mundi sive de miseria conditionis humanae libri tres*, Migne, PL, t. CCXII.

[30] Frase destacada especialmente por J. Huizinga, *El otoño de la Edad Media*, op. cit., pág. 194.

[31] *Libro de miseria de omne* (ed. de J. Cuesta Serrano), Madrid, Cátedra, 2012, pág. 89.

[32] T. de Kempis, *La imitación de Cristo* (ed. de J. E. Nieremberg), Barcelona, Regina, 1947, págs. 98-99.

[33] Cicerón, «Sobre la vejez», *op. cit.*, pág. 95.

El papa Gregorio Magno presentaría esta línea de pensamiento (hacia el año 600) en el marco de la oposición cielo/tierra, carne/espíritu, muerte/vida, infierno/paraíso, todo ello con un cierto regusto origenista[34]. En el siglo X el ideal monástico de desprecio de la carne alcanzaría su cota más alta, lo que implicaría una condena absoluta de la vida laica[35].

Si la ascética cristiana se recreó en esa radical oposición cuerpo/alma, la mística tampoco se quedó atrás. La vida cotidiana se antoja como algo insufrible, como un amargo suplicio, incluso un verdadero infierno. El ansia de morir se encuentra presente en las grandes místicas italianas de los siglos finales del Medievo, en tanto el morir supone el movimiento de unión con el amado. Según Ángela de Foligno († 1309), el tránsito de una a otra vida constituye un momento de alegría: «Y me deleito enormemente (pensando) en el día de mi muerte y no puedo estimar en mayor medida el deleite que yo tengo del día de mi muerte cuando pienso en ello»[36].

LA PROBLEMÁTICA SUAVIZACIÓN DE UNA DICOTOMÍA

Esta oposición se tratará de paliar en tanto el cuerpo humano (sobre la base de la encarnación de Dios en el cuerpo de Cristo) fuera presentado como «tabernáculo del Espíritu Santo»[37]. La perfección humana no supondría tanto la liberación del alma de su envoltura carnal como la reasunción de los cuerpos por las almas de los justos, en una lejana resurrección de los muertos y un posterior Juicio Final. En esa fase, los cuerpos serían ya de una naturaleza distinta de la que

---

[34] C. Leonardi, «Gregorio Magno e l'invenzione del Medioevo», en C. Leonardi y L. G. Ricci, *Gregorio Magno e l'invenzione del Medioevo*, Florencia, Sismel, 2006, pág. 8.

[35] V. Fumagalli, *Solitudo carnis. El cuerpo en la Edad Media*, Madrid, Nerea, 1990, pág. 17.

[36] Recogido por N. Guglielmi, *Ocho místicas medievales (Italia, siglos XIV y XV)*, Buenos Aires, Miño y Dávila, 2008, pág. 125.

[37] Recordado en J. Le Goff y N. Truong, *Una historia del cuerpo en la Edad Media*, Barcelona, Paidós, 2005, pág. 31. Las ambigüedades en torno al tema las trata V. Fumagalli, *Solitudo carnis. El cuerpo en la Edad Media*, op. cit.

habían tenido en su vida mortal. Así lo recordaba Jesús a aquellos saduceos que pretendían tenderle una conocida trampa dialéctica (Luc. 20, 27-40). Y así lo expresará la teología paulina (1 Cor. 15-58) frente a algunos grupos de cristianos corintios apegados a un dualismo antropológico helenístico, dualismo que veía en el cuerpo una suerte de fardo del alma que era la realidad auténtica del hombre[38].

El mismo papa Gregorio Magno habló de la existencia de tres espíritus vitales: uno que no está recubierto de carne; otro que está recubierto de carne pero que no muere, y un tercero que está recubierto de carne pero que muere con ella. El primero sería el de los ángeles; el segundo es el de los hombres, y el tercero, el de los animales y las fieras salvajes en general. La posición del hombre es así intermedia: es inferior a los ángeles pero superior a los animales[39].

La superioridad del alma sobre el cuerpo no dejó de ser defendida por mentes preclaras, como fue, a mediados del siglo XII, Juan de Salisbury, autor de una obra —el *Policráticus*— que pasa por ser capital en la historia de las ideas políticas. Convirtiendo al cuerpo humano en una suerte de metáfora de la comunidad política, pone al alma en un lugar privilegiado identificando con ella a los ministros del culto, ya que: «¿Quién se atreverá a dudar que los ministros de la santificación son vicarios del mismo Dios?». Aunque por debajo del alma quedasen otras piezas, estas se reconocían como imprescindibles para el buen funcionamiento de la comunidad: el príncipe, que será equivalente a la cabeza; los jueces y gobernantes, que serían como los ojos, oídos y lengua; los guerreros, que son las manos; los campesinos, que son los pies... o los cobradores de impuestos, que equivalen al estómago y los intestinos[40].

---

[38] S. Vidal, *La resurrección de los muertos. El testimonio bíblico,* Santander, Sal Terrae, 2015, pág. 13.

[39] Gregorio Magno, *Vida de San Benito y otras historias de santos y demonios. Diálogos* (ed. de P. J. Galán), Madrid, Trotta, 2010, pág. 215.

[40] Juan de Salisbury, *Policráticus* (ed. de M. A. Ladero, M. García y T. Zamarriego), Madrid, Editora Nacional, 1984, págs. 347-348. Un siglo después, Santo

Dentro de este mundo de las metáforas del cuerpo humano, y por los mismos años, contaremos con las aportaciones de la monja y mística germana Hildegarda de Bingen († 1179), una de las figuras más apasionantes y cultas de la Edad Media, que manifestará su curiosidad por los más diversos campos del saber. Establecería otra curiosa equivalencia: la de las partes del cuerpo humano con las cualidades y virtudes de los distintos meses del año. Así: enero con el cerebro, febrero con los ojos, marzo con los oídos, abril con la nariz, mayo con la vista, junio con los hombros, julio con los brazos, agosto con las manos, septiembre con el estómago, octubre con la sabiduría, noviembre con las rodillas y diciembre con los pies[41].

Y en su correspondencia con el monje Guibert, la misma Hildegarda reconocía las dos dimensiones del hombre: celeste y terrestre. Por el buen conocimiento de su alma racional es celeste, y por el malo, es frágil y tenebroso. Y cuando se conoce en la buena, tanto más ama a Dios. «Pues si mirara su rostro en el espejo manchado y lleno de polvo, se esforzaría por limpiarlo»[42].

El hombre, considerado como microcosmos, está en el centro de la creación y solo él puede conocer, sentir y experimentar a Dios. Dios se deja ver como en un espejo; se deja conocer a través de la creación; se deja escuchar no solo en la palabra sino también en el canto en tanto la existencia humana es como una armonía; y se deja experimentar, ya que todos los sentidos del hombre «ejercen una función relevante a la hora de dirigir a los hombres a una completa experiencia de Dios»[43].

Tomás de Aquino equiparará el papel del rey con el del alma en el cuerpo «y el de Dios en el mundo» en *La monarquía* (ed. de L. Robles y A. Chueca), Madrid, Tecnos, 1989, pág. 64.

[41] Hildegarda de Bingen, *El libro de las obras divinas. Cuarta visión;* recogido en la antología *Mujeres místicas. Época medieval* (antología de T. Gosset), Palma de Mallorca, José J. de Olañeta, 1998, págs. 15-17.

[42] Hildegarda de Bingen, *Vida y visiones* (ed. de V. Cirlot), Madrid, Siruela, 1997, pág. 164.

[43] A. Amato, *Santa Hildegarda de Bingen. Luz de su gente y de su época,* Madrid, San Pablo, 2016, págs. 55-58.

Muy entrado el siglo XIII, Jean de Meun, coautor de una de las más enigmáticas obras escritas en la plenitud medieval, afirmaría que «el alma desprovista de cuerpo es más avisada, prudente y hermosa que cuando está unida a él» por cuanto debe soportarlo[44]. En otro plano —el de la más pura mística— se insisitirá en esa visión del cuerpo como cárcel del alma, pero se reconocerá que el primero es también una suerte de mensajero y camino por una relación ineludible hacia la perfección a la que se aspira, bien por los tormentos a los que se le somete, bien, como contrapartida, por posibilitar la ingestión de la sagrada hostia que permite el cumplimiento del misterio eucarístico[45].

En el Concilio de Vienne de 1311-1312, presidido por el papa Clemente V, de manera matizada se afirmaría que el alma es la «forma que informa al cuerpo»[46], una proclama oficial que entraría en competencia con esos sentimientos fuertemente ascéticos y místicos que tanta influencia tuvieron en las corrientes de espiritualidad del Medievo.

Resulta así llamativo que Francesco Petrarca, considerado adalid de una cierta aurora del humanismo renacentista, siga planteándose esa relación cuerpo-alma en los términos más rígidos. Así, en sus recuerdos de Laura, el cuerpo es «la mortal corteza» (como envoltura del alma) que se deja en tierra[47]; también es designado como «cárcel corporal»[48], o, en términos más sutiles, es el «suave velo» que se ha tenido en suerte[49].

---

[44] G. de Lorris y J. de Meun, *El libro de la rosa, op. cit.*, pág. 339.
[45] N. Guglielmi, *Ocho místicas medievales, op. cit.*, págs. 100-101.
[46] Véase E. Mitre, *La muerte vencida..., op. cit.*, págs. 35 y ss.
[47] Francesco Petrarca, *Cancionero, op. cit.*, pág. 354.
[48] *Ibíd.*, pág. 455.
[49] *Ibíd.*, pág. 437. Significativo es que el *Secretum* de Petrarca en el que el autor sostiene un imaginario diálogo con San Agustín sea conocido también en ciertos círculos con el título de *Contemptus mundi*. Véase la vieja síntesis de K. Vossler, *Historia de la literatura italiana, op. cit.*, pág. 46. En una de las últimas ediciones, sin embargo, se pone más énfasis en las influencias recibidas de San Agustín, Boecio, Cicerón o Séneca. Cfr. *Mi secreto. Epístolas* (ed. de R. Arqués y A. Sauri), Madrid, Cátedra, 2011.

De forma similar, aunque en otro contexto, se pronunciará el poeta Ausias March a mediados del siglo XV cuando dice:

> Así como a San Pablo Dios le sacó el alma del cuerpo para que viese divinales misterios, ya que el cuerpo es la cárcel del espíritu y, tanto como vive en él está en tinieblas, así Amor mi espíritu arrebata y no acoge el manchado pensamiento, y por eso siento el deleite que no me cansa, así que mi carne no me turba el verdadero Amor[50].

Un sentimiento que le llevará a dar gracias a Dios por gozar del espíritu sin sufrir muerte[51].

Sentimientos sinceros los de ambos autores o ¿meros recursos literarios?

La muerte para un memorialista entre dos épocas. ¿Ocaso de la Edad Media o albores del Renacimiento?

A quien caben pocos interrogantes a propósito de la vacuidad de las glorias mundanas es a otro autor que se mueve bajo distintos parámetros: el memorialista Felipe de Commynes († 1511), quien cierra prácticamente el Medievo y se erige, según uno de sus mayores estudiosos, en destructor de sus mitos[52], incluido, habrá que reconocer, el de la exaltación de las grandes figuras sociales a través de su muerte a la que tan pródiga fue la Edad Media.

El discurso que cierra el libro VI de sus *Memorias* toma como motivo de reflexión la de Luis XI de Francia, taimado y de piedad gazmoña (llamado por sus colegas «la araña universal»), al que Commynes sirvió después de haberlo hecho a su rival el poderoso

---

[50] Ausias March, *Obra poética completa I* (ed. de R. Ferreres), Madrid, Castalia, 1979, pág. 197.

[51] *Ibíd.,* pág. 203.

[52] J. Dufournet, *La destruction des mythes dans les Mémoires de Ph. de Commynes*, Ginebra, Droz, 1966. También le ha hecho pasar por precursor de Maquiavelo J. Liniger en *Philippe de Commynes. Un Machiavel en douceur,* París, Perrin, 1978.

duque de Borgoña Carlos el Temerario. El balance que hace de la trayectoria del monarca francés y su posible extrapolación al resto de los mortales no puede ser más desalentador: «¡Qué pocas esperanzas deben tener los pobres y la gente menor en este mundo, cuando un poderoso rey tanto ha sufrido y trabajado sin que haya podido alejarse ni una sola hora de la muerte por mucha diligencia que en ello haya puesto!»[53].

Veinte años de trabajos y penalidades por uno solo de placer y descanso ¿merecen la pena? Todo hombre permanece en el cuerpo en horror y vituperio. Y una vez separada el alma del cuerpo, la sentencia será dada según los méritos del cuerpo[54]. Trabajos, penalidades y sufrimientos que se extienden a otros gobernantes de la época. Difícilmente podría hablarse aquí de una oración fúnebre o de un planto elogioso o cuando menos melancólico, tal y como tendremos ocasión de ver en páginas sucesivas. Las muertes de las que Commynes nos habla tienen por lo general poco de gloriosas y sí bastante de miserables e incluso ignominiosas[55]. La quintaesencia se podría significar en la persona del mencionado Carlos el Temerario, brillante y brutal, que, tras dos derrotas a manos de los suizos en Grandson y Morat, vino a morir con más pena que gloria delante de los muros de Nancy en enfrentamiento con los loreneses después de rechazar los prudentes consejos de algunos de los suyos[56].

¿Cómo lograr un equilibrio entre esa muerte imaginada cargada de metáforas y la muerte real que, alcanzando tanto a los humildes como a los más poderosos, puede resultar igualmente miserable? A lo largo del Medievo se irán fijando las normas a las que todo buen cristiano debe atenerse. A ellas vamos a referirnos en la parte siguiente de este libro.

---

[53] Ph. de Commynes, *Mémoires sur Louis XI* (ed. de J. Dufournet), París, Gallimard, 1979, págs. 514-515.
[54] *Ibíd.*, pág. 527.
[55] Cfr. «Préface» de J. Dufournet, *ibíd.*, págs. 20-21.
[56] *Ibíd.*, págs. 373-377.

Segunda parte
Encarando la muerte primera

Capítulo VIII

Pasos y gestos

Una progresiva sedimentación de normas y gestos teológicos, canónicos, litúrgicos y también civiles debía rodear los momentos finales del cristiano en este mundo terrenal. El origen de esos elementos se remontaría a los primeros siglos del cristianismo[1], introduciendo la llegada de nuevos pueblos una serie de peculiaridades regionales y tradiciones. Solo avanzado el siglo IX se iniciaría una síntesis estandarizadora del ritual de la muerte[2].

Así, y aunque sea un ejemplo entre tantos (es ya de inicios del siglo XV), vale la pena recordar una disposición castellana de ámbito

---

[1] P. A. Février ha distinguido entre «la muerte del cristiano» y la «muerte cristiana» dado que la elaboración de un conjunto de ritos, acciones, palabras, etc., acaba separando al cristiano del resto de la sociedad. Un proceso que se iría elaborando a lo largo del Alto Medievo. «La mort chrétienne», en *Segni e riti nella chiesa altomedievale occidentale* (Spoleto, XXXII Settimana), 1987, págs. 881-942. Lo que en último caso llevaría, como veremos más adelante, a acotar un verdadero espacio reservado a los fieles excluyendo de él a quienes han vivido fuera de la comunidad; *ibíd.*, pág. 919.

[2] Para F.-S. Paxton (*Christianizing death. The creation of ritual process in early medieval Europe*, Ithaca, Cornell University Press, 1990), los orígenes del *ordo defunctorum* se remontarían a los siglos IV y V.

local. Se recuerda en ella las penas en las que incurren los cristianos por incumplir ciertas normas de cara a la muerte: multa de la mitad de los bienes a aquellos que, pudiendo hacerlo, murieran sin confesar y comulgar. Además se añadirá la expropiación de todos los bienes de no haber testamento «e non hubiere herederos de los que suben o descienden de la línea derecha»[3]. Por esos años, la muerte se rodea, además, de una teatralidad tal que permite equiparar al *Ars moriendi*, según algún llamativo ensayo, con toda una *performance*[4].

¿Qué pasos se han ido dando para consolidar ese sistema?[5].

Ritos de la sociedad cristiana
para el momento de la muerte

En el *Sacramentario* del obispo Warmundo de Ivrea (siglo XI) se actúa en una secuencia de diez escenas: penitencia del agonizante; deposición desnudo sobre un cilicio fijado en el suelo; una vez muerto, el alma escapa por la boca del difunto rodeado de clérigos y familiares; adecentamiento del cadáver sentado en una silla; envolvimiento del cuerpo en una mortaja y cubrimiento con un paño decorado de pequeñas flores cruciformes; cortejo fúnebre hacia la iglesia encabezado por un clérigo tonsurado; liturgia en la iglesia con las lecturas pertinentes; cortejo hacia el cementerio; preparación del sarcófago marcado por una cruz, y por último inhumación con las correspondientes bendiciones y quema de incienso[6].

---

[3] «Arrendamiento de las penas de Cámara del obispado de Burgos», 1401; recogido en *Colección de documentos inéditos para la Historia de España*, t. 14, Madrid, Academia de la Historia, 1849, págs. 411-413. Citado en E. Mitre, «Muerte y memoria del rey en la Castilla bajomedieval», en *La idea y el sentimiento de la muerte en la historia y en el arte de la Edad Media* (II), *op. cit.*, pág. 20.

[4] R. Sanmartín Bastida, *El arte de morir...*, *op. cit.*, págs. 71-81.

[5] Para el caso de la Corona de Castilla en la Baja Edad Media, véanse las útiles páginas de la obra de F. Martínez Gil, *La muerte vivida...*, *op. cit.*, págs. 33 y ss.

[6] Recogido en J. C. Schmitt, *La raison des gestes dans l'Occident médiéval*, París, Gallimard, 1990, págs. 211-223. Sobre los rituales que rodean a la muerte en un territorio muy concreto del Occidente cristiano, véase la minuciosa recons-

Del cristiano moribundo se esperan gestos de serenidad y humildad. De algunos santos se habla como de auténticos programadores de su propia muerte. Así, San Benito, nos dice el papa Gregorio Magno, anunció a algunos de sus discípulos el día de su «santísima muerte». Seis días antes, ordena que abran la tumba. Fatigado por una enorme calentura, es trasladado al oratorio, en donde «fortaleció su salida de este mundo tomando el cuerpo y la sangre de Cristo», se mantuvo en pie con las manos alzadas hacia el cielo «y en mitad de su oración exhaló su último aliento»[7]. De San Isidoro se nos dice igualmente que, al llegar a una avanzada edad, tomó conciencia de que ha de prepararse a bien morir. Acompañado de los sufragáneos Eustaquio de Itálica y Juan de Niebla, el metropolitano hispalense cruza las calles de su ciudad de manera apoteósica. En actitud humilde se le rapa la cabeza y se le cubre con el saco penitencial del cilicio y con la ceniza. La pública penitencia supone un ejercicio de humillación en el que pide a la divinidad: «aparta de tus ojos los pecados innumerables que he cometido: no rememores mis maldades, ni te acuerdes de los delitos de mi juventud... recibe mi oración y dame el implorado perdón». A la penitencia sucede la recepción del Cuerpo y la Sangre de Nuestro Señor Jesucristo[8]. De una conciencia similar ante el trance de la muerte se habla en la *Vita* de Santo Domingo de Silos. Siete días antes de su muerte convoca al prepósito y al administrador del monasterio y les dice: «Disponed bien todo lo que sabéis bien que es necesario y tened previsto con sagaz habilidad cuanto es conveniente y honesto, pues sabed que el Rey y la Reina, junto con el obispo, van a llegar cuanto antes hasta esta casa».

---

trucción de S. Royer de Cardinal, *Morir en España (Castilla Baja Edad Media), op. cit., passim*. Sobre exequias fúnebres reales en la Corona de Aragón, véanse dos interesantes títulos de F. Sabaté: *Lo senyor rei es mort!, op. cit.,* y «La mort d'Alfons el Magnànim: coneixença, divulgació i repercussió de la notícia», en *XVI Congresso Internazionale di Storia della Corona d'Aragona. La Corona d'Aragona ai tempi di Alfonso il Magnanimo,* Nápoles, 2000, págs. 1891-1910.

[7] Gregorio Magno, *Vida de San Benito y otras historias..., op. cit.,* pág. 131.
[8] *Obitus Beati Isidori a Redempto Clerico recensitus.* En Migne, Patrologia Latina, t. LXXXI cols. 3.º y ss. Recogido en I. Quiles, *San Isidoro de Sevilla. Biografía. Escritos. Doctrina,* Buenos Aires, 1945, págs. 42-44.

Por obispo se entendía a quien de manera efectiva regía la diócesis de Burgos (Scemeno o Simeón). Pero por el rey y la reina no se entendía a quienes regían en ese momento el territorio castellano sino que adquieren un sentido místico: son Jesús, como rey celestial, y María, como reina de los cielos. En consecuencia, los monjes se aperciben de que «se aproximaba el día de la llamada divina y de su muerte»[9].

Los biógrafos de San Francisco de Asís (algo hemos ya anticipado) no perderán la ocasión de presentar al santo sufriendo en su agonía dolores propios de un martirio pero aceptando la situación con serenidad. Tomás de Celano dice que, al ser consciente Francisco de que le había llegado la hora, llamó a sus hermanos y los fue bendiciendo «como tiempo atrás el patriarca Jacob a sus hijos» o, mejor si se quiere, como otro Moisés que «colmó de bendiciones a los hijos de Israel». Pidió que se le leyeran unos pasajes del Evangelio de San Juan (Jn. 12, 1, y 13, 1) y ordenó que «le pusieran un cilicio y que esparcieran ceniza sobre él»[10].

De dos reyes castellanos de nombre Fernando la cronística nos legó modelos similares de muerte aunque solo uno de ellos (el III) fuera proclamado santo. No obstante, de Fernando I se dirá con los años (cfr. el P. Burriel en el siglo XVIII) que «murió tan santamente que en León se celebró por muchos siglos su fiesta como santo canonizado». La *Crónica Silense,* que relata los hechos de su vida, fue posiblemente el modelo formal que tomaría años después la *Primera crónica general* para atribuir a Fernando III el Santo virtudes y actitudes atribuidas a su antecesor, convertido en modelo de buen monarca[11]. A finales del Medievo, Juan de Mena pone en sendos blo-

---

[9] Grimoaldo, *Vita Dominici Siliensis, op. cit.,* págs. 304-306.
[10] Tomás de Celano, «Vida primera», en San Francisco de Asís, *Escritos. Biografías. Documentos de la época, op. cit.,* págs. 207 y 209. Parcialmente lo reproduce San Buenaventura, «Leyenda menor», *ibíd.,* pág. 525.
[11] F. de Moxó, *Sacra progenies. Aspectos genealógicos de la antroponimia religiosa,* Madrid, Real Academia Matritense de Heráldica y Genealogía, Madrid, 1996, págs. 38-39.

ques a los Alfonsos y a los Fernandos. De estos dice que ganaron tierras «faziendo más largos sus regnos estrechos»[12].

Los gestos de humildad que acompañaron a la agonía de ambos monarcas son muy similares. De Fernando I se dice que «desnuyose los pannos nobles que uistie et tiró la corona de su cabeça, et vistiose cilicio»; hizo la penitencia sacramental, recibió la unción «et esparçió ceniza sobressí, et visco después dos días llorando en penitencia»[13]. Dos siglos después, su descendiente Fernando III, tras recibir los auxilios espirituales oportunos, toma la candela «que todo Christiano deue tener en mano al su finamiento», pide «perdón al pueblo y a quantos y estauan» por «alguna mengua que en él ouiera» y pronuncia la frase de rigor: «Sennor, desnudo salí del vientre de mi madre que era la tierra, e desnudo me ofresco a ella. Et Sennor, reçibe la mi alma entre companna de los tus sieruos»[14].

Georges Duby ha recreado, para un miembro de la clase dirigente de principios del XIII, lo que pudo ser la escenificación de sus últimos momentos. Estamos ante «el mejor caballero del mundo», muerto en 1219 después de haber rendido excelentes servicios a la dinastía Plantagenet en momentos especialmente delicados. Muere rodeado de los suyos en una ceremonia ostentatoria en la que la muerte no se esconde, sino que «se despliega como un teatro ante un gran número de espectadores». Se trata de una muerte «suntuosa» en la que el protagonista va soltando amarras de todas las cosas mundanas pero en la que también se deja todo suficientemente ordenado a fin de «ayudar por última vez a afirmar esta moral que hace mantenerse en pie el cuerpo social y sucederse las generaciones en la regularidad que complace a Dios». A la postre anuncia su propio final: «Yo muero. Os confío a Dios. No puedo quedarme más con vosotros. No puedo defenderme de la muerte»[15].

---

[12] Juan de Mena, *Laberinto de fortuna, op. cit.,* pág. 117.
[13] Alfonso X el Sabio, *Primera crónica general, op. cit.,* pág. 494.
[14] *Ibíd.,* pág. 773. Glosado recientemente por M. González, *Fernando III el Santo. El rey que marcó el destino de España,* Sevilla, Fundación José Manuel Lara, 2011, págs. 260-263.
[15] G. Duby, *Guillermo el mariscal,* Madrid, Alianza Editorial, 1985, págs. 9-26.

A nivel más modesto en la escala social, las normas que se dan para socializar la muerte acaban siendo similares. Para Aragón, la profesora M. L. Rodrigo Estevan ha recordado las miniaturas de finales del siglo XIII que se incluyen en la compilación foral conocida como Vidal Mayor del jurista Vidal de Canellas. Estamos ante un propósito didáctico a fin de facilitar la comprensión del texto. (En la línea de ese *ars moriendi* al que más adelante nos referiremos). La muerte anunciada llega tras un período de enfermedad que permite abordarla desde el terreno privado de la alcoba acompañado de los seres queridos: esposa, hijos, nietos en su caso, además del clérigo que asiste al enfermo, dos testigos que se hacen eco de su última voluntad, que se trasladará posteriormente a un juez, y un notario que recogerá por escrito las disposiciones del agonizante. En ese mismo espacio «de afectividades, servicios y sociabilidades no falta la presencia de los hermanos cofrades que se turnan para visitar y acompañar al moribundo»[16].

Cuestión espinosa sería la de las manifestaciones externas de dolor de los allegados al difunto... o de los contratados para tal menester.

San Agustín, a propósito de la muerte de su madre Mónica, recuerda que «una tristeza inmensa se agolpaba en mi corazón, e iba resolviéndose en lágrimas». Sin embargo, no deja que la emoción le desarbole y opta por una actitud discreta basada en un reconocimiento:

> Pensábamos que no era conveniente celebrar aquel funeral entre lamentos, lágrimas y gemidos, porque con tales extremos se deplora de ordinario cierta especie de miseria de los que mueren, algo así como su extinción total. Pero ella no se moría miserablemente, no moría totalmente[17].

Esto se podría plantear por lo que respecta a ciertos personajes de excepción. Pero ¿y la reacción del común de los fieles? El tema

---

[16] M. L. Rodrigo Estevan, «Muerte y sociabilidad en Aragón (siglos XIV-XV)», en J. C. Martín Cea (coord.), *Convivir en la Edad Media,* Burgos, Dossoles, 2010, págs. 289-290.

[17] San Agustín, *Confesiones, op. cit.,* pág. 301.

supondrá para las autoridades todo un desafío porque se consideraba que los excesos podrían ser tomados como «cosa de paganos».

El mundo hispánico contiene diversas instrucciones que se dan a lo largo de todo el Medievo por parte tanto de las autoridades civiles como de las eclesiásticas. Así en el III Concilio de Toledo (589) se advierte contra las lamentaciones fúnebres exageradas que se manifiestan en «voces horribles» que tienen lugar en la misa de difuntos y que suponen auténticas ofensas a Dios. Que se trata de hábitos difíciles de erradicar lo demuestran, muchos siglos después, las cortes de Burgos de 1379 y de Soria de 1380, bajo Juan I de Castilla, o el Concilio de Alcalá de 1480, que han de legislar contra los excesos en las manifestaciones de dolor[18]. Una cosa eran los institucionales y estandarizados pésames emitidos por organismos oficiales, los gestos compungidos tal y como reflejan plásticamente los cortejos de plañideras de algunos sepulcros o los mesurados plantos fúnebres y composiciones afines con los que se desea exaltar la memoria del difunto, y otra cosa muy distinta eran los muchas veces artificiales y desgarrados lamentos populares, que pueden, incluso, degenerar en problemas de orden público. Son manifestaciones que alcanzan a muy distintas categorías sociales y sobre las que más adelante volveremos.

El legado testamentario: carga material y carga moral

El testamento constituye el acto preparatorio de la muerte que hay que hacer en plenitud de facultades vitales, «ya que no sabemos ni el día ni la hora»[19]. El Rey Sabio, en *Las Partidas,* lo definía «como una de las cosas del mundo en que más deuen los omes auer cordu-

---

[18] Como ejemplos, véanse A. Guiance, «Douleur, deuil et sociabilité dans l'Espagne médiévale (xiv-xv siècles)», en VV.AA., *Savoir mourir* (coord. por A. Montandon-Binet y A. Montandon), París, L'Harmattan, 1993, págs. 18-19, y F. Martínez Gil, *La muerte vivida..., op. cit.,* págs. 104-109.

[19] Para el paso de una a otra época, véase A. García Gallo, «Del testamento romano al medieval», *AHDE*, 1977, págs. 425-498.

ra» en razón de dos circunstancias: por tratarse de la última voluntad y porque, una vez muertos, «non pueden tornar otra vez a endereçar los nin a fazer los de cabo»[20]. Su sobrino don Juan Manuel, que define el testamento como «fazienda del alma», advierte de las posibles trampas contenidas en alguno de ellos. Toma el ejemplo literario de ese senescal de Carcasona que viendo acercarse el final de su vida hace un testamento que parece satisfactorio a sus beneficiarios. Al final se descubre, a través de las advertencias de una endemoniada, que las generosas mandas que figuraban solo se materializarían después de su muerte; antes podía hacer de los bienes que las sustentaban lo que le viniera en gana. La supuesta actitud piadosa del senescal era una absoluta falacia que le costará perder su alma[21].

Los testamentos constituyen en los últimos tiempos una pieza básica en los estudios sobre la muerte a lo largo de la historia, Medievo incluido[22]. Son de gran importancia también para conocer los cambios de mentalidades que se van produciendo[23]. En líneas generales, la obligatoriedad del testamento permite dos cosas. En primer lugar, beneficia a la Iglesia, que en buena parte lo controla, ya que a través de sus mandas el fiel se reconcilia con ella legándole una suma de bienes que en vida ha podido adquirir indebidamente. Y, por otra parte, el testamento también permite una reordenación de bienes

---

[20] Alfonso X el Sabio, «Sesta Partida, tít. I», en *Las Siete Partidas, op. cit.,* fol. 2 r.

[21] Don Juan Manuel, *Libro del conde Lucanor* (ed. de R. Ayerbe-Chaux), Madrid, Alhambra, 1983, págs. 358-365.

[22] El trabajo pionero referido al mundo portugués se articula básicamente sobre dos centenares de piezas documentales, buena parte de ellas donaciones y testamentos. M. A. Beirante, *Estudos de História de Portugal, op. cit.,* págs. 361 y ss. Para Castilla sería el trabajo de C. Carlé, «La sociedad castellana del siglo xv en sus testamentos», *Anuario de Estudios Medievales,* 1988. Para el testamento y la consolidación de su praxis, véase el trabajo de J. Pavón, «La última escritura. La aparición y el desarrollo de la práctica testamental», en VV.AA., *De la tierra al cielo. Ubi sunt qui ante nos in hoc mundo fuere?* (coord. por E. López Ojeda) (XXIV Semana de Estudios Medievales, Nájera, 2013), Logroño, Instituto de Estudios Riojanos, 2014, págs. 217-238.

[23] Para un territorio en concreto, véase J. M. Andrade Cernadas, «Los testamentos como reflejo de los cambios de actitud ante la muerte en la Galicia del siglo XIV», *Semata. Ciencias Sociais e Humanidades,* núm. 17, 2006, págs. 97-114.

que evite a los herederos conflictos futuros que rompan la estabilidad familiar[24].

Un testamento tiene dos partes: la religiosa y la profana...[25].

Por la primera se invoca a Dios, la eficacia redentora de Cristo con frases como «a nostro saluador e Redemptor del humanal linage nostro Sennior Iesu Christo»[26]. Se invoca a María y a los santos de la corte celestial y se hace una solemne proclama de fe católica, tanto más intensa cuanto más turbulentos sean los tiempos —caso, por ejemplo, del Cisma de Occidente. Se fijan asimismo los oficios religiosos y demás mandas piadosas orientadas a la salvación del alma. Ello constituye un elemento clave (seguimos con las metáforas, en este caso establecida en fecha reciente) para la «matemática de la salvación»[27].

La parte profana contiene disposiciones referidas a herederos, partición de bienes, etc., cuestión especialmente conflictiva cuando en casos de personajes de elevado rango social puede verse afectada la integridad misma de un estado.

Un ejemplo referido a una alta jerarquía lo constituyen las disposiciones de Carlomagno en 811, tres años antes de morir. Manda dividir sus bienes materiales («de los tesoros, del dinero, de los vestidos y demás ajuar») en tres partes. Las dos primeras —subdivididas a su vez en veintiuna partes— se repartirían entre las veintiuna iglesias mayores de sus reinos. La otra parte del total de sus bienes la integraban objetos de oro, plata, bronce, hierro y otros metales, «junto con sus armas, sus ropas y su ajuar de diverso uso», tanto de lujo

---

[24] D. Piñol, *A les portes de la mort...*, op. cit., pág. 67.

[25] S. Royer de Cardinal, «Tiempo de morir y tiempo de eternidad», *Cuadernos de Historia de España*, LXX, 1988, pág. 165.

[26] Citado por M. Á. García de la Borbolla, «El recurso a la intercesión celestial en la hora de la muerte. Un estudio sobre los testamentos navarros», *Acta Historica et Archaeologica Mediaevalia*, 26, *Homenatge a la professora Dra. Carme Batlle i Gallart*, Barcelona, 2005, pág. 160.

[27] Según feliz expresión de J. Chiffoleau, «Les morts, la messe et l'au-delà», *L'Histoire*, núm. 174, febrero de 1994, págs. 8-17. De este mismo autor, y con mayor enjundia, *La comptabilité de l'au-delà. Les hommes, la mort et la religion dans la region d'Avignon à la fin du Moyen Âge (vers 1320-vers 1480)*, Roma, École Française de Rome, 1981.

como corriente («cortinas, colchas, tapices, fieltros, pieles, albardas y todo lo que se encontró aquel día en su cámara»). De ella se harían, a su vez, varias partes: la primera para las antedichas veintiuna iglesias; otra para sus hijos e hijas, y una última para limosnas y el sustento del personal de palacio. La capilla (lo referido al servicio eclesiástico) se mantendría íntegra, sin ser objeto de división[28].

Más sobria es la referencia que el monje y cronista Widukindo de Corvey deja a propósito de la muerte y el legado de Enrique I «el Pajarero», monarca alemán de la casa de Sajonia muerto en 936 y a quien considera «padre de la patria y el mayor y mejor de los reyes». Aquejado de una enfermedad que considera mortal, reunió de forma responsable

> a todo el pueblo y nombró rey a su hijo Otón mientras repartía también entre sus hijos propiedades y tesoros. Al propio Otón, que era el mayor y mejor, lo puso al frente de sus hermanos y de todo el imperio de los francos... Así pues, tras hacer testamento de forma legítima y disponerlo todo debidamente, falleció el señor supremo y el mayor de los reyes de Europa, a nadie inferior en virtud de ánimo y de cuerpo[29].

Las cláusulas de algún testamento real pueden estar cargadas de buenas intenciones, pero llegan a convertirse a corto plazo en verdaderas bombas de relojería. Sucederá con Fernando I el Magno, quien había acumulado diversos reinos a lo largo de su vida y: «Temiendo que después de su muerte que auiere contienda et pelea entre sus fijos, partioles el regno en su vida»[30].

El más o menos equilibrado reparto (Castilla para el primogénito Sancho, León a Alfonso, Galicia a García, Zamora a Urraca y Toro a Elvira) entró en quiebra ante las ambiciones de Sancho que provocarían una guerra fratricida de la que, como bien es sabido, Alfonso será a la postre el gran beneficiario.

---

[28] Eginhardo, *Vida de Carlomagno*, op. cit., págs. 114-118.
[29] Widukindo de Corvey, *Gestas de los sajones*, op. cit., págs. 40-41.
[30] Alfonso X el Sabio, *Primera crónica general de España*, op. cit., pág. 493.

Al lado de esta dimensión del testamento que pudiéramos calificar de convencional, existe la de orden moral[31], sobre todo en personajes con una cierta proyección social, política o espiritual.

Muy importante en este terreno será el testamento espiritual de San Antonio Abad, quien, consciente de que le ha llegado la hora de «unirme a nuestros padres», reúne a sus discípulos *(ca.* 356) para darles una serie de consejos a fin de que vivan como «si cada día fuera el último de vuestra vida». Les pide unión y confianza en Cristo y les recuerda, asimismo, que no teman las asechanzas de los demonios, ya que estos son débiles. Les advierte para que no tengan relaciones con heréticos (melecianos y arrianos) ni cismáticos, recordándoles lo mucho que luchó él contra las herejías. «Manteneos firmemente unidos a Cristo y a los santos, para que al morir os reciban en los eternos tabernáculos, como a sus amigos y conocidos. Grabad esto en vuestro espíritu y en vuestro corazón»[32].

El testamento de San Francisco de Asís, redactado poco antes de morir (1226), se convertiría en una pieza de primer orden en la historia de la piedad mendicante. En su primera parte hace una evocación de los primeros años de la orden: la llamada del Señor le impone un tenor de vida al aire y ritmo del evangelio, «y yo lo hice escribir en pocas palabras y sencillamente y el señor papa me lo confirmó». La segunda parte constituye una reafirmación del espíritu de la regla para que «sus palabras las entendáis sencillamente y sin glosa, y las guardéis con obras santas hasta el fin». Fraternidad, pobreza y sujeción a los clérigos y prelados de la santa madre Iglesia se erigirían en normas a seguir para todos los miembros de la comunidad franciscana[33].

---

[31] E. Mitre, «La muerte y sus discursos dominantes entre los siglos XIII y XV (Reflexiones sobre recientes aportes historiográficos)», en E. Serrano Martín (ed.), *Muerte, religiosidad y cultura popular siglos XIII-XVIII,* Zaragoza, Institución Fernando el Católico de la Diputación de Zaragoza, 1994, pág. 25.

[32] San Atanasio, *Vida de San Antonio Abad, op. cit.,* pág. 104.

[33] Véase San Francisco de Asís, «Últimas recomendaciones», en *Escritos. Biografías. Documentos de la época, op. cit.,* págs. 121-125; reproducido en «Leyenda de Perusa», *ibíd.,* pág. 628.

En relación con los monarcas, los testamentos morales contienen, sobre todo, lecciones de buen gobierno para sus herederos. Un significativo caso para la política francesa lo constituirá el conjunto de consejos que Luis IX, agonizante en el campamento frente a Túnez en 1270, da a su hijo Felipe: amar a Dios; soportar la adversidad; elegir un buen confesor; mantener las buenas leyes del reino y abolir las malas; rodearse de leales hombres prudentes, tanto religiosos como seculares, y alejarse de los malvados; oír la palabra de Dios y retenerla en el corazón; evitar palabras que inciten al pecado; administrar buena justicia; llevar a cabo encuestas para las cuestiones que ofrezcan dudas y actuar con diligencia asesorado por hombres prudentes; prestar atención a los súbditos procurando que vivan según derecho; guardar las libertades de las ciudades y comunas del reino; honrar a las personas de la Iglesia; evitar las guerras con cristianos y apaciguar los conflictos entre los súbditos; rodearse de buenos administradores alejados de la codicia, la falsedad y el engaño, y desterrar los juramentos afrentosos y la herejía[34].

Ese testamento moral de Luis IX, convertido en modelo de gobernante cristiano, se inscribe en lo que va a ser todo un ritual de la muerte para los reyes de Francia tal y como un siglo más tarde se recogerá en la *Relación anónima de la muerte de Carlos V* (1380). En ella se desea transmitir lo que son las normas sacrosantas para los muy cristianos reyes de Francia[35].

Interesantes también dentro de un testamento moral, aunque mucho más parcas, resultan las recomendaciones de Fernando III (primo de Luis IX y también elevado con el tiempo a los altares) a su heredero Alfonso X en 1252: que velase por la reina Juana su madrastra, «que la touiese por madre et que la onrrase et la mantouiese siempre en su onrra como a reyna conviene», al igual que por sus hermanos y hermanas, y que a los ricoshombres y caballeros

---

[34] J. de Joinville, *Vie de saint Louis, op. cit.*, págs. 367-373. G. Parker ha destacado que tres siglos después Felipe II transmitirá a su heredero en el lecho de muerte unos consejos prácticamente calcados de los de San Luis. Véase *El rey imprudente. La biografía esencial de Felipe II,* Barcelona, Planeta, 2015, pág. 462.

[35] C. Beaune, *Naissance de la nation France*, París, Gallimard, 1985, págs. 105-106.

del reino «les guardase bien sus fueros et sus franquezas et sus libertades todas, a ellos y a todos sus pueblos»[36].

¿Podríamos decir que estamos en estos casos ante pequeños espejos de príncipes, un género escasamente original y repetitivo?

Ampliando el campo social, nos encontraríamos ante mensajes de personalidades que, por su relevante posición, tienen importantes responsabilidades hacia el común de la sociedad. El modelo podría aplicarse a miembros del alto clero o de la nobleza. Las inclinaciones literarias ayudarían a ello. Valgámonos de algunos ejemplos ya suficientemente estudiados.

El primero corresponde al obispo Adalberón de Laón, redactor de un breve texto de obligado conocimiento para cualquier medievalista: el *Carmen ad Robertum Regem*. Uno de sus editores lo ha calificado de testamento político (y moral, habría que añadir) de un hombre que en el momento de escribirlo (hacia 1025) lleva ya en torno a los cincuenta años en activo. Es consciente de que la realeza francesa sufre una crisis y con un tono a menudo burlón «pretende dejar detrás de sí un testimonio de su altura de miras y de su lucidez, con la intención de que algunos se tomen la molestia de leerlo»[37]. De ahí la forma dialogada (un rey y un obispo) en que el poema se desarrolla. Y de ahí, sobre todo, que Adalberón recuerde en tono admonitorio que «la casa de Dios es triple»: unos rezan, otros combaten, otros trabajan; «mientras esta ley prevaleció, el mundo gozó de paz. Pero ahora las leyes desaparecen, la paz desaparece totalmente, las costumbres han cambiado y el orden ha cambiado»[38].

Este testamento moral constituiría uno de los pilares ideológicos sobre los que se sustentaría la sociedad del antiguo régimen[39].

Siglos después, y como representante de la nobleza castellana bajomedieval, el ya mencionado canciller López de Ayala legó a la

---

[36] Alfonso X el Sabio, *Primera crónica general de España*, op. cit., págs. 772-773.

[37] C. Carozzi, «Introduction», en Adalberón de Laón, *Poème au roi Robert*, París, Les Belles Lettres, 1979, págs. xx y xxi.

[38] *Ibíd.*, pág. 23.

[39] Cfr. la magistral obra de G. Duby, *Les trois ordres ou l'imaginaire du féodalisme*, París, Gallimard, 1978.

posteridad dos testamentos. Uno, que pudiéramos definir como convencional, fue redactado en Calahorra el 23 de diciembre de 1406, «enfermo, echado en una cama en las casas de la morada», y en él agrega disposiciones a favor de su mujer Leonor de Guzmán, que le había dado seis hijos[40]. Otro testamento ha sido calificado como moral y político. Se recoge en una de sus principales obras, el *Libro rimado de Palaçio*[41]. Como era común, se inicia con una rotunda proclamación de fe católica:

> En el nombre de Dios, que es uno, Trinidad
> padre, Fijo, Espíritu Santo, en simple unidat,
> Eguales en la gloria, eternal majestat
> E los tres ayuntados en la divinidat[42].

Sigue con un largo recorrido por mandamientos de la ley de Dios, pecados, obras de misericordia, sentidos corporales... entonando los correspondientes *mea culpa* por haber incumplido en repetidas ocasiones los mandatos de la Iglesia. El testamento moral se convierte en un auténtico examen de conciencia. El canciller, aunque admite haber sido un reiterado pecador, se reconoce un fiel católico que incluso sugiere una vía conciliar para dar salida al gravísimo Cisma de Occidente[43].

De casi un siglo después es la interesante escritura testamentaria de (31 de marzo de 1498) don Gutierre de Cárdenas, que fue comendador mayor de la orden de Santiago en León y primo del último maestre de la misma antes de su incorporación a la corona, don

---

[40] Marqués de Lozoya, *Introducción a la biografía del canciller Ayala*, Bilbao, Junta de Vizcaya, 1950, págs. 131-133.

[41] Véase a este respecto, entre otros aportes, el de G. Orduna, «El *Rimado de Palaçio*, testamento político, moral y religioso del canciller Ayala», *Cuadernos de Historia de España. Estudios en homenaje a Don Claudio Sánchez Albornoz en sus 90 años*, t. IV, 1986, págs. 215-238.

[42] P. López de Ayala, *Libro rimado del Palaçio, op. cit.*, t. 1, pág. 65. Una excelente evaluación de esta obra en M. García, *Obra y personalidad del canciller Ayala*, Madrid, Alhambra, 1983, págs. 281 y ss.

[43] E. B. Strong, «The *Rimado de Palacio*: López de Ayala's proposals for ending the Great Schism», *Bulletin of Hispanic Studies*, 1961, págs. 64-77.

Alonso de Cárdenas. Estrecho colaborador de los Reyes Católicos durante la guerra de sucesión que enfrentó a isabelistas y beltranejistas, en distintos sucesos de la guerra de Granada y como contador mayor, don Gutierre será el impulsor de una gran familia de la España moderna: los duques de Maqueda. En esa escritura se conjugan unos profundos sentimientos religiosos (fe en Cristo, afán de salvación, perdón de los pecados, capacidad de arrepentimiento por errores y abusos cometidos), una marcada generosidad hacia ciertas instituciones eclesiásticas y grupos de desheredados y, además, la profunda conciencia de su especial posición social. Don Gutierre, como los representantes de otros linajes nobiliarios de la época, hace de su testamento una suerte de charnela entre el final del individuo y la continuidad —y engrandecimiento incluso— del grupo familiar del que es referencia. Al redactar el testamento fija las disposiciones que permiten el control y la cohesión del linaje[44].

De indudable interés resulta descender a personajes de menor rango en la escala social, cultural o espiritual. Valga para ello el testamento redactado en 16 de septiembre de 1383 por Bernarda de Pimbo, estudiado hace algunos años por Beatrice Leroy. Vecina de Tudela de Navarra y viuda de Martín González de Morentín, Bernarda aparece como mujer de posición acomodada, asentada en una localidad de cierta prosperidad que tendría hacia 1340 en torno a 8.000 habitantes (los mismos que Pamplona, capital del reino navarro), aunque quizás se viera afectada en los años inmediatos por los mismos brotes epidémicos que sacudieron al conjunto del Occidente. El testamento («seyendo sana en la mi persona de buen entendimiento e buena memorya, a onor e reverencia del nuestro seynor Jhesu Xristo») nos habla de una buena gestora de su patrimonio aparte de sincera cristiana y persona caritativa. Dispone ser enterrada en la iglesia de San Jorge de Tudela («devant la grada de los alta-

---

[44] Véase para ello las interesantes consideraciones recogidas por C. Quintanilla y F. Blázquez, *La forja de una casa nobiliaria bajo la monarquía de los Reyes Católicos: la casa ducal de Maqueda*, Murcia, Sociedad Española de Estudios Medievales, 2017, especialmente págs. 115 y ss.

res»), en donde reposan también los restos de sus padres. Dispone se celebren bellas misas de aniversario y se dote una «capellanía perpetua» en la misma iglesia. Sus bienes fundiarios pasan fundamentalmente a sus sobrinos Pons, Johan e Isabel de Eslava. Amigos de la familia y personal doméstico son también favorecidos, al igual que las cofradías de San Esteban y San Julián, algunos hospitales y las iglesias de Santa María la Mayor, San Marcial, Clarisas y Frailes Menores. No se descuida tampoco a los pobres de la localidad. Sus ejecutores testamentarios serán Juan de Eslava y el canónigo de Santa María Íñigo de Erdozain[45]. Estamos ante un testamento redactado, sin duda, en términos similares a los de personas de estatus parecido al de Bernarda de Pimbo y su difunto marido.

Y como una derivación del sentido moral del testamento podría hablarse, según Paul Binski, de su estetización en su forma más literaria. Lo hará, por ejemplo, François Villon hacia 1460 al proclamar:

> Primero, doy mi pobre alma
> a la bendita Trinidad, y la encomiendo a Nuestra Señora
> cámara de la divinidad...
> Ítem y dejo mi cuerpo a la nuestra gran madre la tierra
> los gusanos no encontrarán mucha grasa
> el hambre le ha combatido con dureza[46].

Y el tantas veces procaz pero en el fondo sincero cristiano no dejará de proclamar su confianza en la divinidad:

> Yo soy pecador, bien lo sé
> sin embargo, Dios no quiere mi muerte
> sino que me arrepienta y viva en el bien
> igual que qualquier otro a quien muerda el pecado[47].

---

[45] B. Leroy, «Vie et mort à Tudela en 1380-1383. Le testament de Bernarda de Pimbo», en J. G. Dalché, *Les Espagnes médiévales. Aspects économiques et sociaux. Mélanges offerts à Jean Gautier Dalché,* Niza, Faculté des lettres et sciences humaines, 1983, págs. 141-152.
[46] F. Villon, «Testamento», en *Poesía, op. cit.,* pág. 64.
[47] *Ibíd.,* pág. 40.

(No entramos, sin embargo, en otros aspectos del llamado «Testamento» de François Villon sobre los que volveremos más adelante).

La redacción del testamento en el Medievo es parte de una autotanatografía mediante la cual se hacen reflexiones sobre el pasado ayudando «a reescribir la historia individual, a archivar las memorias»[48].

Enfermedades y medicinas
de los cuerpos / enfermedades y medicinas de las almas

El mundo de las figuras retóricas y místicas construido en torno al pecado, sus fuentes y sus relaciones con la muerte se enriquecería con símiles procedentes del campo de la medicina y, secundariamente, del de la milicia.

Las dudas sobre la autonomía y la honorabilidad de la medicina como ciencia abundaron a lo largo del Medievo[49]. Es cierto que, en principio, el pensamiento cristiano no manifestó un frontal rechazo hacia la medicina, a la que consideró una suerte de segunda filosofía en tanto se ocupaba de la curación de los cuerpos, en la misma medida en que la filosofía propiamente dicha lo hacía de las almas. Pero no es menos cierto que ante la enfermedad en general, el mismo pensamiento tiende a primar la salvación del alma sobre la del cuerpo; los cuidados espirituales sobre los materiales[50]. Yendo más lejos aún, autores como Jacques Le Goff han abordado lo que de despreciable vieron en determinadas profesiones las sociedades medievales: profesiones ilícitas, viles, indecorosas, etc. Las enumeraciones pueden ser cambiantes, aunque siempre pueda quedar un poso de desconfianza sobre algunas actividades por determinados motivos. Así, el tabú de la sangre podía arrojar un velo de sospecha sobre carniceros o verdugos, pero también sobre apotecarios, cirujanos o médi-

---
[48] R. Sanmartín Bastida, *El arte de morir...*, op. cit., pág. 106.
[49] E. Mitre, *Fantasmas de la sociedad medieval...*, op. cit., págs. 22-28.
[50] Recogido por F. Martínez Gil, *La muerte vivida...*, op. cit., págs. 31 y ss.

cos. Que se tratara, además, de profesiones en las que judíos y árabes se encontraban especialmente implicados no ayudaba precisamente a su honorabilidad en sociedades radicalmente cristianas[51].

Las invectivas y chanzas sobre la profesión médica serán características, es cierto, de cualquier momento de la historia. Valgan algunos ejemplos referidos al Medievo.

En los años veinte del siglo XIII, el predicador, cronista, obispo de San Juan de Acre y más tarde cardenal-obispo de Túsculum Jacques de Vitry arremetía especialmente contra abogados y médicos. Acusaba a estos últimos de engañar persistentemente a los enfermos prometiéndoles con sus labios mentirosos remedios absolutamente ineficaces. Obtenían el dinero merced a sus falsedades y su lenguaje sofisticado. Y, añade en tono ásperamente moralizante: «No contentos con no curar los cuerpos, destruyen las almas; asegurando, en efecto, que la satisfacción de los deseos de los sentidos purga los cuerpos de sus impurezas [cuando en realidad] conducen a muchas gentes a la fornicación»[52].

Hacia 1270 Jean de Meun lanzó improperios también conjuntamente hacia abogados y médicos, diciendo que están «presos con esta misma cuerda: venden su ciencia a cambio de dinero y se cuelgan todos de la misma cuerda»[53]. Francesco Petrarca, a mediados del siglo XIV, recordaba que, a diferencia de sus contemporáneos que parecía no podían prescindir de los médicos, muchos pueblos antiguos habían vivido sin ellos gozando de mejor salud[54]. Años más tarde, y ya en pleno Renacimiento, el también humanista italiano Francesco Guicciardini († 1540) no sería menos punzante en sus palabras. Llega a decir que «los médicos de nuestro tiempo no saben atender más que las enfermedades ordinarias y con toda su sabiduría

---

[51] J. Le Goff, «Métiers licites et métiers illicites dans l'Occident médiéval», en *Por un autre Moyen Âge. Temps, travail et culture en Occident: 18 essais,* París, Gallimard, 1977, págs. 92-94.

[52] Jacques de Vitry, *Histoire occidentale* (ed. de G. Duchet-Suchaux y J. Longère), París, Cerf, 1997, pág. 71.

[53] G. de Lorris y J. de Meun, *El libro de la rosa, op. cit.,* pág. 94.

[54] Citado por P. Laín Entralgo, *Historia de la medicina,* Barcelona, Salvat, 1984, pág. 236.

lo máximo que pueden lograr es la curación de un par de tercianas». A lo que añade además la impunidad ante sus errores. La conclusión a la que llega, similar a la de Petrarca, es que los antiguos romanos habían vivido más felices prescindiendo de la asistencia médica durante muchos años[55]. Por lo demás, es significativo que, en distintas sociedades del Medievo, y junto al lecho del enfermo, aparezcan tanto el médico como el astrólogo. La actividad de este no se opone a la de aquel sino que la guía, sugiriendo los momentos más oportunos para actuar sobre el paciente con los medios normales de la medicina. Sus errores no se consideran producto de la superchería sino que se piensan similares a los que puede cometer el profesional de la medicina propiamente dicha[56]. En la segunda mitad del siglo XIV Geoffrey Chaucer cifra la buena opinión sobre la figura de un doctor en medicina diciendo que no tenía rival: «pues poseía buenos fundamentos en astrología. Estos conocimientos le permitían elegir la hora más conveniente para administrar remedios a sus pacientes; y tenía gran destreza en calcular el momento más propicio para fabricar talismanes para sus clientes»[57].

Frente a esas dudas y recelos sobre la ciencia médica y sus naturales limitaciones, el Medievo construyó todo un edificio basado en otros materiales: esos llamados milagros terapéuticos que están a la orden del día y que convierten a una serie de santos en los abogados contra determinados males[58]. En ese terreno, sin embargo, la barrera entre lo que resultaba aceptable para la Iglesia y lo que esta condenaba como supersticioso podía resultar un tanto frágil. De ahí la insistencia en prevenir contra el uso de amuletos, invocaciones y ritos varios encaminados a la salvación de personas, animales o plan-

---

[55] F. Guicciardini, *Historia de Florencia (1378-1509)* (ed. de H. Gutiérrez), México, FCE, 1990, pág. 44.
[56] Referencias recogidas en R. S. López, *El nacimiento de Europa,* Barcelona, Labor, 1965, pág. 405-407.
[57] G. Chaucer, *Cuentos de Canterbury* (ed. de P. Guardia), Madrid, Cátedra, 1987, págs. 74-75.
[58] Cuestión abordada en E. Mitre, *Fantasmas de la sociedad medieval..., op. cit.,* págs. 34 y ss.

tas practicados por adivinos, brujos o encantadores y considerados en el Concilio de Tours de 813 «ataduras del diablo»[59].

En el marco de la ortodoxia se encuentra el poder curativo que se otorgaba al contacto con reliquias de santos o a la visita a importantes centros de peregrinación. A título de ejemplo, Tomás de Celano se haría eco de las numerosas curaciones milagrosas que se produjeron junto al sepulcro de San Francisco. Y no perderá la ocasión de asociar la curación física a la curación moral: así el cuerpo muerto (del santo) sana los cuerpos vivos, «como en vida daba vida a las almas muertas»[60]. Además, según algunas leyendas, no será necesario acudir al sepulcro del santo para que se obre el prodigio. En el caso del fundador de la otra gran orden conventual, Santo Domingo de Guzmán, bastará con la invocación a su figura para que el milagro se produzca, incluyendo la resurrección de algunos difuntos; seis al menos, según uno de sus biógrafos, que presenta alguno de estos prodigios con tonos que recuerdan la vuelta de Lázaro a la vida[61]. No había llegado a tanto Grimoaldo, monje de origen francés autor (hacia finales del siglo XI) de una *Vita* dedicada al otro Domingo (Santo Domingo de Silos) que se adelanta siglo y medio a la de Gonzalo de Berceo. En ella se recoge una colección de milagros terapéuticos (casi cincuenta) que no incluyen resurrecciones y sí las curaciones típicas atribuidas también a la intercesión de otros santos: ceguera, fiebres, cojera, parálisis, posesión diabólica...[62].

Uno de los recopiladores de prodigios atribuidos a Luis IX de Francia hablaría de curaciones de baldados, corcovados, gotosos, pacientes de fístula, desmemoriados, víctimas de fiebres cuartanas, paralíticos, sordos, cojos...[63]. Ello por no entrar en la capacidad mi-

---

[59] J.-C. Schmitt, *Historia de la superstición*, Barcelona, Crítica, 1992, pág. 47.

[60] Tomás de Celano, «Vida primera», en San Francisco de Asís, *Escritos. Biografías. Documentos de la época, op. cit.,* pág. 217.

[61] Constantino de Orvieto, «Leyenda de Santo Domingo», en M. Gelabert, J. M. Milagro y J. M. de Garganta (eds.), *Santo Domingo de Guzmán. Su vida. Su obra. Sus escritos,* Madrid, BAC, 1966, págs. 379-381.

[62] Grimoaldo, *Vita Dominici Siliensis, op. cit.,* págs. 463 y ss.

[63] Guillaume de Saint-Pathus, *Les miracles de Saint Louis, op. cit.,* págs. 1-2.

lagrera que se atribuía a los reyes de Francia e Inglaterra de curación de escrófulas por imposición de las manos[64].

Santo Tomás de Aquino, a propósito de los pecados, decía que «difieren en su gravedad de la misma manera que se dice que una enfermedad es más grave que otra». Si la salud se logra merced a un equilibrio de los humores en relación con la naturaleza del animal, «el bien de la virtud consiste en una especie de equilibrio del acto humano en acuerdo con la regla de la razón». Una enfermedad física es tanto más grave en cuanto se relaciona directamente con el órgano más importante, cual es el corazón, principio de la vida. El pecado, como enfermedad del alma, resultará más reprobable cuando «su desorden concierna a un principio más altamente colocado en orden de la razón»...[65]. Los médicos de las almas se convierten en trasunto espiritual de los médicos de los cuerpos. Ramón Llull decía que «el primer médico de la curación del alma es Dios», quien gracias a su amor cura del pecado[66].

La figura del *Christus Medicus*, ya desde el primitivo cristianismo, empezó a complementar la del Cristo doctor espiritual[67]. Cristo aparece como «médico de la muerte» a propósito de un absolutamente inverosímil sepulcro de Lázaro, hermano de Marta y María y amigo del Señor que le resucitó (Jn. 11, 43). Dicho sepulcro fue construido en la ciudad de Autun, de la que el santo era patrón, entre 1171 y 1189. Los versos inscritos en el correspondiente tabernáculo dicen:

> En seguida, médico de la muerte se compadeció de las
> Lágrimas derramadas,
> Y, ante el pueblo que miraba, el que hacía cuatro días
> Que había muerto
> Salió del túmulo sano e íntegro

---

[64] Tema tratado por M. Bloch en su magistral *Les rois thaumaturges...*, *op. cit.*

[65] Tomás de Aquino, *Suma teológica*, *op. cit.*, I, II, qu. 73, art. 3; recogido en la antología de E. Gilson, *Santo Tomás de Aquino*, Madrid, Aguilar, 1949, pág. 273.

[66] Otros sanadores serían la conciencia, la contrición, la confesión y la satisfacción. Ramón Llull, *Proverbis de Ramon* (ed. de S. Garcías Palou), Madrid, Editora Nacional, 1978, pág. 132.

[67] P. Binski, *Medieval Death...*, *op. cit.*, pág. 30.

Y de entre los lares muertos, se postró a sus pies.
Y allí mismo quedaron patentes la fe del que había
Recibido el favor
Y las merecidas gracias al médico vivificador[68].

Cristo transmitió esa facultad curativa a la comunidad apostólica[69] y de esta pasó a los ministros de la Iglesia[70] encargados de cerrar con la debida dignidad el ciclo vital del cristiano.

Como administradores de los sacramentos, los eclesiásticos convertían la trilogía confesión-comunión-extremaunción en medicinas espirituales de cara al trance supremo[71]. El IV Concilio de Letrán (1215), tras reglamentar la administración en general de penitencia y comunión —que habían de recibirse por todo fiel cristiano al menos una vez al año—, advierte de la preeminencia que tienen en ese momento decisivo los médicos de las almas sobre los médicos de los cuerpos. Hasta el extremo de amenazar: «Puesto que el alma es infinitamente más valiosa que el cuerpo, prohibimos al médico, bajo pena de excomunión, aconsejar al enfermo con vistas a su curación corporal un remedio capaz de poner en peligro su alma»[72].

---

[68] Recogido en J. Yarza *et al.* (eds.), *Arte medieval II. Románico y gótico,* Barcelona, Gustavo Gili, 1982, págs. 155-156.

[69] «Expulsar demonios y curar enfermedades son dos realidades idénticas con semántica diferente». D. Borobio, *Sacramentos y sanación. Dimensión curativa de la liturgia cristiana,* Salamanca, Sígueme, 2008, pág. 27.

[70] Desde una óptica absolutamente arreligiosa, Ch. Baudelaire, a mediados del siglo XIX, diría: «Esta vida es un hospital en el que cada enfermo está poseído por el deseo de cambiar de cama. Le gustaría a este sufrir frente a la estufa; piensa aquel que se curaría cerca de la ventana», en *El esplín de París (Pequeños poemas en prosa),* Madrid, Alianza Editorial, 2014, pág. 169.

[71] Para las líneas generales de estas ayudas espirituales, véase D. Pérez Ramírez, «Los últimos auxilios espirituales en la liturgia del siglo XIII a través de los concilios», *Revista Española de Teología,* 1950, págs. 391-432, o E. Mitre, *La muerte vencida..., op. cit.,* págs. 89 y ss. Para el caso de la unción de enfermos, *ibíd.,* especialmente págs. 104-128. Una valoración de los sacramentos en la preparación de la muerte en B. Poschmann, *Pénitence et onction des malades,* París, Cerf, 1966, o M. Nicolau, *La unción de enfermos. Estudio histórico dogmático,* Madrid, BAC, 1975.

[72] «Decretos del IV Concilio de Letrán», en *Lateranense IV, op. cit.,* pág. 175.

Los sacramentos son medicinas de las almas, pero también la propia muerte puede ser considerada en términos medicinales. San Agustín sugiere que puede ser un remedio medicinal que sana al hombre en su interior: «No temas, pues, el trago amargo de la muerte: la muerte es ciertamente amarga, pero a través de esa amargura se llega a la gran dulzura. Ese amargor cura las vísceras de tu alma, pero no el hecho de morir, sino el morir por la verdad»[73].

En relación con el trance supremo y su ritual, el Medievo transmitió a la Modernidad otra idea: la del pánico del cristiano a ser atrapado «en la flor de mi pecado / sin preparar, sin óleos, inconfeso». Una situación que, superada ya la Edad Media, se consideraba la más horrible, según recoge William Shakespeare en una de sus más celebradas obras[74]. Dentro de esa liturgia y ceremonial para la preparación de una buena muerte[75], los ministros de la Iglesia actúan (por remitirnos a una metáfora de reciente acuñación) como una categoría de «especializados tecnócratas de la muerte»[76] que han de luchar con unas armas y estrategias singulares.

Armas del cuerpo y del espíritu

La milicia, vista con cierto recelo desde instancias eclesiásticas —vg. ese juego de palabras *militia/malitia*—, acabará por facilitar también figuras que simbolizan el mundo de la salvación espiritual frente a (o complemento de) la seguridad puramente corporal.

---

[73] San Agustín, *Sermón* 299-E, 2 BAC 448, 351; recogido por G. Pons, *El más allá en los padres de la Iglesia, op. cit.*, págs. 46-47.

[74] En *Hamlet*, escena 5.ª, acto I; recogido en E. Mitre, *La muerte vencida..., op. cit.*, pág. 90.

[75] Para el mundo castellano medieval, véase S. Royer de Cardinal, «Tiempo de morir y tiempo de eternidad», art. cit., págs. 153-182. Para el reino de Navarra, véanse los aportes de J. Baldó, «Ceremonias y espacios funerarios», en J. Pavón, J. Baldó y Á. García de la Borbolla, *Anexos de Medievalismo, 3: Pamplona y la muerte en el Medievo*, Murcia, Sociedad Española de Estudios Medievales-CSIC, 2013, págs. 67-127, y J. Pavón, «Exequias regias», *ibíd.*, págs. 129-177.

[76] P. Binski, *Medieval Death..., op. cit.*, pág. 32.

San Bernardo, en su sermón a los caballeros templarios, los presenta combatiendo a la vez «contra los hombres de carne y hueso, y contra las fuerzas espirituales del mal». En virtud de ello se dan dos clases de armas (trasunto de las medicinas) con las que el caballero ha de enfrentarse a la posibilidad de muerte frente al infiel. Es la considerada *doble armadura,* con la que no deben temer ni a los hombres ni a los demonios: la armadura de acero, con la que reviste su cuerpo, y la coraza de la fe, con la que protege su espíritu. «No se espanta ante la muerte el que la desea. Viva o muera, nada puede intimidarle a quien su vida es Cristo y su muerte una ganancia»[77]. Algunos años más tarde esa duplicidad de armas similar a la de las medicinas la encontramos en el *Poema de Almería,* que se centra en la toma de esta plaza por el rey Alfonso VII. A propósito de la intervención de los obispos de León y Toledo en la empresa, se dice de ellos que, «habiendo desenvainado la espada divina y la corporal», animaron a los combatientes para alcanzar «la merced de las dos vidas»[78].

La polifacética Hildegarda de Bingen, a propósito de las virtudes que deben sostener el edificio de la sociedad, se remite a Justicia, Fortaleza y Santidad. Los instrumentos de la segunda son asimilados a las distintas piezas ofensivas y defensivas de las que el combatiente debe valerse. El yelmo expresa el vigor celestial; la loriga defiende frente a las flechas del demonio; las canilleras simbolizan los rectos caminos; los guanteletes de hierro son asociados a las obras de los fieles en nombre de Cristo; la espada simboliza las palabras de Dios en las Escrituras, y las lanzas representan la confianza en lo eterno[79].

Y siglo y pico después, el prolífico Ramón Llull nos hablará de cada una de las armas del caballero y sus funciones en defensa de su integri-

---

[77] Bernardo de Claraval, *Elogio de la nueva milicia templaria* (ed. de J. Martín Lalanda), Madrid, Siruela, 1994, págs. 169-170.

[78] «Poema de Almería», como apéndice a *Chronica Adefonsi Imperatoris* (ed. de L. Sánchez Belda), Madrid, CSIC, 1950, pág. 189; citado en E. Mitre, «Muerte y memoria del rey en la Castilla bajomedieval», *op. cit.,* pág. 22.

[79] Hildegarda de Bingen, *Scivias. Conoce los caminos* (ed. de A. Castro y M. Castro), Madrid, Trotta, 1999, pág. 431.

dad no solo física sino también moral. Sobre todo, la espada que tiene forma de cruz como aquella por la que Jesucristo venció a la muerte «en la que habíamos caído por el pecado de nuestro padre Adán»[80].

La *ultima unctio*[81], un sacramento para cerrar la *vida primera*

Se ha definido al orden sacerdotal y al matrimonio como «sacramentos sociales», por cuanto encuadran a los cristianos en dos categorías caracterizadas por sendas formas de vida: los clérigos y los laicos (usando estas expresiones en el sentido común que hoy en día les asignamos). Pero sociales, en el sentido lato de esta expresión, lo serían todos los sacramentos, ya que marcan la vida del cristiano, al margen de su condición o estima social, desde que nace hasta que muere. Con el primero, el bautismo, el hombre se abre a la vida; con el último —la unción final—, se cierra a ella[82].

En su condición de «consumación de la penitencia», la *extrema unctio* (la expresión «unción de enfermos» se ha impuesto desde el Concilio Vaticano II)[83] hinca sus raíces en una de las epístolas católicas en las que se dice: «Si está enfermo alguno entre vosotros, llame a los presbíteros de la iglesia y oren por él, ungiéndole con el óleo en nombre del Señor» (Sant. 5, 14). Coetáneo de Santo Tomás (quien no parece diese a la unción un valor superior al de mera ratificación de la penitencia), San Buenaventura vio en su administración la aplicación de una medicina sacramental, ya que el enfermo no lo es

---

[80] Ramón Llull, *Libro de la orden de caballería* (ed. de L. A. de Cuenca), Madrid, Alianza Editorial, 1986, pág. 65. Y así seguirá con la lanza, la loriga, el yelmo, la montura, etc.; *ibíd.,* págs. 66-71.

[81] Sobre la dimensión mortuoria de este sacramento escribí algunas páginas en *La muerte vencida..., op. cit.,* págs. 110-123. En sus notas a pie de página recogí las referencias a la bibliografía fundamental sobre el tema.

[82] Cfr. J. de Vitry, *Histoire occidentale, op. cit.,* pág. 239. Algunas referencias al respecto las recogimos en E. Mitre, «Los "sacramentos sociales". La óptica del medievalismo», *'Ilu. Revista de Ciencias de las Religiones,* vol. 19, 2014, págs. 147-171.

[83] Véase *Ritual de la unción y de la pastoral de enfermos,* Madrid, 1982.

solo del espíritu o de la carne, sino de ambos conjuntamente[84]. Ramón Llull aplica a la unción el esquema de sus *Proverbis*, reconociendo en ella hasta veinte cualidades que van desde su significado como prueba de fe por quien la recibe hasta su sentido como instrumento para alejar a los demonios de la cercanía al moribundo[85].

El cristiano, a la manera del guerrero, trata de superar las dificultades en la suprema lucha *(agonía)* contra el pecado y el dolor. De ahí que la unción final adquiera una polivalencia cuyas raíces algunos autores sitúan en la Antigüedad, en prácticas del judaísmo de tiempos de Jesús (que es designado precisamente como el ungido). En ellas las virtudes físicas del aceite trascienden lo puramente alimenticio o cosmético. Entran en el terreno de la concepción religiosa, ya que el producto se usaría en diversas enfermedades consideradas producidas por el demonio. El aceite actuaría como medio de exorcismo[86].

Otra cuestión, al margen de la retórica que pueda rodear a un sacramento, es el grado de implantación logrado y la propia valoración adquirida. Diversos textos, desde los más depurados teológicamente hasta aquellos orientados a la pastoral más primaria, insistieron en su importancia. Una insistencia que puede inducirnos, *contrario sensu*, a la duda en torno a su recepción. El catecismo de Pedro de Cuéllar, por ejemplo, recuerda en 1325 la importancia de la «postrimera unçión» que, insiste, está al mismo nivel que los otros seis sacramentos. Todos los cristianos habían de recibirlo llegado el trance de la muerte, ya que de lo contrario «será dañado qualesquier quel dexa por despreçio segund que deximos del sacramento de la confirmación»[87].

---

[84] San Buenaventura, «Breviloquium. Parte VI», en *Obras de San Buenaventura*, t. I (ed. de I. L. Amorós), Madrid, BAC, 1945, pág. 433.

[85] Ramón Llull, *Proverbis de Ramon, op. cit.*, págs. 374-375; recogido en E. Mitre, *La muerte vencida...*, pág. 112. Sobre la dignidad de la extremaunción, similar a la de los otros seis sacramentos, se pronuncia el mismo Ramón en *Blanquerna, op. cit.*, pág. 717.

[86] J. Auer, *Los sacramentos de la Iglesia*, Barcelona, Herder, 1977, pág. 239.

[87] J. L. Martín y A. Linage Conde, *Religión y sociedad medieval. El catecismo de Pedro de Cuéllar, op. cit.*, págs. 220-221.

Una buena muerte resulta espejo y emblema de una vida que se ha conducido rectamente[88], como sucede —ejemplo bien difundido— con algunos monarcas. Y una buena muerte lo es en tanto es sinceramente aceptada y se hace rodear de los debidos auxilios sacramentales. Un típico ejemplo lo facilita el caballero aragonés Jimeno Pérez a mediados del siglo XIII. Escandalizado por el mal comportamiento de algunos colegas, se expresa en estos términos al justicia del reino: «Señor, tenéis que tomar una determinación, pues os rodea gente falsa y mala. Querría verme muerto, habiendo recibido la confesión y la extremaunción, antes que presenciar la gran desgracia de vuestros vasallos»[89].

Y sobre esa relación entre armas y diversidad de muertes a la que nos hemos referido anteriormente (y aunque en otros términos y en un ambiente distinto) se insistirá también en la Castilla de finales del reinado de Juan I de Castilla, mediocre político pero hombre de acendrada piedad. Será en las cortes de Guadalajara de 1390. Su ordenamiento de prelados dirá que «arma temporal mata al cuerpo, así como la sentencia de descomunión mata el alma»[90].

El morir como todo un arte

Un género —las *Artes moriendi* en general— pone en guardia sobre los graves peligros que acechan durante la agonía. Se las ha relacionado con las danzas de la muerte o con el pánico difundido por la propagación de oleadas epidémicas. Sin embargo, lo que estas *Artes* hacen primar es la intimidad del enfermo, «cuyos últimos momentos se ven perturbados por la disputa de su alma a que se entregan ángeles y demonios»; se trata de guías para el moribundo, pero también para quienes le están acompañando en el lecho de muerte[91].

---

[88] R. Sanmartín Bastida, *El arte de morir...*, op. cit., págs. 187-188.
[89] Jaime I, *Libro de los hechos* (ed. castellana de J. Butiñá), Madrid, Gredos, 2003, págs. 248-249.
[90] VV.AA., *Cortes de los antiguos reinos de León y Castilla*, t. II, Madrid, Real Academia de la Historia, 1863, pág. 254.
[91] F. Martínez Gil, *La muerte vivida...*, op. cit., pág. 135.

Un *Ars moriendi* de la segunda mitad del siglo XV, quizás elaborado en Renania, advierte que «hay que saber que los moribundos tienen las más graves tentaciones que antes jamás hayan sufrido»[92]. La cámara del agonizante se convierte en una especie de campo de batalla en el que el demonio acecha incitándole con cinco tipos de tentaciones. Tentaciones contra la fe «fundamento e principio de toda la salud nuestra»; tentación sobre la desesperación, «que es contra la confiança e esperança que tiene el onbre en Dios»; tentación de impaciencia, cuando «el diablo que non puede inducir al onbre al pecado de la desesperazión comiença de lo temptar de impaciencia»; tentación de vanagloria, «por complazimiento de sí mesmo, que es soberbia espiritual», y tentación de avaricia, «que es la mucha ocupación de las cosas temporales e exteriores». En esas cinco ocasiones, la buena inspiración del ángel trata de reconfortar al paciente con la fe, paciencia, confianza en Dios Padre y la Virgen... En último término está esa invocación evangélica: «En tus manos, Señor, encomiendo mi espíritu» (Luc. 23, 46). Así se recoge en el popular *Ars moriendi* impreso en Zaragoza a finales del siglo XV[93].

El arte de bien morir es la culminación de una sentencia: «¡que bienaventurado y prudente es el que vive de tal modo cual desea le halle Dios en la hora de la muerte!»[94]. Ello, según un maestro de la espiritualidad de nuestro tiempo, supone un «esfuerzo transido de vigilia», una mirada dirigida a Dios, un aprovechamiento del tiempo (Ef. 5, 16) para nuestra santificación[95]. El arte de bien vivir forjado en los sermonarios se presentaba así como respuesta a un *Me-*

---

[92] Se piensa que la primera edición aparecería en Colonia hacia 1465. El más célebre de los distintos manuscritos es el incunable xilográfico que se conserva en el British Museum. Los grabados los reproduce A. Tenenti en *La vie et la mort à travers l'art du XV siècle, op. cit.*, págs. 108-130. Extractos del texto y comentarios en J. Yarza *et al.* (eds.), *Arte medieval II..., op. cit.*, págs. 427-428. Para los manuscritos españoles, F. Martínez Gil, *La muerte vivida..., op. cit.*, págs. 136 y ss.

[93] Anónimo, *Arte de buen morir y Breve confesionario (ca.* 1479-1484) (ed. de F. Gago Jover), Barcelona, Medio Maravedí, 1999, págs. 95-115.

[94] T. de Kempis, *La imitación de Cristo, op. cit.*, pág. 108.

[95] D. von Hildebrand, *Sobre la muerte, op. cit.*, págs. 90-91.

mento mori que puede convertirse en «obsesión atroz»[96]. Alberto Tenenti, a propósito de los *Artes de bien vivir y de bien morir,* afirmó que «la muerte física llega a ser la mediadora espiritual entre este mundo y el más allá»[97].

El ritual funerario

Entre el instante de la muerte y el del enterramiento se desarrolla un espacio funerario marcado por todo un ritual. Algunas investigaciones recientes referidas al medio hispánico pueden ser sumamente útiles.

Atinadamente, J. Sánchez Herrero ha advertido, para el reino de León pero extrapolable también a otros territorios, que las celebraciones en torno a la muerte y la sepultura se ven recubiertas de un tono de fiesta, aunque esta sea dolorosa y fúnebre. Con frecuencia estas ceremonias servirán además para dar a conocer el poder social y económico de la familia del difunto[98].

En el reino de Navarra, un primer paso corresponde al lavado y acondicionamiento del cuerpo del difunto por familiares directos o personas especializadas en la materia. Sigue su envolvimiento en un sudario de lino o algodón, o de tejido más basto para personas con menores recursos económicos o que deseen hacer profesión de humildad. Frecuentes serán también los revestimientos con hábitos monásticos o de órdenes mendicantes. El cuerpo puede introducirse en un ataúd de madera con revestimiento interior de tela y los escudos familiares para gentes de relumbrón.

Habitual es que tras el óbito se proceda a la exposición del cadáver ante familiares y amigos, compañeros de cofradías, vecinos, miembros de la comunidad religiosa a la que el difunto fuera afín, etc.

---

[96] F. Rapp, *La Iglesia y la vida religiosa en Occidente a fines de la Edad Media,* Barcelona, Labor, 1973, pág. 108.
[97] A. Tenenti, *La vie et la mort à travers l'art du XV siècle, op. cit.,* pág. 66.
[98] J. Sánchez Herrero, *Las diócesis del reino de León. Siglos XIV y XV,* León, Centro de Estudios e Investigación San Isidoro, 1978, págs. 278 y ss.

El *Fuero General de Navarra* (siglo XIII) establece una barrera social clara: si el muerto es de condición humilde, no se celebraría velación. Si fuera de superior posición, debía ser velado la noche entera por uno de los señores de cada casa del lugar, siendo relevados por sus mujeres cuando hubieran de volver a sus tareas cotidianas.

Tras un lapso que puede ser de varios días, el cuerpo del difunto es trasladado a la iglesia donde se oficiará el funeral. Al cortejo funerario solían unirse pobres a los que se había procurado vestimenta en el testamento y que estaban obligados a rezar por el alma del difunto. La misa solemne de réquiem sería oficiada por un sacerdote de la parroquia acompañado de un diácono o subdiácono.

Un banquete se ofrece a los asistentes para agradecerles su presencia en las honras funerarias. Adquiere, en el caso de las cofradías, el carácter de una comida de hermandad en la que se estrechan los lazos comunitarios. En todo caso, el *Fuero General de Navarra* recomienda mesura en el gasto y que todo se haga en función del grupo social al que se pertenezca[99].

Esquemas similares se darán (algo ya hemos adelantado) en el reino de Aragón en el Bajo Medievo. Los ritos y prácticas de sociabilidad ante la muerte responderían a ese principio de «muerte espectáculo»: cortejo fúnebre, acompañado de una «violencia del dolor» y de una comida funeraria en la que participan familiares y compañeros, una pervivencia del viejo *refrigerium* de los primeros cristianos. Ello implica una reconstrucción de la cohesión grupal[100]. Algo similar cabría decir para ámbitos de extensión menor; es el caso de la pequeña ciudad de Reus en el siglo XIV, localidad en la que la muerte se convierte también en un espectáculo en el que toman parte familiares, cofrades, clérigos, pobres... «Aspectos que generalmente sobrepasan el carácter eclesiástico del rito para convertirse en algo social, en una fiesta»[101].

---

[99] J. Baldó, «Ceremonias y espacios funerarios», ed. cit., págs. 67 y ss.
[100] M. Luz Rodrigo Estevan, «Muerte y sociabilidad en Aragón (siglos XIV y XV)», ed. cit., pág. 312.
[101] Véase D. Piñol, *A les portes de la mort...*, *op. cit.*, págs. 89 y ss.

Los sentimientos que acompañan al cortejo fúnebre como señas del dolor pueden adquirir gran teatralidad. Sobre todo esas expresiones populares que difícilmente las normas civiles y eclesiásticas tratarán de refrenar, tal y como ya hemos anticipado, y que han sido definidas como «duelo salvaje»[102]. A propósito de la muerte de Fernando III de Castilla en 1252, la *Primera crónica general* nos transmite verdaderas reacciones de histeria. «Las maravillas de los llantos que las gentes de la çibdat fazien non es omne que lo podiese contar». Recuerda con ello los gestos de dolor desaforado de mujeres y hombres: «tanta duenna de alta guisa et tanta doncella andar descabennadas et rascadas, rompiendo las fazes et tornándolas en sangre et en la carne biua». Y las de «tanto infante, tanto rico omne de prestar andando baladrando, dando bozes, mesando sus cabellos et rompiendo las fruentes et faziendo en sy fuertes cruezas»[103]. Sobre el dolor por la muerte de Pedro III de Aragón en 1285, dice el cronista Muntaner que: «Cuando el señor rey hubo dejado esta vida, fueron de ver los duelos, llantos, gritos, como jamás fueron vistos y oídos»[104].

Más mesuradas y estetizadas son ciertas composiciones relacionadas con el género *planto*. Su evolución estilística será paralela a la que se produce en torno a los sentimientos que genera la muerte a lo largo del Medievo, aunque suelan prevalecer dos condicionantes: la personalidad del difunto y su categoría social. El planto ha servido a veces para expresar intenciones más allá del duelo. Al planto se le puede dar, en efecto, un calado político, didáctico o conmemorativo[105].

En esa línea podría situarse el epitafio que mandó grabar (1158) para la tumba del obispo y cronista Otón de Freising (tío del emperador Federico Barbarroja) el canónigo Rahevin, continuador de su labor historiográfica. Del difunto que «salió de la luz de este mundo atendiendo a la llamada de Dios» dirá en relación con su admirable saber:

---

[102] S. Royer de Cardinal, *Morir en España (Castilla Baja Edad Media), op. cit.*, pág. 261.
[103] Alfonso X el Sabio, *Primera crónica general de España, op. cit.*, pág. 773.
[104] R. Muntaner, *Crónica, op. cit.*, pág. 319.
[105] Cfr. C. Thiry, *La plainte funèbre* (fasc. 30 de Typologie des sources du Moyen Âge occidental), Turnhout, Brepols, 1978.

> Frecuente, su entrega a la filosofía;
> Mayor profesión, a la teología:
> Alianza mutua con la filología:
> Ahora ¡sea para él espejo la suma teoría![106].

Modélico como planto, y un siglo posterior, puede ser el dedicado a la muerte de Fernando III por el poeta cortesano por excelencia Pero da Ponte, que aprovecha la ocasión también para adular al nuevo monarca, Alfonso X.

> Mays, hu Deus pera ay levar
> Quis o bon rey, hi long'enton
> Se nembrou de nos, poylo bon
> Rey don Alfonso nos foy dar
> Por senhor: e ben nos cobrou,
> Ca, se nos bon senhor levou
> Muy bon senhor nos foy leixar...[107].

Y más mesurados serán también los *dezires* de algunos poetas de los cancioneros que rememoran la muerte de destacados personajes. Un cierto toque melancólico rodea la memoria de un rey como Enrique III, a quien el *Cancionero de Juan Alfonso de Baena* dedica un importante bloque de composiciones en las que se recuerda al monarca de manera muy favorable, destacando su espíritu de justicia, concordia y paz. Fray Diego de Valencia, por ejemplo, nos habla de tres dueñas que lamentan la pérdida del monarca: «la rreyna gentil» viuda Catalina de Lancaster; el «buen esfuerço» de grandes empresas como la guerra con Granada que se teme pueda echarse a perder, y «la santa fe de los castellanos»[108]. El epitafio del sepulcro del monarca es todo un recordatorio de la huella que ha dejado en este mundo:

---

[106] Otón de Freising y Rahewin, *Gestas de Federico Barbarroja* (ed. de E. Sánchez Salor), Cáceres, Universidad de Extremadura, 2016, págs. 290-293.

[107] Recogido por M. González, *Fernando III el Santo, op. cit.*, págs. 263-264.

[108] B. Dutton y J. González Cuenca, *Cancionero de Juan Alfonso de Baena*, Madrid, Visor, 1993, págs. 82-84; cuestión recogida en E. Mitre, *Una muerte para un rey, op. cit.*, págs. 91-96.

> Aquí iaze el muy temido y justiciero rey don Enrique de dulce memoria, que Dios de Santo Parayso: hijo del cathólico rei Don Juan, nieto del noble caballero don Enrique: en diez y seis años que reinó, fue Castilla temida i honrrada. Nasció en Burgos día de San Francisco. Murió día de Nabidad en Toledo iendo a la guerra de los moros con nobles de su reino. Finó año del Señor de mil quatrocientos siete[109].

Los plantos del Occidente europeo tienen una cobertura que es esencialmente cristiana, aunque contemos con algún caso en que esta sea casi toda pagana. Se ha destacado a este respecto el dedicado por el marqués de Santillana a la muerte de don Enrique de Villena, en donde se invoca al «fulgente Apolo, dador de la sçiencia. A Cupido e Venus los enamorados»... A Homero, Ovidio, a Terencio, a Quintiliano... aunque también a Dante, Petrarca o Boecio[110]. Y se podrían también destacar ciertos plantos dedicados por Juan de Mena a algunos nobles castellanos caídos en guerra con los moros o en los inacabables conflictos civiles de la época. En ellos, los elementos no cristianos (virgilianos a veces) son abundantes también: conde de Niebla, conde de Mayorga, adelantado Diego de Ribera, Rodrigo de Perea, adelantado de Cazorla, Pedro Narváez, Juan de Merlo o Lorenzo de Ávalos[111].

Recientemente se ha insistido en un hecho: el ritual de la muerte relacionado con el cromatismo, insistiéndose, en concreto, en la vinculación del negro con el luto. Será expresión de duelo después de que en la Alta Edad Media tuviera unas connotaciones más positivas. Esa asociación del negro con la muerte se habría desarrollado en la Península Ibérica a partir del año mil, de acuerdo con los testimonios de personajes como Pedro el Venerable. Desde allí se transmitiría al conjunto de Europa en el siglo XIII, primero en los medios principescos franceses e ingleses; más tarde —en la Baja Edad Media— alcanzaría al conjunto del Occidente[112].

---

[109] Recogido en E. Mitre, *Una muerte para un rey, op. cit.,* pág. 90.
[110] Marqués de Santillana, «Defunssion de don Enrique de Villena», en *Poesías completas* (I), *op. cit.,* págs. 228-239.
[111] Juan de Mena, *Laberinto de fortuna, op. cit.,* págs. 122-142.
[112] D. Nogales, «El color negro. Luto y magnificencia en la Corona de Castilla (siglos XIII-XV)», *Medievalismo. Revista de la Sociedad Española de Estudios Medieva-*

A MODO DE SUMARIA REFLEXIÓN

Aunque la muerte clausuraba las miserias físicas y morales del hombre, el mensaje de Cristo había puesto ya el debido coto a estas últimas. Adquiere, así, todo su sentido la creencia de que «Todo cambia con el bautismo cristiano, que confiere un predominio a la vida eterna frente a la vida corporal». De ahí que, frente al Antiguo Testamento, según el cual «quien no alcance los cien años será tenido por nada», la muerte de los jóvenes en el Medievo, aunque siga siendo un drama, dejaba de ser una catástrofe espiritual... siempre y cuando se acompañase de los consiguientes auxilios espirituales[113].

La muerte, por tanto, «no era un punto final sino una separación entre el cuerpo y al alma en espera del fin de los tiempos»[114]. Sería el punto medio entre la vejez y el Juicio Final. Eran tres cosas sobre las que Vicente de Beauvais recomendaba meditar a los jóvenes[115]. Como bien expone G. Duby, la muerte cristiana se concibe como un sueño. «Si se pone la esperanza en Jesús, ese sueño es apacible. Y el despertar también, es la gran aurora de la resurrección de los cuerpos»[116].

---

les, núm. 26, 2016, págs. 229-231. Una visión general del tema en M. Pastoureau y D. Simonnet, *Breve historia de los colores*, Barcelona, Paidós, 2006.

[113] D. Alexandre-Bidon, *La mort au Moyen Âge, op. cit.*, pág. 29.

[114] M. Á. García de la Borbolla, «Consideraciones y actitudes del hombre ante la muerte», en J. Pavón, J. Baldó y M. Á. García de la Borbolla, *Anexos de Medievalismo, 3..., op. cit.*, pág. 19.

[115] V. de Beauvais, *Tratado sobre la formación de los hijos de los nobles* (ed. de I. Adeva y J. Vergara), Madrid, BAC-UNED, 2011, pág. 533.

[116] G. Duby, *Europa en la Edad Media*, Barcelona, Paidós, 1986, pág. 76.

Capítulo IX

El dormitorio de los muertos

Frente a las prácticas extracristianas como la cremación, propias de primitivos anglos, sajones y escandinavos, el cristianismo impuso la inhumación, relacionada con la creencia de disponer de un cuerpo al cual retornar el día del Juicio Final. Otra costumbre que se abandona será la de enterrar a los muertos con ajuares funerarios como armas, joyas o monedas, destinadas a su uso en la vida de ultratumba, tal y como se dará aún en los enterramientos nórdicos de Sutton Hoo en el siglo VII o de Gokstad y Oseberg en el siglo IX[1].

A diferencia de los tiempos paleocristianos (cuando los cementerios se construyen extramuros de las aglomeraciones, en lugares que se convierten en centro de la vida eclesial de la región)[2], los sepulcros se van ubicando en el centro mismo de los núcleos de población. Desde que (siglos X-XII) los difuntos son inhumados *intramuros,* los enterramientos se van estableciendo en torno a las iglesias parroquiales; no en su interior, aunque las excepciones puedan ser

---

[1] Voz «Funerarias, Costumbres», en H. R. Loyn (ed.), *Diccionario Akal de Historia Medieval,* Madrid, Akal, 1998, págs. 195-196.
[2] P. Brown, *El culto a los santos. Su desarrollo y su función en el cristianismo latino,* Salamanca, Sígueme, 2018, pág. 44.

frecuentes³. Hacia 1200, el obispo, cronista y decretalista Sicardo de Cremona justificaba la situación en torno a las iglesias a fin de que los muertos «sean recomendados a Dios por las oraciones de los fieles que vienen a ellas». La Iglesia que los engendró a Cristo en el bautismo debe rogar para que sean coherederos de Cristo en el reino de Dios⁴. Los decretistas en general (caso de Rufino de Bolonia en 1164) establecieron las diferencias existentes entre la *terra cimiteriata,* objeto de particular atención, y la *terra prophana*⁵. La presencia cercana de los muertos recuerda una Iglesia en todas sus formas: lo es de vivos, pero también de muertos arraigados en la tierra, contra los muros de las iglesias⁶. Especialmente entre los santos, unos muertos muy especiales, el cielo se hallaba «presente» en su tumba terrenal. Ella se constituía en una suerte de conexión entre cielo y tierra⁷.

Entre las elites, los espacios funerarios (espacios de memoria fijados en un lugar)⁸ se elegirán en virtud de la preocupación generalizada ante la fama *post mortem*. Una idea (la de la fama como otra forma de vida) a la que ya nos hemos referido con anterioridad y que se refuerza considerablemente en los momentos finales del Medievo gracias al mayor esplendor de los enterramientos y la inclusión de cartelas explicativas con breves referencias biográficas del difunto⁹.

---

³ D. Alexandre-Bidon, *La mort au Moyen Âge, op. cit.,* págs. 239 y ss. En un trabajo de fuerte contenido jurídico-religioso J. Orlandis destacó hace años que la fundación de nuevas parroquias se acompañaba del acotamiento de un terreno anexo que había de servir de cementerio para la comunidad. «Sobre la elección de la sepultura en la España Medieval», *AHDE,* 1950.

⁴ M. Lauwers, «Le cimetière dans le Moyen Âge Latin. Lieu sacré, saint et religieuse», *Annales. Histoire, Sciences Sociales,* septiembre-octubre de 1999, páginas 1047-1072.

⁵ *Ibíd.,* pág. 1063.

⁶ *Ibíd.,* pág. 1072. Para la Corona de Castilla, muy útil y ordenada información es la que recoge S. Royer de Cardinal, *Morir en España (Castilla Baja Edad Media), op. cit.,* págs. 191 y ss.

⁷ P. Brown, *El culto a los santos, op. cit.,* pág. 45.

⁸ P. Zumthor, *La mesure du monde. Représentation de l'espace au Moyen Âge,* París, Seuil, 1993, pág. 291.

⁹ Con referencia también al mundo hispánico, véase A. Ruiz Mateos, O. Pérez Monzón y J. Espino Nuño, «Manifestaciones artísticas», en J. M. Nieto (dir.), *Orí-*

Para la ubicación de los sepulcros

A principios del siglo XII Honorio de Autun *(Honorius Augustodunensis)* desarrolló en su *De gemma animae* una teoría: tanto el artista como el cristiano común a través de la materialidad pueden captar la armonía que gobierna el mundo dirigido por Dios, y la vida futura que le aguarda. A propósito de los cementerios, dirá:

> El cementerio, del que se dice que es dormitorio de los muertos, es el seno de la Iglesia, ya que, así como Cristo dio la vida a los muertos de este mundo en el útero del bautismo, así después de la muerte, devuelve la vida eterna a los muertos en la carne, reviviéndoles en su seno[10].

A la literatura espiritual y a la legislación canónica en torno a la localización de los sepulcros se unirá también la legislación civil, tal y como recoge, por ejemplo, el *Código de las Siete Partidas* en la Castilla de la segunda mitad del siglo XIII. En ellas se razona el porqué de las sepulturas, su cercanía a las iglesias, la adscripción del muerto al cementerio de su parroquia, la prohibición de enterramiento cristiano a moros, judíos, herejes, cristianos excomulgados por excomunión mayor —«pues que la iglesia lo desecha en su vida, non deue ser rescibido en la muerte»— y usureros públicos. Asimismo, se otorga licencia para enterrar dentro de la iglesia a «personas ciertas»: reyes, reinas y sus hijos, obispos, maestres y comendadores de órdenes militares, hombres ricos fundadores de iglesias... o «todo ome que fuesse clérigo, o lego, que lo meresciesse por santidad de buena vida, o de buenas obras»[11].

---

genes de la monarquía hispánica. Propaganda y legitimación, Madrid, Dykinson, 1999, pág. 363.

[10] Texto recogido en PL, t. 172, cols. 585-590, y comentado en J. Yarza *et al.* (eds.), *Arte medieval II, op. cit.,* pág. 28.

[11] Alfonso X el Sabio, *Las Siete Partidas,* part. I, tít. XIII. De las sepulturas, *op. cit.,* fols. 104 v y ss.

De esta forma, frente al cementerio propiamente dicho, irán proliferando otros espacios sagrados de carácter funerario en lo que ha venido a definirse como «invasión de los templos»: sus naves, presbiterios, capillas o claustros[12]. La jerarquización del espacio provoca así que el igualitarismo de la muerte para los cristianos cuente con progresivas excepciones. Ello en virtud de que el «estado y condición» del difunto le otorguen ciertos privilegios *post mortem*[13]. Se superaban así ciertos recelos de personalidades como Gregorio Magno, para quien el enterramiento en el interior de los recintos sagrados solo era provechoso para aquellos que «no estuviesen bajo el peso de pecados graves», no para quienes los tuvieran, que solo conseguirían así «un incremento aún mayor de su condena»[14].

En ese contexto, los enterramientos de los santos adquieren un especial relieve a medida que el cristianismo se oficializa desde el Bajo Imperio Romano. Dentro del especial mundo de los muertos, estos se erigen en una suerte de ministros y embajadores de la divinidad dado su «peculiar poder y su ambivalente identidad». Según el abad de Cluny Pedro el Venerable († 1156), físicamente están presentes a través de sus restos mortales depositados en la tierra, en el altar de la iglesia; pero espiritualmente están ante el trono de la divinidad tocados por la gloria del paraíso. Se erigen, así, en intercesores entre dos mundos[15].

Las reliquias de los santos —más aún si se trata de mártires—, a las que se dota de una especial *virtus,* desempeñaron un decisivo papel en la religiosidad popular a través de las peregrinaciones, o,

---

[12] M. Á. García de la Borbolla, «Solidaridades temporales y eternas», en J. Pavón y M. Á. García de la Borbolla, *Morir en la Edad Media, op. cit.,* pág. 225.

[13] M. Espinar Moreno, «Costumbres y legislación sobre las sepulturas cristianas en la Baja Edad Media y la Alta Edad Moderna a través de algunos autores del siglo XVIII», *Estudios sobre Patrimonio, Cultura y Ciencia Medievales,* 1999, págs. 54-75.

[14] Gregorio Magno, *Vida de San Benito y otras historias..., op. cit.,* pág. 266.

[15] P. Binski, *Medieval Death..., op. cit.,* págs. 13-16.

simplemente, merced a las ansias por poseer, a veces por medios reprobables, aquellas que se consideraba de mayor valor[16]. La virtud curativa que se les atribuye constituirá, según ya hemos advertido, un importante valor añadido. Una situación curiosa se produjo en torno al año 1000 con el hallazgo de numerosas reliquias de santos que por mucho tiempo habían permanecido ocultas. Las primeras se descubrieron en la iglesia de San Esteban, mártir de la ciudad francesa de Sens. Un peculiar autor del siglo XI diría que «por deseo de Dios se hicieron visibles a los ojos de los fieles» hasta el punto de que semejaba que estuvieran «como dispuestas para una gloriosa resurrección»[17]. ¿Una metáfora de lo que de acuerdo a la escatología cristiana sería en el final de los tiempos la resurrección de los muertos? A mediados del siglo XII el abad Suger de Saint-Denis recordaba el mimo con el que puso en orden las múltiples reliquias, especialmente de mártires, que se encontraban dispersas en las capillas de su abadía. Ello a fin de ofrecerlas a «las miradas de los visitantes de manera más gloriosa y digna»[18].

Cabe destacar como la iconografía funeraria cristiana en el discurrir del tiempo se debatió entre varias sensibilidades opuestas: la amabilidad frente al regusto por el realismo macabro[19] y la grandiosidad y sofisticación (especialmente entre las altas esferas sociales se entiende)[20] frente a las normas de austeridad ofi-

---

[16] Cfr. P. C. Geary, *Furta Sacra. Thefts of Relics on the Central Middle Ages*, Princeton, Princeton University Press, 1990.

[17] Raúl Glaber, *Historias del primer milenio, op. cit.*, pág. 167.

[18] Suger de Saint-Denis, *Libellus alter de consecratione ecclesiae Sancti Dionysii*; recogido en J. Yarza *et al.* (eds.), *Arte medieval II, op. cit.*, pág. 54.

[19] L. Lefrançois-Pillion destacó hace años las diferencias entre un pleno Medievo, que tendía a representar al yacente joven y bello en el lecho mortuorio, y la proclividad, desde fines del siglo XIV, a hacer primar lo terrorífico y macabro en la decoración; en *Abbayes et cathédrales*, París, Fayard, 1956, págs. 110-111.

[20] A título de ejemplo, J. Yarza recuerda lo que son cuatro conjuntos funerarios hispanos de la Baja Edad Media: el de Germán Pérez de Andrade en Betanzos de fines del siglo XIV, el de Gómez Manrique en Fresdeval hacia 1410, el del canciller Francisco Villaespesa en Tudela y el de Diego de Anaya en Salamanca con posterioridad a 1425. «La capilla funeraria hispana en torno a 1400», en *La idea y el sentimiento de la muerte en la historia y en el arte de la Edad Media* (I), *op. cit.*, págs. 67 y ss.

cialmente proclamadas tendentes a frenar la ostentación y el lujo[21].

El lugar de enterramiento variará también según sean las modas devocionales, sobre todo cuando cuenta la capacidad de atracción de las distintas casas de órdenes religiosas. Tomando un caso (Galicia) en donde la implantación del clero regular es muy fuerte, se percibirá una transformación que en términos porcentuales supone que: en los siglos XII y XIII los cistercienses acogen un 61,5 de los difuntos por solo un 7,6 de los mendicantes. En la segunda mitad del siglo XIV las proporciones cambian: un 26,6 para los primeros y un 39,1 para los segundos[22]. Unas preferencias que se advertirán claramente entre las dinastías reinantes. En el caso de Enrique III de Castilla, se ha recordado su preferencia por los franciscanos, a los que utilizará como confesores y cuyo cordón constituirá uno de los signos regios como emblema personal[23].

En relación con la preferencia del difunto hacia una determinada orden religiosa, está la voluntad de ser amortajado con el hábito correspondiente. Así sucede, por ejemplo, con el mismo Enrique III, que lo hace con el hábito franciscano. El sayal adquiere caracteres de todo un sacramental dada la confianza en su eficacia final[24]. Una práctica, habría que añadir, que sería objeto de fuerte denuncia por reformadores de los inicios de la Modernidad. Martín Lutero la reprobará haciendo una dura crítica de sus propagandistas: «se engañan a sí mismos y a los demás, llevando a convencer a la gente de

---

[21] Se buscaría, así, el enterramiento discreto en el que, frente a la pertenencia a un elevado «estado y condición», primen las creencias más íntimas. A. Rucquoi, «De la resignación al miedo», *ibíd.,* pág. 55.

[22] E. Portela y M. C. Pallarés, «Muerte y sociedad en la Galicia medieval (siglos XII-XIV)», *Anuario de Estudios Medievales,* 1985, pág. 28.

[23] J. M. Soria, «Franciscanos y franciscanismo en la política y en la corte de la Castilla Trastámara (1369-1475)», *Anuario de Estudios Medievales,* 1990, páginas 118-123, y A. Fernández de Córdova, «El cordón y la piña, signos regios e innovación emblemática en tiempos de Enrique III de Castilla y Catalina de Lancaster (1390-1418)», *Archivo Español de Arte,* 2016, págs. 113-130.

[24] Recogido en E. Mitre, *Una muerte para un rey, op. cit.,* págs. 88-89.

que vista hábitos frailunos a la hora de la muerte, so pretexto de que quien fallezca con esa indumentaria logrará la remisión de todos los pecados y conseguirá la salvación»[25].

Y concluye con una áspera llamada a la fe para que nadie se deje seducir por esos lobos disfrazados de ovejas[26].

Panteones familiares y dinásticos (a): Inglaterra y Francia

La fragmentación del cuerpo del difunto (que permitía enterramientos en diversos lugares) valoraba especialmente el corazón como sede de vida moral y virtudes[27]. Por encima de esta práctica, los panteones reales, y por extensión los de personajes de categorías sociales relevantes —nobles, obispos...[28]—, trataban de visualizar una continuidad institucional, una suerte de «historia en piedra». Su ubicación, su solemnidad y el sentido del enterramiento reproducen después del óbito las diferencias morales y sociales que se han dado en vida[29]. Es lo que se ha llamado, a propósito de la imaginería sepulcral de la aristocracia, «necesidad de perpetuar en una sociedad de vivos su *status* social privilegiado»[30]. En esa misma línea estaríamos ante una «monumentalización de la muerte»[31] (cuestión esta sobre la que volveremos más adelante).

---

[25] Martín Lutero, *El Magníficat (seguido de un método sencillo de oración)* (ed. de T. Egido), Salamanca, Sígueme, 2017, pág. 49.

[26] *Ibíd.*, pág. 50.

[27] Véase, entre otros trabajos, A. Bande, *Le coeur du roi. Les Capétiens et les sépultures multiples, XIII-XV siècles,* París, Tallandier, 2009.

[28] Para este último caso, véase a título de ejemplo M. Cendón Fernández, «La muerte mitrada: el sepulcro episcopal en la Galicia Trastámara», *Semata: Ciencias Sociais e Humanidades,* núm. 17, 2006, págs. 155-178.

[29] P. Binski, *Medieval Death..., op. cit.,* págs. 72-74.

[30] Véase la excelente pero escasamente divulgada obra de M. Núñez Rodríguez *La idea de inmortalidad en la escultura gallega (La imaginería funeraria del caballero, siglos XIV-XV),* Orense, Servicio de Publicaciones de la Diputación, 1986, pág. 11.

[31] J. Pavón, «En la hora de la muerte», en J. Pavón y M. Á. García de la Borbolla, *Morir en la Edad Media..., op. cit.,* págs. 167 y ss.

Resulta ya un tópico sostener que los mejores modelos los facilitan las necrópolis reales de Westminster para Inglaterra o Saint-Denis para Francia[32]. No está de más hacer algunas importantes matizaciones.

El origen de Westminster en su dimensión monástica se remonta a comienzos del siglo VII. En 959 San Dunstan llevó a cabo una refundación con un grupo de doce monjes benedictinos. El primer gran impulso vendrá con Eduardo el Confesor[33], muerto en 1066 con fama de santo y canonizado en 1161. Sus últimos momentos se recogen en el bellísimo tapiz de Bayeux, tejido bajo la dirección de la reina Matilde, esposa de Guillermo el Conquistador. Una escena presenta a Eduardo en su lecho de muerte acompañado de su *familia*, en la que se incluye la reina Edith y un personaje que puede ser Harold Godwison, dispuesto a asumir la sucesión del reino. La siguiente escena recoge el cortejo mortuorio que se dirige hacia Westminster[34].

La abadía fue reconstruida por Enrique III Plantagenet en el siglo XIII para que los restos de Eduardo fueran acogidos con la debida dignidad y su culto se expandiese por toda Inglaterra. Las ceremonias de coronación se hacían allí y los lazos con la corona se reforzarían al instalarse el *Exchequer* en el cercano palacio real como centro de las operaciones jurídicas y financieras de la corona. La sala capitular de la abadía se convirtió en depósito de las joyas y archivos de la corona. El monasterio gozó de un importante patrimonio disperso en más de una veintena de condados del reino. Los monjes mantuvieron también una notable escuela, aunque nunca alcanzase la importancia historiográfica que adquirirá la de Saint-Denis en Francia. Una cierta continuidad de sepulcros reales se daría en ese recinto: desde el mismo Enrique III y hasta Eduardo VI, nueve reyes

---

[32] E. Hallam, «Royal burial and the cult of kingship in France and England, 1060-1330», *Journal of Medieval History*, VIII, 1982, págs. 359-380.

[33] Cfr. la referencia de Aelred de Rievaulx en *Life of St. Edward the Confessor*, op. cit., pág. 86.

[34] P. Binski, *Medieval Death...*, op. cit., págs. 54-55.

de Inglaterra, con sus esposas, fueron allí enterrados. Las obras quedarían concluidas, tras distintas interrupciones, a principios del siglo XVI con la capilla de Enrique VII[35].

Algún otro mausoleo tuvo también relevancia para la casa real inglesa: la abadía benedictina de Hombres de Caen, lugar de enterramiento de Guillermo el Conquistador, o la abadía de Fontevraud, en el Anjou, fundada por Roberto d'Arbrissel en 1101. Allí fueron depositados los restos mortales de Enrique II, su esposa Leonor de Aquitania, el hijo de ambos, Ricardo Corazón de León, e Isabel de Angulema, esposa de Juan sin Tierra[36]. Otro caso de notable enterramiento se dará con Eduardo de Gales, señor de Aquitania, conocido como «el Príncipe Negro», muerto prematuramente el día de la Santísima Trinidad (8 de junio) de 1376. Dejó atados todos los cabos de su ceremonial mortuorio. Dispuso ser enterrado en la catedral de Canterbury, hacia la que había sentido especial predilección. Redacta su propio epitafio («Tú que pasas con la boca cerrada por ahí donde el cuerpo reposa, oye lo que yo diré... Tú serás como yo soy. Yo no pensaba tanto en la muerte mientras tenía vida»); indica cómo deben ser sus funerales, determina los correspondientes legados materiales, solicita a los magnates más allegados que velen por su pequeño hijo Ricardo (futuro y desventurado Ricardo II)... y dispone que en su tumba su efigie aparezca vestida con la cota de mallas, la cabeza reposando sobre el yelmo coronado con el leopardo heráldico, y que figuren las tres plumas blancas y las armas de Guyena[37].

Con todo, sería Westminster el templo que alcanzaría estatus de mausoleo nacional en donde no solo monarcas, sino también perso-

---

[35] Voz «Westminster, Abadía de», en H. R. Loyn (ed.), *Diccionario Akal de Historia Medieval, op. cit.*, págs. 440-441. Véase, sobre todo, la monografía de P. Binski *Westminster Abbey and the Plantagenets: Kingship and the Representation of Power 1200-1400*, New Haven y Londres, Yale University Press, 1995.

[36] P. Binski, *Medieval Death..., op. cit.*, pág. 75.

[37] Detalles recogidos al final de la biografía de M. Dupuy, *El Príncipe Negro. Eduardo, señor de Aquitania*, Madrid, Austral, 1973, págs. 217-219. Sobre el epitafio, véase D. B. Tyson, «The Epitaph of Edward the Black Prince», *Medium Aevum*, 46, 1977, págs. 87-104.

nalidades ilustres del reino (políticos, artistas, escritores), encontrarían el reposo eterno.

Vayamos al caso francés.

Clodoveo fue articulador de un reino cuyo núcleo fundamental correspondería, *grosso modo,* al territorio de la actual Francia ampliado en su frente oriental. Murió en París en 511 y fue enterrado en la basílica de los Santos Apóstoles, que había construido, junto a su esposa Clotilde[38]. Pero quien obtendrá el monopolio en cuanto a la figura de panteón real de Francia será Saint-Denis, iglesia real francesa que no es catedral sino un monasterio del que el abad Suger en el siglo XII será figura señera[39]. Tres linajes de reyes (merovingios, carolingios y capetos) enterraron allí a los suyos: desde Dagoberto († 639), descendiente de Clodoveo, hasta Luis XVIII, ya en el siglo XIX. Hubo dos alteraciones. Una correspondió a un breve intermedio: Carlomagno fue enterrado en Aquisgrán (en el año 1000 el emperador Otón III excavó el sepulcro para postrarse ante los restos de su augusto antepasado)[40]. Y otra se dio con la vandálica incursión de las turbas en los inicios de la Revolución Francesa.

En la cripta de Saint-Denis se «hundían las raíces del tronco soberano, del reino de Clodoveo, sobre las ruinas del poderío romano». Abadía real, los monarcas consagrados en Reims iban allí a depositar la corona y los emblemas de la realeza sobre las tumbas de sus antepasados[41]. Saint-Denis era la depositaria de la oriflama con la que los reyes acudían al combate y era, además, ¡taller historiográfico! en el que se elaboraba y guardaba la memoria oficial del reino. Suger hizo comprender a los capetos la importancia de la historia, y desde Felipe Augusto la escuela del monasterio cobrará un fuerte

---

[38] Gregorio de Tours, *Histoire des francs* (ed. de R. Latouche), lib. II, XLIII, t. I, París, Les Belles Lettres, 1999 (reproducción de 1963), pág. 137.

[39] Sobre este personaje, véase E. Panofsky, *Abbot Suger on the Abbey Church of St. Denis and its Art Treasures,* Princeton, Princeton University Press, 1979.

[40] Thietmar de Merseburg, *Chronicae,* IV, 29 (47), MGH, Nova Series IX, pág. 184.

[41] G. Duby, *La época de las catedrales. Arte y sociedad, 980-1420,* Madrid, Cátedra, 1995, pág. 103.

impulso[42]. Las Grandes Crónicas de Saint-Denis exaltarán a la dinastía Capeto y, de rebote también, la primacía de Francia.

Con el progresivo reforzamiento de la autoridad real, en efecto, la política funeraria de los monarcas franceses adquirirá una gran solemnidad. Un destacado papel desempeñará Luis IX en cuanto a la representación de los yacentes reales en Saint-Denis. De esta forma «la monarquía francesa afirma sus lazos de sacralidad con el pasado a través de una línea continua de reyes y reinas, con el presente que reúne sincrónicamente los restos e imágenes de soberanos que en realidad se han sucedido, con el porvenir sobre el cual se abren los ojos de estos yacentes reales»[43]; una forma de complementar la idea de *los dos cuerpos del rey*. A su vez, los funerales reales se convertirán también en símbolos de la importancia y continuidad de la función real[44].

En el flanco oriental del reino de Francia, los duques de Borgoña fueron a finales del Medievo «los grandes duques de Occidente» que compitieron con sus parientes los reyes Capeto-Valois en poderío y solemnidad. De ahí que Felipe el Atrevido (muerto en 1404) promoviese un panteón familiar en la cartuja de Champmol, en las cercanías de la corte ducal de Dijon. De las obras se encargó al principio Jean de Marville y las continuó el genial Claus Sluter con la colaboración de su sobrino Claus de Werve. Felipe y su esposa aparecen arrodillados presentados a la Virgen por los santos protectores. Las plañideras de alabastro evocan el cortejo fúnebre que acompañó al duque desde Halle, cerca de Bruselas, cubriendo un itinerario en diecisiete etapas. Precedidos por los clérigos y dos cartujos, los familiares del duque y los oficiales de su casa rezan o meditan y entre ellos se con-

---

[42] B. Guenée, *Histoire et culture historique dans l'Occident médiéval*, París, Aubier, 1980.

[43] J. Le Goff, «Aspects religieux et sacrés de la monarchie française du X au XIII siècle», en A. Boureau y C.-S. Ingerflom (dirs.), *La royauté sacrée dans le monde chrétien*, París, École des Hautes Études en Sciences Sociales, 1992, pág. 23.

[44] A. Erlande-Brandenburg, *Le roi est mort. Études sur les funérailles, les sépultures et les tombeaux des rois de France jusqu'à la fin du XIII siècle*, París, Arts et métiers graphiques, 1975.

suelan. Hasta el ropaje, con sus múltiples y profundos pliegues, expresa sentimientos y emociones[45]. Los miembros del cortejo plañidero de Sluter, aunque vayan con hábitos de monjes, no lo son: los hábitos son una pieza que se incorpora a la liturgia de los funerales[46].

Los Capeto con Saint-Denis y los Plantagenet con Westminster establecieron una carrera a la hora de magnificar las ceremonias funerarias y los enterramientos. Trataban con ello de convencer a sus pueblos de la fortaleza de ambas dinastías. Un gesto que se sumaría a las leyes, costumbres y burocracias reales que van colocando a los monarcas más y más por encima de sus pueblos. Pero ni la monarquía británica ni la francesa tenían el monopolio en la Europa medieval en cuanto a ostentación de mausoleos reales o de personajes afines a la realeza[47].

PANTEONES FAMILIARES Y DINÁSTICOS (B): LA ESPAÑA MEDIEVAL

Bastante temprano y de carácter colectivo es el sepulcro familiar de una iglesia sevillana depósito de los restos mortales de los hermanos (todos ellos elevados a los altares) Leandro, Florentina e Isidoro. Un cuarto hermano de trayectoria también ejemplar, Fulgencio, estaría aún vivo en ese momento. Isidoro figura en el centro. El epitafio nos habla de como «fueron devueltos al Señor aquellos a quienes retenían cautivos los derechos del Impío». Tópicos solemnes que, según un especialista en el Hispalense, este hubiera considerado de vanidad muy mundana[48].

---

[45] A. Erlande-Brandenburg, «Le portail de Champmol, nouvelles observations», *Gazette des Beaux-Arts*, 1972, págs. 121-132; citado en M. Durliat, *Introducción al arte medieval en Occidente*, Madrid, Cátedra, 1979, págs. 296-297.

[46] H. Focillon, *Arte de Occidente. La Edad Media románica y gótica*, Madrid, Alianza Editorial, 1988, págs. 256-257.

[47] E. M. Hallam, «Royal burial and the cult of kingship in France and England, 1060-1330», art. cit., págs. 375-376.

[48] J. Fontaine, *Isidoro de Sevilla. Génesis y originalidad de la cultura hispánica en tiempos de los visigodos*, Madrid, Encuentro, 2002, pág. 111.

En fecha también temprana, la monarquía visigoda católica tomaría como modelo la idea de Constantino, quien edificó en Constantinopla la iglesia de los Santos Apóstoles como sepulcro de los sucesivos emperadores. Desde Recaredo, los reyes hispanogodos harán de la iglesia toledana de Santa Leocadia su lugar de enterramiento. En ella se depositarían también los cuerpos de los obispos de la ciudad, convertida en urbe regia[49].

El largo proceso que supone la Reconquista favoreció una dispersión de estados hispanocristianos que, a su vez (frecuentes divisiones y reagrupaciones territoriales), dificultaron una centralización de panteones reales[50]. Ello será un logro tardío.

En los primeros tiempos del reino de Asturias, fue voluntad de Alfonso II que los restos de los monarcas que le habían precedido fueran depositados en la iglesia de Santa María, convertida en una suerte de «panteón integrador»[51]. La ampliación del reino hacia el sur acabó desplazando de Oviedo a León el centro de las actividades políticas y, consiguientemente también, el centro sepulcral regio. Después de algunas oscilaciones, este se situaría en la colegiata de San Isidoro, cuyos restos mortales el rey Fernando I consiguió traer de la Sevilla islámica al León cristiano en diciembre de 1063. El simbolismo era profundo, ya que como *Hispaniarum doctor* el autor de las *Etimologías* era el gran referente cultural —y también político— para el reino leonés[52]. Las conexiones entre dos Fernandos (I y III), de las que algo hemos ya anticipado, se reproducirían cuando la entrada de Fernando III en Sevilla el 22 de diciembre de 1248 se haga coincidir con el día en que, dos siglos atrás, y según la *Crónica Silense,* los restos de San Isidoro fueron trasladados a León[53]. La co-

---

[49] A. Isla Frez, *Memoria, culto y monarquía hispánica, op. cit.,* págs. 34-35.

[50] Dos clásicos para los sepulcros reales españoles los constituyen los títulos de Ricardo del Arco, *Sepulcros de la casa real de Castilla,* Madrid, CSIC, 1954, y *Sepulcros de la casa real de Aragón,* Madrid, CSIC, 1945.

[51] A. Isla Frez, *Memoria, culto y monarquía hispánica, op. cit.,* pág. 37.

[52] *Ibíd.,* pág. 52.

[53] F. de Moxó, *Sacra progenies, op. cit.,* pág. 39.

legiata acogió los sepulcros de doce reyes, diez reinas y ocho infantes e infantas entre el siglo X y comienzos del XIII[54].

Instrumento de refrendo dinástico lo constituirán, en uno de los períodos de separación de Castilla y León, los sepulcros en Santiago de Compostela de los monarcas leoneses Fernando II y Alfonso IX entre finales del siglo XII y principios del XIII[55].

En la Castilla condal, tendrá gran valor sentimental el monasterio (en origen un eremitorio) de San Pedro de Arlanza, indicado para su enterramiento por Fernán González y su esposa Sancha. El lugar quedó de alguna forma santificado, ya que allí fueron previamente sepultados los combatientes caídos en una inverosímil batalla contra Almanzor. Algo que les dio cierta fama de mártires[56].

Los monarcas castellano-leoneses en el Bajo Medievo, salvo algún intento centralizador en la catedral de Toledo (la capilla de los Reyes Viejos, promovida por Sancho IV, y la capilla de los Reyes Nuevos, que lo fue por Enrique II)[57], tienden a recibir sepultura en las ciudades que han conquistado al islam (Fernando III en Sevilla, los Reyes Católicos en Granada) o en centros religiosos hacia los que manifestaron cierta predilección: Alfonso VIII y su esposa Leonor de Aquitania en su fundación de las Huelgas de Burgos[58], Juan II en la Cartuja de Miraflores, también en Burgos, y Enrique IV

---

[54] A. Viñayo González, *Real colegiata de San Isidoro. Historia, arte y vida,* León, Edilesa, 1998.

[55] M. Núñez Rodríguez, *Muerte coronada. El mito de los reyes en la catedral compostelana,* Santiago de Compostela, Universidad de Santiago de Compostela, 1999, pág. 119. Para un nivel social más modesto y a escala también regional, véase L. Lahoz, «De sepulturas y panteones: memoria, liturgias y salvación», en C. González Mínguez e I. Bazán (eds.), *La muerte en el nordeste de la Corona de Castilla...,* op. cit., págs. 241-294.

[56] *Poema de Fernán González* (ed. de H. Salvador), Madrid, 1995, págs. 97 y 141.

[57] Sobre esta institución en general, al margen de sus funciones sepulcrales, véase D. Nogales, «Las capillas y capellanías reales castellano-leonesas en la Baja Edad Media (siglos XIII-XV). Algunas precisiones institucionales», *Anuario de Estudios Medievales,* 35/2 (2005), págs. 737-766.

[58] M. Gómez Moreno, *El panteón real de las Huelgas de Burgos,* Madrid, CSIC, 1946, y más reciente J. C. Elorza, *El panteón real de las Huelgas de Burgos: los enterramientos de los reyes de León y Castilla,* Valladolid, Junta de Castilla y León, 1988.

en el monasterio de Guadalupe. La reina Beatriz de Portugal, segunda esposa de Juan I que sobrevivió a su marido unos treinta años, se hizo enterrar en el convento de Sancti Spiritus de la ciudad de Toro en un bello sepulcro de alabastro. Estricta seguidora de la piedad dominica, su efigie lleva el hábito de la orden y en uno de los laterales se reproducen imágenes de grandes figuras de los frailes predicadores[59].

Las pompas funerarias reales —de remitirnos a las secas referencias legadas por los cronistas— no adquieren la solemnidad política de otros reinos. «Los reyes de Castilla son dueños de su cuerpo» y pueden elegir con mayor libertad que sus colegas su lugar de enterramiento[60]. Al no verse constreñidos, como sus colegas del norte, por un agobiante ritual eclesiástico, pueden convertir toda la península en su panteón[61]. En esencia, tres factores pesarán a la hora de elegir lugar de sepultura los monarcas castellanos: la presencia en un sitio determinado de reliquias o manifestaciones devocionales de particular interés, las victorias o conquistas regias y la relevancia histórica o eclesiástica que una determinada localidad haya adquirido[62]. Es evidente que Toledo tenía cierta ventaja sobre otras ciudades.

Los reyes de Navarra —durante algún tiempo también de Aragón—, tras una serie de peripecias (controvertidos sepulcros en Leyre, San Juan de la Peña o Nájera), tienden a fijar de manera oficial el panteón real en la catedral de Pamplona desde el enterramiento en 1150 de García Ramírez el Restaurador. Habrá, sin embargo, notorias excepciones, como las de Sancho el Fuerte, enterrado en

---

[59] M. Ruiz Maldonado, «El sepulcro de doña Beatriz de Portugal en Sancti Spiritus (Toro)», *Goya*, 1993, págs. 142-148.

[60] D. Menjot, «Un chrétien qui meurt toujours. Les funérailles royales en Castilla à la fin du Moyen Âge», en *La idea y el sentimiento de la muerte en la historia y en el arte de la Edad Media* (I), *op. cit.*, págs. 127-138.

[61] A. Rucquoi, «De los reyes que no son taumaturgos. Los fundamentos de la realeza en España», *Temas Medievales*, 5, 1995, págs. 181-182.

[62] D. Nogales, «La memoria funeraria regia en el marco de la confrontación política», en J. M. Nieto (ed.), *El conflicto en escenas. La pugna política como representación en la Castilla bajomedieval*, Madrid, Sílex, 2010, págs. 338-339.

Roncesvalles, o Teobaldo II, en Provins[63]. Bajo Carlos III († 1425) se inició «un proceso de magnificación artística y constructiva vinculada a los espacios funerarios ideados para la monarquía». El sepulcro de Jehan Lome de Tournai para este monarca y su esposa Leonor en la catedral de Pamplona constituirá una excelente muestra[64]. Un ilustre viajero del siglo XIX —Victor Hugo— diría que, pese a cierto deterioro sufrido, el sepulcro era de una belleza comparable a la de las tumbas de María de Flandes y Carlos el Temerario en Brujas, a las de los duques de Borgoña en Dijon o a las de los duques de Saboya en Brou[65].

Santa María de Ripoll está unida emocionalmente a la historia de Cataluña. Será lugar bien privilegiado por el conde de Barcelona (y también de Gerona) Wifredo el Velloso, en quien realidad y leyenda se han mezclado hasta convertirlo en la primera gran figura política de la historia del territorio. Muerto en torno a 897, encontraría allí reposo eterno, al igual que alguno de sus descendientes[66]. Se ha llegado a hablar de Ripoll como de un «pequeño Saint-Denis catalán»[67].

Desde la unión de Aragón y Cataluña a mediados del siglo XII, el monasterio cisterciense de Poblet fue lugar de enterramiento de algunos monarcas como Alfonso II o Jaime I. En Santes Creus, «que es muy honorable monasterio de monjes blancos que está a seis leguas del dicho lugar de Vilafranca»[68], pidieron ser enterrados Pedro III y Jaime II[69]. Como adscripción a la piedad mendicante algunos condes-

---

[63] J. M. Lacarra, «Acerca de los monarcas enterrados en Leyre», en T. Moral, *Leyre, panteón real,* Pamplona, Abadía de Leyre, 1997, págs. 32-35.

[64] J. Pavón, «Exequias regias», en *Pamplona y la muerte en el Medievo, op. cit.,* página 133. R. Steven Jank, *Jehan Lome y la escultura gótica posterior en Navarra,* Pamplona, Diputación Foral de Navarra, Institución Príncipe de Viana y CSIC, 1977.

[65] Victor Hugo, *Los Pirineos,* Palma de Mallorca, José J. de Olañeta, 2000, pág. 130.

[66] Sobre las relaciones entre Wifredo y el monasterio, R. d'Abadal, *Els primers comtes catalans,* Barcelona, Vicens Vives, 1965, págs. 132 y ss.

[67] M. de Montoliú, *Les quatre grans Cròniques,* Barcelona, Alpha, 1959, pág. 13.

[68] R. Muntaner, *Crónica, op. cit.,* pág. 316.

[69] Véase R. Andrés y Alonso, *Relación de testamentos reales existentes en el Archivo de la Corona de Aragón* (trabajo presentado al III Congreso de Historia de la

reyes elegirán conventos de frailes menores para su enterramiento, caso de Alfonso III o Alfonso IV[70]. De forma ya institucional, Poblet será lugar de descanso eterno de los monarcas de la Corona de Aragón por disposición de Pedro IV el Ceremonioso († 1387), quien entre 1350 y 1352 da las debidas instrucciones para que, desde las canteras de Beuda en Gerona, se lleven los materiales «para la obra de los monumentos de nuestra sepultura y las de nuestras ilustres reinas, nuestras esposas, que dispusimos hacer construir en el monasterio de Poblet»[71]. En documento de 2 de enero de 1377 se ordena que él y sus sucesores en el trono sean enterrados en ese monasterio y no en cualquier otro lugar. El abad y la comunidad actuarían con las debidas solemnidad y dignidad[72]. La forma de redactarse la convocatoria para los funerales reales en Poblet dejaba ver ese sentido confederal *avant la lettre* que tenía la Corona de Aragón: «a totes les ciutats e viles reals que son en lo regne de Aragó, et de Valencia y en lo principat de Catalunya et a la ciutat de Mallorqua»[73]. La promoción por Pedro IV de una crónica sobre sus antepasados *(Crónica de San Juan de la Peña)* sería el complemento para la conservación de una memoria que se remonta a un lejano pasado y trata de perpetuarse más allá de la muerte[74].

El reino de Portugal, surgido ya entrado el siglo XII, dará a los panteones reales una fuerte dimensión sentimental. En la iglesia

---

Corona de Aragón el 4 de julio de 1923), Valencia, 1924, págs. 8 y 14 respectivamente.

[70] *Ibíd.*, págs. 12 y 18 respectivamente.

[71] Recogido por J. Yarza *et al.* (eds.), *Arte medieval II, op. cit.*, págs. 292-293.

[72] G. Gonzalvo y Bou, *Poblet, panteó reial*, Barcelona, Rafael Dalmau, 2001, págs. 31-32. También J. Sobrequés, *Els reis catalans enterrats a Poblet*, Tarragona, Abadía de Poblet, 1983, y F. Marés, *Las tumbas reales de los monarcas de Cataluña y Aragón del monasterio de Santa María de Poblet*, Barcelona, Asociación de Bibliófilos de Barcelona, 1952.

[73] M. Longares, *Funerals dels reys d'Aragó a Poblet*, Barcelona, 1886, pág. 31; citado en F. Sabaté, *Lo senyor rei es mort!, op. cit.*, pág. 59.

[74] C. Orcástegui, «La preparación de un largo sueño y su recuerdo en la Edad Media. El rey de Aragón ante la muerte: del testamento a la crónica», en VV.AA., *Muerte, religiosidad y cultura popular*, Zaragoza, Institución Fernando el Católico, 1994, págs. 232-233.

agustina de Santa María de Coímbra fueron sepultados dos de los primeros monarcas lusos: el fundador del reino Alfonso Henríquez y Sancho I. En fecha posterior, el monasterio cisterciense de Alcobaça será necrópolis de tres reyes (Alfonso II, Alfonso III y Pedro I), dos reinas (más Inés de Castro) y seis infantes e infantas. La apoteosis funerario-dinástica llegará a fines del Medievo con la construcción del monasterio de Nossa Senhora da Vitoria, erigido por Juan I de Portugal para conmemorar su triunfo en Aljubarrota sobre los invasores castellanos en la víspera de la Asunción de 1385. Más conocido con el nombre de Batalha, el santuario contendría el panteón (las llamadas Capelas Imperfeitas) para los miembros de la dinastía de Avis que, iniciada por Juan I, se consolidará bajo sus hijos y descendientes[75]. De forma similar a la de otros estados del Occidente, un cronista considerado auténticamente nacional —Fernão Lopes— supondría para la novel dinastía de los Avis ese necesario apoyo para la guarda de la memoria histórica del reino[76].

Otras reflexiones para los enterramientos y la memoria (a): la realeza

Las inscripciones que acompañan a los sepulcros y el recuerdo legado por algunos difuntos tienen un singular valor.

De un personaje especialmente distinguido sepultado en Aquisgrán y considerado «padre de Europa» se dirá: «En este sepulcro yace el cuerpo de Carlos, magno y ortodoxo emperador que noblemente amplió el reino de los francos. Y lo gobernó felizmente durante XLVII años. Murió septuagenario en el año del Señor DCCCXIV, en la VII Indicción, el día V antes de las calendas de Febrero»[77].

---

[75] J. Mattoso, «O poder e a morte», art. cit., págs. 395-427.
[76] Entre otros trabajos sobre este importante cronista, véase A. José Saraiva, *Fernão Lopes,* Lisboa, Publicações Europa-América, 1965. Sobre su carácter controvertidamente innovador se han pronunciado autores como M. Ángela Beirante, *As estruturas sociais em Fernão Lopes,* Lisboa, Livros Horizonte, 1984.
[77] Eginhardo, *Vida de Carlomagno, op. cit.,* pág. 109.

Otra proyección mucho más tardía y menos grandilocuente pero no menos eficaz corresponde a la memoria legada por dos princesas del Bajo Medievo: las hermanas Felipa y Catalina, hijas de sucesivos matrimonios de Juan de Gante, duque de Lancaster, uno de los muchos vástagos del matrimonio de Eduardo III de Inglaterra y Felipa de Hainaut[78]. Las dos damas Lancaster desempeñaron con sus matrimonios un nada desdeñable papel legitimador para dos noveles dinastías ibéricas de raíz bastarda: la del maestre Juan de Avis en Portugal y la de Enrique II de Trastámara en Castilla. Un papel legitimador que se reforzará más allá de su paso por este mundo mortal.

Hijo bastardo de Pedro I de Portugal y de una mujer del pueblo, Juan emprendió una impresionante carrera. Un paso importante fue su reconocimiento como *regedor* del reino a la muerte de Fernando I de Portugal y frente a la legítima heredera, la infanta Beatriz[79], esposa de Juan I de Castilla y de cuyas ambiciones expansionistas recelaba buena parte de la sociedad portuguesa. Las Cortes de Coimbra de 1385 proclamarían rey al Avis. Su victoria de Aljubarrota sobre los castellanos en agosto de ese mismo año consolidaría decisivamente su posición[80]. Su matrimonio con la princesa Felipa de Lancaster en 1387 contribuiría a lavar la imagen de su origen de cara a las monarquías europeas. La historiografía portuguesa, ganada por un incipiente nacionalismo, ensalzaría la figura de la reina destacando sus «costumes e bondades»: «nacida de noble padre y madre», buena esposa y buena madre, versada en textos sagrados, de gran bondad («todas suas obras eram feitas em amor de Deus e do próximo»)...[81]. Todo un dechado de cualidades rematadas, tal y como ahora nos interesa, por una buena muerte. En vísperas de emprender Juan I y

---

[78] Para la descendencia de este monarca inglés, y aunque con algunas pequeñas imprecisiones, véase M. Dupuy, *El Príncipe Negro, op. cit.,* págs. 216-254.

[79] Sobre este personaje existe una sólida monografía de C. Olivera, *Beatriz de Portugal. La pugna dinástica Avís-Trastámara,* Santiago de Compostela, CSIC, 2005.

[80] Cfr. para estas vicisitudes la vieja pero excelente obra de S. Dias Arnaut, *A crise nacional dos fins do seculo XIV. A sucessão de D. Fernando,* Coimbra, Universidade de Coimbra, 1960.

[81] Fernão Lopes, *Crónica de D. Joāo I* (ed. de M. Lopes de Almeida y A. de Maglhães Basto), vol. II, Lisboa, Civilização Editora, 1983, pág. 226.

algunos de sus hijos el viaje para la conquista de Ceuta, la reina se siente mal, afectada quizás por un brote de peste; toma conciencia de la situación límite en la que se encuentra y recibe los correspondientes auxilios espirituales[82] en un ejemplo de esa buena muerte que se espera de los monarcas del Occidente (19 de julio de 1415). Tras su entierro en el monasterio de Batalha, la reina legaba al futuro una prolífica descendencia: un plantel de hijos (entre ellos el futuro rey D. Duarte, el infante Enrique el Navegante, el santo infante Fernando...) que ingresarán en la mitología política portuguesa como «fermosa Geraçao de bemaventurados e virtuosos filhos»[83], o la «ínclita geraçao, infantes altos»[84].

Menos brillante pero no menos eficaz sería otro lavado de imagen dinástica: el que facilite la hermana de Felipa, Catalina, hija de Juan de Gante y de su segunda esposa, Constanza de Castilla. Como hija de Pedro I y de su amante María de Padilla —y dudosamente legitimada como heredera a la corona en unas fantasmales Cortes de Bubierca (1363)[85]—, Constanza era en su exilio inglés y frente a la novel dinastía Trastámara (Enrique II y luego su sucesor Juan I) depositaria de unos discutibles derechos sucesorios que su esposo periódicamente reclamó. El final del contencioso —guerra por medio— lo marcarían los acuerdos de Bayona de 1388. El duque recibiría una sustanciosa suma por su renuncia al trono castellano y

---

[82] Tal y como lo narra el cronista Gomes Eanes de Zurara en su *Crónica da tomada de Ceuta* (ed. de F. M. Esteves Pereira), Academia das Ciencias de Lisboa, 1915.
[83] Fernão Lopes, *Crónica de D. João I, op. cit.,* vol. II, pág. 226.
[84] Luis de Camões, *Lusiadas,* canto IIII, col. 333.
[85] Pero López de Ayala, «Crónica del rey Don Pedro», en *Crónicas de los reyes de Castilla,* I, *op. cit.,* pág. 525. Una legitimación que habría gozado de otro precedente: el de unas presuntas cortes reunidas en Sevilla en 1362 en donde Pedro I declaró haberse «desposado por palabras de presente» con doña María de Padilla, *ibíd.,* pág. 519. Ello quedó confirmado en el testamento del monarca redactado en ese mismo año: *ibíd.,* pág. 594. Para una evaluación de estas disposiciones, véase la biografía de L. V. Díaz Martín, *Pedro I (1350-1369), op. cit.,* especialmente páginas 245 y 254.

Catalina casaría con Enrique, heredero de la corona castellana, recibiendo ambos el título de príncipes de Asturias[86].

Las alabanzas sin reparo de las que disfrutó su hermana Felipa no tuvieron una correspondencia semejante en Catalina, cuya formación cultural debía de ser similar y cuya piedad, de signo dominico, se manifestó en su apoyo a la fundación del convento de Mayorga y del monasterio de Santa María la Real de Nieva, cerca de Segovia[87]. Durante su matrimonio no se colmaron a plena satisfacción las expectativas castellanas de una paz con Inglaterra y con Portugal, donde un hermano (Enrique IV) y una hermana (Felipa) eran rey y reina consorte, respectivamente[88].

Las relaciones de Catalina con su esposo no debieron de ser fáciles[89]: seis años más joven que la reina, hubo de esperarse otros seis para la consumación del matrimonio. Extraordinario cumplidor de su deber como monarca pero de carácter desabrido a causa de misteriosas enfermedades, Enrique moriría en plena juventud. Catalina, viuda («Yo la sin ventura reyna de Castilla»), hubo de hacerse cargo de la regencia de un niño que aún no había cumplido los dos años (Juan II), compartida con su ambicioso cuñado el infante Fernando de Antequera, elegido rey de Aragón en el compromiso de Caspe en 1412. La posición de Catalina, frecuentemente incómoda[90], se vio obstacu-

---

[86] Para estas peripecias, centradas en la figura de Catalina, véase la útil y documentada biografía de A. Echevarría, *Catalina de Lancaster. Reina regente de Castilla (1372-1418),* Hondarribia, Nerea, 2002, págs. 33 y ss.

[87] *Ibíd.,* pág. 80.

[88] Con Portugal la tranquilidad fronteriza se alteró entre 1396 y 1402. Véase E. Mitre, «Notas sobre la ruptura castellano-portuguesa de 1396», *Revista Portuguesa de Historia,* 1969, págs. 213-221. Con Inglaterra, las operaciones piráticas de uno y otro lado serán frecuentes en los años finales del reinado de Enrique III; L. Suárez, *Navegación y comercio en el golfo de Vizcaya. Un estudio sobre la política marinera de la casa de Trastámara,* Madrid, CSIC-Escuela de Estudios Medievales, 1959, págs. 84-88.

[89] Opinión no compartida por A. Echevarría, que se remite a una afectuosa carta que Enrique manda a Catalina con motivo del embarazo del que sería poco después Juan II de Castilla; *Catalina de Lancaster, op. cit.,* págs. 83-84.

[90] En relación con su cuñado Fernando, la corregencia no fue nunca fácil. Incluso puede hablarse de auténtica marginación de la reina. S. González Sánchez, *Fernando I, regente de Castilla..., op. cit.,* págs. 61-71.

lizada además por las intrigas de algunas de sus colaboradoras, como Leonor López de Córdoba o Inés de Torres[91]. En la semblanza que de ella trazó, Fernán Pérez de Guzmán hizo mención de sus virtudes —«muy honesta e guardada en su persona e fama»— pero resaltó de forma muy poco amable sus defectos, tanto físicos como políticos: «mucho gruesa, blanca e colorada e rubia, y por el talle y meneo del cuerpo tanto parecía hombre como mujer»... «muy sometida a privados e regida dellos, lo qual por la mayor parte es vicio común de los Reyes; no era bien regida en su persona»[92].

A diferencia de lo ocurrido con su hermana Felipa, la descendencia de Catalina y Enrique, que se hizo esperar, difícilmente podría definirse como «ínclita generación». La infanta María, casada con su primo, que sería Alfonso V de Aragón, fue, sí, una sacrificada gobernante de los territorios de la corona aragonesa en ausencia de su marido, engolfado en los asuntos de Nápoles. La infanta Catalina, duquesa de Villena y esposa de otro primo, el inquieto infante de Aragón Enrique, maestre de Santiago, pasa a la posteridad con más pena que gloria. Y, lo más importante, el heredero de Enrique III y Catalina de Lancaster, Juan II, sería en su dilatado reinado uno de los monarcas políticamente más inútiles de la historia de la Castilla medieval. El punzante Pérez de Guzmán, que destaca su amor por la cultura, no se muerde la lengua a la hora de decir que «nunca una hora sola quiso entender ni trabajar en el regimiento del reino»[93].

La figura de Catalina de Lancaster obtendría algún favor de parte de Pablo de Santa María, obispo de Burgos, quien le dedicó su compendio de historia universal bajo el título *Las siete edades del mundo*: «a vuestra magestad muy poderosa princesa e ylustrísima reyna»[94]. Y sobre todo, por lo que aquí nos incumbe, su rei-

---

[91] A. Echevarría, *Catalina de Lancaster, op. cit.*, págs. 93 y ss.
[92] Fernán Pérez de Guzmán, *Generaciones y semblanzas, op. cit.*, pág. 700.
[93] *Ibíd.*, pág. 713.
[94] A. Echevarría, *Catalina de Lancaster, op. cit.*, pág. 204.

vindicación como legitimadora de la dinastía Trastámara vendría del sentido epitafio: «Nieta de los justicieros reyes el rey Duarte de Ynglaterra y el rey Pedro de Castilla, por la qual es paz y concordia puesta para siempre». Algo similar a lo que el poeta Ruy Páez de Ribera expresará en un *dezir* a propósito de la muerte de Enrique III: Catalina es presentada ante el túmulo de su marido como la dueña «vestida de negro en alta siella» que fue garante de una paz entre Inglaterra y Castilla que libró a esta «de todos los males»[95].

Otras reflexiones para los enterramientos y la memoria (b): el orden caballeresco

Se ha insistido en que desde el siglo XIII las donaciones a benedictinos, cistercienses y órdenes militares derivan hacia las órdenes mendicantes, que facilitan una nueva pastoral de la muerte[96]. El enterramiento, por ejemplo, con el hábito franciscano era testimonio de un voto de humildad. Queda reflejado en el caso de Enrique III de Castilla, nacido, además, el día de San Francisco y sepultado, junto a su esposa Catalina, en la capilla de los Reyes Nuevos de la catedral de Toledo[97]. En un segundo nivel cabe recordar a un miembro de la dinastía real castellana: don Juan Manuel, nieto de Fernando III el Santo a través de su padre el infante don Manuel (pero él no infante pese a que se le haya designado como tal con cierta frecuencia). Su cuerpo, junto al códice oficial de sus obras, sería depositado en el convento de frailes dominicos de Peñafiel[98].

---

[95] Cfr. E. Mitre, *Una muerte para un rey, op. cit.,* pág. 90; A. Echevarría, *Catalina de Lancaster, op. cit.,* pág. 204. Sobre el enterramiento de los primeros Trastámaras, véanse M. T. Pérez Higuera, «Los sepulcros de los Reyes Nuevos (catedral de Toledo)», *Tekne,* 1, 1985, págs. 131-139, y D. Nogales, *Las capillas reales de Reyes Nuevos y de doña Catalina de Lancaster en la catedral de Toledo,* Madrid, Universidad Complutense, 2005.
[96] J. Chiffoleau, *La comptabilité de l'au-delà..., op. cit.,* pág. 230.
[97] E. Mitre, *Una muerte para un rey, op. cit.,* pág. 29.
[98] «Primer prólogo general» a Don Juan Manuel, *Libro del conde Lucanor, op. cit.,* pág. 54.

La humildad ante la muerte o el deseo de ganar indulgencias alejándose de las vanaglorias mundanas no serán incompatibles —al menos si a las altas esferas sociales nos referimos— con otro gesto ya apuntado. En concreto, el esplendor de los yacentes pétreos que acompañan a sepulcros destinados a perpetuar la fama del difunto[99]. Su deseo de inmortalidad celeste no debe oscurecer el recuerdo de un positivo paso por este mundo. Paso sintetizado en expresiones de epitafios tales como: «moy firme Valente leal cavaleiro Fernán Díez de Ribadeneira»; «Pero Fernández de Bollano cavaleiro leal melyno mayor do señor Duque Don Fadrique», o «caualeiro de verdade», referido a Nuno Freire de Andrade[100].

Los panteones nobiliarios acaban siendo un trasunto a menor escala de lo que son los de las familias reales. Para el caso de Castilla, por ejemplo, recientemente se han hecho interesantes reflexiones en torno a la construcción de un panteón para la casa ducal de Maqueda. El gran impulsor —ya algo hemos anticipado— del engrandecimiento de ese linaje fue don Gutierre de Cárdenas, que eligió para sepulcro familiar el monasterio franciscano de Santa María de Jesús en la localidad toledana de Torrijos, construido gracias a su mecenazgo y el de su esposa Teresa Enríquez, de la familia de los almirantes de Castilla. El túmulo sepulcral se situaría en el coro, y en él se ubicarían las efigies de los cónyuges, don Gutierre con el hábito santiaguista. El proyecto del comendador mayor de León incluía reunir también los restos de sus progenitores, hasta entonces enterrados por separado. Era una de tantas formas de impulsar su rama familiar de los Cárdenas, cuya posición social y méritos militares se habían ido acumulando a lo largo de los años previos[101].

Los testamentos de algunos señores reflejan bien ese sentido de superioridad —social y moral— del que se consideran depositarios y que se desea conste en los elementos que han de rodear sus sepulcros.

---

[99] M. Núñez Rodríguez, *La idea de inmortalidad, op. cit.*, pág. 83.
[100] *Ibíd.*, pág. 41.
[101] C. Quintanilla y F. Blázquez, *La forja de una casa nobiliaria, op. cit.*, páginas 118-120.

Se apreciará por ejemplo, en uno ya citado de pasada con anterioridad: el del caballero Juan Martín Roco, señor de Campofrío. Recuerda de entrada los dos grandes privilegios con los que ha sido honrado desde su nacimiento: ser cristiano y además de los «fijosdalgo e de noble sangre». A ello se sumarían «beneficios e honrras» acumulados a través de su «luenga vida» al servicio de cuatro monarcas castellanos. Hace remembranza de los sacrificios de sus mayores (pérdida de la vida incluida) en lucha con los moros: conquista de Alcántara, toma de Sevilla, operaciones en torno a los reinos de Murcia y de Jaén, conquista de Algeciras... Invoca, incluso, un lejano parentesco con los condes de Urgel y una vinculación con el maestre del Hospital Juan Fernández de Heredia a través de su esposa Cecilia Fernández de Heredia. Toda esa trayectoria familiar había de resumirse en su enterramiento:

> Que mi cuerpo sea sotierrado en guisa e manera como es costumbre sotierrar a los fijosdalgo o nobles de la orden de la Banda, con mis armas, espuelas e espada en la Eglesia parrochial de Señora Santa María de Almocabar, en la fuesa e sepultura do están sotierrados mi abuelo Diego Roco e abuela Elvira Rodríguez, e mis señores padres Miguel Roco e María González en uno, con mi mujer Ceçilla Fernández de Heredia que santa gloria ayan, la qual fuesa o sepultura tiene encima las mías armas de escaques e está entre los dos postes enfrente de la puerta de la iglesia que sale de la praça[102].

En la iglesia mayor de la villa de Alcántara serían sepultados también los restos mortales de Martín Yáñez de la Barbuda, un caballero portugués que ejerció algunos años como clavero de la orden militar de Avis. Por diferentes motivos, acabaría enfrentándose con su maestre don Juan (futuro Juan I de Portugal) y se pondría, durante la crisis sucesoria acaecida a la muerte de Fernando I de Portu-

---

[102] Recogido en el ya citado trabajo de A. del Solar y J. de Rújula, *Juan Martín Roco*, según documento del Archivo General de Simancas Diversos de Castilla, leg. 38, fol. 2.

gal, al servicio de uno de los aspirantes al trono lusitano: Juan I de Trastámara. Tras la derrota de este en la jornada de Aljubarrota y la consolidación en el trono portugués de su rival, Martín Yáñez emigraría a Castilla, en donde obtendría el maestrazgo de la orden de Alcántara. Protagonizaría en 1394, animado por un ermitaño visionario de nombre Juan del Sayo, una suicida incursión contra el reino de Granada al frente, según la afirmación cronística, de trescientas lanzas, mil peones y varios miles de desheredados al grito de «Con la fe de Jesu-Christo imos». La empresa, con cierto regusto de cruzada popular, se saldó con un tremendo fracaso que costó la vida a muchos de los expedicionarios, incluido el propio maestre[103]. En su sepulcro se haría constar la leyenda en lengua portuguesa: «Aqví iaz aqvele qve por nevna covsa nvnca ovve pavor en sev coracan»[104].

Lejos de esa fanfarronería, y sin llegar tampoco al extremo de homologación martirial (a la que dedicaremos el debido espacio más adelante), cabría recordar otra muerte en combate contra una fuerza islámica que hace destilar un especial sentimiento. Será la de Martín Vázquez de Arce, conocido como el Doncel de Sigüenza. Su sepulcro, ubicado en la capilla de San Juan y Santa Catalina de la catedral seguntina, constituye toda una joya del arte funerario medieval. La escultura que inmortaliza al joven lo presenta con las armas de un caballero de la orden militar de Santiago, recostado y con un libro entre las manos, actitud esta poco común en la representación mortuoria de un laico. La inscripción sepulcral dice que en 1486 «le mataron los moros socorriendo el muy ilustre señor duque del Infantado su señor, a cierta gente de Jahén a la Acequia Gorda en la Vega de Granada». En ese mismo año, se recuerda, «se tomaron la ciudad de Loxa, las villas de Illora, Moclín y Montefrío»,

---

[103] Pero López de Ayala, «Crónica del rey don Enrique tercero de Castilla e de León», en *Crónicas de los reyes de Castilla*, t. 68, Madrid, BAE, 1953, págs. 221-223.

[104] Tal y como se recoge en «Chronica de Alcántara», en F. Rades y Andrada, *Chrónica de las tres órdenes y Cauallerías de Santiago, Calatrava y Alcántara*, Toledo, 1572, pág. 33v.

asedios en los que participaron tanto el doncel como su padre Fernando de Arce[105].

La estatuaria sepulcral del Occidente medieval habría representado, así, un importante jalón en la evolución del arte funerario desde la remota Antigüedad hasta una avanzada Edad Moderna[106]. La existencia de auténticos talleres dedicados a estas funciones nos habla no solo de una filosofía de la muerte impregnada de los principios cristianos sino también de una especialización-profesionalización de quienes, desde las artes plásticas, se dedican a transmitir en piedra la memoria del difunto. Y podría añadirse que, en cierto modo, también a inmortalizarlo[107].

---

[105] J. M. Azcárate, «El maestro Sebastián de Toledo y el Doncel de Sigüenza», *Wad-al-Hayara,* 1974, págs. 7-34.

[106] Sobre estas transformaciones, cfr. E. Panofsky, *Tomb Sculpture its changing aspects from Ancient Egypt to Bernini,* Nueva York, Thames & Hudson, 1964.

[107] A título de ejemplo, véase el artículo de M. T. Pérez Higuera, «Ferrand González y los sepulcros del taller toledano (1385-1410)», *Boletín del Seminario de Estudios de Arte y Arqueología,* Valladolid, Universidad de Valladolid, 1978, páginas 129-142.

TERCERA PARTE

*Alejándose de la muerte propia
en el Medievo*

Capítulo X

Subitanea mors

Hasta aquí hemos presentado lo que, comúnmente, denominamos hoy muerte natural, objeto de toda una programación y un ritual. Tomando el ejemplo de los monarcas hispánicos, se habla de: «murió de su propia muerte», «murió de su propia enfermedad», «con la muerte propia terminó su vida», «murió en el lecho», «dio el espíritu al cielo», «volvió su alma al creador», etc.[1]. La mejor muerte natural es la aceptada con resignada lucidez, síntoma de la merced divina y de la salvación eterna. Para ello se requería una preparación activa y meticulosa, una serenidad y un perfecto juicio[2]. El *summum* se alcanza cuando el protagonista sabe la proximidad del final, bien por mera consciencia personal, bien, en ocasiones, por una revelación divina.

Quedan otros tipos de muerte menos «oficiales» y «felices» sobre los que es necesario detenerse también. Cabría en tal caso

---

[1] Cfr. E. Mitre, «La muerte del rey: la historiografía hispánica y la muerte entre las élites», art. cit., págs. 172, 175. En ocasiones puede decirse también que «morió de su muerte» para designar un fin en combate. Vg. el caso del maestre de Santiago Alfonso Méndez de Guzmán, caído en el cerco de Algeciras por Alfonso XI, *Poema de Alfonso Onceno* (ed. de J. Victorio), Madrid, Cátedra, 1991, pág. 408.

[2] A. de Sousa, *A morte de D. João I, op. cit.*, pág. 422.

hablar de una «mala muerte» corporal que sería el «preludio de la agustiniana muerte segunda [que] constituía una grave amenaza para una sociedad en la que la muerte violenta o súbita no era rara»[3].

Líneas generales de una muerte imprevista

Junto a la muerte natural, a la que se llega confortado con todos los auxilios espirituales, tendríamos una variante pervertida que es la *subitanea mors,* la más temible para el cristiano, ya que puede sorprenderle en estado de pecado mortal imposibilitando su arrepentimiento. De ahí las recomendaciones de no dejar la conversión para la última hora, cuando apenas si se puede respirar, lo cual supondría que «engañará a su alma, pues su conversión no será sino quimera, mira que lo hizo como un juego y como tal será tomada»[4]. De ahí también la necesidad de tomar conciencia de que Dios nos deja vivir para «que nos preparemos para la muerte y aprendamos que tenemos que irnos de este mundo y no podemos escapar por otro camino»[5].

Y de ahí, sobre todo, ese pánico a la muerte sin los correspondientes auxilios espirituales (confesión, comunión, unción final) que recoge Shakespeare en el pasaje de la obra ya recordada con anterioridad. El «A subitánea et improvisa morte, libera nos Domine» figura en lugar preferente en las letanías de los santos considerados abogados de una buena muerte: Santa Ana, Santa Bárbara, San José, Nuestra Señora y, sobre todo, Cristo como único redentor[6].

En su condición de abogada de una buena muerte, María aparecerá en tradiciones populares, si no siempre de evitadora de muer-

---

[3] F. Martínez Gil, *La muerte vivida...*, op. cit., pág. 43.
[4] Hildegarda de Bingen, *Scivias, op. cit.,* pág. 183.
[5] Sebastian Brant, *La nave de los necios, op. cit.,* pág. 262.
[6] E. Mitre, «La muerte y sus discursos dominantes entre los siglos XIII y XV (Reflexiones sobre recientes aportes historiográficos)», art. cit., pág. 25.

te subitánea, sí de mediadora ante al Altísimo para dar a quien murió sin la debida preparación una segunda oportunidad. La salvación vendrá a través de una resurrección que permitirá que el afectado sea más cuidadoso con su conducta la próxima vez. Ocurrirá con el fraile que tenía «más gusto por los placeres del mundo que por la vida celestial» y a quien, ante los ruegos de María, la divinidad permite que el alma vuelva al cuerpo y cumpla los votos que profesó[7]. Ocurrirá con el romero que fue a Santiago, murió en el camino por engaño del diablo y le fue permitido a su alma retornar al cuerpo para tener ocasión de salvarse[8]. Ocurrirá con el caballero malhechor al que un dolor repentino lo llevó a la muerte «y los demonios prendieron su alma», pero que volverá a la vida, edificará el monasterio que había prometido y vivirá castamente[9]. Sucederá con ese hombre bueno, decapitado por unos ladrones, cuya alma maquinaron llevarse unos demonios porque había muerto sin confesión, pero al que María da la oportunidad de recuperar la vida para cumplir los obligados gestos rituales[10]. O sucederá con el salteador de caminos, objeto de una «muerte súbita, que mata a muchos, aína lo mató a él», pero que, por su devoción a María, volvió a la vida para poder confesarse de sus pecados[11].

La invocación a la segunda persona de la Trinidad se plasma entre los testadores en frases de los preámbulos encomendaticios del estilo de: «a nostro Saluador e Redemptor del humanal linaje nostro Sennior Ihesu Christo»; aunque no sea fácil «hablar de una interiorización de la devoción a la Pasión»[12]. En todo caso el

---

[7] Véase Alfonso X el Sabio, *Cantigas de Santa María, op. cit.,* págs. 34-35. (No se encuentran rasgos destacados de esta imagen en otra popular obra de Gonzalo de Berceo, *Los milagros de Nuestra Señora,* en *Obra completa* [ed. de B. Dutton *et al.*], Madrid, Espasa Calpe, 1992, págs. 561 y ss.).

[8] *Ibíd.,* pág. 57.

[9] *Ibíd.,* pág. 88.

[10] *Ibíd.,* pág. 169.

[11] *Ibíd.,* pág. 297.

[12] Referido al testamento de García de Senosiain en 1442. M. Á. García de la Borbolla, «El recurso a la intercesión celestial en la hora de la muerte. Un estudio sobre los testamentos navarros», art. cit., pág. 160.

mejor *ars bene moriendi*[13] lo constituye un permanente *ars bene vivendi*.

Salvando las debidas distancias, la Iglesia del Medievo convirtió las muertes de los reyes en el modelo ritual a seguir por el conjunto de fieles. Como ejercicio político —con mucho de aplicación de ese principio de «dos cuerpos del rey»—, la muerte de los muy cristianos reyes de Francia tenía mucho de rito de devolución del poder: se transmitía a sus herederos a través de las enseñanzas del buen gobierno y las insignias reales[14].

Pero no siempre la muerte del rey, como la de cualquier cristiano, puede ser modélica, en el sentido de esa normativa sedimentada con los años. Los casos de *subitanea mors* de un monarca a lo largo del Medievo han servido para que los mentores ideológicos dieran al trance final un sentido ejemplificante. Algunos son bien conocidos y se han prestado con demasiada frecuencia (como los casos de envenenamiento a los que luego nos remitiremos) a una interpretación de la historia de carácter novelesco-conspiratorio. Conviene alejarse de tan engañosamente atractivas simplificaciones.

Ejemplos notorios de muertes reales subitáneas

La Inglaterra medieval fue pródiga en monarcas muertos violentamente: desde los tempranos tiempos de la heptarquía anglosajona, en la que se mezclan los enfrentamientos políticos con las diferencias religiosas, hasta la Guerra de las Dos Rosas que cierra el Medievo, con el controvertido Ricardo III, caído en la batalla de Bosworth[15].

La violencia unida al carácter subitáneo tiene un excelente modelo en el final de Gullermo II Rufus (1087-1100), hijo y heredero del fundador de la dinastía anglonormanda Guillermo I el Conquis-

---

[13] M. O'Connor, *The Art of Dying Well: The development of the Ars Moriendi*, Nueva York, Columbia University Press, 1942.

[14] C. Beaune, *Naissance de la nation France, op. cit.*, págs. 104-106.

[15] M. Evans, *The Death of Kings. Royal Deaths in Medieval England*, Londres y Nueva York, Bloomsbury Academic, 2003.

tador. Sobre su personalidad y actuación política la cronística de la época y la historiografía posterior han creado un encendido debate[16]. La visión más oficial lo presentó en su momento como un pervertido con tendencias homosexuales, blasfemo y enemigo de la Iglesia. Sobre este último punto contó de forma decisiva su enemistad con el cabeza de la Iglesia de Inglaterra, el arzobispo de Canterbury, y destacado teólogo Anselmo de Bec. La muerte del monarca en un accidente de caza por impacto de una flecha perdida algunos la suponen un homicidio planificado. Sus más abiertos enemigos la presentaron como un juicio de Dios, castigo a su perversión. Un siglo después su descendiente Ricardo Corazón de León moriría también a consecuencia de un flechazo recibido en el asalto al castillo de Chalus. En este caso, sin embargo, no se trataría de una muerte subitánea en sentido estricto, y el monarca dejaría este mundo confortado por los auxilios espirituales al uso[17].

Sobre el caso inglés (extrapolable a otros ámbitos territoriales europeos del Medievo) ha afirmado M. Evans que «la forma de la muerte no es toda la historia. El estado del alma del rey en el momento de la muerte y en los momentos posteriores a la muerte era de superior importancia para el propósito del cronista». De ahí esas dos formas tan distintas de presentar dos muertes muy similares: la de Guillermo Rufus y la de Ricardo I. Y de ahí también que el estado espiritual de la muerte del rey se refleje en el trato dado a sus restos mortales: irreverente para los cuerpos de Rufus y de Ricardo III[18].

El mundo hispánico ofrece también un interesante muestrario de muertes subitáneas. Sobre algunas de ellas se ha tejido una leyenda con casi tanta fuerza como la sin duda más prosaica realidad.

Sucederá en el caso del monarca castellano-leonés Fernando IV, fallecido en 1312 sin haber llegado a cumplir los 27 años mientras dirigía una campaña contra el reino de Granada. Sus súbditos lo

---

[16] Véase la panorámica presentada por Ch. Brooke, *The Saxon and Norman Kings*, Londres, Fontana, 1977, págs. 158 y ss.

[17] M. Evans, *The Death of Kings, op. cit.*, págs. 37 y ss.

[18] *Ibíd.*, pág. 60.

encuentran en la tarde del 4 de septiembre muerto en su habitación «en guisa que ningunos le vieron morir»[19]. Un final inesperado, posiblemente derivado de una precaria salud a la que el rey nunca había prestado demasiados cuidados. Esa temprana muerte se convertiría legendariamente en otro juicio de Dios. Lo constituiría el emplazamiento que la justicia divina había impuesto al monarca («El Emplazado» según la historia más tradicional) por haber dado sentencia injusta: la que provocó el ajusticiamiento en Martos de los hermanos Carvajal, acusados falsamente del asesinato del valido real Juan Alfonso Benavides[20]. Este emplazamiento guardaría alguna similitud con otro que se supone tuvo lugar por esas mismas fechas: el que el maestre del Temple Jacques de Molay lanzó desde el lugar de su ejecución (1314) contra el rey Felipe IV de Francia, impulsor del injusto proceso contra la orden militar. El rey muere en accidente de caza y, además, inconfeso[21].

De delicada salud fue el rey Juan I de Castilla, muerto en Alcalá de Henares en 1390, de forma accidental en una caída de caballo. Muerte inesperada, a los 32 años, que, en principio, difícilmente podría considerarse un juicio de Dios. El cronista se preocupa por presentar al monarca como «hombre de buenas maneras, e buenas costumbres, e sin saña alguna», nacido el día de San Bartolomé, el 24 de agosto de 1358 (día del fallecimiento en 1270 de Luis IX de Francia). A falta de una mención a los correspondientes e imposibles auxilios espirituales para afrontar el trance, recuerda Ayala que el momento de la muerte es en domingo 9 de octubre y después de que el rey «ovo oído misa»[22]. El poeta, habitualmente pedigüeño, Alfonso Álvarez de Villasandino, en una composición al sepulcro del monarca, reconoce los errores cometidos, centrados en buena medida

---

[19] «Crónica del rey don Fernando cuarto», en *Crónicas de los reyes de Castilla,* I, t. 66, Madrid, BAE, 1943, pág. 169.

[20] C. González Mínguez, *Fernando IV, 1295-1312,* Palencia, La Olmeda, 1995, pág. 247.

[21] Para este caso que inicia los de otros desafortunados monarcas franceses, véase C. Beaune, «Les rois maudits», *Razo,* 12, número especial Mythes et Histoire, Niza, 1992, págs. 9-11.

[22] Pero López de Ayala, «Crónica del rey Don Juan primero de Castilla e de León», *op. cit.,* págs. 143-144.

en la mala conducción de la empresa portuguesa lastrada por su «mala ordenança». Pero aureola al monarca como buen cristiano: «cathólico, casto, sesudo pazible / pues era en sus fechos Rey tan conveníble / por santo deviera ser canoniçado»[23].

Otros autores emitirían juicios menos indulgentes, como afirmar que «así por su mala dicha e pecados que cayó el caballo con él e quebrado por el cuerpo e nunca más fabló»[24]. En línea similar, y en los últimos años, un hispanista francés ha abundado en imágenes poco positivas del monarca, remitiéndose a una serie de leyendas que no favorecen su memoria. Será la de un posible emplazamiento similar al sufrido por Fernando IV por parte de un caballero cuya esposa había tenido relaciones con el rey. Será la de un capellán del arzobispo de Toledo Pedro Tenorio al que en sueños se le aparece un demonio en forma de *fantasma espantable* que anuncia que va a matar al rey en ese día. A oscurecer la figura del rey y explicar su imprevista muerte contribuiría también el hecho de no haber respetado el descanso dominical, tal y como se recoge en la *Compendiosa Historia* de Rodrigo Sánchez de Arévalo. O será la circunstancia de que hubiese mantenido poco antes de su fatal accidente una audiencia con los caballeros Farfanes, un grupo venido de Marruecos que, aunque cristianos, mantenían algunas costumbres árabes vistas con cierto recelo por parte del cristianismo más estricto[25].

Aunque la subitánea muerte de Juan I de Trastámara fuera considerada, en su versión más favorable, la de un buen cristiano, era también, indudablemente, la de un personaje público cuya carrera política había estado marcada por serios contratiempos. Lógicamente figura en primer lugar la grave derrota de Aljubarrota y la impo-

---

[23] A. Álvarez de Villasandino, «A la tumba del rey don Juan», en B. Dutton y J. González Cuenca, *Cancionero de Juan Alfonso de Baena, op. cit.*, págs. 75-76.

[24] P. de Santa María, *La Summa de las Corónicas de España*, Biblioteca Nacional, Ms. 1279, fol. 217v.

[25] J. P. Jardin, «El rey, la muerte y el diablo. Estudio de un relato de aparición diabólica relacionado con la muerte del rey Juan I de Castilla (1390)», en *Typologie des formes narratives brèves au Moyen Âge (domain roman) II*, Madrid, Casa de Velázquez, 2001, págs. 231-241. Cfr. estas referencias en E. Mitre, *Una muerte para un rey, op. cit.*, pág. 79.

sibilidad consiguiente de aproximar el reino de Portugal a la corona castellano-leonesa[26]. Casi todos los autores destacan las ansias de venganza por esa humillación sufrida, hasta el punto de titularse el monarca hasta su misma muerte no solo rey de Castilla y León sino también de Portugal y llamar desdeñosamente a Juan I «maestre Davis que se llamaba rey de Portogal»[27]. Y, lo que sería más negativo para la política interior: el monarca dejaría un testamento redactado en Cellórigo da Veira cinco años antes de su fallecimiento, en plena campaña de Portugal y en lamentables condiciones de salud. Tal documento, por no haber sido debidamente actualizado, plantearía serios problemas en la minoridad de su heredero Enrique III[28].

La muerte de Juan I de Aragón (19 de mayo de 1396) de forma repentina y sin confesión en el bosque del castillo de Foixá se presentó en principio como accidente de caza de un personaje muy dado a los placeres cinegéticos (el rey Cazador), a la compañía de poetas (el rey Amador de la Gentileza)... y a abandonar los asuntos de gobierno en manos de una camarilla sin escrúpulos (el rey Descuidado)[29]. El proceso abierto contra algunos de sus consejeros y amigos por su sucesor Martín el Humano se presentará como epílogo a un mal gobierno cuya lógica culminación parecía ser la *subitanea mors* de un personaje demasiado frívolo. ¿Otra especie de juicio de Dios?

La secuencia de los hechos podría prestarse a esta interpretación, pero uno de los colaboradores del rey Juan —el barcelonés Bernat Metge— tuvo la habilidad de blanquear su figura en una obrita en

---

[26] Véase L. Suárez Fernández, *Juan I, rey de Castilla (1379-1390)*, Madrid, Revista de Occidente, 1955, especialmente págs. 59-105.

[27] Pero López de Ayala, «Crónica del rey Don Juan primero de Castilla e de León», *op. cit.*, pág. 129.

[28] Cfr. Pero López de Ayala, «Crónica del rey Don Enrique tercero de Castilla e de León», *op. cit.*, págs. 186-194. Sobre este tema, véanse dos interesantes artículos: el de I. Montes, «La polémica del testamento de Juan I de Castilla y sus implicaciones sevillanas», *Historia. Instituciones. Documentos*, 25, 1998, págs. 435-472, y el de J. P. Jardin, «Un testament royal contesté: la mort et succession de Jean I de Castilla (1390)», *E-Spania. Revue électronique d'Études Hispaniques Médiévales*, núm. 6, 2008.

[29] F. Soldevila, *Síntesis de historia de Cataluña*, Barcelona, Destino, 1978, págs. 153-154.

la que se plantea varias preguntas: ¿cuáles han sido las causas de la súbita muerte del monarca? ¿Dónde se encuentra el rey después de su defunción? ¿Por qué el rey se aparece a Bernat Metge? ¿Quiénes acompañan al rey tras su muerte? A la primera pregunta se contesta que la repentina muerte del rey ha servido para dejar constancia de la iniquidad de los enemigos de Bernat y mostrar su inocencia en el proceso montado contra él[30]. A la segunda —la que aquí más interesa— se responde que el rey se encuentra en el purgatorio, penando por lo mucho que se ha deleitado en vida «en cazar y escuchar con gran placer cantores y ministriles, en dar y gastar mucho, etc.»[31]. El difunto rey, en definitiva, es un buen cristiano que sufre de forma temporal por los errores cometidos en vida a la espera de dar el salto a la gloria. La aparición del rey a Bernat se inscribe en la tradición muy medieval de relación ente vivos y muertos. Y la compañía que al difunto rey le hacen Orfeo y Tiresias (muy sabios ambos, «pero de la sabiduría mundana»)[32] hace recordar su excesiva pasión por la música y la magia. Una muerte súbita no tiene forzosamente que ser signo de condenación eterna cuando existe en el más allá ese tercer lugar que constituye un resquicio entre la gloria eterna y la condenación eterna. (Una cuestión esta última sobre la que volveremos en detalle más adelante).

En la frontera de lo subitáneo: inconsciencia y desidia ante la muerte en Enrique IV de Castilla[33]

Quedaría un último caso que, solo parcialmente, podría situarse dentro de los límites de la *subitanea mors* a los que se ajustan los finales de los personajes que acabamos de referir. Pero tampoco se trata de una muerte ajustada a los criterios entonces establecidos.

---

[30] Bernat Metge, *El sueño* (ed. de M. de Riquer), Barcelona, Planeta, 1985, pág. 28.
[31] *Ibíd.*, pág. 43.
[32] *Ibíd.*, pág. 55.
[33] Desarrollamos aquí lo que no fue más que una simple nota en E. Mitre, «Muerte y memoria del rey en la Castilla bajomedieval», ed. cit., pág. 20.

Hablamos del monarca castellano que cierra el Medievo y que tras veinte años de convulso reinado dejó tras de sí un país presa de graves incógnitas políticas, incluida la sucesión al trono. El lastre de una debilidad de carácter y de una discutible identidad sexual, sobre la que se pronunció hace años el doctor Marañón[34], oscurece más aún la posibilidad de un juicio desapasionado sobre el personaje. Como otros monarcas de la época, Enrique IV sería víctima de una memoria historiográfica tan desastrosa como la de Pedro I o, por situarnos en otro ámbito político, Ricardo III de Inglaterra.

De un lado quedarían autores como Diego Enríquez del Castillo, capellán y cronista del rey, quien destaca sus virtudes de clemencia, religiosidad o repugnancia por derramamiento de sangre. Ello contrastaría con el comportamiento de quienes rodeaban al monarca, a los que responsabiliza de los males del reino[35]. Afectado por graves dolencias «por espacio de diez horas», el monarca tiene tiempo de confesarse «por espacio de una hora grande», de disponer una serie de pagos a sus criados y servidores y de designar un lugar (Guadalupe) en el que desea ser enterrado[36]. Otros autores como Rodrigo Sánchez de Arévalo, aun reconociendo su perseverancia, sabiduría y humildad, a veces excesivas, le hace culpable de omisiones consideradas escandalosas[37].

En el otro extremo quedarían dos cronistas abiertamente críticos con la actuación del monarca que llegan a una condena de su memoria desde los inicios de su reinado hasta el momento mismo de la muerte. Fallecido a una edad no demasiado avanzada (sin cumplir los 50), Diego de Valera le acusa de no haber hecho caso alguno de los consejos de sus médicos de forma que un «supito flui-

---

[34] En su famoso ensayo: G. Marañón, *Ensayo biológico sobre Enrique IV de Castilla y su tiempo*, Madrid, Austral, 1997 (lleva un interesante prólogo de Julio Valdeón, págs. 9-23).

[35] B. Sánchez Alonso, *Historia de la historiografía española*, Madrid, CSIC, 1947, págs. 305-307.

[36] Diego Enríquez del Castillo, *Crónica del rey Don Enrique el cuarto, op. cit.*, pág. 221.

[37] R. B. Tate, «Una apología de la monarquía», en *Ensayos sobre la historiografía peninsular del siglo XV*, Madrid, Gredos, 1970, pág. 118.

gio de sangre le vino» y forzó a sus acompañantes en el bosque del Pardo a devolverle a su palacio, en donde «fallescido de todas sus fuerzas», y «como quiera que conosciese ser cercano su fin», «ninguna mención hizo de confesar ni resçibió los cathólicos sacramentos, ni tampoco hacer testamento o cobdiçilo, que es general costumbre de todos los hombres en tal tiempo hacer».

Los intentos de algunos de los asistentes, incluido el capellán Alonso de Turégano, para que el rey se pronuncie serán inútiles. El monarca expira sin mostrar «señal de cathólico, ni menos arrepentimiento de sus culpas e pecados»[38]. No era esta precisamente la muerte que se esperaba de un rey. Cabría achacar a la inconsciencia mental del monarca esta actitud final, no a una inconsciencia moral. Sin embargo, la ausencia de sacramentos y de una clara voluntad testamentaria, cuando el futuro del reino se estaba dirimiendo con unos riesgos mayores de los habidos a la muerte de Juan I, haría que esta defunción tuviese efectos similares a los de una *subitanea mors.*

El vitriólico Alfonso de Palencia, que ponía en duda incluso la legitimidad del nacimiento de Enrique —por «susurrarse no ser hijo de don Juan (II)»[39]—, repetirá el cliché mortuorio de Valera, pero añadiendo, además, una frase cruel: «Miserable y abyecto fue el funeral. El cadáver, colocado sobre unas tablas viejas, fue llevado sin la menor pompa fúnebre al monasterio de Santa María del Paso, a hombros de gentes alquiladas»[40].

La mala muerte atribuida a un rey, consecuencia de una vida desastrosa, puede convertirse también, como inversión de la buena muerte, en un arma de propaganda política. Más aún cuando anuncia lo que va a ser un grave conflicto civil.

---

[38] Diego de Valera, «Memorial de diversas hazañas», en *Crónicas de los reyes de Castilla,* III, t. 70, *op. cit.,* pág. 94.
[39] Alfonso de Palencia, *Crónica de Enrique IV,* t. I (ed. de A. Paz y Meliá), Madrid, BAE, 1973, pág. 9.
[40] *Ibíd.,* t. II, Madrid, 1975, pág. 154.

Capítulo XI

La muerte violenta y sus variantes (1): ¿un castigo adicional?

Junto a la muerte natural (y su derivación perversa de la muerte súbita), las muertes violentas facilitan también abundante material para la reflexión, las conclusiones moralizantes y las más variadas representaciones.

La cultura cristiana contaba con una muy temprana: el fratricidio de Caín sobre Abel (Gen. 4, 8). San Agustín lo presentó como primer episodio del enfrentamiento de dos ciudades o comunidades de hombres. Figura, a su vez, convertida en telón de fondo del discurrir de la Historia[1]. La muerte violenta, sin embargo, puede adquirir significados distintos en virtud de la naturaleza del difunto y la diversidad de intereses en juego.

Se ha recordado recientemente que un autor castellano del siglo XV, Alonso de Cartagena, utilizó tres expresiones para referirse al fin, muchas veces violento, de los monarcas visigodos: *mortuus, occisus* y *vulneratus*. La primera es la más genérica, mientras que las otras dos designan la especial violencia que sufre el monarca de turno[2].

---

[1] San Agustín, *La ciudad de Dios, op. cit.,* lib. XV, caps. 7 y 8, págs. 336-340.
[2] L. Fernández Gallardo, «Idea de la historia y proyecto iconográfico...», art. cit., pág. 344.

De cara al homicidio: individual o colectivo

La narración evangélica de los Santos Inocentes —sobre la que hemos hecho ya algunas observaciones— creó en el cristianismo la imagen de un homicidio colectivo especialmente repugnante por tratarse de seres absolutamente indefensos. El infanticidio, aunque objeto de severas penas en la legislación medieval, constituyó una evidencia disculpada en ocasiones, como en los casos de sofocaciones accidentales al compartir lecho con los padres[3]. La tradición atribuirá la creación por Inocencio III (1198) de un refugio de beneficencia para niños abandonados en Borgo Santo Spirito, impactado ante la visión de cuerpos flotando sobre el Tíber. Los interiores de las iglesias se verían colonizados por el tema del sacrificio infantil, sobre el que abundarían los frailes predicadores en una reafirmación del carácter protector de las madres[4].

El homicidio puro y simple (de adultos, se entiende) será la forma de muerte violenta más elemental. La delincuencia en general y su variante la criminalidad en el Medievo constituyen, precisamente, temas que gozan en los últimos años de un especial atractivo entre los investigadores. Ello, también, por mor de ese interés por los mundos de la marginación[5].

Sobre dos aspectos merece la pena extenderse ahora. El primero, el de los homicidios colectivos. El segundo corresponde a asesinatos individualizados de carácter magnicida por motivaciones generalmente políticas.

---

[3] M. Núñez, «El concepto de muerte...», art. cit., pág. 47.
[4] *Ibíd.*, págs. 52-53.
[5] Cfr. a título de ejemplo trabajos como el de B. Geremek, *La piedad y la horca. Historia de la miseria y de la caridad en Europa,* Madrid, Alianza Editorial, 1989, o, para el mundo hispánico, I. Bazán, *Delincuencia y criminalidad en el País Vasco en la transición de la Edad Media a la Moderna,* Vitoria, Servicio de Publicaciones del Gobierno Vasco, 1995.

Dentro de la primera categoría, las masacres de judíos figurarían en un lugar preferente.

La creación de un clima intelectual y popular fomentador de una especial aversión[6] propiciará oleadas de criminalidad a lo largo del Medievo contra el elemento hebreo. Dos de ellas adquirirán especial virulencia: la desencadenada con motivo de la predicación de las cruzadas, desde finales del siglo XI[7], y la que se desarrolla en la Península Ibérica a finales del siglo XIV[8]. Ante la saña homicida, los poderes establecidos adoptarán por lo general una tibia política. Se reprobaban, sí, los hechos por una razón elemental, ya que suponían una peligrosa alteración del orden. Esta circunstancia se reforzaba con otra: los miembros de la comunidad hebrea eran considerados propiedad de la corona: así, en 1236, el emperador Federico II les declara *servi camerae nostrae* bajo el pretexto de salvagardarlos[9]. Por otra parte, se mantenía la oficialidad de una doctrina: la conversión a la fe cristiana no debía ser producto de la violencia sino de la persuasión. Pero ¿hasta dónde tenía que llegar esta? Para distintos autores cristianos, el plazo de varios siglos se debía considerar suficiente para que el elemento hebreo se convenciera de su pertinacia en el error. Desde el lado de la comunidad judía, las reacciones ante la muerte colectiva variaron a lo largo de los siglos. Los caídos en los pogromos que acompañaron a las cruzadas (especialmente a la Primera) adquirieron la categoría de mártires, ya que murieron sin renegar de su fe. Por el contrario, las numerosas defecciones que se produjeron hacia el cristianismo a partir de 1391 constituyeron para los que permanecieron fieles en sus creencias un motivo de amarga reflexión[10].

---

[6] Sobre esta cuestión un clásico lo constituye L. Poliakov, *Historia del antisemitismo. De Cristo a los judíos de las Cortes,* Barcelona, Muchnik Editores, 1986.

[7] Una buena panorámica la facilita J. Valdeón, «El movimiento cruzado y las actitudes antisemitas», en L. García Guijarro (ed.), *La primera cruzada novecientos años después: el Concilio de Clermont y los orígenes del movimiento cruzado, op. cit.,* págs. 213-220.

[8] E. Mitre, *Los judíos de Castilla en tiempo de Enrique III. El pogrom de 1391,* Valladolid, Universidad de Valladolid, 1994, especialmente págs. 19 y ss.

[9] P. Sorlin, *El antisemitismo alemán,* Barcelona, Península, 1970, pág. 26.

[10] E. Mitre, *Los judíos de Castilla..., op. cit.,* pág. 81.

El especial caso de la guerra

La guerra y actividades afines inductoras de homicidios colectivos serán (ya lo hemos advertido páginas atrás) características de una sociedad estructuralmente violenta propiciadora de un elevado número de víctimas[11]. El cristianismo, en origen religión de paz y reticente por tanto a la política agresiva del imperio pagano, lo era, en consecuencia, a la profesión militar[12]. Pero acabó —una vez erigido en religión oficial— estableciendo una casuística según la cual cierto tipo de guerras podían adquirir la característica de justas. En líneas generales lo serían aquellas emprendidas por una autoridad legítima, las encaminadas a rechazar una agresión y las dirigidas a recuperar un bien del que se ha sido inicuamente despojado. En todo caso, había que actuar poniendo en juego métodos que no fueran desproporcionados. En último extremo, la guerra podía adquirir el carácter de santa cuando se trata de contener o rechazar a enemigos de la fe[13]. La cruzada —el *iter Jerosolemitanum* en la definición más edulcorada— se nutriría en buena medida de esta especial filosofía que hacía del islam el enemigo por excelencia.

---

[11] Sobre la guerra y sus distintas dimensiones en el Medievo, véase la síntesis de uno de los mejores conocedores del tema: Ph. Contamine, *La guerre au Moyen Âge*, París, PUF, 1980. También F. García Fitz, *La Edad Media. Guerra e ideología. Justificaciones religiosas y jurídicas,* Madrid, Sílex, 2003. Para los aspectos más truculentos, véase S. McGlynn, *A hierro y fuego. Las atrocidades de la guerra en la Edad Media,* Barcelona, Crítica, 2009.

[12] J. Fernández Ubiña, *Cristianos y militares. La Iglesia antigua ante el ejército y la guerra,* Granada, Universidad de Granada, 2000.

[13] J. Flori, *La guerra santa. La formación de la idea de cruzada en el Occidente cristiano,* Madrid, Trotta, 2003. Sobre este fenómeno y bajo el título de «La cruzada ¿una idea en permanente crisis?» desarrollé mi conferencia inaugural en el X Seminario Multidisciplinar del Departamento de Historia Medieval de la Universidad Complutense en torno a *Guerra Santa y Cruzada en la Edad Media,* 2 de febrero de 2016. Actas aún inéditas.

Las frecuentes razias de pueblos no asimilados mantuvieron a la Europa Occidental a la defensiva durante largo tiempo: «De la ira de los hombres del Norte, líbranos Señor», constituyó una dramática invocación a la divinidad en el Alto Medievo[14]. Los años finales del siglo X fueron para los estados cristianos del norte de España época de dura prueba, marcada por las campañas del caudillo cordobés Almanzor. En la memoria cronística, tal y como se recoge siglos después, ciudades como Santiago, Astorga, León, Osma, Coyanza, Berlanga o Barcelona fueron «corridas e astragadas», «derribolas todas de cimiento»[15]. Sin embargo, a partir del año 1000, *grosso modo*, la cristiandad europea va tomando la iniciativa militar expandiendo sus fronteras en tres frentes: la Península Ibérica (gran impulso de la Reconquista), el Próximo Oriente (las cruzadas) y el otro lado del Elba (el en otro tiempo llamado *drang nach Osten)*[16]. Sobre las cifras de víctimas, la cronística medieval no fue nunca precisa. Las exageraciones retóricas suelen traicionar la estadística, como recordó en su día Bernard Guenée, uno de los mejores conocedores de la historiografía medieval[17]. A título de ejemplo, el cronista Widukindo de Corvey da la cifra de ¡doscientos mil bárbaros muertos! para la victoria obtenida por el rey de Germania Enrique I sobre una coalición de eslavos en 929[18].

Desde una perspectiva endógena, la anarquía feudal producto de la debilidad o de la ausencia de poderes centralizadores hizo del continente europeo campo abonado para la muerte y la desolación. Una situación a la que, desde fines del siglo X (Sínodo de Charroux de 989), el episcopado trató de poner límites merced a la institución de la paz y tregua de Dios. Bajo severas condenas eclesiásticas, como la excomunión —una suerte de venganza divina—, quedaba vedado el

---

[14] Cfr. la síntesis de L. Musset, *Las invasiones. El segundo asalto contra la Europa cristiana*, Barcelona, Labor, 1967.

[15] Alfonso X el Sabio, *Primera crónica general de España, op. cit.*, págs. 445-448.

[16] Expuesto en E. Mitre, «La cristiandad medieval y las formulaciones fronterizas», en *Fronteras y fronterizos en la Historia,* Valladolid, Instituto Simancas-Universidad de Valladolid, 1997, págs. 7-62.

[17] B. Guenée, *Histoire et culture historique dans l'Occident médiéval, op. cit.,* pág. 180.

[18] Widukindo de Corvey, *Gestas de los sajones, op. cit.,* págs. 35-36.

uso de la fuerza armada durante determinadas fechas del calendario litúrgico y contra el personal no combatiente: religiosos, campesinos o mercaderes...[19]. Unas disposiciones cuyo espíritu se transmitirá a lo largo del tiempo pero cuya efectividad será más que dudosa. Los conflictos entre los propios monarcas cristianos por ampliar sus esferas de influencia, entre ciudades por razones similares o entre reyes y emperadores por hacerse respetar de sus inferiores, llegan a constituir toda una tediosa sucesión de acontecimientos en los que el profano acaba perdiéndose. Una buena muestra se puede recoger en la obra iniciada por el obispo Otón de Freising dedicada a su sobrino el emperador Federico Barbarroja († 1170). Buena parte de su vida la pasó en lucha contra sus vecinos los monarcas de Polonia, Hungría y Bohemia y, sobre todo, frente a las levantiscas ciudades italianas. Estas, según el cronista, presumían de actuar según la ley pero la inclumplían sistemáticamente salvo que el emperador fuera acompañado de un gran ejército[20].

La llamada Guerra de los Cien Años que cierra el Medievo es famosa por su cortejo de grandes (pero escasas en número) batallas campales, del estilo de Crécy (1346) o Azincourt (1415), que según cronistas y memorialistas se cobraron un elevado número de bajas, especialmente en el bando perdedor francés[21]. Más frecuentes serán los interminables asedios a ciudades, las emboscadas, las escaramuzas y las devastadoras cabalgadas en territorio rival. También la guerra se hará tristemente célebre por la actuación de partidas armadas irre-

---

[19] Entre otros estudios sobre el tema, véanse D. Barthélemy, *L'an mil et la paix de Dieu. La France chrétienne et féodale, 980-1060,* París, Fayard, 1999, y E. Ruiz Domenec, «El abad Oliba: un hombre de paz en tiempos de guerra», *Ante el milenario del reinado de Sancho el Mayor. Un rey navarro para España y Europa* (XXX Semana de Estudios Medievales, Estella, 2003), Pamplona, 2004, págs. 173-195.

[20] Otón de Freising y Rahewin, *Gestas de Federico Barbarroja, op. cit., passim.* Milán se llevará la palma en cuanto a resistencia a la autoridad imperial hasta sufrir un duro castigo en 1163 del que, sin embargo, no tardaría en recuperarse.

[21] Para Crécy, véase la descripción del cronista Froissart, *Crónicas* (selección y edición de E. Bagué), Barcelona, Labor, 1949, págs. 55-61. Para Azincourt es interesante el capítulo a ella dedicado por el anónimo *Journal d'un bourgeois de Paris, op. cit.,* págs. 87-90.

gulares, que en tiempo incluso de tregua o de paz suscritas por los poderes oficiales se dedican a extorsionar a las poblaciones haciendo de la vida cotidiana un continuado tormento. Con buenas dosis de retórica, se ha considerado a esta contienda (o, mejor, cadena de conflictos salpicados de largos períodos de suspensión oficial de hostilidades) la primera guerra moderna. Lo fue por su letalidad, ya que para mayor desgracia fue coetánea de las grandes oleadas de Peste Negra. Lo fue por su generalidad, ya que, en principio conflicto anglo-francés (con mucho de guerra civil francesa, según ya hemos apuntado), acabó por afectar en diferente grado a todos los países del Occidente. Lo fue por la movilización de recursos humanos y económicos[22]. Se ha hablado, entre otras negativas consecuencias, de una reducción a la mitad de la población francesa por causa de este terrible conflicto y sus acompañantes: las oleadas epidémicas y las hambrunas. A mediados del siglo XIV Petrarca afirmaba que Francia se había convertido en un inmenso campo de ruinas. Un siglo después, y partiendo de esa referencia, Eneas Silvio Piccolomini (papa Pío II) decía que los daños en ese país habían aumentado en tal medida que hasta las ruinas escaseaban[23]. El anónimo autor del diario que cubre la primera mitad del siglo XV nos presentará un París ocupado militarmente por el bando anglo-borgoñón y cuyos accesos están bloqueados por las diversas bandas de contendientes[24]. Las dificultades de abastecimiento de la plaza, los episódicos brotes epidémicos que le acosan (peste, viruela, males varios) y algún invierno particularmente gélido incidirán muy negativamente en la demo-

---

[22] La bibliografía sobre este conflicto es prácticamente inabarcable. Una excelente síntesis la facilita el antes mencionado P. Contamine, *La guerre de Cent Ans*, París, distintas ediciones desde 1968 (la última en castellano de Madrid, Rialp, 2014). Para los distintos aspectos político-militares que el conflicto adopta, véase Ch. Allmand, *La guerra de los Cien Años. Inglaterra y Francia en guerra (c. 1300-c. 1450)*, Barcelona, Crítica, 1990. Para los aspectos sociales, culturales y mentales, también Ph. Contamine, *La vie quotidienne pendant la guerre de Cent Ans (France et Angleterre), op. cit.*

[23] Pío II, *Así fui papa* (ed. y adaptación de A. Castro Zafra de las memorias de este pontífice), Madrid, Merino, 1989, pág. 42.

[24] *Journal d'un bourgeois de Paris, op. cit., passim.*

grafía de una ciudad que, durante el Medievo, había sido una de las más pobladas del Occidente[25].

La Corona de Castilla no fue una excepción a esa omnipresencia de la guerra en el Bajo Medievo. No obstante, para este territorio —como para otros muchos— la conflictividad bélica tuvo frecuentemente unos efectos más destructivos que estrictamente mortíferos. Tomando como observatorio el reinado de Fernando IV (1295-1312), el profesor González Mínguez ha llegado a la conclusión de que, pese a su carácter endémico, la guerra en estos años «no ocasionó una grave crisis en la evolución de la demografía, entre otras cosas, porque las bajas de combatientes en edad de procrear no serían muy abundantes»[26]. En los años siguientes, y tras la cruenta guerra civil entre Pedro I y su medio hermano Enrique, Castilla, convertida en fiel aliada del reino de Francia bajo los primeros Trastámara, se vio sacudida por conflictos anejos, como fue la guerra de sucesión portuguesa que entronizó a Juan de Avis. El desastre castellano de Aljubarrota (1385) se cobró —como el precedente cerco de Lisboa— un elevado número de miembros de la nobleza castellana[27]. La derrota afectó muy seriamente, tanto en lo físico como en lo emocional, a uno de los suyos, objeto de prisión en el castillo de Obidos: el magnate y escritor Pero López de Ayala. En una de sus obras más famosas encuadraría amargamente este lance en una suerte de *mea culpa* general por los errores cometidos a lo largo de su existencia[28].

Secuela de la Guerra de los Cien Años serán otros conflictos como los desencadenados ya en el ocaso del Medievo por la megalo-

---

[25] Sobre este particular diario publicamos algunas páginas bajo el título «Una ciudad acosada en la primera mitad del siglo XV. La capital de Francia vista por *Un Burgués de París*», *Talia Dixit*, 6, 2011, págs. 61-84.

[26] C. González Mínguez, *A vueltas con la crisis bajomedieval. El entorno económico del reinado de Fernando IV de Castilla (1295-1312)*, El Ejido, Almería, Círculo Rojo, 2016, pág. 90.

[27] Sobre el sentido heroico e incluso paramartirial de esas muertes trataremos más adelante.

[28] M. García, «La critique sociale dans le *Rimado de Palacio*», en J. G. Dalché, *Les Espagnes Médiévales, op. cit.*, págs. 221-227.

manía del borgoñón Carlos el Temerario, sobre cuya muerte ya algo hemos anticipado. Felipe de Commynes, a propósito de su derrota final, emitirá un juicio abiertamente crítico sobre el personaje y su política: «Habían sido consumidas todas las fuerzas de su país y habían sido muertos o destruidos o apresadas todas sus gentes, es decir todos aquellos que habían querido defender el estado y el honor de su casa. Una pérdida que parece haber sido igual al tiempo que habían permanecido felices»[29].

El regicidio y otras formas de magnicidio... o tiranicidio

La liquidación física del representante de una alta institución política constituye una figura a la que todas las sociedades a lo largo de la historia han sido propicias. No ha sido infrecuente que un acto homicida contra un individuo con poder se haya presentado como justo castigo contra un gobernante inicuo. La tesis del tiranicidio, tal y como se entendió en el Occidente cristiano, tiene unas raíces clásicas con una figura señera que es la de Cicerón. Y se basa en unos supuestos no tanto políticos como morales. Es cierto que la cultura cristiana consideró indudablemente tiránicos a dirigentes que se habían destacado por su actividad perseguidora. Pero también autores cristianos podían presentar el comportamiento inicuo de algunos gobernantes como una suerte de prueba enviada a los hombres o como un castigo a los pueblos por su mal comportamiento. Isidoro de Sevilla lo dice claramente:

> Cuando los reyes son buenos, es por don de Dios; mas cuando son malos es por culpa del pueblo. Según los merecimientos del pueblo es ordenada la vida de los rectores, testimoniándolo Job (34, 3): Él es el que permite que entre a reinar un hipócrita o tirano por causa de los pecados del pueblo[30].

---

[29] Ph. de Commynes, *Mémoires sur Louis XI, op. cit.,* pág. 379.
[30] San Isidoro de Sevilla, *El libro de las sentencias* (ed. de J. Oteo), lib. III, cap. 48, Sevilla, Apostolado Mariano, 1991, pág. 127.

A mediados del siglo XII Juan de Salisbury reflexionó sobre la licitud y gloria de matar a los tiranos públicos tal y como proponía la autoridad de la Sagrada Escritura: a fin de «liberar al pueblo para gloria de Dios». Sin embargo, el maestro inglés introduce distintos matices en tanto reprueba que la iniciativa la lleven a cabo quienes han estado unidos al tirano «por vínculo de fidelidad o juramento», y tampoco admite el recurso al veneno. A la postre la más eficaz forma de eliminar al tirano es «recurrir al patrocinio de la clemencia de Dios llenos de humildad», en la seguridad de que el fin de los tiranos es siempre miserable y de que Dios se venga de ellos si falla el poder humano[31]. Un largo camino quedaría aún por recorrer para la cruda defensa del tiranicidio.

Santo Tomás de Aquino abundaría aún en la línea de Juan de Salisbury. Defensor de la monarquía como el mejor sistema de gobierno, advierte, invocando la *Ética* de Aristóteles, que su degeneración en la tiranía puede convertirlo en el peor[32]. Reconoce que hay quienes, ante los excesos intolerables de un tirano, creen lícito matarlo, pero él se inclina por la doctrina de los apóstoles, que piden obedecer reverentemente no solo a los buenos, sino también a los malos señores. Cabe, sí, la posibilidad de destituir (o ¿destruir?) a un tirano, incluso si antes se le había jurado fidelidad. Si no hay solución humana para salir del atolladero, sugiere «recurrir a Dios, rey de todos, que ayuda en los momentos favorables y en las tribulaciones» (Salm. 9, 10)[33].

El juicio que merece el tiranicidio en los autores medievales resultaría, así, bastante circunspecto. Se prefiere, simplemente, utilizar una fórmula también de raíz clásica que vincula la legitimidad a la recta actuación: «Rex eris si recte facies, si non facies non eris»; principio que llevaba implícito el cese del monarca injusto en sus funciones[34]. La circunspección era tanto mayor por cuanto la tiranía se

---

[31] Juan de Salisbury, *Policráticus, op. cit.*, págs. 738 y ss.
[32] Santo Tomás de Aquino, *La monarquía, op. cit.*, pág. 17.
[33] *Ibíd.*, págs. 31-33.
[34] F. Kern, *Derechos del rey y derechos del pueblo,* Madrid, Rialp, 1955, páginas 170-177.

consideraba pecado antes que delito, con lo que se dejaba limitado espacio para la reacción efectiva frente al tirano y su deposición. No se recomienda ejercer el tiranicidio aunque sí se legitime el que excepcionalmente se materialice[35]. Aunque la liquidación física, así, no se defienda abiertamente, se justifica que algunos personajes del lejano pasado hayan tenido un final violento como castigo a su perversidad. Opinión parecida a la que acabará mereciendo el fin abrupto de distintos gobernantes de la Edad Media, bien sea en batalla, bien en sórdidos ajustes de cuentas, o desaparecidos en prisión.

La relación de homicidios reales puede resultar tediosa particularmente si nos remitimos a los gobiernos de monarcas de raíz germánica que gobernaron en Occidente tras la disolución de la estructura imperial romana. Ocurrirá con esos nominalmente católicos pero muy bárbaros reyes (y algunas reinas como Fredegunda, paradigma de crueldad) que gobernaron el territorio de la Galia convertida en *regnum francorum* y de cuya trayectoria el obispo-cronista Gregorio de Tours dejó un vívido relato. Empezando por las propias actuaciones del mismísimo Clodoveo, cuya conversión al catolicismo[36] no parece que cambiase mucho sus anteriores hábitos. Ocurrirá con esos monarcas visigodos arrianos desaparecidos violentamente, empezando por Ataúlfo, a quien se hace inaugurador del dominio visigodo en Hispania: «degollado en Barcelona por uno de los suyos mientras hablaba tranquilamente con sus allegados»[37]. Convertidos al catolicismo, se limitarán *solo* a practicar el conocido como *morbo gótico del destronamiento,* y a promulgar medidas para la pro-

---

[35] J. M. Nieto, «*Rex inutilis* y tiranía en el debate político de la Castilla bajomedieval», en J. P. Genêt, F. Foronda y J. M. Nieto, *Coups d'état à la fin du Moyen Âge? Aux fondements du pouvoir politique en Europe occidentale,* Madrid, Casa de Velázquez, 2005, págs. 73-92. Para la liquidación del monarca en un importante corpus legal castellano, véase el trabajo aparecido con posterioridad a concluir el presente libro. F. Martínez Martínez, «El regicidio en las Partidas», *Clio & Crimen,* núm. 14, 2017, págs. 59-84.

[36] Gregorio de Tours, *Histoire des francs, op. cit.,* lib. II, cap. XXXI, págs. 120-122.

[37] Así recoge el hecho en el siglo XIII el obispo y cronista Rodrigo Jiménez de Rada, *Historia de los hechos de España* (ed. en castellano actual de J. Valverde), Madrid, Alianza Editorial, 1989, pág. 95.

tección jurídica a los familiares del monarca que resultarán absolutamente inoperantes, aparte de tardías[38]. Ocurrirá con la larga nómina de régulos anglosajones desaparecidos de escena y de la que dejó relación Beda el Venerable otorgando a algunas de las víctimas una calidad martirial[39]. Y ocurrirá entre esa veintena de monarcas lombardos, tardíamente entrados en el espíritu de la civilidad, mencionados por Pablo Diácono y que gobernaron en Italia durante dos siglos *(ca.* 560-*ca.* 774). El historiador relata hasta ocho muertes violentas[40].

Los estados hispano-cristianos de la segunda mitad del siglo XI facilitan tres ejemplos de regicidio-magnicidio a los que rodea un conjunto de misterios que dificultan el establecimiento de responsabilidades. (Una situación similar a la creada por la muerte de Guillermo II de Inglaterra ya mencionada).

Siguiendo un orden cronológico, el primero corresponde a la muerte de Sancho II de Castilla en el cerco de Zamora el 7 de octubre de 1072. La tradición, incorporada al romancero, habla de un traidor, el caballero zamorano Bellido Dolfos (o Vellido Adolfo), que, de acuerdo con la infanta Urraca, señora de la ciudad, y aprovechando un descuido del monarca, lo atravesó con un venablo. Las dudas en torno a las motivaciones y el papel de los asesinos se hacen mayores a causa de la diversa orientación de los cronistas que se hacen eco de esa muerte[41].

Sancho IV de Navarra, llamado «el de Peñalén» por el lugar en que murió despeñado (4 de junio de 1076), fue víctima de una con-

---

[38] Cfr. a título de ejemplo las tardías normas dictadas en el XIII Concilio de Toledo de 683, can. IV, *Concilios visigóticos e hispano-romanos, op. cit.,* pág. 419. O en el XVI Concilio de Toledo de 693, can. VIII, *ibíd.,* pág. 505.

[39] Cfr. más adelante.

[40] Pablo Diácono, *Historia de los longobardos* (ed. de P. Herrera), Cádiz, Universidad de Cádiz, 2006, *passim*. Destacaría, por su particular truculencia, el asesinato de Alboino († 572) inducido por su mujer Rosamunda a la que había obligado a beber en una copa formada por el cráneo de su padre; *ibíd.,* pág. 109.

[41] Véase a este respecto R. Menéndez Pidal, *El Cid Campeador,* Madrid, Espasa Calpe, 1964, págs. 38-41, o R. Fletcher, *El Cid,* San Sebastián, Nerea, 1989, pág. 121.

jura política de sus hermanos Ramón y Ermesinda. Un crimen de importancia trascendental para el futuro político de una Navarra presionada por sus vecinos de Aragón y de Castilla[42].

Por último, la muerte del conde de Barcelona, Ramón Berenguer II «Cap d'Estopes», en la Perxa de l'Astor el 5 de diciembre de 1082 en condiciones poco conocidas, fue atribuida a su hermano y cogobernante del condado Berenguer Ramón II. Pasaría a la historia como «el fratricida» o el «Caín en Cataluña», varias veces derrotado en campo abierto por el Cid y desaparecido de la escena política en 1097. Según la tradición, moriría como combatiente (¿penitente?) entre las fuerzas cristianas de la Primera Cruzada[43].

Dos ejemplos de magnicidios de fecha avanzada están bien documentados y facilitan abundante material para la especulación política y para las conclusiones morales. Buenas aplicaciones de la advertencia evangélica: «todos los que se sirvieron de la espada a espada morirán» (Mt. 26, 52). Y buena aplicación, según ciertos sectores de opinión, de la legitimidad del tiranicidio.

El primer ejemplo, objeto de una amplia producción literaria y evaluación historiográfica, corresponde al monarca castellano Pedro I, «el Cruel» o «el Justiciero», según opiniones. El canciller Ayala, que en un principio le sirvió, acabó abandonándole y dio para ello una amplia justificación política (el alejamiento de buena parte de la clase política del lado del soberano) y otra moral, ya que a un rey que mata tanto difícilmente puede llamársele justiciero: «nombre falso, más propio es carniçero»[44]. De las particulares «justicias» del monarca fueron víctimas numerosas y destacadas personalidades del reino, incluido su hermano bastardo Fadrique, maestre de la orden de Santiago, asesinado en el alcázar de Sevilla en 1358. El fin de Pedro I es de todos conocido: apuñalado en el campo de Montiel

---

[42] J. M. Lacarra, *Historia del reino de Navarra en la Edad Media,* Pamplona, Caja de Ahorros de Navarra, 1976, pág. 129.

[43] Detalladas referencias sobre «el fratricida» en S. Sobrequés Vidal, *Els grans comtes de Barcelona,* Barcelona, Vicens Vives, 1970, págs. 129-149.

[44] Pero López de Ayala, *Libro rimado del Palaçio, op. cit.,* t. 1, pág. 166.

en 1369 por Enrique de Trastámara, otro de sus hermanos bastardos y gemelo de Fadrique[45]. Era la culminación de un duro conflicto civil en el que se vio sumida Castilla y que valdría al fratricida su acceso al trono[46]. Incluso le supondría, a no muy largo plazo, un lavado de imagen por parte de una cronística áulica que insistió en las crueldades de don Pedro y en su desafecto a la fe católica. Resaltó, como contrapartida, las virtudes (muchas veces de forma exagerada) de su matador[47]. La figura de Pedro como «Cruel» se doblaría en otra que sería la de tirano, cuya muerte miserable fue merecida por el abusivo y criminal ejercicio del poder. Enrique de Trastámara, cuando solo era pretendiente al trono, en carta a los concejos próximos a Burgos, define a su hermanastro como «Aquel tirano malo enemigo de Dios», en razón de su apoyo a enemigos de la fe cristiana, moros y judíos[48].

El segundo caso corresponde al asesinato del duque Luis de Orleans a manos de sicarios de su primo-hermano el duque de Borgoña Juan sin Miedo el 23 de noviembre de 1407. Se trata, primariamente, de un asunto de familia pero que, por la alcurnia e influencias de la víctima, afecta a la política global de Francia y a la estabilidad del conjunto de la sociedad. De ahí los pronunciamientos de destacados

---

[45] Episodios recogidos en la biografía sobre el monarca de L. V. Díaz Martín, *Pedro I, op. cit.,* págs. 200 y 338 respectivamente.

[46] J. Valdeón, *Enrique II de Castilla. La guerra civil y la consolidación del régimen (1366-1371),* Valladolid, Universidad de Valladolid, 1966.

[47] Cuestión que traté hace años en E. Mitre, «La historiografía medieval ante la revolución Trastámara: Propaganda política y moralismo», en M. Á. Ladero, V. Á. Álvarez y J. Valdeón (coords.), *Estudios de Historia Medieval en Homenaje a Luis Suárez,* Valladolid, Servicio de Publicaciones de la Universidad de Valladolid, 1991, págs. 333-347. El mismo tema ha sido posteriormente abordado más extensamente por C. Valdaliso Casanova, *Historiografía y legitimación dinástica. La crónica de Pedro I de Castilla,* Valladolid, Universidad de Valladolid, 2010. En otra obra de síntesis, esta misma autora destaca cómo Pedro I sería para la tradición un monarca pasto de «profecías» que le habrían marcado a lo largo de su trágica vida y su horrendo final, *Pedro I,* Madrid, Síntesis, 2016, págs. 303 y ss.

[48] Carta al concejo de Covarrubias de 1366, citada en J. Valdeón, *Los judíos de Castilla y la revolución Trastámara,* Valladolid, Servicio de Publicaciones de la Universidad de Valladolid, 1968, pág. 39.

personajes del ámbito universitario como Jean Gerson o Jean Petit, en los que sobrevuela la teoría del tiranicidio, invocando en el caso del segundo la doctrina misma de Santo Tomás. El asesinato coincide además con una delicada circunstancia: la intermitente demencia del rey Carlos VI, hermano del asesinado. Esa imprevisible salud del monarca condiciona toda la vida política hasta el punto de que la locura real acaba siendo una metáfora del irracional torbellino en que degenera la vida pública. La venganza de los simpatizantes del Orleans muerto se cumplirá años después con el asesinato en Montereau (1419) de Juan sin Miedo. Dos asesinatos, así, que contribuirán poderosamente a la descomposición política, social y moral de Francia, objeto, por añadidura, de las ambiciones de Enrique V de Inglaterra, con quien el conflicto de la Guerra de los Cien Años experimenta una importante reactivación[49].

La Inglaterra de la Baja Edad Media, por último, constituye un excelente campo para especular —histórica y literariamente— sobre los homicidios de altos vuelos sociales, monarcas incluidos. Son los casos de la muerte en prisión de Eduardo II en 1327, la desaparición del destronado Ricardo II en 1399 y la larga cadena de ajustes de cuentas que supone la Guerra de las Dos Rosas, concluida con la muerte en combate del discutido Ricardo III en 1485. Su memoria había de ser objeto de vilipendio por la dinastía Tudor, rama colateral de los Lancaster[50].

Coadyuvante de la muerte violenta: la justicia vengadora de Dios

El cristianismo medieval contó con un buen precedente de esta figura en la más conocida obra apologética de Lactancio: *De mortibus persecutorum* (primera mitad del siglo IV). El fin de los emperadores

---

[49] Un magistral estudio en torno al tema en B. Guenée, *Un meurtre, une société. L'assassinat du duc d'Orléans 23 novembre 1407,* París, Gallimard, 1992.

[50] De «Nemesis de los Lancaster», ha escrito A. R. Myers, *England in the Late Middle Ages,* Londres, Pelican, 1966, págs. 115-131.

romanos que acosaron a las comunidades cristianas puede ser miserable, como el de Nerón (aparte de violento), por cuanto es abandonado por todos[51]; puede ser repugnante, como el de Galerio, víctima de una maligna úlcera[52], o violento, aunque en cierta manera digno, como el de Majencio, teórico enemigo de los cristianos, caído en la batalla del Puente Milvio frente a un Constantino erigido en su defensor[53].

Muerte violenta con visos ejemplificantes la padecerán también otros gobernantes, como el emperador de la *pars orientis* Valente a finales del siglo IV. En su desgracia se hacen concurrir factores políticos y religiosos. Entre los primeros será la grave crisis migratoria creada en la frontera bajodanubiana por masas de bárbaros visigodos empujados en su retaguardia por los hunos. Pronto las provincias balcánicas del Imperio empezaron a sufrir la desordenada presencia de refugiados, que crearon serios problemas de orden y de abastecimiento a las autoridades romanas. Valente optó por una solución *manu militari* cuyo resultado fue opuesto al previsto. El 9 de agosto de 378, y bajo un insoportable calor, las legiones romanas sufrieron una aplastante derrota en Adrianópolis frente a las más animosas fuerzas rivales. Para los visigodos el lance fue una victoria producto de la desesperación. Para los romanos fue un descalabro considerado por algunos coetáneos de proporciones similares a las de la derrota de Cannas (216 a.C.) a manos de Aníbal. El propio Valente, herido en el combate, se refugió en una cabaña a la que los vencedores prendieron fuego acabando así con su vida[54]. La manipulación de este triste final se produjo casi de inmediato en función de la mili-

---

[51] Lactancio, *Sobre la muerte de los perseguidores* (ed. de R. Teja), Madrid, Gredos, 1982, pág. 68.

[52] *Ibíd.*, págs. 162-164.

[53] *Ibíd.*, pág. 193. Sobre el enfrentamiento entre estos dos emperadores, sus motivaciones y las consiguientes instrumentalizaciones políticas e historiográficas, es útil remitirse a la obra de S. Castellanos, *Constantino. Crear un emperador*, Madrid, Sílex, 2010, págs. 151 y ss.

[54] Sobre la batalla de Adrianópolis, de gran importancia para la vida política y también para la evolución del arte militar, véase A. Barbero, *El día de los bárbaros. La batalla de Adrianópolis 9 de agosto de 378,* Barcelona, Ariel, 2014.

tancia religiosa de los autores. El historiador pagano Amiano Marcelino, que destacó los defectos del emperador y su imprudencia política, apenas menciona en su detallado informe de los hechos los factores religiosos que rodearon el terrible fiasco militar. El castigo último que asigna al personaje es no haber podido disfrutar de una sepultura digna, «que es el último de los honores»[55]. Por el contrario, el historiador cristiano ortodoxo Paulo Orosio sí abundó en las circunstancias religiosas agravantes del suceso. La derrota y muerte de Valente —y más aún, las condiciones en que esta se produjo— habrían sido resultado de un juicio de Dios. El emperador, en efecto, aunque cristiano, era un simpatizante del arrianismo, hecho que le habría llevado a expulsar de sus diócesis a algunos obispos fieles al credo de Nicea. Había promovido, además, la expansión del arrianismo entre esos mismos visigodos que acabaron por derrotarlo y darle muerte. La conclusión moralizante a la que Orosio llega es que: «Los godos se aferraron a la enseñanza básica de la primera fe que recibieron (el arrianismo predicado por los enviados de Valente). Por ello en justo juicio de Dios, ellos mismos le quemaron vivo, ellos que, una vez muertos, arderán eternamente por su culpa a consecuencia del error»[56].

Esa explicación de la muerte de Valente abrasado en la cabaña en la que se refugió, y esa comparación con el fuego del infierno en el que se consumirían los incursos en el pecado de herejía, tendrían un gran predicamento en la historiografía cristiana. A título de ejemplo, y añadiendo más detalles, se manifestaría, por ejemplo, en la gran compilación histórica mandada redactar por el Rey Sabio[57].

Muchos años después de Adrianópolis, y en el marco de las monarquías hispánicas, fin similar en cuanto a intervención de la justicia divina le cupo al rey Pedro II de Aragón. Su fama personal de

---

[55] Amiano Marcelino, *Historia* (ed. de M. L. Harto), Madrid, Akal, 2002, páginas 889-890.
[56] Paulo Orosio, *Historias* (ed. de E. Sánchez Salor), lib. VII, 33, vol. II, Madrid, Gredos, 1982, págs. 246-248.
[57] Alfonso X el Sabio, *Primera crónica general de España, op. cit.,* t. I, pág. 228.

buen católico le aleja de la imagen que se pudo crear en torno a Valente: Pedro llega a infeudar su reino a la Santa Sede, lucha valerosamente en las Navas de Tolosa (1212) contra los almohades junto a sus aliados navarros y castellanos y promueve algunas disposiciones en sus estados para perseguir la disidencia religiosa. Sin embargo, esa imagen se oscurecerá a causa de su apoyo militar, al final de sus días y por razones de índole familiar y política, a parientes y vasallos filocátaros del sur de Francia, especialmente el conde de Tolosa. Ello le convertía en *fautor de herejes,* condición tan grave como la de hereje mismo, según se le advierte en alguna ocasión[58]. Sus repetidas caídas en distintos pecados capitales, tal y como algunos autores recuerdan con una fuerte carga moralizante, tampoco ayudarían a fortalecer el buen nombre del monarca. Su muerte en la batalla de Muret (1213) a manos de los cruzados dirigidos por ese brutal martillo de herejes que fue el conde Simón de Montfort tendrá así mucho de juicio de Dios[59].

Constantino de Orvieto contrapondría las muertes de los dos personajes, cuyos finales el fundador de los predicadores prevé. En cuanto al primero, advierte que un rey morirá en el conflicto... y no sería el rey de Francia, como algunos de sus súbditos temían:

> No temáis por el rey de Francia; será otro rey, y muy pronto, el que ha de perder la vida en esta contienda. Y al año siguiente, el rey de Aragón, aliado del conde de Tolosa, cayó muerto en la batalla, el cual ¡ojalá nunca hubiera fallecido tan infelizmente, peleando contra la Iglesia![60].

Sobre la muerte de Simón de Montfort, Constantino se remite a un sueño (visión imaginaria pero que no carecía de sentido) que tiene Santo Domingo a propósito de un árbol frondoso en cuyas

---

[58] Por parte del legado papal Arnaldo Amaury. Véase Pierre des Vaux de Cernay, *Histoire albigeoise, op. cit.,* pág. 151.

[59] Sobre esta decisiva batalla son de sumo interés los estudios de M. Alvira, entre ellos *Muret 1213. La batalla decisiva de la cruzada contra los cátaros,* Barcelona, Ariel, 2013.

[60] Constantino de Orvieto, «Leyenda de Santo Domingo», ed. cit., pág. 369.

ramas había una copiosa muchedumbre de aves. Al poco el árbol cayó a tierra dispersándose la multitud de pájaros: «Entendió al punto, lleno del divino Espíritu, que estaba próxima la muerte del conde de Montfort, gran príncipe y defensor de los pobres, y así lo demostró la realidad del suceso»[61].

(Todo ello por no insistir en la muerte fratricida de Pedro I de Castilla sobre la que ya nos hemos extendido).

La justicia humana en la administración de la muerte (a): algunos ejemplos esencialmente políticos

Efecto catártico se querrá dar a la muerte violenta cuando quien la ejerce no es tanto una difusa justicia divina como la humana, bien en defensa de la estabilidad de un orden político y social frente a quienes lo quieren alterar radicalmente, bien en nombre de la pureza religiosa.

Para el primer caso estamos hablando de un capítulo en la historia de la pena capital que goza de algunos buenos estudios desde la óptica de los penalistas. Los historiadores —en este caso medievalistas— han abordado también ese tema como un importante campo de la historia de la violencia. Parte a su vez, habría que añadir, de la historia de las mentalidades[62]. La pena capital implicaba, aparte de un castigo, una demostración de fuerza: la exhibición de un horror intrínseco, que satisface los deseos de venganza de la sociedad, y de un horror extrínseco, que demostraba al pueblo qué tipo de comportamientos debían ser evitados[63]. Si la muerte natural aunque socialmente igualitaria acaba exhibiéndose bajo distintas formas según las categorías, algo similar sucedería con la pena de muerte. A los no-

---

[61] *Ibíd.*

[62] Para el caso de la violencia en general, véase R. Muchembled, *Una historia de la violencia. Del final de la Edad Media a la actualidad,* Barcelona, Paidós, 2010.

[63] R. Lavoie, «Justice, criminalité et peine de mort en France», en VV.AA., *Le sentiment de la mort au Moyen Âge, op. cit.,* pág. 39; recogido en I. Bazán, *Delincuencia y criminalidad..., op. cit.,* pág. 562.

bles se les aplica la degollación y a las clases populares se les envía a la horca. Se trata de un suplicio infamante que fue, por razones obvias, alternativa al utilizado por los romanos, la cruz. Una particularidad la constituye la utilización de la hoguera, reservada a herejes recalcitrantes o relapsos y a homosexuales[64]. En este último caso contamos con un ejemplo particularmente llamativo: el de la ciudad de Brujas, que entre 1385 y 1515 mandó al fuego a un total de noventa individuos acusados del crimen contra natura[65].

En la pena de muerte aplicada a personajes de relieve y su correspondiente valoración historiográfica y literaria *lato sensu* cuentan mucho los distintos factores que han conducido a ese dramático desenlace. Incontables han sido los casos de personajes que, tras adquirir un enorme poder, riqueza e incluso prestigio o popularidad, han acabado cayendo en desgracia. Serán por ello condenados al despojo de sus bienes, al destierro y, en algún caso, a la última pena. Remitámonos a unos pocos casos que, por especialmente conocidos, pueden resultar ilustrativos.

En fecha temprana nos toparemos con el caso de Severino Boecio, al que ya hemos mencionado en otras ocasiones como una de las grandes personalidades culturales de los tiempos de transición al Medievo. Su carrera política fue fulgurante en la Italia gobernada por el ostrogodo Teodorico el Ámalo. Senador de Roma y consejero áulico del rey, este lo elevaría en el año 520 a *magister officiorum,* equivalente al puesto de un primer ministro. En los años inmediatos, sin embargo, la fortuna sería adversa a Boecio hasta el punto de verse sometido a un proceso que le condujo en 524 a la ejecución. Las razones no están claras. No parece que las diferencias religiosas —Boecio un cristiano católico y Teodorico un arriano— tuvieran el peso suficiente para una decisión tan drástica por parte del mo-

---

[64] *Ibíd.*, págs. 565-567. Sobre los cambios de actitud oficial, cada vez más intolerante para con la homosexualidad, véase, entre otros trabajos, R. I. Moore, *La formación de una sociedad represora. Poder y disidencia en la Europa Occidental, 950-1250,* Barcelona, Crítica, 1989, págs. 110-114.

[65] Otros tres fueron condenados a multas, y nueve, a penas corporales; R. Muchembled, *Una historia de la violencia, op. cit.,* pág. 121.

narca. Boecio, que a la espera de su ejecución redactó su maravillosa *Consolación de la filosofía*, lo achaca más bien a la rivalidad de algunos personajes (un Basilio, un Opilón y un Gaudencio) que, quizás carcomidos por la envidia o con ánimo de desviar la atención por sus actuaciones fraudulentas, le acusaron en falso de querer conspirar contra el Senado[66]. En todo caso, Boecio encontraría para su desgracia, y para la de una humanidad afligida, un consuelo en la filosofía que demuestra «cuán miserable es la dicha de los hombres ya que no sacia a los que la ansían ni dura en los que moderadamente la gozan»[67].

Dando un gran salto en el tiempo, la Francia del primer período de la Guerra de los Cien Años nos facilita un caso de aplicación de la justicia con resultado de pena capital que, desde luego, carece de la grandeza que rodeó el fin de Severino Boecio. Nos referimos al que fue *routier* (caballero bandolero) Merigot Marchés. En una situación de relativa tregua entre los principales contendientes de la Guerra de los Cien Años (últimos decenios del siglo XIV) se puso a la cabeza de una partida armada con la que sembró el pánico entre el campesinado del Lemosín y la Auvernia en el centro de Francia. Será un cualificado ejemplo de las miserias de ese gran conflicto armado al que ya nos hemos referido. El siniestro personaje recordaría nostálgicamente que no había en el mundo un modo de vivir comparable al practicado por él y sus secuaces: saqueando a caminantes, a mercaderes que iban a las ferias locales, recibiendo trigo, harina, buen vino, ovejas, gallinas, etc., de los lugareños extorsionados, ocupando castillos abandonados como puntos de apoyo para sus correrías... Al final, traicionado por uno de los suyos, las tropas reales capturaron a Merigot, le encerraron en el Châtelet de París y le sometieron a un juicio por sus fechorías. El 11 de junio de 1391 fue condenado a muerte como «traidor al reino, ladrón, asesino e incendiario». Decapitado y descuartizado, sus restos fueron expuestos en las cuatro puertas principales de París[68].

---

[66] Boecio, *La consolación de la filosofía, op. cit.,* págs. 42-43.
[67] *Ibíd.,* pág. 70.
[68] La trayectoria de este personaje la recoge el cronista Froissart, *Crónicas, op. cit.,* lib. IV, cap. XIV. Véase la antología de E. Bagué de Froissart, *op. cit.,*

En el mismo escenario —Francia— pero con distinto método de aplicación de la pena capital dada la naturaleza del (supuesto) delito, disponemos de dos llamativos casos sobre los que ya algo hemos anticipado. Uno lo constituye la condena masiva de los templarios, ejemplificada en el envío a la hoguera tras un inicuo proceso del maestre Jacques de Molay y algunos de sus más estrechos colaboradores[69]. El otro caso se centra en el dramático final de una joven visionaria —Juana de Arco— en la hoguera de Rouen (1431) después de un proceso en el que los factores religiosos acaban entremezclándose con otros de naturaleza abiertamente política. La sentencia, un tanto redundante, dirá: «Declarada recaída en sus errores, herética, excomulgada... incorregible herética, recaída en herejía (relapsa) y en el error e indigna de toda misericordia»[70].

La revisión del proceso llevada a cabo en 1456 declararía, sin embargo, que este había estado cargado de «dolo, calumnia, iniquidad, contradicciones y errores manifiestos». En consecuencia, la infamante ejecución de la doncella de Orleans acabaría convirtiéndose (al margen de ulteriores pullas de conocidos autores como Voltaire) en una suerte de martirio; y su fugaz gesta militar, en un ejemplo de precoz patriotismo[71].

La Castilla del siglo XV facilita un acabado modelo de actuación extrema de la justicia en la figura de don Álvaro de Luna, en la que merece la pena detenerse.

En su origen bastardo de un noble de raigambre aragonesa, el personaje se convertirá durante muchos años en valido de Juan II,

---

págs. 114-126. Sobre el proceso, véase la antología de J. Glenisson y J. Day, *Textes et documents d'histoire du Moyen Âge, XIV-XVI. Perspectives d'ensemble. Les crises et leur cadre*, París, S.E.D.E.S., 1970, págs. 132-143.

[69] Para este tema, entre otros trabajos, véase M. Barber, *El juicio de los templarios*, Madrid, Universidad Complutense, 1999.

[70] Recogido en G. Duby y A. Duby, *Les procès de Jeanne d'Arc*, París, Gallimard, 1973, pág. 23.

[71] R. Pernoud, *Jeanne d'Arc*, París, Presses Universitaires de France, 1981, páginas 120 y ss.

quien le elevará a condestable de Castilla y maestre de Santiago y le permitirá acumular un enorme patrimonio. Tales circunstancias le granjearon gran número de poderosos enemigos del estamento nobiliario en el que se había abierto paso. A la postre (tras varios alejamientos temporales de la corte), acabó por perder definitivamente el favor real, siendo ejecutado por degollación en Valladolid en 1453. Tan solo unos meses después desaparecería (por *muerte propia* en este caso) el mismo monarca[72].

La controversia ha rodeado la figura de don Álvaro, convertido en un personaje más allá de la historia propiamente dicha. Se le atribuye a Gonzalo Chacón una crónica del valido en la que algunos estudiosos han considerado hubo varias manos. Se trata de un texto encomiástico en el que se valora la obra y virtudes de don Álvaro, se critica la actitud del rey al retirarle su apoyo, y se llega a considerar su muerte con un sentido martirial y casi trasunto de la de Cristo, que amó a los suyos hasta el momento final[73]. La adversa fortuna acaba imponiéndose a la próspera fortuna de la que había gozado el personaje, cuya vida, sobre la base de esa dialéctica, constituirá uno de los nutrientes del romancero[74]. Incluso en paralelo con Rodrigo

---

[72] Una clásica recreación de la vida y época del personaje es la de C. Silió, *Don Álvaro de Luna y su tiempo*, Madrid, Espasa Calpe, 1957. Se trata de la reedición de una obra publicada en 1933, muy marcada por los condicionamientos políticos de estos años. Sin llegar a santificar al valido, se lo considera el único hombre de Estado de la época, figura que no se volverá a dar hasta los Reyes Católicos.

[73] Cfr. *Crónica de Don Álvaro de Luna, condestable de Castilla y maestre de Santiago* (ed. de Juan de Mata Carriazo), Madrid, Espasa Calpe, 1940. Para su valoración posterior, entre otros trabajos, véase G. Montiel Roig, «Los móviles en la redacción de la *Crónica de Don Álvaro de Luna*», *Revista de Literatura Medieval*, IX, 1997, págs. 173-195.

[74] Y de algunas obras del teatro clásico, como ocurrirá con dos piezas de Tirso de Molina escritas entre 1615 y 1621 que se complementaban con una semblanza de otro condestable que le precedió en el cargo (Ruy López Dávalos) y que tuvo una similar caída en desgracia, aunque sin llegar a ser condenado a muerte. J. Battesti-Pelegrin, «La figure d'Alvaro de Luna dans le Romancero», en *Bandos y querellas dinásticas en España al final de la Edad Media* (Actas del coloquio celebrado en la Biblioteca Española de París los días 15 y 16 de mayo de 1987), París, 1991,

Díaz de Vivar, don Álvaro —vasallo leal— sufre exilio por parte de un monarca injusto al que ha servido lealmente[75].

Mucho más duros con el personaje serán los juicios de otros autores que no dudarán en acusarle —figura estandarizada— de tirano cuya muerte se justifica *a posteriori*, siguiendo los criterios que hemos indicado con anterioridad. Fernán Pérez de Guzmán, que le dedica la última y la más extensa de sus semblanzas biográficas, se manifiesta enormemente crítico. Dice que se trataba de un hombre ducho no tanto en el combate armado como «en las porfías y debates del palacio». Una característica que le condujo a ser «cobdicioso en un grande estremo de vasallos y de tesoros», y a alimentar «el fuego de su insaciable codicia», que le hizo más rico que «todos los grandes hombres y perlados de España». Una situación a la que pudo contribuir la «remisa e negligente condición del Rey». Se recoge, asimismo, una larga lista de personajes de la vida pública castellana que fueron víctimas de su ambición[76]. No menos duro, aunque edulcorado por la cobertura del lirismo, el marqués de Santillana dedica al antiguo valido ya ejecutado algunas interesantes pullas. En el *Doctrinal de privados,* de una forma tensa y cruel, pone en boca de un don Álvaro ya muerto un conjunto de reflexiones que son *mea culpa* por sus dislates políticos, sus repetidas infracciones del decálogo o su caída en todos los vicios capitales. Y constituyen también una advertencia a potenciales lectores para que tengan en cuenta la vanidad de las cosas mundanas. ¿Una especie de figurado testamento moral? Es posible, aunque no cabe desechar que estemos también ante la expresión de una cierta revancha política que, como otros de entre sus iguales, el marqués ve con alivio: la caída y muerte del valido eran, en efecto, las de un peligroso competidor que les había hecho sombra durante muchos años[77]. El mismo Santillana volverá

---

pág. 91. Los 35 romances de la colección Durán referidos a don Álvaro se centran en la fase final de su vida; *ibíd.,* pág. 78.

[75] *Ibíd.,* pág. 85.

[76] Fernán Pérez de Guzmán, *Generaciones y semblanzas, op. cit.,* págs. 715-719.

[77] Marqués de Santillana, «Doctrinal de privados», en *Poesías completas* (II), *op. cit.,* págs. 157-177.

a insistir en el tema en otras coplas en las que —«De tu resplandor ¡oh Luna! te ha privado la fortuna»— juega metafóricamente con el declinar de la luz del satélite equiparándolo al oscurecimiento final de la suerte política del valido. No dudará en comparar a la reina Isabel, segunda esposa de Juan II y hostil a la política del valido, con dos mujeres del Antiguo Testamento: Judith (don Álvaro haría el papel de Holofernes) y la reina Esther, «que libró al pueblo de pena / contra la tiranidad»[78].

La justicia humana en la administración de la muerte (b): la defensa de la pureza religiosa

En relación con la pureza de fe, el ejemplo más temprano de condena a muerte dentro de la órbita del cristianismo lo marcaría la ejecución de Prisciliano (385), considerado la primera víctima del brazo secular al servicio de intereses eclesiásticos. Sin embargo, la sentencia del usurpador Máximo no fue refrendada por importantes autoridades religiosas cristianas, que la consideraron injusta[79]. La aplicación de la pena capital —bien fuera por delitos religiosos o comunes— debilitaría una de las realidades que rodeaba inexorablemente a la muerte: no saber el día ni la hora en que había de llegar.

Para el mundo religioso la situación fue cambiando cuando la «lógica inquisitorial», que lentamente se fue abriendo paso desde los tiempos de oficialización del cristianismo, acabó por imponer el rigor donde antes había primado la clemencia o el intento de persuasión[80]. Circunstancia que provocaría la creación de lo que algún

---

[78] *Ibíd.*, págs. 177 y ss.
[79] Véase el completo estudio de H. Chadwick, *Prisciliano de Ávila. Ocultismo y poderes carismáticos en la Iglesia primitiva,* Madrid, Espasa Calpe, 1978, especialmente págs. 186-199.
[80] Para la gestación de este proceso sigue siendo útil la obra de H. Maisonneuve, *Études sur les origines de l'Inquisition,* París, Vrin, 1942.

autor ha definido como nacimiento de una sociedad represora[81]. Para los efectos, poco importaría que la autoridad eclesiástica prohibiera a los clérigos «dictar o escribir cartas que impliquen la pena de muerte; en la corte de los príncipes serán los laicos y no los clérigos quienes ostenten estos cargos»[82]. Se suele simbolizar la feroz intolerancia frente al disidente en la terrible frase presuntamente pronunciada por el legado papal Arnaud Amaury en la toma de Béziers (1209) por Simón de Montfort: «¡Matadlos a todos, que Dios ya sabrá distinguir quiénes son los suyos!»[83]. Unos años más tarde (1244), la toma de la fortaleza-santuario de Montségur por las tropas reales francesas se saldaría con la ejecución en la hoguera de un elevado número (¿superior a los doscientos?) de cátaros resistentes[84].

Por el mismo tiempo, una breve crónica a modo de anotación de recuerdos recogidos por un fraile dominico establecerá una cruel simetría. Será a propósito de la ejecución en la hoguera de los dirigentes cátaros *(perfectos* en el lenguaje de la época) Guillaume-Bernard Unaud y Arnaud Giffre, aparte de «muchos otros que fueron condenados por los mismos hermanos inquisidores». Concluye el autor del texto: «sus nombres no han sido inscritos en el libro de la vida: sus cuerpos han sido quemados aquí abajo, y sus almas son torturadas en el infierno»[85].

Un ensañamiento que la praxis inquisitorial llevaría a la cremación de los restos mortales de quienes, habiendo fallecido de muerte natural, se descubriera con posterioridad que habían incurrido en herejía. Así sucederá por ejemplo (hacia 1229) con los huesos de un

---

[81] Caso de R. I. Moore, *La formación de una sociedad represora, op. cit.,* págs. 21 y ss.

[82] «Decretos del IV Concilio de Letrán», en *Lateranense IV, op. cit.,* pág. 173.

[83] J. Berlioz, *Tuez-les tous. Dieu reconnaîtra les siens,* Toulouse, Loubatières, 1994.

[84] Con mucho de evocación sentimental, Z. Oldenbourg, *Le Bûcher de Montségur,* París, Gallimard, 1959. Con criterios más científicos, Cl. Pailhes (dir.), *Montségur. La mémoire et la rumeur (1244-1994),* Foix, Association des Amis des Archives de l'Ariège, 1995.

[85] G. Pelhisson, *Chronique (1229-1244)* (ed. de J. Duvernoy), París, CNRS, 1994, pág. 109.

Arnaud Peyre de Tolosa «qui prius hereticus fuerat» y un Galvan «archimandrita magnus Valdensium»[86]. Ceremonia que se repetirá hacia 1236 con los huesos echados al fuego de siete herejes de cierta categoría social y «algunos otros» quemados en el prado del Conde en los alrededores de Toulouse[87]. En otro sentido, la visión romanista llevaría a condenar a quienes, desde la disidencia religiosa, otorgaran la condición martirial a aquellas víctimas del aparato represor eclesiástico. Un ejemplo lo facilitarían el grupo de frailes menores (definidos desde la ortodoxia como beguinos) condenados en Marsella en 1318[88].

Con un carácter individualizado, víctimas también del fuego serían en el Bajo Medievo personajes de muy diferente signo. Así ocurrirá con la beguina Margarita Porete, autora de una famosa obra mística —*El Espejo de las almas simples*— que le valió el arresto de la Inquisición y su posterior ejecución en la hoguera (1310)[89]. El último maestre del Temple, Jacques de Molay, acabaría de igual forma tras un infame proceso inducido por Felipe IV de Francia en el que fue acusado, como otros caballeros de la orden, de blasfemia, ceremonias anticristianas y prácticas homosexuales iniciáticas[90]. Juan Hus, el conocido reformador checo, a quien se considera hoy en día dudosamente heterodoxo, moriría en la hoguera de Constanza por sentencia de los padres conciliares (1415) pese a contar en su Bohemia natal con numerosos apoyos (nobleza, medios académicos y amplios sectores populares) que consideraban

---

[86] *Ibíd.,* pág. 97.

[87] *Ibíd.,* págs. 42-43.

[88] Bernard Gui, *Manuel de l'inquisiteur,* t. II (ed. de G. Mollat), París, Les Belles Lettres, 2006 (ed. original de 1926), págs. 162-163. Sobre este y otros casos similares (Gerardo Segarelli, fra Dolcino) que se dieron por los mismos años y en el mismo territorio se pronunciará el inquisidor Nicolau Eimeric (segunda mitad del XIV) en *El manual de los inquisidores* (anotado en el XVI por Francisco Peña) (ed. de L. Sala Molins), Barcelona, Muchnik Editores, 1983, págs. 70-71.

[89] R. Vaneigem, *Les hérésies,* París, PUF, 1994, pág. 89.

[90] Sobre el proceso a la orden, aparte del trabajo ya citado de M. Barber, *El juicio de los templarios, op. cit.,* contamos con algunas visiones generales, como la facilitada por A. Ollivier, *Les templiers,* París, Seuil, 1958, págs. 125-164.

su causa la del país entero[91]. Y será también el ya citado caso de Juana de Arco (1431), a quien el poeta François Villon designaría en uno de sus textos como «la buena lorenesa a quien los ingleses quemaron en Rouen»[92].

Y más allá de lo puramente religioso, la aplicación extrema de los criterios inquisitoriales experimentará una notable expansión cuando se utilicen frente a los delitos de la «perversión herética de las brujas», según la inquietante guía redactada en la diócesis de Colonia en 1486[93]. Esta obra, que según Julio Caro Baroja parece la de dos obsesos, acabaría por imponer, hasta el siglo XVIII y en materia de lucha contra la disidencia, el criterio de los juristas más que el de los teólogos o filósofos escolásticos[94].

En relación con otros credos religiosos (islam fundamentalmente), la muerte causada al pecador «para defender a los buenos» adquiere, por un artificioso juego semántico, no las características de homicidio, sino de *malicidio*. Así se expresará San Bernardo en el marco del espíritu cruzadista[95] que, como es ya sabido, también se ganó numerosas críticas en la propia sociedad occidental, bien por los numerosos fracasos cosechados, bien por la valoración negativa que merecieran ciertos tipos de violencia[96]. Es suficientemente sabido que la cruzada ha sido considerada por algunos autores no solo una expresión de intolerancia sino también una suerte de museo de los horrores de la humanidad[97].

---

[91] F. Smahel, *La révolution hussite, une anomalie historique,* París, PUF, 1985, págs. 40-42.
[92] F. Villon, «Balada de las damas de antaño», en *Poesía, op. cit.,* pág. 48.
[93] Enrique Institoris y Jacobo Sprenger, *El martillo de las brujas, op. cit.,* pág. 549.
[94] J. Caro Baroja, *Las brujas y su mundo,* Madrid, Alianza Editorial, 1969, pág. 131.
[95] Bernardo de Claraval, *Elogio de la nueva milicia, op. cit.,* pág. 175.
[96] Cfr. E. Siberry, *Criticism of Crusading,* Oxford, Clarendon Press, 1985.
[97] Referido a la Primera Cruzada (de hecho la única que alcanzó los objetivos deseados por sus promotores), véase a título de ejemplo J. Rubinstein, *Los ejércitos del cielo. La Primera Cruzada y la búsqueda del Apocalipsis,* Barcelona, Pasado & Presente, 2012.

La muerte martirial (a): desde la ortodoxia religiosa

Entre las muertes por efecto de la violencia hay una de caracteres muy especiales en tanto, de cara al que la sufre, puede resultar más un premio que un castigo. Será la muerte de quienes acceden a la condición de mártires, es decir, quienes dan testimonio de Cristo y aceptan la muerte por fidelidad a su Salvador[98]. El diácono Esteban será el protomártir del Nuevo Testamento en la misma medida en que Abel lo sería del Antiguo[99]. Desde fecha temprana, se representa al mártir recibido por la mano de Dios: Esteban aparece en el fresco carolingio de la cripta de la abadía de Saint-Germain en Auxerre; y Santa Fe, prosternada ante la mano de Dios e intercediendo a favor de los difuntos, en el tímpano de la iglesia abacial de Sainte-Foy de Conques[100]. Los mártires no son unos muertos corrientes sino una suerte de «muertos vivos», ya que su final genera vida de forma parecida al sacrificio del Redentor y a su resurrección, que han abierto para el hombre las puertas de la eternidad[101]. Las persecuciones de los emperadores romanos en los primeros siglos de la Iglesia constituyeron el principal caldo de cultivo para una especial literatura: la del tipo Actas de los mártires o la de los distintos martirologios[102]. Los mártires, al igual que los difuntos santos, son

---

[98] C. Bouyer, voz «Martirio», en *Diccionario de teología, op. cit.,* pág. 428.
[99] J. de Vorágine, *La légende dorée, op. cit.,* vol. I, pág. 75.
[100] J. Le Goff, *Una Edad Media en imágenes, op. cit.,* págs. 93-94.
[101] M. Á. García de la Borbolla, *La «praesentia» y la «virtus»: la imagen y la función del santo a partir de la hagiografía castellano-leonesa del siglo XIII, op. cit.,* pág. 124. Sobre el sentido de la *praesentia* y la *potentia* referidas a los santos, véanse los dos capítulos finales de P. Brown, *El culto a los santos, op. cit.,* págs. 171-237.
[102] Véanse VV.AA., *Actas de los mártires* (ed. e introd. de D. Ruiz Bueno), Madrid, BAC, 1962, y J. Dubois, *Les martyrologes du Moyen Âge latin,* en la serie Typologie des sources du Moyen Âge occidental 26, Turnhout, Brepols, 1985. Sobre las instrumentalizaciones llevadas a cabo en estas fuentes, véanse los recientes trabajos de G. Bravo, «¿Muertes virtuales? La manipulación de la muerte en la primera historiografía cristiana», en *Formas de morir y formas de matar en la Antigüedad romana* (Actas del X Coloquio de la Asociación Interdisciplinar de Estudios Romanos), Madrid-Salaman-

los predestinados. Su culto se encuentra entre algunas de las más atrevidas especulaciones de San Agustín: ellos eran los *membra Christi* por antonomasia, los elegidos por excelencia[103].

En fecha avanzada, el importante hagiógrafo que fue Jacobo de Vorágine destacó en sus semblanzas de santos el elevado número de muertes martiriales que se produjeron entre ellos, hasta el punto de convertirse en todo un modelo religioso y cultural[104]. Y en fecha aún mucho más avanzada (1809), el vizconde René de Chateaubriand, en la línea de *El genio del cristianismo*, redactaría *Los mártires*. Ambientada en tiempo de la persecución de Diocleciano, pretendía mostrar a través de un ejemplo —la relación entre la joven pagana Cymodocea y el joven cristiano Eudoro— la superioridad de lo maravilloso cristiano sobre lo maravilloso pagano. Bautizada en Jerusalén, la joven volverá a Roma a unirse con Eudoro, que ha sido arrojado al anfiteatro. Ambos mueren juntos cumpliéndose el deseo de Dios, que los ha elegido para que su sangre salve a otros cristianos. En el libro final, Constantino se proclama vencedor y hace del cristianismo la religión del Imperio[105].

El Occidente, desde la consolidación de las monarquías germánicas al ocaso del Medievo, fue campo poco propicio para el martirio en el sentido tradicional de la expresión; el número de víctimas se redujo así de forma drástica. La homologación martirial será, sí, una figura frecuente. Se dan a causa de los fines violentos en choques contra paganos, musulmanes o heréticos. Y se dan en todo caso en víctimas de la brutalidad estructural de una época, especialmente en sus tramos iniciales.

La Francia merovingia, tal y como ya hemos apuntado por otros motivos, posiblemente se lleve la palma en cuanto a este último factor se refiere. Ello siempre y cuando admitamos acríticamente las referencias del historiador Gregorio de Tours († 594). Como buen

---

ca, 2013, págs. 95-106. También R. González Salinero, «Los primeros cristianos y la *damnatio ad bestias*. Una visión crítica», *ibíd.*, págs. 355-370.

[103] P. Brown, *El culto a los santos, op. cit.*, págs. 150-151.

[104] A. Boureau, *La légende dorée. Le système narratif de Jacques de Voragine, op. cit.*, págs. 113 y ss.

[105] Véase resumen de esta obra en A. Lagarde y L. Michard, *XIX Siècle. Les grands auteurs français du programme*, V, París, Bordas, 1969, págs. 64-67.

obispo de esta importante sede, se sintió obligado a demostrar que era el episcopado (y por extensión el conjunto del clero) del *regnum francorum* el encargado, incluso al precio de su sangre, de mantener la cohesión territorial y moral del país. De ahí los ejemplos de un Lupentio, rector de la basílica de Saint-Privat, mártir tras las acusaciones del conde Inocencio de Javols[106]; o del obispo Pretextato de Rouen, muerto por indicación de la reina Fredegunda[107]. En la España visigoda, el caso del príncipe Hermenegildo, converso al catolicismo, rebelde contra la autoridad real paterna y decapitado en 585, fue un asunto controvertido que solo se saldaría con su tardía elevación a los altares ¡un milenio después![108]. En Inglaterra, Beda el Venerable —en su *Historia ecclesiastica gentis anglorum*— fija una suerte de partida de nacimiento histórica para este tipo de muerte en el martirio de San Albano (301) cerca de la ciudad de Verulamio[109]. El mismo autor, y para la época ya anglosajona, recoge en el sumario final de esa obra los nombres de cuatro reyes muertos violentamente entre 633 y 651 y posteriormente elevados a los altares: Edwin, Eadbaldo, Oswald y Oswin[110]. El villano de la historia será el rey pagano de Mercia Penda, terror de las tierras de Nurtumbria y Anglia oriental: «Mira, Señor, cuánto daño causa Penda», clamaba en 651 el obispo Aidan[111]. Muerto al fin en combate en 655, los mercianos ingresarán en el cristianismo[112]. Refiriéndose también a Inglaterra, Aelred de Rievaulx recuerda, a

---

[106] Gregorio de Tours, *Histoire des francs, op. cit.,* lib. VI, cap. XXXVII, t. I, pág. 59.
[107] *Ibíd.,* lib. VIII, cap. XLI, t. I, págs. 74-75.
[108] La rebelión de Hermenegildo contra un monarca legítimo, aunque fuera arriano, convertía el asunto en un tema espinoso ante el que los coetáneos no fueron capaces de mantener una opinión unánime. Véase L. Vázquez de Parga, *San Hermenegildo ante las fuentes históricas,* Madrid, Real Academia de la Historia, 1973. El historiador católico Juan de Biclaro, por ejemplo, tacha el comportamiento de Hermenegildo al levantarse contra su padre de actitud tiránica; J. Campos, *Juan de Biclaro, obispo de Gerona. Su vida y su obra,* edición crítica, Madrid, CSIC, 1960, pág. 89.
[109] Beda, *A History of English Church and People* (ed. de L. Sherley-Price), Londres, Penguin, 1968, págs. 44-47.
[110] *Ibíd.,* pág. 334.
[111] *Ibíd.,* pág. 167.
[112] *Ibíd.,* pág. 183.

mediados del siglo XII, que el país podía estar orgulloso de sus muchos reyes santos, destacando que algunos tuvieron una doble coronación: la real propiamente dicha y la del martirio[113].

En la nómina de evangelizadores mártires figurarían San Bonifacio († 754) o San Adalberto († 1072), muertos a manos de paganos. Y también los príncipes que impulsaron o defendieron su fe y murieron a manos de herejes o de paganos: el caso de San Olaf de Noruega († 1030) o San Wenceslao de Bohemia († 929), convertidos en patronos de sus respectivos estados[114]. En la relación de reyes anglosajones mártires habría que añadir a Edmundo de Anglia Oriental, asesinado en 869 por su captor, el vikingo Ingwar, por negarse a abandonar su fe cristiana y convertirse en su vasallo[115].

En el haber martirial del Medievo se encontrarán, sobre todo, las muertes de dirigentes mozárabes de al-Andalus causadas por las autoridades emirales cordobesas en el siglo IX. Una cuestión que en su momento y en el actual se ha prestado y se sigue prestando a la polémica dada la virulencia verbal de la que hicieron gala algunas de las víctimas[116].

De martirialismo en enfrentamiento con la herejía tenemos un caso muy especial en la figura de Pedro de Verona (San Pedro Mártir). De familia cátara, se pasaría de joven a las filas católicas entrando en la orden dominica y alcanzando el rango de inquisidor en 1234. Morirá a manos de un antiguo correligionario en 1252. De él dejaría una sentida semblanza Jacobo de Vorágine, compañero de orden religiosa de Pedro y muy cercano a los hechos[117].

Que el martirio seguía teniendo un gran prestigio muy avanzado ya el Medievo lo demostraría el hecho de que a algún destacado per-

---

[113] Aelred de Rievaulx, *Life of St. Edward the Confessor*, op. cit., pág. 15.

[114] A propósito de la santidad real —martirial o no—, véase R. Folz, *Les saints rois du Moyen Âge en Occident (VI-XIII)*, Bruselas, Société des Bollandistes, 1984. Para el caso inglés, véase M. Evans, *The Death of Kings*, op. cit., págs. 175-206.

[115] G. Loomis, «The Growth of the St. Edmund Legend», *Harvard Studies and Notes in Phil. and Lit.*, XIV, 1932, págs. 83-113,

[116] Entre los recientes trabajos sobre el tema, C. Aillet, *Les mozárabes. Christianisme, islamisation et arabisation en Péninsule Ibérique (IX-XII siècle)*, Madrid, Casa de Velázquez, 2010.

[117] Jacobo de Vorágine, *La légende dorée*, op. cit., vol. I, págs. 316-332.

sonaje se le atribuya su deseo de morir mártir aunque no se consideraba suficientemente digno de recibir ese final[118]. Y lo demostraría también que fueron considerados mártires eclesiásticos caídos en desgracia de sus monarcas en medio (o sucedidos) de una amplia controversia: Tomás Becket († 1170) o Juan Nepomuceno († 1393). Y muerte martirial se considerará la de Ramón Llull, cuyo fallecimiento (1315-1316) se asoció a los malos tratos recibidos de musulmanes de Bugía a los que trataba de catequizar[119]. Unas operaciones misioneras en el norte de África que, unos años antes, le habrían costado ya su expulsión de territorio tunecino[120]. Y unas operaciones que relacionarían a Ramón con una contundente afirmación: «El verdadero servidor de Cristo, conocedor de la verdad de la fe católica, no debería temer los peligros de la muerte corporal cuando puede conseguir la gracia de la vida espiritual para las almas de los infieles»[121].

Apenas superados los límites del Medievo, el mundo católico dispondría (1535) de una especie de muerte martirial en la decapitación del antes canciller del reino de Inglaterra Tomás Moro. Martirio en defensa de la fe frente a disposiciones de un monarca que consideraba arbitrarias; pero también en defensa de la libertad de conciencia. La pasión por la verdad de la fe y la verdad de la justicia aparecerían íntimamente asociadas. Más aún, *El diálogo de la fortaleza contra la tribulación*, redactado por Moro en la Torre de Londres a la espera de la sentencia, bien podría trasladarnos a la boeciana *Consolación de la filosofía*[122].

---

[118] Pedro Ferrando, «Leyenda de Santo Domingo», en *Santo Domingo de Guzmán. Su vida, su orden, sus escritos, op. cit.*, pág. 304, o Constantino de Orvieto, «Leyenda de Santo Domingo», *ibíd.*, pág. 350.

[119] M. Cruz Hernández, *El pensamiento de Ramón Llull*, Madrid, Fundación Juan March / Castalia, 1977, pág. 48. A. Bonner, editor de una biografía de Ramón con bastantes toques autobiográficos, habla de una leyenda piadosa instigada por seguidores del personaje que deseaban impulsar su canonización. «Introducción» a *Vida del maestro Ramón*, Barcelona, Barcino, 2015, pág. 14.

[120] A. Bonner, *op. cit.*, pág. 48.

[121] Ramón Llull, *ibíd.*, pág. 55.

[122] Cfr. el emotivo ensayo biográfico de A. Silva, *Tomás Moro. Un hombre para todas las horas,* Madrid, Marcial Pons, 2007, págs. 172-196.

La muerte martirial (b): figuraciones literarias y otras asimilaciones

Lo que se da con cierta prodigalidad es la asociación al martirio de la muerte en enfrentamiento militar contra los enemigos por antonomasia de la fe cristiana: los musulmanes. La victoria se concibe más como una concesión divina que como resultado de los méritos militares del combatiente, con lo que la derrota no constituiría en principio una humillación. El héroe que ha luchado noblemente y ha caído en defensa de una causa justa y santa tiene asegurado un lugar entre quienes han alcanzado la gloria eterna. El caso del mítico Roldán, caído en el desastre sin paliativos de Roncesvalles, es todo un modelo, aunque es más que probable que los rivales no fuesen musulmanes sino vascones. En boca de su señor Carlomagno se pone el dulce lamento: «Amigo Roldán, Dios ponga tu alma entre las flores en el paraíso con los bienaventurados»[123].

De acuerdo con esta pauta, la ideología cruzadista dispondrá de un amplio campo para la homologación martirial, aunque en más de un caso resultase un tanto forzada[124]. Un tema bien conocido es el de Luis IX de Francia, esforzado aunque fracasado cruzado en dos ocasiones, muerto de enfermedad frente a la plaza de Túnez en 1270. De este suceso su vasallo y amigo el señor de Joinville dejará un sentido recuerdo, acercándole al propio sacrificio de Cristo[125]. Su primo castellano Fernando III, gran impulsor del proceso reconquistador durante buena parte de su vida, se verá también favorecido por una equiparación martirial. De su muerte en 1252, causada

---

[123] Anónimo, *El cantar de Roldán* (ed. de M. de Riquer), Madrid, Austral, 1972, págs. 106-108.

[124] Estas cuestiones las he abordado en E. Mitre, «Muerte martirial y guerra en la Edad Media. A la búsqueda de analogías», en I. Bazán, J. A. Munita, E. García y E. Pastor (coords.), *Estudios en homenaje al profesor César González Mínguez*, Bilbao, Universidad del País Vasco, 2015, págs. 171-186.

[125] J. de Joinville, *Vie de saint Louis, op. cit.*, pág. 373.

por la hidropesía, según el obispo cronista Lucas de Tuy, se podían sacar ciertas conclusiones. Estas eran que el señor Jesucristo le había querido librar de los peligros de este mundo y: «darle reyno para siempre durable entre los mártires y reyes que legítima y fielmente auían peleado por amor de su fee e de su nombre con los muy malos moros, y recibirlo en el palaçio del çielo, dándole corona de oro que meresció auer para siempre»[126].

Una clara instrumentalización paramartirial cabe encontrar también en las muertes en enfrentamientos puramente políticos a los que se aureola con la defensa de una causa justa. La guerra civil entre Pedro I y Enrique de Trastámara se prestó a este juego por la fama de mal cristiano de la que se rodeó al primero[127]. Helen Nader ha presentado, así, las crónicas del canciller Ayala (que, no olvidemos, transfirió su fidelidad petrista a la causa trastamarista) como una suerte de «actas de los mártires», entendiendo como tales a los miembros de la nobleza que lucharon en la batalla de Nájera (1367) al lado de Enrique de Trastámara y que fueron víctimas de la terrible justicia de don Pedro. Ayala nos habla de unas familias de nobleza nueva «unidas por este pasado y también por el éxito compartido»[128].

Ese sentimiento que transmite la cronística ayalina iría más allá de lo sugerido brillantemente por la profesora Nader. Se podía aplicar también a los miembros de la nobleza caídos posteriormente, entre 1384 y 1385, en defensa de los intereses portugueses de Juan I de Trastámara. Unos murieron en el cerco de Lisboa a causa de la peste: dos mil hombres de armas «de los mejores que tenía» el rey de Castilla, además de destacados miembros de la nobleza de los que el cronista cita nominalmente una docena; aparte de «trece caballeros vasallos del rey» toledanos y «muchos otros ricos homes e caballe-

---

[126] Lucas, obispo de Tuy, *Crónica de España* (ed. de J. Puyol), edición romanceada del *Chronicon Mundi*, Madrid, 1926, pág. 447.

[127] J. Valdeón, «La propaganda ideológica, arma de combate de Enrique de Trastámara (1366-1369)», *Historia, Instituciones. Documentos,* 19, Sevilla, 1992, páginas 459-467.

[128] H. Nader, *Los Mendoza y el Renacimiento español,* Guadalajara, Diputación Provincial de Guadalajara, 1986, pág. 101.

ros e escuderos de Castilla e de León»[129]. Unos meses después en el desastre de Aljubarrota la nómina de caídos se acrecentará considerablemente. La familia Mendoza presumiría de haber sacrificado a uno de los suyos —el mayordomo mayor Pedro González de Mendoza— por ceder su caballo al rey para que pudiera retirarse del campo de batalla. A él se uniría una larga nómina de «muchos e muy buenos señores e caballeros». El cronista cita por sus nombres más de una veintena de miembros de la nobleza castellana caídos, a los que había que añadir «otros muchos caballeros de Castilla e de León», y otros ocho distinguidos portugueses del bando castellanista. Todo ello en un combate que duró según el propio Ayala «antes que paresçiese quáles perdían o ganaban, media hora asaz pequeña»[130]. Habría que añadir que ese sentimiento de sacrificio martirial por una causa político-dinástica se producirá también en la otra parte: la historiada por el primer gran cronista portugués Fernão Lopes, quien glorifica a los seguidores del maestre de Avis (pronto Juan I de Portugal) que defendieron con ahínco Lisboa en 1384 frente al asedio castellano. Sufrirían una tremenda hambruna, réplica a la pestilencia que se cebó en el campo de los sitiadores[131]. Los vecinos de la capital lusitana acaban convirtiéndose a los ojos de Lopes en un trasunto de los primeros mártires cristianos. Son mártires en el sentido etimológico de la expresión, que quiere decir que dan testimonio, ya que son perseguidos por no desamparar su verdad:

> bem testemunhas som os de Lixboa, dos que no çerco della morrerom, e de sus tribullaçooes e padeçimentos. E pore a ella como çidade vehuva de rei, teemdo entom o Meestre por seu deffemsor e esposo, podemos fazer pregunta dizemdo: Oo çidade de Lixboa, famosa amtre as çidades, forte esteo e collumpna que sostem todo Portugal![132].

---

[129] Pero López de Ayala, «Crónica del rey don Juan primero de Castilla e de León», *op. cit.*, pág. 92.
[130] *Ibíd.*, págs. 103-104.
[131] Fernão Lopes, *Crónica de D. João I*, vol. I, *op. cit.*, págs. 305-309.
[132] *Ibíd.*, pág. 343.

Y ¿qué decir del ya recordado caso de Juana de Arco, objeto de estudio por historiadores de variado signo, de reflexión política muchas veces interesada y de distintas recreaciones literarias e incluso cinematográficas? Sin duda estamos ante un personaje que no deja indiferentes a quienes, por los motivos que sean, abordan su breve trayectoria terrena y los mitos creados en torno a ella.

Su condena a muerte lo fue por un tribunal que actuó de acuerdo con las normas de la época. Pero la sentencia, sin duda, no coincidía con una extendida opinión popular que hizo a la joven la injusta víctima —mártir incluso— de su fe sencilla frente a la soberbia de unos jueces pagados de su mucho saber teológico y jurídico. Y víctima también de una forma de entender Francia bajo unos criterios protonacionalistas no coincidentes con los acuerdos suscritos desde las altas esferas oficiales. Con el discurrir del tiempo, los progresivos cambios que se producen en la jerarquía eclesiástica ante el trágico fin de la doncella de Orleans (de la inicial condena en la hoguera a la revisión del proceso, declarado nulo entre 1450-1456, la beatificación de la joven en 1909 y la canonización en 1920)[133] hablarán por sí solos.

---

[133] J. Calmette, *Jeanne d'Arc*, París, 1950, págs. 128-135.

Capítulo XII

La muerte violenta y sus variantes (2): veneno y suicidio

Emponzoñamiento y suicidio constituyen dos especiales formas de clausurar la vida, nada ajustadas a la serena muerte propia. Merecen un capítulo aparte, al igual que esas variantes que acabamos de tratar en páginas precedentes.

El emponzoñamiento

Como tipo de muerte no natural, el envenenamiento se ha asociado tradicionalmente a la Roma de los Césares o a la Italia del Renacimiento. Entre medias quedaría el amplio arco cronológico del Medievo, sobre el que queda mucho por explorar[1]. F. Collard, uno de sus investigadores, ha advertido recientemente que entre los años 500 y 1500 testimonios narrativos, judiciales y otros darían para el conjunto del Occidente un total de cuatrocientos veinte ca-

---

[1] Junto a la ejecución, el envenenamiento sería, según S. Royer de Cardinal, una forma de «muerte resistida» para la que las fuentes son escasas e imprecisas. *Morir en España (Castilla Baja Edad Media), op. cit.*, págs. 135 y ss.

sos en los que la ponzoña está por medio[2]. Un número en sí bajo pero que no obviaría las diversas sospechas que apuntan al envenenamiento cuando no se da con las causas naturales (enfermedad) del óbito. Esa sospecha, por ejemplo, la desliza en los primeros tiempos del Medievo Pablo Diácono a propósito de la muerte de algunos prohombres de la época[3]. Y, en el caso de la España de la Alta Edad Media, una tradición con dudoso fundamento —recogida en el *Cronicón Iriense* y en la *Crónica Najerense*— hará al rey leonés Sancho I el Craso, muerto en 966, víctima de un veneno con el que unos nobles portugueses infectaron unas frutas que le enviaron como presente[4].

El miedo al veneno *(venenum, potiones)* está unido al progreso científico. Una alquimia más «culta», un mejor conocimiento de las plantas, una mayor difusión de las materias tóxicas y la multiplicación de los apotecarios harían más fácil hacia 1400 la muerte a través del veneno. Frente a ello, la medicina estaba aún muy desarmada. «Las muertes más naturales parecían sospechosas. Y la sospecha del veneno podía correr por todas partes»[5]. Sucederá, por ejemplo, con el rumor de envenenamiento en Francia en poco espacio de tiempo de los delfines Luis y Juan, muertos entre el 18 de diciembre de 1415 y el 5 de abril de 1417[6].

El uso del veneno se relaciona frecuentemente con el *otro* religioso, sobre todo con médicos musulmanes o judíos por medio. De mediados del siglo XII se recoge la noticia de un individuo «hispano o árabe sarraceno... que sobresalía por encima de los que le precedieron en el arte de la brujería y del envenenamiento», y que pretendió entregar al emperador Federico Barbarroja un conjunto de regalos untados con veneno. El proyecto fracasó y el frustrado asesino y sus

---

[2] F. Collard, *Le crime de poison au Moyen Âge*, París, PUF, 2003, pág. 40.

[3] Pablo Diácono, *Historia de los longobardos, op. cit.*, pág. 137 (caso del rey Autario), pág. 143 (caso del rey de los francos Childeberto) o pág. 182 (caso del rey Grimoaldo).

[4] Referencias recogidas por M. C. Díaz y Díaz, *Visiones del Más Allá en Galicia durante la Alta Edad Media*, Santiago de Compostela, Biblioteca de Bibliófilos Gallegos, 1985, págs. 74-78.

[5] B. Guenée, *Un meurtre, une société*, pág. 93.

[6] *Ibíd.*, pág. 269.

colaboradores, pese a sus amenazas, acabaron recibiendo el debido castigo. El monarca «dio muchas gracias a Dios por haberle conservado la vida apartando de él el veneno y las insidias de tan poderoso malhechor»[7]. Los judíos como envenenadores de manantiales y fuentes serán una figura bastante extendida popularmente en tiempos de pestes y epidemias en general, sobre todo en la Alemania del siglo XIV. Aunque no, por ejemplo, en Castilla, donde una de las especies más difundidas es la del crimen ritual[8]. Con un sentido más personalizado, una tradición que recogería con los años Francisco de Quevedo asociaría la muerte de Enrique III a los manejos de un médico judío de nombre don Mair Alguadex[9]. Poco crédito merece también la tesis del envenenamiento sufrido por el hermano de Enrique y rey de Aragón desde 1412 Fernando de Antequera, que habría sido víctima de unas hierbas que los barceloneses le dieron «en el lugar de Ygualada»[10]. Sobre la reina de Navarra Leonor de Trastámara, exiliada en Castilla en 1390 a causa de las malas relaciones con su esposo Carlos III, se llegó a sospechar de un propósito de envenenamiento a cargo de un físico judío que le administró hierbas contra algunas dolencias que padecía[11].

---

[7] Otón de Freising y Rahewin, *Gestas de Federico Barbarroja, op. cit.,* páginas 322-323.

[8] J. M. Monsalvo, «Mentalidad antijudía en la Castilla medieval. Cultura clerical y cultura popular en la gestación y difusión de un ideario medieval», en C. Barros, *Xudeus e conversos na Historia,* vol. I, Mentalidades e Cultura, Santiago de Compostela, 1994, pág. 49.

[9] Francisco de Quevedo, *Execración contra los judíos* (ed. de F. Cabo de Aseguinolaza y S. Fernández Mosquera), Barcelona, Crítica, 1996, págs. 24-25. Especie recogida y evaluada en E. Mitre, *Una muerte para un rey, op. cit.,* págs. 53-55. Sobre el círculo médico que se movió en torno a Enrique III, resulta de interés la obra de M. V. Amasuno, *Alfonso Chirino, un médico de monarcas castellanos,* Valladolid, Junta de Castilla y León, 1993.

[10] Tal y como se afirma en la *Crónica Anónima de Enrique IV de Castilla 1454-1474* (Crónica Castellana) (ed. de M. P. Sánchez Parra), Madrid, Ediciones de la Torre, 1991, vol. II, pág. 118, idea que carece de todo fundamento para S. González Sánchez, *Fernando I, regente de Castilla y rey de Aragón, op. cit.,* pág. 206.

[11] Pero López de Ayala, *Crónica de Juan I,* en *Crónicas de los reyes de Castilla, op. cit.,* págs. 135-136.

De otro rey también de frágil salud, el francés Carlos V († 1380), se dice que estuvo a punto de caer envenenado por conjurados dirigidos por un Jacques de Rue y un Pierre de Tertre que, descubiertos, fueron procesados y ejecutados[12]. De su nieto Carlos VII se dice que se dejó morir de hambre en 1461 por miedo a ser envenenado por orden de su hijo el futuro y truculento Luis XI[13]. En Inglaterra la muerte de reyes por envenenamiento constituirá toda una tradición popular de la que se «beneficiará», por ejemplo, Juan sin Tierra, uno de los gobernantes menos populares de la época medieval[14].

Un reciente trabajo nos habla del más que probable crimen por envenenamiento en la persona de Juan Serrano, obispo de Sigüenza y propuesto por Enrique III para la sede metropolitana de Sevilla. Tras una terrible agonía, morirá el 24 de febrero de 1402. Todas las sospechas recaerían sobre el arcediano de Guadalajara Gutierre Álvarez de Toledo, aspirante a la sede arzobispal de Toledo a la sazón vacante. Los ajustes de cuentas familiares, la precaria salud del monarca reinante, el fantasma de la peste cabalgando por el Occidente y el enmarañado Cisma de Occidente, convierten una muerte no natural en un asunto que desborda con mucho los estrictos límites de una desaparición física rodeada de sospechas[15].

A diversas conjeturas se presta la inesperada muerte (verdadera *subitanea mors*) en 1468 del infante Alfonso, hermano de Isabel la Católica y proclamado rey, en medio de un tremendo caos político, por una facción nobiliaria frente a su hermanastro Enrique IV. Sería el primer (y efímero) Alfonso XII de la historia de España[16]. Tres

---

[12] Ch. de Pisan, *Le livre des faits et bonnes moeurs du roi Charles V le Sage, op. cit.*, págs. 283-284.

[13] Anécdota recordada por J. Dufournet, en su «Préface» a las ya citadas *Mémoires* de Commynes, pág. 11.

[14] M. Evans, *The Death of Kings, op. cit.*, págs. 140-141.

[15] Véase el sugerente trabajo (todo un *thriller*) de J. M. Nieto Soria, *Un crimen en la corte. Caída y ascenso de Gutierre Álvarez de Toledo, señor de Alba (1376-1446)*, Madrid, Sílex, 2006.

[16] Una buena semblanza sobre el infante la recoge una de las especialistas en tan desventurado joven, M.ª Dolores Carmen Morales Muñiz, *Alfonso de Ávila, rey de Castilla*, Ávila, Diputación Provincial-Institución Gran Duque de Alba, 1988.

cronistas que hablan del hecho destacan el brote de peste que se daba entre las localidades de Arévalo y Cardeñosa por donde el joven (14 años solamente) se encontraba en aquellos momentos. Diego Enríquez del Castillo responsabiliza en exclusiva al contagio del mal[17]. Otro —Diego de Valera— desliza una pequeña sospecha sobre el método usado: «más se cree ser yerbas que otra cosa»[18]. Por último, el más torticero de los tres —Alfonso de Palencia— culpa directamente al maestre de Santiago, quien, al ver que la peste no acababa con don Alfonso, recurrió a la acción más eficaz del veneno[19]. El clima de guerra civil que la Castilla del momento vivía era muy propicio para la explotación propagandístico-conspiratoria de la muerte de algunos personajes. Recurso, habría que reiterar, del que se echa mano cuando razonamientos más sosegados parecen condenados al fracaso[20]. La realidad y la figura puramente literaria acaban por entreverarse más de lo razonable.

Sobre la muerte del desdichado Enrique IV de Castilla también se ha jugado con un posible envenenamiento. Algunos autores piensan que los desórdenes alimentarios que le achacan los cronistas que le fueron hostiles (Palencia habla de que fue «incontinente en las comidas» y se rodeó de médicos «ineptos o consentidores de sus antojos») no bastaron para acelerar su final, que vendría de un emponzoñamiento. Así opinó en su momento Marañón, muy duro con la gestión política del rey pero que, en cuanto a su final, se pronunció con cieras reservas: «moralmente nos queda la casi certidum-

---

[17] Diego Enríquez del Castillo, *Crónica del rey Don Enrique el cuarto, op. cit.,* pág. 178.
[18] Diego de Valera, «Memorial de diversas hazañas», *ibíd.,* pág. 46.
[19] Alfonso de Palencia, *Crónica de Enrique IV,* t. 1, *op. cit.,* pág. 250.
[20] En fecha ya lejana, destacamos esa figura del envenenamiento detrás de las muertes (o intentos de dar muerte) de distintos personajes de la esfera hispánica desde 1350: los reyes de Castilla Alfonso XI, Enrique II y Enrique III; los sultanes granadinos Yusef II y Muhamad VII o el infante D. Fernando de Antequera. E. Mitre, «De la toma de Algeciras a la campaña de Antequera (Un capítulo de los contactos diplomáticos y militares entre Castilla y Granada)», *Hispania,* 120, 1972, pág. 87, nota 32.

bre de que esta [el envenenamiento] fue la causa del término de su infeliz vida y reinado»[21].

* * *

A modo de colofón, no es gratuito tampoco recordar ese deslizamiento semántico que, a lo largo del Medievo, asocia herejía con veneno y otros males, como pueden serlo las enfermedades más letales[22].

EL SUICIDIO EN LA CULTURA MEDIEVAL Y SUS ASIMILACIONES

El suicidio, como especial forma de muerte violenta, despertó la curiosidad, hace algo más de un siglo, de uno de los padres de la sociología moderna[23]. A su estela, el tema ha sido abordado por psiquiatras, psicólogos, etnólogos, folcloristas y, por supuesto, historiadores. Ya sea visto como expresión de la libertad, de la desesperación, del egoísmo o como patología mental, han sido distintos los trabajos que, con carácter general, han tratado el tema desde la óptica de la sociedad occidental[24]. Que en esta forma de muerte intervenga de lleno la voluntad del suicida es lo que la hace especialmente desasosegante.

---

[21] G. Marañón, *Ensayo biológico sobre Enrique IV...*, op. cit., pág. 90. Hipótesis a la que se sumó de inmediato algún otro autor como A. Ruiz Moreno, «Enfermedades y muertes...», art. cit., págs. 129-130.

[22] Véase E. Mitre, «Muerte, veneno y enfermedad, metáforas medievales de la herejía», art. cit., págs. 63-84. También R. I. Moore, «Heresy as Disease», art. cit., págs. 1-11.

[23] É. Durkheim, *Le suicide. Étude de sociologie*, París, Presses Universitaires de France, 1897. Un segundo gran estudio correspondería a M. Halbwachs, *Les causes du suicide*, París, Félix Alcan, 1930.

[24] G. Minois, *Histoire du suicide: La société occidentale face à la mort volontaire*, París, Fayard, 1995, o Ramón Andrés, *Semper dolens. Historia del suicidio en Occidente*, Barcelona, Península, 2003.

El mundo antiguo pudo ver en el suicidio una salida honorable ante un fracaso que podía resultar humillante. La historia de la Roma pagana está plagada de suicidios de políticos y generales que ponen fin a su vida en situaciones que consideran límite. La cultura religiosa cristiana pudo recoger de esa época los contraejemplos de dos suicidas especialmente perversos. Uno era Judas Iscariote, avaro y traidor al Señor quien, desesperado, puso fin a su vida ahorcándose (Mt. 27, 3-5). El otro era el emperador Nerón, quien se quitó la vida en el año 68 adelantándose al juicio del Senado romano que la posteridad consideró habría sido indudablemente condenatorio. Suetonio lo tacha de histrión, avaro, glotón, matricida, uxoricida, impulsor de asesinatos de diversos prohombres e incendiario de Roma[25]. La tradición eclesiástica añadiría un estrambote: para Lactancio fue «el primer perseguidor de los siervos de Dios. A Pedro lo crucificó y a Pablo lo decapitó»[26]. Algo similar dirá Paulo Orosio, quien, confirmando todos los vicios del personaje, incluidas sus perversiones sexuales, resalta también que ordenó contra los cristianos que «se les persiguiese y atormentase igualmente por todas las provincias», destacando el sacrificio de Pedro y Pablo. Al final, con la rebelión de Galba, «fue declarado por el senado enemigo público y, dándose vergonzosamente a la huida, se suicidó a cuatro millas de Roma»[27].

(Todo ello al margen de la ausencia, hasta el siglo III, de edictos que, por su carácter general, trataran de impedir la difusión e incluso la práctica del cristianismo; circunstancias que serían las que caracterizasen, desde el siglo III, las persecuciones imperiales propiamente dichas)[28].

---

[25] Tras hacer, según su costumbre, relación de algunas cualidades del emperador previas al hundimiento en las mayores vilezas. Suetonio, *Vidas de los doce Césares* (ed. de R. M. Cubas), vol. II, Madrid, Gredos, 1992, págs. 125 y ss.
[26] Lactancio, *Sobre la muerte de los perseguidores, op. cit.,* pág. 67.
[27] Paulo Orosio, *Historias, op. cit.,* t. II, pág. 189.
[28] M. Simon y A. Benoit, *El judaísmo y el cristianismo antiguo,* Barcelona, Labor, 1972, págs. 74-85.

Al igual que del uso del veneno, no es fácil un seguimiento de la práctica del suicidio en el mundo medieval. Los hombres de la época en general, y los propios historiadores en particular, lo consideraron una suerte de tema tabú. Actitud que se desvanecería cuando Goethe, con el suicidio de uno de sus héroes, convirtiera el «wertherianismo» en toda una moda. El medievalismo actual ha roto también ese tabú con algunos interesantes y renovadores trabajos[29]. Destaca entre ellos la obra del autor británico Alexander Murray cuyo ámbito de investigación abarca sobre todo Inglaterra, Francia, Alemania e Italia. La primera es la que más juego da, ya que, por principio, cualquier tipo de violencia (incluida la que se hace contra uno mismo) es delito contra la corona y la sociedad. El número de varones suicidas en territorio inglés supera aplastantemente al de mujeres; y los métodos son sobre todo el ahorcamiento y el ahogamiento. En menor lugar el uso de objetos cortantes. Sobre autoenvenenamiento la información es escasa, ya que las posibilidades de detectar sustancias ponzoñosas es en la Edad Media, como ya hemos advertido, muy limitada[30].

En la percepción del suicidio y de acciones asimiladas, el Occidente medieval pasa por ser más heredero de los principios aristotélicos que de los platónicos o senequistas. Ello sobre una reflexión del estagirita: «El morir por evitar la pobreza, el amor o algo doloroso, no es propio del valiente, sino más bien del cobarde, porque es blandura evitar lo penoso, y no sufre la muerte por ser noble, sino por evitar un mal»[31].

---

[29] Un adelantado sería J.-C. Schmitt, «Le suicide au Moyen Âge», *AESC*, enero-febrero de 1976, págs. 3-28. (Desarrolla ciertas notas introductorias expuestas en el ya citado coloquio de Estrasburgo, págs. 49-52). Para el mundo hispánico interesa el artículo de J. Baldó Alcoz, «Por la qual cosa es dapnado. Suicidio y muerte accidental en la Navarra Bajomedieval», *Anuario de Estudios Medievales,* enero-junio de 2007, págs. 27-69.

[30] A. Murray, *Suicide in the Middle Ages,* Oxford y Nueva York, Oxford University Press, 1998-2000.

[31] Aristóteles, *Ética Nicomáquea* (ed. de T. Martínez Manzano y J. Pallí), Madrid, Gredos, 2007, págs. 86-87.

Tres grandes autoridades teológicas cuales fueron San Agustín, Santa Hildegarda de Bingen y Santo Tomás fueron categóricos al respecto. El primero consideraba que quien se da muerte por miedo de la pena o de la deshonra no se ajusta ni a la ley divina ni a la humana; había que tomarlo sin duda como homicida[32]. Y presenta como contrapartida la muerte de los mártires, que amaron la vida y la desearon «pero no al precio de renegar de lo que tiene larga duración en verdad». Y lanza un agresivo interrogante a los que dudasen de ello: «¿Pensáis que amaron la muerte por el hecho de que la soportaran pacientemente?»[33].

Hildegarda de Bingen afirmará que no se salvará: «el que, por propia mano, dé muerte a su cuerpo y no aguarde el desenlace que he fijado a los hombres, sino que se desligue él mismo sin esperanza de misericordia alguna: caerá en la perdición pues habrá aniquilado aquello con lo que debía hacer penitencia»[34].

El Aquinata, por su parte, ve el suicidio condenable por tres razones, en las que se detecta una indudable carga aristotélica: el suicida va contra la ley natural y la caridad; el suicidio es una injuria contra la comunidad, y la vida es un don divino por cuanto Dios es señor de la vida y de la muerte[35]. Un laico como lo fue Ausias March diría que el miedo a lo peor es lo que «hace suicidarse para esquivar el mal venidero». El suicida lo tiene por «buena suerte»[36].

Las legislaciones civil y canónica condenaron al suicida a un enterramiento apartado del asignado al conjunto de fieles. Cojamos algunos ejemplos del ámbito hispánico. En fecha temprana, el concilio provincial de Braga de 561 negará las ofrendas a los suicidas de forma categórica, asimilándolos a simples criminales:

---

[32] San Agustín, *La ciudad de Dios, op. cit.,* lib. I, cap. XVII, págs. 16-17.
[33] San Agustín, Sermones 335-B, 2-3, BAC, 448.696-697; citado en G. Pons, *El más allá en los padres de la Iglesia, op. cit.,* pág. 43.
[34] Hildegarda de Bingen, *Scivias, op. cit.,* pág. 186.
[35] Santo Tomás de Aquino, *Suma teológica, op. cit.,* II, IIae, C. 64.
[36] Ausias March, *Obra poética completa I, op. cit.,* pág. 321.

También se estableció que aquellos que se den muerte violenta a sí mismos, sea con arma blanca, sea con veneno, sea precipitándose, sea ahorcándose o de cualquier otro modo, no se haga ninguna conmemoración en la ofrenda por ellos, ni sus cadáveres serán llevados al sepulcro con salmos, pues muchos lo han practicado así por ignorancia. Lo mismo se ordena acerca de aquellos que son castigados por sus crímenes[37].

En un concilio ya «nacional» como el XVI de Toledo (693) se vuelve al tema en el canon «De los desesperados», referido a quienes, incapaces de asumir un castigo que se les ha impuesto, prefieren «ahorcarse o quitarse la vida con arma blanca u otros medios mortíferos». Para poner remedio a esa «enfermedad», y caso de que el suicida escapare a la muerte: «Será alejado por todos los medios de la comunidad de católicos, y del Cuerpo y la Sangre de Cristo durante dos meses, porque conviene que por las penas de la penitencia se vuelva a la primitiva esperanza y salvación el que intentó entregar su alma al diablo por medio de la desesperación»[38].

El suicida, que había atentado contra algo como la vida —un don de Dios cuyo final solo a Él correspondía fijar—, era, por tanto, a la par pecador y criminal. El suicidio será, así, la más acabada expresión de una «mala muerte»[39]. En *Las Partidas,* los suicidas se desglosan en cuatro categorías de desesperados (la quinta la conforman los simples asesinos): los que son acusados de alguna falta y sienten tanta vergüenza por ello que optan por quitarse la vida con sus propias manos; los que son incapaces de soportar una enfermedad; los que lo hacen «con locura o con saña», y los ricos y honrados que pierden riqueza y señoríos y se ponen en peligro de muerte «o matándose él mismo»[40].

Hay también algunas actitudes y hábitos cargados de violencia —muchas veces solo verbal— que pueden empujar a algunos a un

---

[37] Concilio de Braga I, can. XVI, en *Concilios visigóticos e hispano-romanos, op. cit.,* pág. 74.
[38] «Concilio XVI de Toledo», can. IV, *ibíd.,* pág. 501.
[39] J. Baldó Alcoz, «Por la qual cosa es dapnado», art. cit., pág. 30.
[40] Alfonso X el Sabio, «Setena Partida, tít. XXVII», en *Las Siete Partidas, op. cit.,* fol. 80v.

final en cierto modo asimilable al suicidio. Pedro Abelardo —quien sufrió castración inducida por el furibundo tío de Eloísa, el canónigo Fulberto— hará una referencia reprobatoria a la automutilación de Orígenes que interpretó literalmente el texto bíblico de «se han castrado para obtener el reino de los cielos». Y escribe Abelardo a Eloísa:

> Animado de un celo imprudente a los ojos de Dios (Orígenes) incurrió en la acusación de homicidio, al dirigir la mano contra su propio cuerpo. Cedió a una tentación diabólica y cometió un error insigne, ejecutando él mismo aquello que la bondad divina hizo ejecutar sobre mí a través de la mano de otro[41].

Cercanas al suicidio considerarán algunos ciertas muertes martiriales cuyos protagonistas han provocado a sus oponentes dando pie a violentas reacciones. Un ejemplo al que se recurre con frecuencia es el de aquellos mozárabes que blasfemaron ante sus captores del nombre de Mahoma y acabaron condenados a muerte por las autoridades andalusíes[42]. Es cierto que Tertuliano, a principios del siglo III, había afirmado que la sangre de los mártires era semilla de cristianos[43]. Se trataba de una opinión que podía ser compartida mayoritariamente por estos, pero que en ciertos sectores se consideraba, cuando menos, poco prudente. Podía, asimismo, degenerar en una búsqueda voluntaria de la muerte cuando esta debía ser objeto de paciente espera. De ahí también la tenue barrera que —espíritu cruzadista por medio— puede separar el martirio militar del suicidio militar[44].

El martirio, además, no era patrimonio exclusivo de los cristianos fieles a la línea ortodoxa, también lo era de los disidentes, que,

---

[41] Pedro Abelardo, «De Abelardo a Heloísa», en *Cartas de Abelardo y Heloísa* (ed. de C. Riera y P. Zumthor), Palma de Mallorca, Olañeta Editor, 1982, pág. 140.

[42] En una obra caracterizada por su abierta simpatía hacia la causa mozárabe, se reconoce que las tensiones provocadas desde los dos bandos conducen a martirios a veces buscados. B. Jiménez Duque, *La espiritualidad romano-visigoda y mozárabe,* Madrid, Universidad Pontificia de Salamanca, 1977, págs. 255-284.

[43] Tertuliano, *El Apologético* (ed. de J. Andion), Madrid, Ciudad Nueva, 1997, pág. 186.

[44] A. Guiance, «Morir por la patria, morir por la fe», art. cit., pág. 99.

en ocasiones, forman auténticas iglesias paralelas. Así, los donatistas del norte de África tuvieron también sus especiales mártires[45]. Y el discutido Prisciliano fue venerado como tal por sus seguidores[46]. Lo que los católicos juzgaban en sus caídos como muestra de firmeza en la fe les parecía en sus oponentes una mera expresión de pertinacia en el error.

Algunos ejercicios lúdicos como las justas, torneos, juegos de cañas, caza, etc., propios de los grupos aristocráticos, a los cuales se les recomendaba frente a otro tipo de juegos considerados más plebeyos (dados, naipes, etc.), pueden comportar un notable peligro que pone en riesgo la propia vida. En algunos casos se les suponía una indirecta inducción al suicidio. De ahí las reservas que la Iglesia planteará a propósito de justas y torneos:

> Prohibimos absolutamente esas detestables justas y ferias en las que los caballeros tienen costumbre de darse cita y reunirse para hacer muestra de sus fuerzas y de una temeraria bravura de lo que suele resultar con harta frecuencia la muerte de esas personas y el peligro para las almas. Si uno de los participantes encontrara allí la muerte, no se le niegue la penitencia y el viático, si los pide, pero se le privará de la sepultura eclesiástica[47].

En las relaciones entre católicos y heréticos, el mantenimiento con tenacidad de un error doctrinal suponía de por sí una muerte (aunque fuese espiritual) que alguien se autoinfligía una vez que había dispuesto de todos los medios para convencerse de lo equivocado de su posición[48].

---

[45] E. Romero Pose, «A propósito de las Actas y Pasiones donatistas», en *Studi Storico-Religiosi*, Università di Roma 4, 1980, págs. 59-76.
[46] Sobre este tema ha insistido recientemente O. Núñez García, *Prisciliano, priscilianismos y competencia religiosa en la antigüedad. Del ideal evangélico a la herejía galaica*, Vitoria, Universidad del País Vasco, 2012.
[47] «Decretos del segundo Concilio de Letrán» 13, 8 de abril de 1139, en *Lateranense I, II y III* (estudio y ed. de R. Foreville), Vitoria, Eset, 1972, pág. 243.
[48] De ahí esa definición de herejía como «la negación pertinaz, después de recibido el bautismo, de una verdad que ha de creerse con fe divina y católica, o la duda pertinaz sobre la misma», *Código de derecho canónico*, lib. III, 751, Madrid, 1983, pág. 347.

Pero hay también otra posible variante del suicidio mucho más real, cual es la que deriva de una especial ceremonia cátara —la endura— que dio pie a una de tantas polémicas. Para el obispo e inquisidor Jacques Fournier (más tarde papa Benedicto XII, 1334-1342), se trataba de una inducción al suicidio o al asesinato para el fiel cátaro que se encontraba próximo a la muerte[49]. En términos actuales, será lo más parecido a la huelga de hambre o a la eutanasia. Los testimonios a propósito de la endura son de fecha tardía, y como ayuda al bien morir no sustituiría al *consolamentum*. Como rito de imposición de manos, este actuaba entre los cátaros, según ha destacado la profesora Anne Brenon, como alternativa de los sacramentos católicos: lo es del bautismo y la confirmación, pero también de la penitencia (menos de la comunión) y de la extremaunción, que ayudaban a una buena muerte[50]. Para René Nelli, la endura sería práctica sobre todo de los llamados *perfectos*, elite «clerical» dirigente en las comunidades cátaras. Al igual que sucede con otras religiones, la ceremonia actuaría como una extrema práctica ascética que solo se expandió en la época de progresiva consunción de la herejía[51].

---

[49] M. Lambert, *The Cathars,* Oxford, Blackwell, 1998, pág. 244. Para el papel de este personaje, del que se conserva un importante registro inquisitorial, véase E. Le Roy Ladurie, *Montaillou, aldea occitana de 1294 a 1324,* Madrid, Taurus, 1981.

[50] A. Brenon, «Les fonctions sacramentelles du consolamentum», en *Les archipels cathares. Dissidence chrétienne dans l'Europe médiévale,* Cahors, Dire Éditions, 2000, págs. 129-152. Esta misma autora supone que la endura, considerada una suerte de suicidio ritual, sería más bien una invención inquisitorial. Voz «Endura», en A. Brenon, *Le dico des cathares,* Toulouse, Éditions Milan, 2000, pág. 82.

[51] R. Nelli, *La vie quotidienne des Cathares du Languedoc au XIII siècle,* París, Hachette, 1969, págs. 266-273.

Cuarta parte
Más allá de la muerte

Capítulo XIII

La muerte y los novísimos o postrimerías[1]

«Ninguna cosa es más cierta que la muerte, ni más incierta que la hora en que ha de venir»[2]. Se trata de una afirmación que, por su propia obviedad, resulta asumible por cualquier sociedad en cualquier momento de la historia[3]. Idea de la certeza de la muerte que contrastaría con otra que destacó a principios del XVI un gran humanista italiano: «de todos modos vivimos como si estuviéramos seguros de que seguiremos viviendo siempre»[4].

---

[1] Para este capítulo nos inspiramos en las ideas que expusimos en nuestra ponencia «Los espacios del más allá», en *Ubi sunt ante nos in hoc mundo fuere? De la tierra al cielo*, XXIV Semana de Estudios Medievales, Nájera, 29 de julio a 2 de agosto de 2013, págs. 31-74.

[2] San Anselmo, *Meditatio* 7 c. 38 h 43, en PL, 76, 1006 c; recogido por Fray Diego de Estella, *La vanidad del mundo, op. cit.*, pág. 471.

[3] Sobre ese juego de certidumbre-incertidumbre, véase V. Jankelevitch, *La mort, op. cit.*, págs. 137-156. Para la muerte como la mayor certeza que acompaña al hombre según Max Scheler (1874-1928), véase L. Rodríguez Duplá, «Mors certa. Sobre la teoría scheleriana de la muerte», en A. Cabodevilla, J. M. Sánchez Caro y S. del Cura (dirs.), *Dios y el hombre en Cristo (Homenaje a O. González de Cardedal)*, Salamanca, Sígueme, 2006, págs. 586-606.

[4] F. Guicciardini, «Recomendaciones y advertencias», recogido en *Historia de Florencia, op. cit.*, pág. 34.

Las incógnitas y las correspondientes diferencias establecidas por las diversas sociedades a lo largo del tiempo empiezan a partir del momento de la extinción física («muerte primera»), ya que «toda religión, toda visión del mundo esboza sus propias imágenes de esperanza». El hombre, en efecto, no se ha resignado fácilmente a la muerte, ya que con ella todo lo que de hermoso y positivo hay en la vida carecería de sentido[5].

El credo niceno y la configuración
de los novísimos: ¿una base para la esperanza?

Las verdades de fe básicas para el cristiano se compendian en el símbolo de fe niceno-constantinopolitano establecido entre los dos primeros concilios considerados ecuménicos: el I de Nicea de 325 y el I de Constantinopla de 381. De manera solemne proclamaban la consubstancialidad *(omoousios)* de las dos primeras personas de la Trinidad y la divinidad del Espíritu Santo[6]. Pero fijaban también las verdades sobre los tiempos finales de Cristo con las que debía comulgar todo fiel creyente. Son básicas para una comprensión de la esperanza escatológica de la que J. Ratzinger ha escrito un texto ampliamente difundido[7].

«Padeció bajo el poder de Poncio Pilato, fue crucificado, muerto y sepultado»: tendría un significado nuevo como médula de la teología neotestamentaria: la cruz nos indica que Dios no espera a que los hombres se reconcilien con él, sino que es Él quien va hacia ellos y los reconcilia[8].

«Descendió a los infiernos», a los lugares de un inframundo: significa que Cristo «franqueó la puerta de nuestra más profunda soledad, que en su pasión penetró en el abismo de nuestro abandono»[9].

---

[5] G. Greshake, *Más fuertes que la muerte, op. cit.,* págs. 84-86.

[6] Cfr. I. Ortiz de Urbina, *Nicea y Constantinopla, op. cit.*

[7] J. Ratzinger, *Introducción al cristianismo. Lecciones sobre el credo apostólico,* Salamanca, Sígueme, 2005 (11.ª edición).

[8] *Ibíd.,* pág. 236.

[9] *Ibíd.,* pág. 251.

«Al tercer día resucitó de entre los muertos»: nos indica que la vida del resucitado no es ya *bios* (forma biológica de nuestra vida mortal) sino *zoe,* vida nueva que ha superado el ámbito de lo mortal mediante un poder más grande[10].

«Subió a los cielos»: lleva al cristiano a la esperanza de un contacto con el amor divino de forma que «el ser humano puede encontrar su lugar geométrico en lo íntimo del ser de Dios»[11].

«Habrá de venir a juzgar a los vivos y a los muertos»: permite pensar que el día del juicio no será forzosamente el de la ira sino del retorno de nuestro Señor, que pone las manos sobre el creyente diciéndole «No temas, soy yo; el primero y el último» (Ap. I, 17)[12].

El cristiano medieval hizo de la muerte *llave* (de apertura) y *clave* (para la comprensión) de esos llamados novísimos o postrimerías esbozados en el texto niceno. A la muerte física (primer novísimo) sucederían otros tres: el juicio, el infierno y/o la gloria. La muerte aparece como término del tiempo de prueba y a la vez como inicio de una retribución definitiva[13].

Del valor de los novísimos echará mano en los inicios de la Edad Moderna el canciller de Inglaterra Tomás Moro al aconsejar con un cierto regusto medievalizante: «Acuérdate de los novísimos y nunca pecarás en este mundo». Tomándolos como metáforas de la medicina, afirmaba que se trataba de «cuatro hierbas, comunes y bien conocidas, a saber, la muerte, el juicio, el dolor y el gozo»[14]. Los pecados (capitales) aparecen como un grave peligro causante de «enfermedades de muerte»[15].

---

[10] *Ibíd.,* pág. 255.

[11] *Ibíd.,* pág. 259.

[12] *Ibíd.,* págs. 259 y ss.

[13] J. L. Ruiz de la Peña, *La otra dimensión. Escatología cristiana,* Santander, Sal Terrae, 1986, págs. 276-282.

[14] Tomás Moro, *Piensa la muerte* (ed. de A. Silva), Madrid, Cristiandad, 2006, pág. 54.

[15] Es significativo que los siete pecados capitales sigan llamándose en la lengua inglesa *deadly sins.* Recordado por A. Silva en «Introducción: la muerte y el arte de vivir», *ibíd.,* pág. 30.

Los novísimos y el lenguaje plástico medieval

Diversas manifestaciones artísticas se erigen en una suerte de particular catequesis cristiana. Los autores eclesiásticos occidentales que celebraron la belleza del arte sagrado insistieron en su finalidad didascálica. Así lo expresará, por ejemplo, el papa Gregorio Magno en 599 en carta al obispo Sereno de Marsella: las imágenes son instrumento de edificación «para los iletrados que son incapaces de leer en los libros». Una idea que diversos teorizadores del Medievo defenderán, al estilo de Guillermo Durand en su *Rationale divinorum officiorum*[16]. Ya el Concilio de Frankfurt de 794, bajo las indicaciones de Alcuino de York, había levantado un muro frente a las corrientes iconoclastas del mundo bizantino... y frente a la forma en que el propio Bizancio acabaría defendiendo la iconodulía[17].

En el siglo XII Suger de Saint-Denis y Honorio de Autun se manifestarán de forma clara. El primero recalcando que aquello que los simples no fueran capaces de entender por la escritura podían hacerlo a través de la pintura. Y Honorio, buen enciclopedista, alaba la pintura por tres motivos: embellece la casa del Señor, nos trae la memoria de la vida de los santos y sirve para delectación de incultos, ya que la pintura es la literatura de los laicos[18].

El románico, primera expresión de un estilo plenamente europeo, facilitará muestras de lo que se entiende son los novísimos. Así: de la muerte como la salida del alma del cuerpo, tal y como se representa en la portada de San Trófimo de Arlés; del infierno, presente en todo tipo de torturas y figuras siniestras de demonios, o del cielo, situado sobre las nubes, como en las escenas de la Ascensión y venida del Espíritu Santo del claustro de Silos. Los ángeles aparecerán como fi-

---

[16] J. Dubois y J.-L. Lemaitre, *Sources et méthodes de l'hagiographie médiévale*, op. cit., pág. 211.

[17] F. L. Ganshof, «Observations sur le synode de Francfort de 794», en *Miscellanea historica in honorem A. de Meyer*, Lovaina, 1946.

[18] U. Eco, *Arte y belleza en la estética medieval*, Barcelona, Debolsillo, 2012, pág. 37.

guras aladas en contraposición a los de las teofanías bíblicas. En otras ocasiones el cielo tiene su trasunto en la Jerusalén terrestre[19].

Pero será en la representación del juicio —segundo novísimo— donde se concentre y se despliegue de forma más didáctica lo que van a ser esos dos destinos a los que la humanidad se vería abocada. El Juicio Final, tan central en el arte cristiano, tuvo sin embargo un lento desarrollo, aunque ya su iconografía, según la concebía Beato, se fraguase a finales del siglo VIII. Cristo aparece en la parte superior sobre «aquellos que juzgan y reinan y no serán juzgados», que ocupan doce tronos y tienen en sus manos un libro abierto. La inscripción refleja un pasaje de los *Moralia de Job* del papa Gregorio Magno pero que Beato quizás conocía a través del tratado de Julián de Toledo de nombre *Prognosticon*. Los condenados son aquellos que ya «han sido juzgados y condenados y están juntados» y esperan o han caído ya en el fuego del infierno[20].

Cristo, como juez supremo, muestra sus heridas en Sainte-Foy de Conques y, en majestad, domina la escena en San Trófimo de Arles. En el Pórtico de la Gloria de la catedral de Santiago el maestro Mateo presenta también a Cristo mostrando sus llagas como símbolo de triunfo sobre el dolor y la muerte.

En los tímpanos de las catedrales góticas Cristo es el juez que, mostrando también las heridas de la Pasión, se rodea de los ángeles que portan los instrumentos de esta. María y Juan aparecen en el grupo de los elegidos mientras que, en el otro extremo, los condenados son empujados a las llamas del infierno. El período final del Medievo nos legó algunas importantes representaciones. La condena a arder para toda la eternidad estará presente en Rogier van der Weyden (1399-1464) con su políptico del Juicio Final. El Bosco (1450-1516) contrapone el grupo de ángeles que llevan a los justos al paraíso a esos demonios que empujan a los condenados a una

---

[19] M. A. Curros, *El lenguaje de las imágenes románicas. Una catequesis cristiana*, Madrid, Encuentro, 1991, págs. 142-145.

[20] «El Juicio final» de la Pierpont Morgan Library, Nueva York, M. 644, ff. 219v-220, en VV.AA., *Los Beatos* (ed. L. Vázquez de Parga *et al.*), Madrid, Biblioteca Nacional, 1986, pág. 86.

humanizada boca del infierno[21]. Sobre el Cristo juez en majestad enfatiza Nicolás Florentino en el cascarón del ábside de la catedral vieja de Salamanca hacia 1445. Casi un siglo más tarde Miguel Ángel, en el Juicio Final de sus majestuosos frescos de la Capilla Sixtina (1536-1541), presenta a Cristo, ya sin heridas, dotado de una fuerza sobrehumana. Tiene a su izquierda entronizada a María y a su alrededor profetas, apóstoles y santos. Por debajo, la resurrección con el arcángel San Miguel sosteniendo el libro de los muertos (Ap. 20, 12)[22]. A la derecha figuran los réprobos precipitados a la Laguna Estigia dirigidos por Caronte o Satán (con el semblante del condestable de Borbón, que murió en el asalto a Roma, saqueada en 1527 por las tropas de Carlos V); a la izquierda, los elegidos marchan hacia la gloria[23].

Vayamos ahora al otro lenguaje sobre los novísimos desarrollado en el Medievo: el escrito.

Dos formas para el juicio: individual y universal

El Antiguo Testamento recoge una referencia a un Juicio Final en el Libro de los Salmos: «El Señor juzga a las naciones» (Salm. 7, 7-15). En el contexto de la teología apocalíptica judía, esta tierra como creación de Dios sería salvada y transformada en «el espacio del señorío de Dios», para lo cual se haría imprescindible que el mal y los malos fueran borrados. El profeta Daniel anuncia un tiempo de angustia en el que «muchos de aquellos que duermen en el pol-

---

[21] A. Piñeiro, «El retorno del infierno», *La Aventura de la Historia*, núm. 116, junio de 2008, pág. 55.

[22] G. Duchet-Suchaux y M. Pastoureau, voz «Juicio final», en *La Biblia y los santos. Guía iconográfica*, Madrid, Alianza Editorial, 2003, pág. 237. (Remitiendo a M. Cocagnac, *Le Jugement dernier dans l'art*, París, Cerf, 1955). En fecha anterior a Miguel Ángel, San Miguel aparece ya pesando las almas representadas de forma corporal; por ejemplo, en el tímpano de la iglesia abacial de Sainte-Foy de Conques del siglo XII o en el tríptico del Juicio Final de Hans Memling del siglo XV. Recordado por J. Le Goff, *Una Edad Media en imágenes, op. cit.*, págs. 172-173.

[23] S. Quasimodo y E. Camesasca, *L'opera completa di Michelangelo pitore*, Milán, Rizzoli Editore, 1966, págs. 102-104.

vo de la tierra se despertarán, unos para la vida eterna, otros para el oprobio, para el horror eterno» (Dan. 12, 2). El apocalipsis joánico, haciéndose eco de Daniel, habla de como «los muertos fueron juzgados según sus obras... y el que no se halló inscrito en el libro de la vida fue arrojado al lago del fuego» (Ap. 11-15)[24].

La contribución decisiva del Nuevo Testamento está en que Dios ha delegado en su Hijo Jesucristo la función de juez[25]. Y otra contribución para ese segundo novísimo sería la doble dimensión: un juicio individualizado y otro general. San Agustín, hablando en términos de regeneración, menciona una primera, «que se consigue en la actualidad por el bautismo», y otra lograda mediante el «grande y final juicio de Dios», en donde la divinidad destinará a unos «a la segunda muerte y a otros a la vida que no tiene muerte»[26].

San Isidoro hablará de un doble juicio divino: «el uno con el que los hombres son juzgados ya ahora, ya en lo venidero; el otro, con el que son juzgados ahora para no ser juzgados después»[27]. Julián de Toledo será más preciso a la hora de hablar de la duplicidad de juicios. Diría que las almas de los bienaventurados al salir de la morada del cuerpo con la muerte de la carne solo gozan —tras un juicio personal— de una felicidad espiritual. Al final de los tiempos, con el segundo juicio (ya universal) y la reasunción de los cuerpos por las almas, se sacarán las últimas consecuencias y «se alegrará de la inmortalidad del alma y del cuerpo»[28].

La resurrección de los muertos, tomada en el sentido de *renovación,* lo será en términos definitivos para Israel completo y para el resto de los pueblos de la tierra «dentro del ámbito salvador del reino de Dios ya que en ella se tenía que incluir la superación completa de

---

[24] G. Duchet-Suchaux y M. Pastoureau, voz «Juicio Final», *op. cit.,* pág. 235.

[25] H. Vorgrimler, *El cristiano ante la muerte,* Barcelona, Herder, 1981, págs. 85-86; también G. Pons, *El más allá en los padres de la Iglesia, op. cit.,* pág. 95.

[26] San Agustín, *La ciudad de Dios, op. cit.,* XX, 6.

[27] San Isidoro de Sevilla, «Libro primero de las sentencias», en *El libro de las sentencias, op. cit.,* cap. 27, 224, pág. 116.

[28] Julián de Toledo, *Pronóstico del mundo futuro, op. cit.,* pág. 112.

la enfermedad y de la misma muerte»[29]. Una resurrección de los cuerpos que ha tenido su anticipo en la del mesías Jesús, que traerá la derrota definitiva sobre la muerte, el último enemigo, y la culminación del definitivo reino de Dios[30]. El juicio individual habría de considerarse, así, una suerte de «escatología intermedia»[31] a la espera de la culminación de una esperanza escatológica en la que todos los que son de Cristo (1 Cor. 15, 23) obtendrán la glorificación en cuerpo y alma una vez resucitados. Los cuerpos adquirían unas dotes espirituales sin por ello dejar de ser verdaderos cuerpos humanos como lo fueron en vida. San Jerónimo lo explicó de forma didáctica al decir, remitiéndose al primer evangelio canónico (Mt. 22, 30): «no está escrito que serán ángeles, sino que serán como ángeles»[32].

El Juicio Final, según el popular Gonzalo de Berceo, será ese día postrimero cuando, al toque de corneta del ángel, los muertos saldrán de «su causeta» y «correrán al Judicio quisque con su maleta»[33]. Que es tanto como decir que cada cual rendirá cuenta de sus obras, de las que, después de la Redención de Cristo, se ha constituido en único responsable[34]. Un juicio —el final y universal— terrible por inapelable pero ante el cual se confía, como recurso supremo, en la clemencia de la divinidad. Así lo expresará el impresionante poema del oficio de difuntos *Dies irae* atribuido a Tomás de Celano, primer biógrafo de San Francisco de Asís[35]: «Mis ruegos de nada valen, pero tú, que eres bueno, haz misericordioso que no me queme en el fuego eterno».

---

[29] S. Vidal, *La resurrección de los muertos, op. cit.,* pág. 47.

[30] *Ibíd.,* pág. 106.

[31] G. Pons, *El más allá en los padres de la Iglesia, op. cit.,* pág. 57.

[32] *Ibíd.,* pág. 86, citando a San Jerónimo, Carta 75, 2, ed. BAC 530, 770-771, en *Cartas, op. cit.*.

[33] Gonzalo de Berceo, «Los signos del Juicio Final» (ed. de Michel García), en *Obras completas, op. cit.,* pág. 1047.

[34] Véase J. A. Ruiz Domínguez, *La historia de la salvación en la obra de Gonzalo de Berceo,* Logroño, Instituto de Estudios Riojanos, 1990. Y también del mismo autor *El mundo espiritual de Gonzalo de Berceo,* Logroño, Instituto de Estudios Riojanos, 1999.

[35] Atribuido por otros al franciscano Jacopone da Todi. P. Binski, *Medieval Death..., op. cit.,* pág. 132.

Dos magnates-escritores castellanos del Bajo Medievo expresarán bien ese sentimiento entre el temor, la duda y la esperanza. Don Juan Manuel, a través de su *alter ego* el conde Lucanor, lo deja traslucir al llegar a una edad avanzada. Medita sobre «las obras buenas o malas que oviere fecho» y la sentencia que el divino juez pueda lanzarle si «en ninguna manera non puedo escusar de yr al infierno»[36]. Algo más tarde ese buen cristiano consciente de sus muchas faltas que fue el canciller Ayala, remontándose al pecado de Adán que llevó a la humanidad a «pecar de ligero», confía en el Señor como «Jüez justo e verdadero»[37].

San Vicente Ferrer aprovechará también esa idea de dos juicios para recordar que, con el primero, las sentencias serán según el ánima haya sido «de buena vida e santa», «impenitente de mala vida» o «que ha hecho penitencia mas non tanta como rrequieren los sus pecados». Una tipología que le sirve para hablar de tres destinos: paraíso, infierno y purgatorio[38]. Unos destinos y, también, unos tiempos[39]. «Aplicando el tiempo terrestre al más allá, el hombre de la Edad Media consolidaba el tiempo de su propia vida, designando este tiempo como la única medida de duración en las esferas del más allá»[40].

La visión de estos dos juicios en el Arcipreste de Talavera se ajusta a la metáfora de las medicinas: los remedios para los males físicos son «yerbas e melecinas». Para los males espirituales lo es el purgatorio después del primer juicio, en donde el castigo solo es para el alma. Con el Juicio Final tras la resurrección, y refiriéndose a los réprobos: «cobrado su cuerpo, el ánima doble pena que de ante soportará. Juntos cuerpo e ánima penarán. Maldiziendo el su criador, maldiziendo el ánima el año, el mes, el dya, la ora, el punto, el momento, y el ynstante en que fue criada»[41].

---

[36] Don Juan Manuel, *Libro del conde Lucanor, op. cit.*, pág. 95.
[37] Pero López de Ayala, *Libro rimado del Palaçio, op. cit.*, t. 1, pág. 67.
[38] P. M. Cátedra, *Sermón, sociedad y literatura..., op. cit.*, pág. 499.
[39] S. Royer de Cardinal, «Tiempo de morir y tiempo de eternidad», art. cit., págs. 169 y ss.
[40] A. Gurevic, «Au Moyen Âge: Conscience individuelle et image de l'au-delà», art. cit., pág. 268.
[41] Alfonso Martínez de Toledo, *Arcipreste de Talavera o Corbacho, op. cit.*, páginas 117-118.

El infierno y sus varios significados

Los espacios del más allá, recuerda P. Zumthor, escapaban a la percepción de los vivos salvo los contados casos de las visiones milagrosas. Si los espacios terrestres eran cromáticos, híbridos, ambiguos, los de orden sobrenatural eran pura luz o puras tinieblas, homogéneos, inmutables...[42].

Los catecismos tridentinos, en la línea de la más pura escolástica, nos hablaron de cuatro infiernos, entendidos como «lugares inferiores». Estarían en el centro de la tierra y se llamarían «infierno de los condenados, purgatorio, limbo de los niños y limbo de los justos o seno de Abraham»[43].

Al infierno propiamente dicho, mundo de pesadilla y destino de los réprobos, las distintas sociedades a lo largo de la historia le han otorgado algún espacio: ya sean las civilizaciones del antiguo Oriente (el Egipto faraónico o los distintos imperios mesopotámicos), ya sea la filosofía platónica, ya sea el mundo grecorromano, con el Hades o el Tártaro, ya sea el hebreo en esas figuras del *Sheol* o de la *Gehena*[44].

El infierno cristiano medieval será, siguiendo la versión apocalíptica joánica, «el estanque de fuego». Es un mundo de eternos tormentos físicos (pena positiva) que lo convierten en réplica a la inversa del paraíso: el horno ardiente en vez del lugar de frescor, las tinieblas en vez de la luz, los tormentos como oposición a la paz[45]. Y es

---

[42] R. Zumthor, *La mesure du monde...*, op. cit., pág. 283.
[43] Cfr. P. Gaspar Astete, ed. adaptada por Gabriel Menéndez de Luarca a fines del XVIII, *Catecismo de la doctrina cristiana del P. Astete* (ed. de L. Carandell), Madrid, Maeva, 1997, pág. 11.
[44] G. Minois, *Historia de los infiernos,* Barcelona, Paidós, 1994, págs. 19-82. Una breve visión sobre la teología actual del infierno en A. Piñero, «El retorno del infierno», art. cit., págs. 26-35.
[45] L. Réau, *Iconographie de l'art chrétien,* t. II, París, Presses Universitaires de France, 1955.

también mundo alejado de la presencia divina —la contemplación de Dios como suprema beatitud celeste[46]—, lo que implica una pena de daño. Ningún predicador sabría omitir estas truculencias, ya que se trataba de un «arma absoluta de una pedagogía ampliamente fundamentada sobre el temor»[47].

Para G. Minois el infierno popular, basado más en la imaginación que en la razón, precedió al infierno teológico que se configuró al calor de la diferenciación oficial entre pecados veniales y pecados mortales[48]. En el segundo Concilio de Lyon (1274), en el que se intentó llegar a un acuerdo entre la Iglesia de Roma y la de Constantinopla que a la postre se frustró, se reconoce por ambas partes que: «Las almas de aquellos que mueren en estado de pecado mortal o con el solo pecado original descienden inmediatamente al infierno, donde reciben, sin embargo, penas desiguales»[49].

Se seguía con ello el criterio que en torno al 600 había adoptado el papa Gregorio Magno, para quien existía un único fuego del infierno, «pero dicho fuego no atormenta a todos los pecadores de la misma forma». Se recibiría de acuerdo con la intensidad que le exija el pecado de cada cual. Algo parecido a lo que ocurriría con el sol, que es único pero no todos reciben su ardor con la misma intensidad[50].

De acuerdo con la conocida sentencia de Dante Alighieri, debían perder toda esperanza quienes allí entrasen[51]. Sin embargo, esa desigualdad de penas le lleva a imaginar un infierno en forma de cono invertido (cuyo vértice coincide con el centro de la tierra) dividido en una serie de compartimentos en los que los sufrimientos son tanto mayores cuanto mayor ha sido la pertinacia en el pecado o la gravedad de estos. Los

---

[46] R. Manselli, *La religion populaire au Moyen Âge. Problèmes de méthode et d'histoire*, París, Vrin, 1975, pág. 85.
[47] H. Martin, *Le métier de prédicateur, op. cit.*, pág. 341.
[48] G. Minois, *Historia de los infiernos, op. cit.*, págs. 222-227.
[49] «Profesión de fe de Miguel Paleólogo», en H. Wolter y H. Holstein, *Lyon I y Lyon II*, Vitoria, Eset, 1979, pág. 327.
[50] Gregorio Magno, *Vida de San Benito y otras historias..., op. cit.*, pág. 260.
[51] Dante Alighieri, «Infierno», en *La Divina Comedia* (ed. de A. Echevarría y C. Alvar), Madrid, Alianza Editorial, 2014, canto III, 3.

condenados, aunque no pierdan su condición humana, adquieren todos los síntomas de una regresión metamórfica animalesca[52].

Por los mismos años, el prolífico y polifacético Ramón Llull, para quien, como no podía ser de otra manera, «la pena es la consecuencia del pecado», sentenciaba que «la mayor pena de esta vida es la muerte» y que «no hay pena tan grande como la del infierno», que se encuentra en el centro de todas las penas[53]. En la forma más ruda se expresaría el castellano autor del *Libro de miseria de omne* (a lo largo del siglo XIV), quien sigue la filosofía del *De Contemptu Mundi* de Inocencio III, pero exacerbando sus tonalidades más ásperas:

> Dezir vos he las penas que la carne sufrirá.
> En el fuego perdurable del infierno arderá;
> El vermen, que nunca muere, por siempre lo roierá
> E nunca avrá perdón el que allí caerá[54].

El marqués de Santillana, autor de un *Infierno de los enamorados*, expresaría, por la vía de la lírica, lo que sería ese lugar. Al atravesar una barrera se encuentra con un letrero de resonancias, al menos formales, de signo dantiano: «El que por Venus se guía, entre a penar su pecado»[55].

El purgatorio constituirá, a modo de otro «infierno», una situación *(status)* o —tal y como se fue configurando a lo largo del Medievo— un espacio de purificación temporal[56]; un «tercer lugar» sobre el que luego volveremos.

Por último, el limbo se desdoblará en dos. Uno es el de los justos o seno de Abraham al que se dice iban las almas de los justos «muer-

---

[52] A. Crespo, *Conocer a Dante y su obra, op. cit.*, págs. 86 y ss.
[53] Ramón Llull, *Proverbis de Ramon, op. cit.*, pág. 464.
[54] *Libro de miseria de omne, op. cit.*, pág. 184.
[55] Marqués de Santillana, «Infierno de los enamorados», en *Poesías completas* (I), *op. cit.*, pág. 219.
[56] Véase la ya clásica obra de J. Le Goff, *La naissance du Purgatoire,* París, Gallimard, 1981. Entre las primeras y razonadas críticas a sus tesis se encuentra la de Ph. Ariès, «Le purgatoire et la cosmologie de l'au-delà», *AESC,* 1983, págs. 151-157.

tos en gracia de Dios, después de estar enteramente purgadas, y el mismo al que bajó Jesucristo real y verdaderamente». Una referencia se encuentra en la parábola del tercer evangelio canónico, en la que el pobre Lázaro va a él llevado por los ángeles a diferencia del rico, quien, muerto, fue sepultado y caído en el infierno donde sufría horribles tormentos (Luc. 16, 22)[57]. Sobre su particular designación, Lutero se pronunció hacia 1520 diciendo que el seno de Abraham se refería a la promesa que Dios hizo al gran patriarca (Gen. 12 y 22) y a toda su posteridad. En ese lugar «Estarían acogidos todos los que se salvaron antes de nacer Cristo, y sin estas palabras no se puede salvar nadie, aunque haya practicado todas las obras»[58].

El otro limbo —el de los niños no bautizados y muertos, por tanto, antes del uso de la razón— constituyó objeto de debate desde Gregorio de Nisa († *ca.* 400), que anticipó la posibilidad de su existencia[59]. En los años siguientes, los debates entre pelagianos, cuestionadores de la doctrina del pecado original (al menos en su sentido más crudo), y sus oponentes encabezados por San Agustín[60], parecieron inclinar la balanza en un sentido pesimista cual era el de la existencia de solo dos situaciones en el más allá: salvación o condenación ambas eternas. A la postre se llegaría a un cierto término medio. Desde Santo Tomás de Aquino se tendió a admitir por los teólogos que los niños fallecidos sin bautizar y, por tanto, sin limpiarse de la mancha del pecado original no podrían gozar de la gloria eterna pero, al carecer de toda falta personal, no padecerían las penas aflictivas y podrían disfrutar de una especie de felicidad natural[61].

---

[57] Sobre este limbo, véase el estudio, acompañado de un amplio dosier iconográfico, de J. Baschet, *Le sein du père Abraham et la paternité dans l'Occident médiéval*, París, Gallimard, 2000.

[58] M. Lutero, *El Magníficat, op. cit.*, págs. 99-100.

[59] Gregorio Nisano, «De infantibus praemature abreptis libellum», en W. Jaeger, H. Langerbeck y H. Höbner (eds.), *Gegori Nysseni Opera,* vol. III, pars. II, Leiden, 1987, págs. 65-97.

[60] Para los enfrentamientos entre San Agustín y Pelagio y sus seguidores, véase entre otros P. Brown, *Agustín de Hipona*, Madrid, Acento, 2001, págs. 354 y ss.

[61] Véase la breve y aclaratoria referencia de la voz «Limbo» en L. Bouyer, *Diccionario de teología, op. cit.*, págs. 407-408. Interesante para esta cuestión en el

La gloria y sus imágenes

La gloria —último novísimo— se expresará bajo distintas figuras que oscilan entre espiritualismo y sensualismo. Será la vida eterna, la visión beatífica según la definición extendida por los escolásticos, la nueva Jerusalén (celestial)[62], el paraíso al que Jesús en la cruz promete al buen ladrón que irá (Luc. 23, 43), el jardín del Edén, el jardín de las delicias, etc.[63]. El dominico Jordán de Sajonia, refiriéndose a Diego de Acebes, dice que tras una «carrera mortal» accedió a un «opulento descanso»[64]. En la fase final del Medievo, el marqués de Santillana presentará la gloria como «el templo glorioso que atendemos»[65].

Sobre estas figuras se edificarán distintas tradiciones.

La representación del paraíso se asoció en la Edad Media a diversos temas teofánicos, como el conjunto de ángeles, profetas y patriarcas representados en las arquivoltas de la catedral de Chartres en el siglo XIII, o la cohorte de los bienaventurados dirigiéndose a la Ciudad Celestial representada por Esteban Lochner en Colonia en el siglo XV. La piedad mariana también desempeñó un importante papel con la representación de la Coronación de María en medio de

---

ocaso del Medievo. P. Paravy, «Angoisse collective et miracles au seuil de la mort: résurrections et baptêmes d'enfants mort-nés en Dauphiné au XV siècle», en *La mort au Moyen Âge, op. cit.,* págs. 87-102.

[62] Cuyo triunfo sería el «sábado y descanso perpetuo» según San Agustín, *La ciudad de Dios, op. cit.,* XX, 30, pág. 603.

[63] Las visiones sobre el cielo-paraíso en sus diferentes manifestaciones cuentan en nuestros días con dos importantes obras generales desde la óptica del historiador: J. Delumeau, *Historia del Paraíso,* Madrid, Taurus, 2005 (el primer volumen, bajo el título «El jardín de las delicias», recoge, entre otras, la percepción medieval del tema), y C. McDannell y B. Lang, *Historia del cielo. De los autores bíblicos hasta nuestros días,* Madrid, Taurus, 2001.

[64] Jordán de Sajonia, «Orígenes de la orden de Predicadores», en *Santo Domingo de Guzmán. Su vida. Su orden. Sus escritos,* pág. 157, citado en E. Mitre, *La muerte vencida..., op. cit.,* pág. 54.

[65] Marqués de Santillana, «De la muerte», en *Poesías completas* (II), *op. cit.,* pág. 75.

la jerarquía celestial[66]. En el terreno estrictamente literario, el rey Alfonso el Sabio recogió en las *Cantigas de Santa María* una difundida y bella tradición cuya moraleja sería que quien sirva a María irá al paraíso. Se trata del monje que pide a la Señora le muestre cuál es la sensación que experimentan quienes ya están en ese lugar. Se expresa en la escucha del bello canto de una avecilla que dura tres siglos pero que al monje le da la sensación de que solo ha sido un instante[67].

En la representación del paraíso, recordó R. Manselli, el Medievo utilizó también los términos de la realidad política de la época. La divinidad es como un soberano de poder infinito a quien todo obedece. La teología trinitaria, sin embargo, al crear la presencia de Dios Hijo, convertirá a la divinidad en un principio más cercano que el relacionado con el Dios del Antiguo Testamento. Existe, además, una madre divina, María, y toda la cohorte de mártires que han dado por él su vida[68].

Dante Alighieri nos presenta el estado que tendrán las almas de los justos en el momento del Juicio Final y cuál será su transformación, que los propios bienaventurados le explican. De forma que cuerpos y almas, reunidos de nuevo, culminarían una última metamorfosis progresiva.

> Y cuando la gloriosa carne y santa
> Nos vuelva a revestir, nuestra persona
> Más placerá, en gloria tanta[69].

Con una inspiración proveniente sin duda de Dante, el marqués de Santillana, cuando nos habla de la canonización de Vicente Ferrer y Diego de Villacreces, aprovecha la oportunidad para describirnos un paraíso en el que va encontrando a una serie de personajes

---

[66] G. Duchet-Suchaux y M. Pastoureau, voz «Paraíso», en *La biblia y los santos, op. cit.*, pág. 305.
[67] Alfonso X el Sabio, *Cantigas de Santa María, op. cit.*, págs. 177-179.
[68] R. Manselli, *La religion populaire, op. cit.*, pág. 84.
[69] Dante, «Paraíso», en *La Divina Comedia, op. cit.*, c. XIV, 43-45.

famosos por su santidad: entre ellos, San Bernardo, San Francisco, San Buenaventura, San Antonio de Padua...[70].

Dos formas de enfrentamiento radical entre los dos destinos de las almas (para la salvación o para la condenación eternas) nos las pueden facilitar dos autores en los dos límites del Medievo. En los inicios, San Agustín afirmará que: «Como ningún goce temporal puede darnos idea de la vida eterna reservada a los santos, tampoco tormento alguno de este mundo puede compararse con los suplicios eternos de los condenados»[71].

Y en la etapa final del Medievo, y de forma brutal, el anónimo autor del *Libro de miseria de omne* se recreará en presentar a los justos disfrutando en el paraíso de las terribles penas que sufran los condenados en el infierno[72].

La tendencia de los tiempos será, sin embargo, mucho más moderada y abrirá la posibilidad a algún espacio en el más allá entre los dos extremos.

Purgatorio: la teología del tercer lugar

En su *Sermón para el día de Todos los Santos* San Bernardo habla de los elegidos que ya están en el cielo, aunque, antes de la resurrección, sus almas, separadas de los cuerpos, no se encuentran aún en la «casa de Dios». Esperan en el atrio (los *tabernacula* de los que la Biblia habla a menudo), en donde están ya en reposo pero no en la beatitud; unidos a Dios definitivamente, pero aún no perfectamente. Esa reunión tendrá lugar cuando cuerpos y almas lo hagan el día de la resurrección de los muertos. En ese momento participarán de la resurrección de Cristo y de la integridad de Su cuerpo, que es

---

[70] Marqués de Santillana, «Canoniçación de los bienaventurados sanctos maestre Viçente Ferrer predicador, e maestre Pedro de Villacreces, frayre menor», en *Poesías completas* (II), *op. cit.*, págs. 189 y ss.
[71] San Agustín, *Tratado catequístico, op. cit.*, pág. 73.
[72] *Libro de miseria de omne, op. cit.*, pág. 184.

la Iglesia[73]. En el siglo siguiente, y de forma similar, el divulgador Vicente de Beauvais, para designar la situación de las almas cercanas a la divinidad pero todavía no junto a ella, echó mano de un símil parecido: estar ya «en el atrio real pero todavía no en el palacio»[74].

A ese tiempo de espera al que acaba dándosele una entidad propia le dedicó Dante toda la segunda parte de la *Divina Comedia*, lo que le convertirá en artífice del «triunfo poético» del purgatorio[75].

En un lenguaje más relajado, el Arcipreste de Hita imaginará la divina magnanimidad hacia quienes, pecadores, han hecho signos de penitencia:

> Por aquesto es quito del Inferno, mal lugar,
> Pero que a Purgatorio lo va todo a purgar;
> Allí faz emienda, purgando el su errar
> Con la misericordia de Dios, que'l quiere salvar[76].

De acuerdo con estas figuras, la Iglesia se presentaría como una comunidad no solo de vivos, sino de vivos y muertos: un cuerpo triforme en el que se interrelacionan, apoyándose mutuamente, quienes viven en este mundo (Iglesia militante), quienes esperan en un más allá purificar sus faltas (Iglesia purgante) y quienes (Iglesia triunfante) han alcanzado en ese más allá la ventura plena[77]. En la tradición cristiana se estableció, así, la idea de unas relaciones entre el más acá y el más allá. Ya en el siglo VII Julián de Toledo habló de oraciones de quienes, estando ya en la gloria, encomendaban con ellas a Cristo a sus seres queridos que aún vivían en este mundo[78]. Una imagen que se trasladará, entre otros, al terreno político. Así, en la Francia

---

[73] J. Leclerq, *St. Bernard...*, op. cit., págs. 105-106.

[74] Vicente de Beauvais, *Epístola consolatoria por la muerte de un amigo*, op. cit., pág. 181.

[75] J. Le Goff, *La naissance du Purgatoire*, op. cit., págs. 450 y ss.

[76] Arcipreste de Hita, *Libro de buen amor*, op. cit., pág. 283. En contrapartida F. Martínez Gil ha recordado que en la obra de Gonzalo de Berceo (un siglo atrás) apenas hay menciones explícitas al purgatorio, *La muerte vivida...*, op. cit., pág. 118.

[77] G. Colzani, *La comunión de los santos. Unidad de cristología y eclesiología*, Santander, Sal Terrae, 1986, págs. 24-25.

[78] Julián de Toledo, *Pronóstico del mundo futuro*, op. cit., pág. 101.

medieval, sus muy cristianos reyes ganan el paraíso gracias a la intercesión de Saint-Denis. Y la cabeza del linaje carolingio —Carlos Martel—, un bastardo nacido de una sirvienta y que no pensaba más que en hacer el mal, alcanzará el paraíso gracias a los méritos de sus sucesores[79].

La casuística medieval, reiteramos, presentó el paraíso como territorio de no fácil acceso inmediato para muchos de los que habían dejado atrás esta vida mortal. Ello impondría la creación de etapas intermedias hasta acceder a él. Entramos aquí en la configuración del purgatorio, un espacio que según Dante era «la región segunda en donde el espíritu humano se depuraba para ascender al cielo»[80].

Sería pieza básica de esa compleja relación vivos-muertos, en la que entra la indulgencia como remisión de la pena temporal (distinta de la pena eterna) que le restaba al cristiano por cumplir, una vez recibido el sacramento de la penitencia[81]. La absolución del confesor borraba la «culpa», pero quedaba esa «pena» por purgar en este o en otro mundo. Y aquí entraba en juego una doctrina —la de las indulgencias— establecida por los teólogos y de acuerdo con la cual el papa y en menor medida los obispos proponían medios para conmutar ese castigo: limosnas, plegarias, ayunos. Ello sobre la base de los méritos necesarios sacados del «tesoro acumulado por Cristo y los Santos». En un sentido plenario, la indulgencia se concedía a los cruzados pero, desde 1300, y por concesión del papa Bonifacio VIII, se otorgó también a los peregrinos que fueran a Roma a visitar sus más preciadas basílicas. A partir de 1390 esos privilegios de la *Urbs* por antonomasia fueron extendidos a otros lugares de culto. La condonación de la pena temporal, en un principio lograda mediante el riesgo de la propia vida en lucha contra los infieles, se acabó consiguiendo a través de un penoso viaje o con el pago de determinadas cantidades fijadas por la

---

[79] B. Guenée, «Les sanctuaires royaux. De Saint-Denis à Saint-Michel et Saint-Léonard», en Pierre Nora (dir.), *Les lieux de mémoire,* vol. II: *La Nation,* París, Gallimard, 1986, pág. 63.

[80] Dante, «Purgatorio», en *La Divina Comedia, op. cit.,* C. 1, 4-6.

[81] L. Bouyer, voces «Indulgencias» y «Pena», en *Diccionario de teología, op. cit.,* págs. 346-347 y 529 respectivamente.

jerarquía[82]. Todo parecía bueno con tal de acortar los sufrimientos de aquellas almas condenadas a sufrir las penas (temporales pero penas al fin) en un estado o lugar al que se dio el nombre de purgatorio[83].

Como «invención» medieval (aparte de posibles influencias extracristianas o del primitivo cristianismo), el purgatorio se articulará merced a tradiciones populares y sistematizaciones teológicas que se alimentarán mutuamente.

El papa Gregorio Magno, considerado el primer papa propiamente medieval, habló de un fuego (no tanto un lugar) «expiatorio en relación con algunas faltas leves», lo que implicaba que «algunas faltas pueden ser perdonadas en este mundo y otras en el venidero»... ello siempre «en relación con pecados pequeños y de poca importancia»... no tanto aquellos «pecados mayores demasiado duros y por tanto ya imperdonables»[84]. Sin embargo, se ha pensado en un cierto estancamiento de la teología del purgatorio en la Alta Edad Media[85]. Su institución se podría hacer arrancar de la iniciativa del abad Cluny Odilón a mediados del siglo XI. Sería la conmemoración de los fieles difuntos, para la que se fijaría el día después de la festividad de Todos los Santos en la que se recordaba a todos aquellos que, tanto conocidos como anónimos, estaban gozando ya de la felicidad celestial[86]. Estas celebraciones y el establecimiento de conmemoraciones de ámbito regional en honor de las almas de los difuntos crearon en el Occidente una especie de «calendario de la muerte»[87].

---

[82] F. Rapp, *La Iglesia y la vida religiosa en Occidente a fines de la Edad Media, op. cit.*, págs. 107-109. Sobre la indulgencia plenaria y la génesis de las cruzadas, E. Mitre, «Iter Hierosolymitanum: alcance y limitaciones de un horizonte mental», art. cit., págs. 199-212.

[83] En alemán *Fegfeuer*, «fuego purificador», en G. Greshake, *Más fuertes que la muerte, op. cit.*, pág. 135.

[84] Gregorio Magno, *Vida de San Benito y otras historias..., op. cit.*, págs. 256-257.

[85] J. Le Goff, *La naissance du Purgatoire, op. cit.*, págs. 133 y ss.

[86] *Ibíd.*, págs. 170-173.

[87] D. Alexandre-Bidon, *La mort au Moyen Âge, op. cit.*, pág. 58.

Diversos avatares conducirán a una sólida consagración del purgatorio —ya como un lugar preciso— entre mediados del siglo XIII e inicios del XIV. Las órdenes conventuales desempeñarán en ello un importante papel. Así, el franciscano San Buenaventura, que hablaba de cuatro lugares en el más allá (paraíso, infierno, limbo y purgatorio), no precisa dónde se producirá el *estado de purgación,* remitiéndose a un *locus indeterminatus,* lo que implicaba que aquellos que cumplan pena lo harán en distintos lugares[88]. El dominico Santo Tomás, que abordará el tema en distintos trabajos, lo resumirá de forma sencilla diciendo que: «Aun cuando ciertas almas gozan de la felicidad eterna desde el momento en que se ven libres de los vínculos del cuerpo, hay otras que no son inmediatamente puestas en posesión de esa felicidad».

Son aquellas que han de completar la penitencia que no han cumplido (íntegramente) en esta vida. Lo harán a través de unas penas purgatorias «destinadas para purificar y completar la pena no consumada»[89].

Jacobo de Vorágine, también dominico, dice que, según la mayoría de los sabios, el purgatorio estaría al lado del infierno, aunque puede situarse también en el aire o en la zona tórrida. Al final se remite a la economía divina que asigna distintos lugares según la calidad de las almas que hayan de purgar. Resumirá las tres categorías de estacionados temporalmente en el purgatorio: los que no han cumplido en vida toda la satisfacción exigida aunque tuvieran una contrición suficiente; los que han cumplido la penitencia pero era insuficiente dada la negligencia del cura confesor, y los ya purificados pero que han sentido en vida demasiado apego a las cosas materiales[90].

Y Dante Alighieri nos transmitirá una insuperable recreación poética de ese tercer lugar, constituido por una montaña cubierta de una serie de rellanos. Los primeros —una especie de prepurgatorio— están dedicados a las almas negligentes que esperaron al últi-

---

[88] J. Le Goff, *La naissance du Purgatoire, op. cit.,* págs. 339-341.
[89] Tomás de Aquino, *Compendio de teología, op. cit.,* págs. 145-146.
[90] Jacobo de Vorágine, *La légende dorée, op. cit.,* vol. II, págs. 322-325.

mo momento para convertirse o arrepentirse. Otros siete rellanos corresponden a quienes han incurrido en los distintos pecados capitales. El remate es una verde foresta que anuncia el paraíso terrenal[91]. La diversidad de destinos en el purgatorio dantiano es menor que en el infierno, y no se anula en él la personalidad terrenal de los penitentes, que siguen siendo muy parecidos a lo que fueron en su vida mortal[92]. Como espacio intermedio entre la salvación y la condenación eternas, el purgatorio permitía que las almas de los difuntos pudieran ver acortados sus sufrimientos gracias a las oraciones de los vivos[93].

Y DESPUÉS DE DANTE

La descripción del mundo del más allá por Dante, se ha dicho, tiene tal precisión que permite al lector abrazar toda su grandiosa creación, cosa que no ocurre con visiones más antiguas[94]. Dante se nos presenta, afirma R. Manselli, de forma ambivalente: su obra es la de un sabio en lo que respecta a su fuerza alegórica, pero es también popular en tanto se inspira en esa literatura de viajes al más allá, y lo

---

[91] J. Le Goff, *La naissance du Purgatoire, op. cit.*, págs. 449 y ss. Para una época posterior a estos dos autores redacté un pequeño artículo. E. Mitre, «Apuntes sobre la representación del purgatorio en la Europa del siglo XIV», *Temas Medievales*, 3, Buenos Aires, 1993, págs. 17-28, recogido, a su vez, en *Fronterizos de Clío. Marginados, disidentes y desplazados en la Edad Media, op. cit.*, págs. 226-241. Sobre los pecados capitales como causantes de una incómoda estancia en el purgatorio, véase la muy útil obra de C. Casagrande y S. Vecchio, *I Sette vizi capitali. Storia dei peccati nel Medioevo*, Turín, Einaudi, 2000.
[92] E. Auerbach, *Dante, poeta del mundo terrenal, op. cit.*, pág. 188.
[93] Complemento al renovador libro de J. Le Goff lo han ido constituyendo títulos como M. Lauwers, *La mémoire des ancêtres, le souci des morts. Morts, rites et société au Moyen Âge (diocèse de Liège, XI-XIII siècles)*, París, Beauchesne, 1997; M. Fournié, *Le ciel peut-il attendre? Le culte du Purgatoire dans le Midi de France (1320 environ-1520 environ)*, París, Cerf, 1997, o D. Baloup, *La croyance au Purgatoire en Castille (v. 1230-v. 1530)*, tesis doctoral, Pau, Faculté des Lettres et des Sciences Humaines, 1999.
[94] A. Gurevic, «Au Moyen Âge: Conscience individuelle et image de l'au-delà», art. cit., pág. 259.

hace en lengua vernácula para mejor edificación y santificación de fieles. La *Divina Comedia* se presenta así como «la suma de una evolución histórica y espiritual»[95].

La fama de Dante ha eclipsado la de otros autores posteriores que nos hablaron del más allá y cuya categoría (teológica o simplemente literaria, todo hay que decirlo) quedaba por debajo de la del genio florentino. Llámese Guillermo de Digulleville († 1358), con sus poemas *Les pèlerinages;* llámese Rulman Merswin († 1381) —confundido a veces con el beato Enrique Suso—, con su tratado *Las nueve rocas,* o llámese Catalina de Génova († 1510), con su *Tratado sobre el purgatorio,* inspirado en sus experiencias de purificación mística[96].

La que pudiéramos definir como oficialización del purgatorio se produciría con el Concilio de Florencia (derivación del de Basilea) en 1439, cuando se admite el juicio inmediato de las almas después de la muerte. «El Purgatorio, en fin, se convertirá en clave de bóveda de la omnipotencia mediadora de la Iglesia; la consecuencia del poder delegado, no retenido»[97].

Los textos literarios *lato sensu* no perdieron ocasión de hacer incursiones en el tema. Así, nuestro Arcipreste de Hita, al hablar de la penitencia que se impone a Don Carnal, recuerda que esta tiene un valor limitado: el penitente es «quito del Infierno» pero «emienda, purgando el su errar deberá hacer» en el purgatorio a fin de que surta efecto total esa misericordia de Dios que desea que todo hombre se salve[98].

Dos autores ingleses del siglo XIV nos darán sendas visiones de lo que podía ser la imagen (o, mejor, imágenes) de ese tercer lugar en aquellos momentos. William Langland pone en boca del «Señor de la vida» una indulgente parrafada que induce a la esperanza: «aun-

---

[95] R. Manselli, *La religion populaire, op. cit.,* pág. 87.
[96] Cfr. E. Mitre, «Los espacios del más allá», *op. cit.,* págs. 64-67.
[97] P. Chaunu, *Le temps des réformes. Histoire religieuse et système de civilisation. La crise de la chrétienté. L'éclatement, 1250-1550,* París, Fayard, 1975, págs. 193 y 195.
[98] Arcipreste de Hita, *Libro de buen amor, op. cit.,* pág. 283.

que las palabras de la Escritura prediquen que debería vengarme de los pecadores y afirmen que ningún mal se librará del castigo, tengo yo una prisión llamada Purgatorio en donde serán purificados y limpiados enteramente de sus pecados, hasta que yo dé la orden de liberarlos»[99].

Por el contrario, con cierto teatral dramatismo el fraile predicador de «El cuento del alguacil» de Geoffrey Chaucer se dirigirá a sus fieles. Les recordará que las misas de difuntos son para rescatar «a vuestros amigos tanto viejos como jóvenes del purgatorio», acortando los sufrimientos tan terribles que están allí experimentando: «¡Qué cosa tan terrible asarse y arder, desgarrados en garfios para la carne, y escupidos como si fueran leznas! ¡Apresuraos, apresuraos, por amor de Jesucristo!»[100].

De forma no muy diferente se expresará en su *Viaje al Purgatorio de San Patricio* el vizconde Ramón de Perellós i de Roda, señor de la baronía de Ceret. Nos narra su fantástica aventura en el año de 1398, en la misma época en que Bernat Metge redactaba su *Sueño*. Los dolores y tormentos que ha vivido —dice refiriéndose tanto a los del infierno como a los del purgatorio— son muy superiores a las penas y trabajos padecidos en este mundo. Estos no son más que un pálido reflejo de aquellos[101].

Un teólogo actual ha escrito que el purgatorio no habría que concebirlo como un semiinfierno sino como el momento de encuentro con Dios, aunque este sea aún incompleto[102]. Sin embargo, cierta didáctica religiosa medieval lo presentaba como un territorio particularmente incómodo objeto de miedos similares a los que despertaba el infierno[103].

---

[99] W. Langland, *Pedro el labriego, op. cit.*, pág. 294.
[100] G. Chaucer, *Cuentos de Canterbury, op. cit.*, pág. 240.
[101] «Viatge del vescomte Ramón de Perellós i de Roda fet al purgatori nomenat de Sant Patrici», en A. Pacheco (ed.), *Viatges a l'altre mon*, Barcelona, Edicions 62, 1973, pág. 49.
[102] G. Greshake, *Más fuertes que la muerte, op. cit.*, pág. 135.
[103] H. Martin, *Le métier de prédicateur, op. cit.*, págs. 345-348.

Para la divulgación de un más allá:
viajes fantásticos y apariciones

En ese terreno de un más allá de la muerte, la Edad Media propició la recogida de tradiciones de viajes de ultratumba (Dante tuvo sus precursores aunque a todos les sobrepasara en genialidad), entre las que destacan las de raíz céltica o, según una discutida teoría, las provenientes de la escatología islámica. En especial, el viaje de Mahoma a los siete estadios del paraíso y los siete del infierno[104].

El cristianismo gozaba, sí, de tempranas referencias al ascenso de Jesús a los cielos, recogidas en textos canónicos del Nuevo Testamento: «Así el Señor Jesús, después de haberles hablado, fue elevado al cielo» (Mc. 16, 19); «Y mientras los bendecía se fue separando de ellos, y era elevado al cielo» (Luc. 24, 51); «Dicho esto se fue elevando a vista de ellos hasta que una nube le encubrió a sus ojos» (Act. 1, 9). El previo descenso a los infiernos se constituyó como verdad de fe tras el I Concilio de Nicea[105], aunque se haya querido interpretar en ese sentido el pasaje del primer evangelio canónico que dice: «Y los sepulcros se abrieron, y los cuerpos de muchos santos que habían muerto, resucitaron» (Mt. 27, 52)[106].

En lugar preferente en cuanto a tradiciones sobre el más allá se encuentra la leyenda sobre el purgatorio de San Patricio, que supone una especie de «acta de nacimiento literario del purgatorio» que ten-

---

[104] Véase edición del *Libro de la escala de Mahoma*, a cargo de M. J. Viguera y J. L. Oliver, Madrid, Siruela, 1996. Sobre su influencia en Dante, marcó época el trabajo de M. Asín Palacios, *La escatología musulmana en la Divina Comedia*, Madrid, Imprenta de Estanislao Maestre, 1919.

[105] En la segunda mitad ya del siglo IV en Sirmio (359) formulado por el sirio Marcos de Aretusa. H. Küng, *Credo*, Madrid, Trotta, 2010, pág. 101.

[106] Para esa interpretación, véase J. Ratzinger, *Introducción al cristianismo, op. cit.*, pág. 251.

dría su composición escrita en el siglo XII[107]. La entrada al lugar la constituye una cavidad situada en el condado irlandés de Donegal[108]. Otra importante tradición la constituye la del monje Brandán, que viviría en el siglo VI y del que en el X se redactaría una *Navigatio Sancti Brendani Abbatis*. Posteriormente (comienzos del siglo XII) el texto fue adaptado por Benedeit para dedicarlo a Matilde, esposa de Enrique I de Inglaterra. Brandán emprende su aventura a fin de conocer cómo es el paraíso en el que «habría tenido derecho a sentarse Adán», caso de no haber transgredido los mandatos del Creador, y para saber cómo son los tormentos del infierno al que son arrojados quienes se han atrevido a «guerrear contra Dios y la ley y no tienen amor ni fe, siquiera entre ellos mismos»[109].

Menos conocidas son otras tradiciones, como la de un Trezenzonio, vinculado al medio gallego entre finales del siglo VII e inicios del VIII (aunque el manuscrito más antiguo se sitúa en el siglo XIII), que hace un fantástico viaje a la Isla Grande Solistición, donde vive con «coros de bienaventurados que cantaban durante toda la noche» y «coros de ángeles que salmeaban de día y de noche a una voz»[110].

El Medievo favoreció también la abundancia de distintas apariciones[111]. Según A. Vauchez, harían de los recientemente difuntos seres en un estado de «amortalidad», lo que les haría volver a los lugares que en vida habían frecuentado para solicitar las plegarias de los suyos[112]. Diversos géneros, como los *mirabilia, exempla* o *miracu-*

---

[107] Sobre este tema, véase M. White-Le Goff, «Images de l'au-delà. Deux manuscrits enluminés du Purgatoire de saint-Patrick», *Moyen Âge: Revue d'Histoire et de Philologie*, vol. 115, núm. 2, 2009, págs. 309-335.
[108] J. Le Goff, *La naissance du Purgatoire, op. cit.*, págs. 259-272.
[109] Benedeit, *El viaje de San Brandán* (ed. de M. J. Lemarchand), Madrid, Siruela, 1983, pág. 4.
[110] Estudiado por M. C. Díaz y Díaz, *Visiones del Más Allá..., op. cit.*, págs. 97 y ss.
[111] Para este tema, véanse dos libros en especial: C. Lecouteux, *Fantômes et revenants au Moyen Âge*, París, Imago, 1986, y J. C. Schmitt, *Les revenants. Les vivants et les morts dans la société médiévale*, París, Gallimard, 1994.
[112] A. Vauchez, *Les laïcs au Moyen Âge. Pratiques et expériences religieuses*, París, Cerf, 1987, págs. 125-126.

la, contribuirán a difundir este tipo de prodigios merced a los cuales (a partir del año 1000 especialmente) el muro que San Agustín había trazado entre vivos y muertos tiende a quebrarse. Estos «reportajes de ultratumba» constituyen excelentes documentos para la historia de las relaciones entre el hombre y la muerte[113].

Para el mundo hispánico del muy temprano Medievo, los ambientes monásticos bercianos facilitan algunos interesantes ejemplos, como los transmitidos por San Valerio como escritor en el último tercio del siglo VII con las visiones de los monjes Máximo, Bonelo y Baldario[114]. Las más respetuosas tradiciones corresponden a milagros marianos, para los que la España medieval contó con las inapreciables aportaciones de Gonzalo de Berceo o de Alfonso X, como hemos ya podido adelantar. Menos solemnes y más distendidos serán otros relatos de difuntos que retornan temporalmente a la tierra.

Con indudable relación con esa temporalidad de las penas purgatorias se encontraría una bella tradición hispánica que, ambientada en el siglo X, el *Cronicón Iriense* se responsabilizaría de transmitir. La reina Godo, viuda de Sancho Ordóñez de Galicia y retirada en un monasterio, recibe por dos veces la visita de su marido. En la primera le solicita sus sufragios, a lo que ella accede de todo corazón «con cuarenta días de ayunos y lágrimas y dando limosnas». En la segunda, el monarca reaparece cubierto con una túnica blanca, signo de haber accedido ya a la gloria gracias a la perseverancia de su fiel esposa[115].

Y ya en un tono absolutamente desenfadado y mucho más tarde, Giovanni Boccaccio nos presentará en su obra más conocida un caso de aparición relacionado con el purgatorio, aunque no se le cite por este nombre. Será la del joven Tingoccio quien, después de

---

[113] A. Gurevic, «Au Moyen Âge: Conscience individuelle et l'image de l'audelà», art. cit., pág. 259.

[114] Véase M. C. Díaz y Díaz, *Visiones del Más Allá...*, op. cit., págs. 36 y ss.

[115] Para esta tradición, véase M. C. Díaz y Díaz, *Visiones del Más Allá...*, op. cit., págs. 65 y ss. Sobre la extensión de esta figura, véase J. M. Andrade Cernadas, «Asilos monásticos, vejez y mundo cenobítico en el Nordeste hispánico entre los siglos IX al XI», en B. Arizaga *et al.* (coords.), *Mundos medievales: Homenaje a José Ángel García de Cortázar,* 1, Santander, Ediciones de la Universidad de Cantabria, 2012, págs. 311-324.

muerto, se aparece a su amigo Meuccio, al que solicita mande decir misas y oraciones y promover la entrega de limosnas «porque estas cosas eran de mucha ayuda en el más allá», en donde está sufriendo lo indecible para purgar las faltas cometidas. Pero, ante la pregunta de qué penas le están aplicando por haber vivido con una comadre, responde con mofa que allí sobre el tema de las comadres «no se quiere oír palabra alguna»[116].

Muchas de las leyendas con cierto trasfondo histórico se transmitirán oralmente; otras tendrán un carácter más autobiográfico y se refieren a apariciones de difuntos contenidas en un sueño. Algunas, incluso, llegarán a tener una función política.

Muy conocida es la tradición del apóstol Santiago asistiendo a los cristianos en sus cuitas bélicas. Se aparecerá en sueños a Carlomagno animándole a intervenir en España para liberarla de los musulmanes, y adquirirá rango de combatiente en la legendaria batalla de Clavijo (834-844)) que dio fuerza al privilegio falsificado de los votos de Santiago[117]. El apóstol figura —aunque más bien como intercesor que como combatiente— en la toma de Coímbra por Fernando I de León en 1064. Así se recoge a modo de narración en el *Liber sancti Iacobi* y en la *Historia Silense*[118]. También se incluiría esta tradición en la *Historia de España* mandada compilar por Alfonso X[119].

La cronística de la Corona de Aragón facilita otros bellos ejemplos de apariciones. Así, la crónica de Jaime I, en cuya redacción tuvo el monarca un destacado papel[120], nos habla de la presencia de un misterioso caballero montando un caballo blanco (¿San Jorge?) en el momento en que las tropas reales se disponían a tomar por

---

[116] G. Boccaccio, *El Decamerón, op. cit.*, págs. 441-442.
[117] K. Herbers, *Política y veneración de Santos en la Península Ibérica. Desarrollo del Santiago político,* Pontevedra, Fundación Cultural Rutas del Románico, 2006, págs. 58-66.
[118] *Ibíd.*, págs. 35-41. Estudiado también en M. C. Díaz y Díaz, *Visiones del Más Allá..., op. cit.,* págs. 123 y ss.
[119] Alfonso X el Sabio, *Primera crónica general de España, op. cit.*, págs. 487-488.
[120] F. Soldevila, *Al marge de la crónica de Jaume I,* Barcelona, Rafael Dalmau Editor, 1967, pág. 50.

asalto la ciudad de Palma[121]. De otra aparición da cuenta uno de los mejores representantes de la historiografía en lengua catalana: Ramón Muntaner. En el inicio de su popular *Crónica*, que tiene también mucho de libro de memorias, se le aparece un «prohombre viejo vestido de blanco» que le incita a poner por escrito sus recuerdos al dilatado servicio de la casa real-condal. Ello para que, fuere quien fuere el monarca reinante, se esfuerce en seguir los pasos de sus predecesores e incremente sus glorias. Comprenderán así «las gracias que Dios ha concedido en los asuntos que tú contarás»[122]. Más directamente referida al tema de la muerte y el más allá será *El Sueño* de Bernat Metge, otra narración de aparecidos de la que ya hemos hecho suficiente mención con anterioridad. Supondrá un cierto canto del cisne de la gloriosa casa real de Aragón, abocada a su extinción pocos años después[123].

El más allá: sus lagunas y la disidencia religiosa[124]

La visión que el catolicismo mantuvo ante el otro mundo se articuló en un conjunto de verdades de fe difundidas entre el común a través de una labor catequética y pastoral cada vez más extensa. Labor en la que alternan la confianza en el papel de intercesora-mediadora de María o del apóstol San Juan y las glosas sobre los elementos terroríficos que rodearían ese decisivo Juicio Universal al final de los tiempos. A título de ejemplo de esa segunda opción se ha recordado la colección de 288 *exempla* del fraile dominico Humberto de Romans hacia 1270: entre ellos, 64 se refieren al infierno, 40 al purgatorio y 50 al Juicio Final[125].

---

[121] Jaime I, *Libro de los hechos, op. cit.,* pág. 170.

[122] R. Muntaner, *Crónica, op. cit.,* págs. 15-16.

[123] F. Sabaté ha destacado que en esos momentos la parafernalia que rodea a las exequias reales no oculta los graves problemas financieros que suponen para los erarios municipales; en *Lo senyor rei es mort!, op. cit.,* págs. 131, 156-157.

[124] Cfr. E. Mitre, «Los espacios del más allá», *op. cit.,* págs. 68-73.

[125] M. A. Ladero, *«De dono timoris Dei.* Miedos y esperanzas metafísicos en el siglo XIII», *Cuadernos de Historia de España,* 2012, pág. 410.

La trilogía paraíso, infierno, purgatorio dejaba algunos flancos vulnerables. De entrada, el referido al destino de esas dos especiales categorías a las que se acabó por ubicar en dos particulares «infiernos»: el seno de Abraham y el limbo de los niños.

El primero establecía una relación estrecha en el más allá entre Abraham y sus fieles descendientes. De acuerdo con el primer libro del Pentateuco, correspondería al «reino de los padres» (Gen. 15, 15). En el Nuevo Testamento sería el lugar en que se encontraría el pobre Lázaro según la parábola recogida en el tercer evangelio canónico (Luc. 16, 22). Para Tertuliano (hacia el 200) el seno de Abraham fue el destino de quienes habían vivido de acuerdo con la antigua ley, y de donde les rescató Cristo al descender a los infiernos después de morir en la cruz. Sería una suerte de reino de los muertos al que pudiera darse ya por clausurado. El desconocido autor del *Poema de Mío Cid* lo explica sumariamente cuando, en boca de Jimena, pone una oración, con mucho de acto de fe, en la víspera de la marcha de Rodrigo hacia el destierro:

> en el momento *oviste* a resuçitar
> fust a los infiernos, como fo tu voluntad;
> crebanteste las puertas, e saqueste los santos padres[126].

En cuanto al limbo de los niños, sería el destino de las almas de aquellos muertos sin recibir la gracia redentora del bautismo pero que, por no haber llegado al uso de razón, carecen de toda falta personal. De ahí la insistencia de la Iglesia en un rápido bautismo para los recién nacidos. Desde Santo Tomás se admitió que estos seres, aunque privados de esa bienaventuranza sobrenatural que era la visión beatífica, no padecerían el sufrimiento positivo de los caídos en el infierno y podrían gozar de una especie de felicidad natural[127].

En la literatura medieval en castellano disponemos de una visión de esos dos limbos: la del *Libro de Alexandre,* redactado posible-

---

[126] Anónimo, *Poema de Mío Cid* (ed. de Jimena Menéndez Pidal), Zaragoza, Clásicos Ebro, 1977, pág. 51.

[127] L. Bouyer, voz «Limbo», en *Diccionario de teología, op. cit.,* págs. 407-408.

mente en la primera mitad del siglo XIII. Refiriéndose al limbo de los niños, dice:

> las almas de los niños que non son bateadas
> Que son por el pecado original dapnadas
> Non arden con las otras están más apartadas,
> Pero en grant tiniebra de luz desfeüzadas.

Y refiriéndose al seno de Abraham, dice:

> Los justos otros tiempos yazién esse lugar
> Ante que los viniesse Jesucristo a salvar
> Mas quiso —¡aleluya!— entonçes ençerrar
> Nunca más lo esperen ca pueden y badar[128].

Más importantes serían las brechas que pudieran abrirse entre diferentes comunidades cristianas.

Frente a las posiciones sustentadas desde el muy relevante centro espiritual que era Roma *(Roma locuta, causa finita est,* rezará el aserto) surgieron los naturales roces. Con el exterior, de parte de las iglesias de Oriente, que tuvieron en la recelosa Constantinopla su principal referencia[129]. Y desde el interior, a cargo de corrientes que oscilaban entre la reforma, la templanza y la abierta heterodoxia. Las cuestiones para la controversia se centraban en algunos temas complementarios: la eternidad de las penas, los lugares en las que estas se cumplían y la posibilidad de ese tercer lugar que era el purgatorio[130]. En el fondo estaría también el elemental interrogante de cómo Dios en su infinita bondad podía permitir la condenación eterna de algunos de los suyos.

---

[128] Anónimo, *Libro de Alexandre* (ed. de J. Cañas), Madrid, Editora Nacional, 1978, pág. 368.

[129] Una buena visión de las discrepancias entre las dos principales cabezas del cristianismo en F. Dvornik, *Bizancio y el primado romano,* Bilbao, Desclée de Brouwer, 1968.

[130] Estas cuestiones son abordadas en E. Mitre, «Los espacios del más allá», *op. cit.,* págs. 68-73. Nos limitamos ahora a hacer algunas observaciones.

En fecha temprana surgió en Oriente una doctrina conocida como apocatástasis cuyo más sólido propagandista fue Orígenes. El gran teólogo cristiano sostenía que, en algún momento, habría de producirse una suerte de restauración universal que devolvería todas las cosas a su primigenio estado espiritual. El infierno quedaba reducido al nivel de alegoría o, como mucho, de situación puramente temporal o de tormentos solo espirituales. Orígenes acabó retractándose y la doctrina fue solemnemente condenada tres siglos más tarde en tiempos de Justiniano (543)[131]. Sin embargo, la creencia en esa salvación universal era lo bastante atractiva como para despertar la curiosidad de algunos pensadores y de mentes lo suficientemente críticas.

En el Occidente del siglo XII, ese espíritu inquieto que fue Pedro Abelardo insistió en que más que de purgatorio había que hablar de unas penas purgatorias a las que —y aquí se mantendrá en la línea que sería la ortodoxa— se verían sometidos quienes no hubieran podido cumplir, por falta de tiempo, las penas que se les hubieran impuesto en confesión[132].

Serán las grandes corrientes heréticas de la plenitud medieval —cátaros y valdenses— las que más a prueba pongan la visión oficial sobre el más allá. Especialmente en lo que concernía a la cuestión de castigos. Las fuentes que permiten conocer esas líneas de pensamiento suelen ser de objetividad discutible: textos de polemistas católicos, los registros inquisitoriales[133] o las guías de inquisidores. Para el valdismo, y en relación con el más allá, las posiciones parecen claras: «Los valdenses sostienen que, después de esta vida, no existe el purgatorio y, por tanto, las oraciones, limosnas, misas y otros sufragios piadosos de los fieles no aprovechan en nada a los difuntos»[134].

---

[131] G. Minois, *Historia de los infiernos, op. cit.*, págs. 127-135.

[132] Pedro Abelardo, *Ética o conócete a ti mismo* (ed de P. R. Santidrián), Madrid, Tecnos, 1990, pág. 79.

[133] Entre estos últimos es de inapreciable valor, aunque ya de fecha un poco tardía, J. Duvernoy, *Le registre d'Inquisition de Jacques Fournier, évêque de Pamiers (1318-1325)*, 3 vols., Toulouse, Privat, 1963.

[134] Bernard Gui, *Manuel de l'inquisiteur, op. cit.*, t. I, pág. 47.

La teoría de las indulgencias difundida desde el catolicismo romano la consideraban completamente ridícula[135]. En consecuencia:

> Según sus doctrinas, cuando las almas dejan los cuerpos las que han de ser salvadas van inmediatamente al paraíso, y las que deben ser condenadas van directamente al infierno. Por tanto, después de esta vida, para las almas no hay más que dos destinos: el paraíso o el infierno[136].

En cuanto al catarismo, más radical en sus planteamientos que el valdismo, no es fácil seguir su pensamiento en torno a la muerte y el más allá. La variedad de escuelas que surgieron dentro de él hacen más complicado llegar a unas conclusiones claras. Cabe, sin embargo, pensar en un fondo común: la consideración de que el infierno estaría, fundamentalmente, en la tierra, que es el mundo visible, ilusorio y transitorio. Mundo que concluiría al final de los tiempos, cuando todas las almas, ya «consoladas», lo hubieran dejado[137].

Los cátaros distinguían, según Bernard Gui, entre «mala muerte», que era la que se producía entre los seguidores de la Iglesia Romana, y el «buen fin», que se daba entre los «creyentes» que vivían dentro de las fronteras del catarismo. Culminaba con un pacto denominado *convenesa* por el que, en el momento de la muerte, se comprometían a morir en «el orden de los heréticos»[138].

Las diferencias con la ortodoxia católica eran tanto más insalvables cuanto que el catarismo negaba dogmas como la encarnación, la pasión, la resurrección y la ascensión de Cristo a los cielos[139]. O negaba la resurrección futura de los cuerpos[140].

---

[135] *Ibíd.*, pág. 43.
[136] *Ibíd.*, pág. 63.
[137] A. Brenon, voz «Enfer», en *Le dico des cathares, op. cit.*, pág. 82.
[138] Bernard Gui, *Manuel de l'inquisiteur, op. cit.*, págs. 21-23.
[139] *Ibíd.*, pág. 17.
[140] Aunque en esta materia el catarismo hablase de una futura resurrección sobre la base de unos cuerpos espirituales y un cierto hombre interior. *Ibíd.*, pág. 15.

La existencia de un «tercer lugar» en que purgar ciertas penas constituye, posiblemente, una de las diferencias más acusadas en el largo proceso de confrontación entre teólogos católicos y teólogos disidentes. Aun así, sería de destacar que el checo Juan Hus, condenado a la hoguera como hereje en 1415, no diferá en su línea de pensamiento de lo que era esa visión católica de cuatro infiernos (lugares inferiores), el tercero de los cuales equivaldría al purgatorio[141]. Un siglo más tarde, con sus profundas reservas al sistema de sufragios por los difuntos (las famosas 95 tesis de 1517), la rebelión luterana haría problemática una visión común en cuanto al más allá. Con un ácido sentido del humor, el reformador de Wittenberg se preguntaba (tesis 82): «¿Por qué el papa no vacía el purgatorio, dada su santísima caridad y la suma necesidad de las almas?»[142].

---

[141] J. Hus, *Comentari al Credo i altres escrits* (ed. de D. Utrera), Barcelona, Proa, 2001, págs. 156-157.

[142] En nuestro tiempo, incluso algunos autores católicos consideran esas tesis más ambiguas y equívocas que abiertamente rupturistas. Véase R. García Villoslada, *Martín Lutero I. El fraile hambriento de Dios,* Madrid, BAC, 1973, págs. 342-344.

Capítulo XIV

El discurso medieval de la muerte y nosotros

La vida como una permanente lucha frente a las asechanzas de la muerte, y la existencia de una vida más allá de la muerte física han sido motivos de inquietud no solo en el pasado, sino también en el mundo actual. Y tanto desde el lado creyente como, a su modo y manera, desde el que no lo es. El siempre inquieto Miguel de Unamuno utilizó una palabra de origen griego —*agonía*— para referirse al combate del cristiano por dar un sentido a su fe: «Agonía quiere decir lucha. Agoniza el que vive luchando, luchando contra la vida misma. Y contra la muerte. Es la jaculatoria de Santa Teresa de Jesús: "Muero porque no muero"»[1].

Desde el pasado: ¿modelos y contramodelos para el presente?

La filosofía paulina nos habla de hermanos arrebatados por la muerte «que poseen ya en Dios la vida verdadera»[2]. Ello gracias a

---

[1] Miguel de Unamuno, *La agonía del cristianismo,* Buenos Aires, Losada, 1966 (ed. orig. 1930), pág. 16.
[2] «Constitución *Gaudium et Spes*», ed. cit., pág. 404.

que la muerte del cristiano es una «correalización y aplicación» de la muerte redentora de Cristo que supera esa visión de la muerte como consecuencia del pecado[3].

Para Francesco Petrarca el triunfo de la Eternidad culminaba un ascenso marcado por cinco triunfos previos (los correspondientes al amor, el pudor, la muerte, la fama y el tiempo). Un triunfo que será de la justicia divina, ya que colocará a cada cual en su lugar:

> y se verá cuán poco es la nobleza
> Que os hace ser soberbios, y que el oro
> y la tierra son daños, y no bienes;
> En otra parte aquellos que vivieron
> Con escasa fortuna y, sin embargo,
> felices fueron, contentos de sí mismos[4].

La muerte primera, aun desbordados los límites del Medievo, seguía siendo para los mentores de la cultura del Occidente camino hacia otra vida. Tomás Moro lo expresó en un dístico tres años antes de morir: «Tú que te acuerdas de Moro, que tu vida sea larga / y tu muerte una puerta abierta a la vida eterna»[5].

La muerte cristiana aparecería, sí, según Mircea Eliade, como «suprema iniciación, como el comienzo de una nueva existencia espiritual»[6]. Una cuestión sobre la que volveremos al final de este trabajo.

Resulta un lugar común fijar a lo largo del Renacimiento el gran cambio en el discurso sobre la muerte en el Occidente. No faltan, sin embargo, razones para rastrearlo ya en la etapa final del Medievo. Para algunos estudiosos las imágenes macabras del arte de la Baja Edad Media son reflejo de un amor apasionado por la vida. Para

---

[3] K. Rahner, *Sentido teológico de la muerte, op. cit.*, págs. 4 y ss.
[4] F. Petrarca, *Triunfos* (ed. de J. Cortines y M. Carrera), Madrid, Editora Nacional, 1983, pág. 195. Para los editores de la obra supondría la transformación de lo múltiple y discorde en múltiple unificado. «Introducción», *ibíd.*, pág. 15.
[5] Recogido como apéndice a Tomás Moro, *Piensa la muerte, op. cit.*, pág. 139.
[6] M. Eliade, *Lo sagrado y lo profano, op. cit.*, págs. 143-144.

A. Tenenti manifiestan la conciencia de que «la muerte es un acontecimiento sobre todo humano» en tanto se la ve más como el fin del cuerpo que como el paso a la vida eterna[7]. Para Ph. Ariès esas imágenes expresan la conciencia de individualidad propia de cada hombre[8]. Para M. Vovelle no hay que caer en la tentación de confundir lo que son ideales de clérigos y la práctica habitual de los laicos[9]. N. Elias asevera que «es imposible compartir con nadie el proceso de morir»[10], lo cual, reconoce, no supone la eliminación total de una «cáscara de las fantasías colectivas sobre la inmortalidad»[11].

Esas pervivencias, sin embargo, no pueden despacharse a la ligera. Es cierto, como ha destacado Jean Delumeau, que incluso en la conciencia de los fieles actuales se sitúan ya muy lejos las exuberancias del Medievo o del barroco. Las tradiciones sobre el infierno y el paraíso (por no remitirnos al purgatorio) ocupan entre ellos un muy discreto lugar. No así la esperanza de una eternidad en la que se reencuentren familiares o amigos. El paraíso tiene una historia que es de evocaciones sucesivas[12].

Creencias y liturgias en derredor del trance final propias del cristianismo más añejo han mantenido, asimismo, su vigor (o, si se prefiere, sus inercias) en amplias capas de nuestra sociedad. Y, aunque de forma parcial, siguen también circulando tradicionales metáforas a propósito de la muerte. Si en los círculos más ortodoxos el pecado sigue siendo el causante de la muerte, también: «la enfermedad, a la luz de la Biblia y de la Tradición, es consecuencia de la condición pecadora del hombre. Sin embargo, los hombres, uniendo sus dolores a los padecimientos de Jesús, colaboran en la edificación del reino de Dios»[13].

---

[7] A. Tenenti, *La vie et la mort à travers l'art du XV siècle, op. cit.*, pág. 41.
[8] Ph. Ariès, *Essais sur l'histoire de la mort en Occident du Moyen Âge à nos jours, op. cit.*, pág. 121.
[9] M. Vovelle, *La mort en Occident, op. cit.*, pág. 70.
[10] N. Elias, *La soledad de los moribundos*, México, FCE, 1987, págs. 74-75.
[11] *Ibíd.*, pág. 47.
[12] J. Delumeau, *Que reste-t-il du paradis?*, París, Fayard, 2000, pág. 13.
[13] *Ritual de la unción y de la pastoral de enfermos* (de acuerdo con los decretos del Concilio Vaticano II), Madrid, 1982, pág. 27.

Unas supervivencias producto de esa «larga mano» de la Edad Media, adaptación de esa *larga Edad Media* de la que habló J. Le Goff y que supera con mucho el año 1453, tal como el más clásico academicismo imponía[14].

Muerte y recreación literaria

La Edad Media nos legó las especiales huellas que para dos poetas dejaron las muertes de dos mujeres: Beatriz para Dante y Laura para Petrarca, tal y como ya hemos tenido ocasión de anticipar. A ellas habría que añadir una tercera mujer: aquella a la que al poeta Ausias March (influido, según se piensa, tanto por la lírica provenzal como por el *dolce stil nuovo)* mueve a decir: «A los que la Muerte quita la mujer querida sabrán juzgar parte del dolor mío»[15]. Una mujer desconocida que algún autor ha considerado pudiera ser su segunda esposa, Juana Escorna, muerta en 1454[16].

Pero en el terreno de la ficción literaria otras muertes dejaron también recuerdos que han superado las barreras cronológicas del Medievo y han servido de inspiración para la posteridad: la de Arturo y las de Tristán e Isolda (o Iseo).

La muerte del primero —bajo una trama amorosa cortés con adulterio por medio— es una muerte consecuencia de las heridas en combate frente a su rival, el traidor Mordred, en las llanuras de Salesbières. Lance bélico que se salda con una terrible carnicería. Sepultado el mítico rey en la Capilla Negra, su epitafio dirá: «Aquí yace el

---

[14] J. Le Goff, *Una larga Edad Media,* Barcelona, Paidós, 2008.

[15] Ausias March, «Primer cant de mort», en *Obra poética completa II, op. cit.,* págs. 30-31.

[16] Tesis de Martín de Riquer cuestionada por otros especialistas. Véase la «Introducción» a *Obra poética completa I, op. cit.,* pag. 77. La expresión *muller aymia* con la que se la recuerda no sería identificable con una esposa sino simplemente con una mujer amada.

Rey Arturo que dominó, por su valor, XII reinos»[17]. Estamos también ante el melancólico epílogo de una utopía: la de la Tabla Redonda. El tema inspirará a diversos autores que, desde finales del Medievo, jugarán con la idea de un Arturo que no ha muerto «sino que por voluntad de nuestro Señor Jesús fue a otro lugar; y dicen que volverá y ganará la santa cruz»[18]. Y así hasta una época cercana a nuestros días[19].

Las muertes de Tristán e Isolda son las de dos amantes presas de la pasión que en ellos ha causado un filtro misterioso. Al fin, muerto Tristán, Isolda: «Se extiende junto a él. Lo abraza, lo besa en la boca y en el rostro, lo estrecha contra sí, cuerpo contra cuerpo, boca contra boca. Rinde así su alma y se extingue junto a su amigo. Iseo muere por amor a Tristán»[20].

A mitad de camino cronológico entre las parejas de Tristán e Isolda y Romeo y Julieta, Calixto y Melibea componen un drama amoroso *(ca.* 1497) definido como tragicomedia que, según Cervantes, resultaría divina si ocultase más lo humano. Nos refleja los cambios de una sociedad cuyos protagonistas sienten más tentación por los bienes terrenales que por los del otro mundo, con lo cual los males de la tierra pueden resultar más insufribles que los que amenazan en la otra vida[21]. Pero también nos lega una visión de la muerte que adquiere diversos caracteres según sean los afectados. Será la muerte miserable de la vieja alcahueta: «¡Ay que me ha muerto! ¡Ay, ay! ¡Confesión, confesión!», clama en el momento de recibir los golpes mortales de dos infieles criados (Parmeno y Sempronio) convertidos en asesinos: «Dale, dale, acábala, pues comenzaste. ¡Que nos sentirán! ¡Muera, muera! ¡De los enemigos los

---

[17] Anónimo, *La muerte del rey Arturo* (ed. de C. Alvar), Madrid, Alianza Editorial, 1980, pág. 196. Se trata de un texto en torno a 1230.

[18] Thomas Malory a mediados del siglo XV con *La muerte de Arturo* (ed. de C. García Gual y F. Torres Oliver), Madrid, Siruela, 1999, t. II, pág. 502.

[19] Casos de R. L. Tenyson o J. Steinbeck. Cfr. E. Mitre, «Realidades y figuraciones del Occidente medieval (II). La muerte», art. cit., pág. 95.

[20] *Tristán e Iseo, op. cit.,* pág. 194.

[21] Véase a propósito de ello el brillante ensayo de J. A. Maravall, *El mundo social de La Celestina,* Madrid, Gredos, 1968, pág. 174.

menos!»[22]. Es la humillante muerte de estos a manos de la justicia, «descabezados en la plaza como públicos malhechores, con pregones que manifiestan su delito»[23]. Es la accidental muerte de Calixto: «¡Oh, válame Santa María! ¡Muerto soy! ¡Confesión!»[24]. Y es, esa sí, la muerte de Melibea, con más concesiones a los sentimientos: «Bien se ha aderezado la manera de mi morir. Algún alivio siento en ver que tan presto seremos juntos yo y aquel mi querido amado Calixto»[25].

La literatura, las artes plásticas y las artes escénicas, a lo largo de los dos últimos siglos y pico, han permitido recrear algunas de esas tradiciones basándose en el afecto de la sociedad europea por los temas del Medievo[26]. Resulta ya un tópico remitirse al genio de Richard Wagner, cuya recreación de las muertes de Tristán e Isolda constituye una de las cumbres de la operística mundial. Asimismo se han ido creando nuevas imágenes relacionadas con el sentido de la muerte, y con el sentido figurado de determinados vocablos relacionados con ella.

Limitémonos ahora a algunos ejemplos que —siguiendo un elemental criterio cronológico— permiten calibrar lo que de afinidad y distancia hay entre el presente y el pasado medieval medidos en sus especiales sentimientos. Algunas metáforas pueden parecernos idénticas, pero el sentido de quienes las forjan va en distinta dirección. Así, Percy Bysshe Shelley, uno de los abanderados del romanticismo inglés, declarará: «¡qué maravillosa es la muerte! / ¡La Muerte y su compañero el Sueño!»[27].

---

[22] Fernando de Rojas, *La Celestina* (ed. de F. C. Sainz de Robles), Madrid, Círculo de Amigos de la Historia, 1969, pág. 284.
[23] *Ibíd.*, pág. 289.
[24] *Ibíd.*, pág. 349.
[25] *Ibíd.*, pág. 355.
[26] En relación con el mundo inglés y escocés, véase el interesante ensayo de I. Buruma, *Anglomanía. Una fascinación europea,* Barcelona, Anagrama, 2001, especialmente págs. 67-132.
[27] Recogido por M. Cranston, *El romanticismo,* Barcelona, Grijalbo, 1997, página 79.

El *Werther* de Johann Wolfgang von Goethe († 1832) publicado en 1774 rompe lo que (algo hemos anticipado) eran dos tabúes en la sociedad europea: el tabú del suicidio, convertido desde entonces en moda en ciertos sectores sociales, y, por lógica derivación, el tabú de los ritos religiosos. De forma abrupta la obra concluye: «Por la noche hacia las once le dieron sepultura [a Werther] en el lugar en que había elegido. El anciano siguió al cadáver, y sus hijos; Albert no pudo. Se temía por la vida de Lotte. Lo llevaron artesanos. No le acompañó sacerdote alguno»[28].

El tema del suicidio está también presente en *Atala,* la novela más popular de René de Chateaubriand († 1848), representante del primer romanticismo. Publicada en 1801, nos habla de los trágicos amores de dos jóvenes indios natchez siglo y pico atrás: el guerrero Chactas y la dulce y cristiana Atala. El voto de virginidad realizado por esta desde niña le impide contraer matrimonio y, en su desesperación, opta por el envenenamiento. En sus últimos momentos es asistida por un misionero, el padre Aubry, que le lleva la esperanza de la religión. Frustrada por no verse unidos brevemente en la tierra, Atala muere con el consuelo de poder hacerlo algún día y ya para siempre en el imperio celestial[29].

Forma distinta de entender el romanticismo la facilita otro eminente autor francés, Victor Hugo († 1885), caso de que nos centremos en un breve texto que aborda una muerte que tampoco es la considerada como *propia:* la muerte violenta como acto supremo de la justicia humana. El personaje condenado, en los momentos previos a ponerse en manos del verdugo, se preguntará angustiado: «¿Qué hace la muerte con nuestra alma? ¿Qué naturaleza le deja? ¿Qué puede darle, qué puede quitarle? ¿Dónde la pone? ¿Le presta ojos de carne de vez en cuando para mirar la tierra y llorar?»[30].

---

[28] J. W. von Goethe, *Las desventuras del joven Werther* (ed. de M. J. González), Madrid, Cátedra, 1995, pág. 182.

[29] R. de Chateaubriand, «Atala», en *René. Atala* (ed. de P. Martínez y J. del Prado), Madrid, Cátedra, 1989, pág. 192.

[30] Victor Hugo, *Último día de un condenado a muerte* (ed. de J. G. Vásquez), Barcelona, Planeta, 2016, pág. 95.

Se ha destacado de forma habitual la omnipresencia de la muerte en los grandes clásicos de la literatura rusa. Para Nicolai Gogol († 1852), un profundo creyente, las almas muertas de su relevante obra se prestan al doble juego interpretativo. Expresan tanto los «siervos muertos» comprados por el arribista Chichikov para presumir de posición social entre sus vecinos como la banalidad, la podredumbre y vulgaridad moral de la sociedad del momento. No en balde el autor estructura su obra como una moderna Divina Comedia[31] que quedó inacabada. El bribón Chichikov al final se salvaría convirtiéndose en un paternal terrateniente. Se simbolizaría con ello la resurrección de Rusia y su ascenso a la «infinita escalera de perfección humana»[32].

León Tolstoi († 1910), en el conocido relato corto sobre la enfermedad cancerosa y muerte de un destacado miembro, todavía joven, de la judicatura zarista, imagina su agonía bajo una sensación de terrible angustia: la de ser introducido en un «saco negro, estrecho y profundo, y que lo empujaban constantemente sin que llegara al otro extremo»[33]. No obstante —y al igual que ocurrirá con el príncipe Andrei en *Guerra y paz*—, Ivan Illich hará de su agonía el momento de reevaluación del sentido de su vida a fin de encontrar la salvación o, al menos, alguna forma de verdad espiritual. Se la facilitará el criado Gerasim con la abnegada entrega a su amo, a quien da toda una lección moral sobre la verdad y la compasión[34].

Dentro del ámbito germánico, Thomas Mann († 1955) nos transmite imágenes de la muerte especialmente en dos obras. En una, la decadencia de una Venecia en alarma sanitaria se solapa y metaforiza con la decadencia física y muerte del maduro profesor Gustavo Aschenbach. Sus malestares corporales, acompañados de

---

[31] E. Lo Gatto, voz «Las almas muertas», en *Diccionario literario* (ed. de González Porto-Bompiani), t. II, Barcelona, Montaner y Simón, 1967, págs. 147-148.

[32] O. Figes, *El baile de Natacha. Una historia cultural rusa,* Barcelona, Edhasa, 2006, pág. 386.

[33] L. N. Tolstoi, «La muerte de Ivan Illich», en *Obras* (ed. de I. y L. Andresco), t. III, Madrid, Aguilar, 1981, pág. 818.

[34] O. Figes, *El baile de Natacha, op. cit.,* págs. 428-429. Con carácter más monográfico, véase J. Metzele, *The Presentation of Death in Tolstoy's Prose,* Frankfurt, Peter Lang, 1996.

terror violento, «no sabía claramente si se referían al mundo exterior o a su propia existencia»[35]. La pulsión homosexual bajo la que ha vivido el personaje desata la profunda contradicción existente entre unos instintos reprimidos y un bien social garantizado por la razón, el orden y la virtud reconocidos de forma consensuada por la sociedad[36]. La otra obra, monumental, se ambienta en el sanatorio antituberculoso de Davos-Platz. Mann, a través de la seducción de la Muerte y la Enfermedad, hace un espléndido retrato de una sociedad que en 1914 sería arrastrada a la catástrofe. Su protagonista, el joven interno Hans Castorp, no acabará sus días minado por la enfermedad sino en un enlodado campo de batalla, «arrastrado en el torbellino de las partidas precipitadas, a las que el trueno había dado la señal»[37].

Pero la conocida por nuestros abuelos como Gran Guerra y que, según algunos, acabaría con todas las guerras fue capaz aún de dar pie a toda una lírica funeraria con amplios resabios de un pasado lejano. Se podría resumir en la inscripción de la tumba del sargento británico David Jones, caído en septiembre de 1916 en el combate de Guillemont, episodio de la sangrienta batalla del Somme: «Luchó por Dios, por la justicia y la libertad, y una muerte como esta es inmortalidad»[38].

En fecha más cercana a nosotros adquiere singular valor la figura del prematuramente desaparecido Albert Camus († 1960), un no creyente cuyas preocupaciones intelectuales ha venido haciendo parcialmente suyas el cristianismo comprometido. La *peste* —argumento de una de sus más famosas novelas— adquiere un triple significado. Es, en primer lugar, una epidemia de dimensiones letales (¡qué magnífica recreación de una memoria del Medievo en pleno siglo XX!) que asola una ciudad del norte de África. Es un símbolo de

---

[35] T. Mann, *Muerte en Venecia* (ed. de M. Rivas y R. Schiaffino), Barcelona, Plaza & Janés, 1972, págs. 82-83.

[36] M. Vargas Llosa, *La verdad de las mentiras,* Barcelona, Debolsillo, 2015, página 52.

[37] T. Mann, *La montaña mágica* (ed. de M. Verdaguer), Barcelona, Plaza & Janés, 1965, pág. 718.

[38] Recogido por M. Gilbert, *La batalla del Somme. La batalla más sangrienta de la Primera Guerra Mundial,* Barcelona, Ariel, 2009, pág. 243.

la ocupación nazi (y por extensión de cualquier régimen totalitario). Y, por último, es la ilustración de un problema metafísico: el del mal[39].

Estas dos últimas figuras se apoyaron en esa *banalización del mal* de la que el Tercer Reich fue perverso y consumado maestro[40].

De la muerte real a la moral

En ese mundo cargado de crueles eufemismos y de perversiones lingüísticas se cosificó a los clasificados como subhumanos: aquellos ajenos a la *humanitas,* restringida a lo germano, a la sangre nórdica. De ahí que «conducir a la solución final» a toda una comunidad era, de acuerdo con el lenguaje concentracionario del *lager,* la ejecución masiva en las cámaras de gas[41]. Un lenguaje que otorgaba el título de «soldados biológicos» a los científicos y médicos encargados de poner en práctica los proyectos de eugenesia criminal[42]. Toda una antítesis de esos «médicos de las almas» mencionados páginas atrás.

Y, en relación con las enfermedades en general, el uso de las metáforas, habría que añadir, ha llegado también hasta nuestros días. El médico era tradicionalmente quien combatía las enfermedades *(bellum contra morbum)* mientras que en la actualidad es una tarea que incumbe a la sociedad entera[43].

Existen, sí, manifestaciones menos crueles a la hora de relacionarse con el vocablo «muerte». Serán propias de ámbitos menos perversos aunque tampoco resulten del todo inocentes. De alguna forma conectan el pasado antiguo-medieval y el presente.

---

[39] Cfr. O. Todd, *Albert Camus. Una vida,* Barcelona, Tusquets, 1997, pág. 336.
[40] H. Arendt, *Eichmann en Jerusalén,* Barcelona, Lumen, 1999 (orig. de 1963), pág. 418.
[41] V. Klemperer, *LTI. La lengua del Tercer Reich..., op. cit.,* pág. 219. Un «lenguaje de eufemismo y camuflaje», según I. Kershaw, *Hitler, los alemanes y la solución final,* Madrid, La Esfera de los Libros, 2009, pág. 113.
[42] Expresión utilizada por el profesor de la Universidad de Berlín Rudolf Ramm; recogido por R. Overy, *Dictadores. La Alemania de Hitler y la Unión Soviética de Stalin,* Barcelona, Tusquets, 2006, pág. 309.
[43] Susan Sontag, *La enfermedad y sus metáforas, op. cit.,* pág. 133.

Así, hoy en día hablamos de muerte (social), que es la del anciano en el asilo, la del desterrado de su patria, la de las culturas extinguidas, la de los diferentes cuya memoria se pierde[44]; o de una muerte (civil) para referirnos a la privación de derechos políticos. No es esta última una novedad en términos absolutos. La Antigüedad clásica conoció modos institucionales como el ostracismo en el mundo helénico. Por él (según la reforma de Clístenes del año 508 a.C.), el pueblo ateniense podía prevenir golpes de Estado expulsando de su seno a cualquier sospechoso de querer atentar contra el orden político. En asamblea general presidida por los arcontes cada ciudadano podía inscribir en un tejo de barro *(ostraka)* el nombre de aquel que, en beneficio del orden público, debía ser alejado de la comunidad[45].

En el mundo romano —sin olvidar algunos importantes precedentes como el del Egipto faraónico— se dieron varias formas de borrar la memoria de un personaje al que se desea cubrir con el manto del olvido. Por la *abolitio nominis* se anulaba el nombre de una persona impidiendo que pasara a sus hijos y herederos. La *rescissio actorum* suponía la completa destrucción de sus obras y bienes. Por último, por la *damnatio memoriae* se «borraba» no solo el nombre de un individuo sino su memoria. Era toda una *damnatio funebris* por la que el afectado pasaba a convertirse, retroactivamente, en un enemigo del Estado. El Senado tenía capacidad para decretar la anulación total del recuerdo del difunto —entre ellos algunos emperadores— en archivos, inscripciones de monumentos o cualquier tipo de documentación literaria. El difunto quedaba así borrado de la memoria de los vivos; moría dos veces. La *damnatio memoriae* romana, aunque carecía de muchas de las connotaciones mágico-simbólicas que se daban en Oriente, era un instrumento de enorme carga política, pero también psíquica y simbólica[46].

---

[44] L. V. Thomas, *Antropología de la muerte,* México, FCE, 1983, págs. 51-81 y 480.

[45] J. Ellul, *Historia de las instituciones de la Antigüedad,* Madrid, Aguilar, 1970, pág. 91.

[46] Una reciente y muy interesante visión de esta pena, en P. Fernández Uriel, «*Damnatio memoriae* ¿castigo, solución o recurso político?», en G. Bravo y R. Gon-

El Medievo prolongó una vieja forma de exclusión del mundo propio a través del destierro[47]. Destierro físico, no el místico y metafísico propio de los teólogos al que más atrás nos hemos referido. Una situación que padeció uno de sus autores más egregios: Dante Alighieri, expulsado de Florencia (su ciudad y la de sus antepasados) y establecido en Rávena. Allí (1321), «a su Creador rindió el fatigado espíritu», según otro genio italiano de las letras[48].

Y las autoridades eclesiásticas del Medievo pusieron también en juego otra forma de exclusión, hoy en día ya muy devaluada, que «mataba» espiritual —y también socialmente— a la persona que había cometido alguna grave falta. Se le aislaba (se le *excomunicaba*) del conjunto de la sociedad cristiana, aunque no se tratara de una situación irreversible[49]. Su renovación por la autoridad competente reintegraba en la comunidad eclesial a quien había sido afectado por tan dura medida, asimilable a esa *mors mystica* de la que hablaba San Bernardo.

Y... LA VIDA ETERNA

La trilogía que juega con un antes-durante-después de la vida ha dado un extraordinario juego a lo largo de los siglos. En la línea más típicamente estoica, el hispanorromano Lucio Anneo Séneca enten-

---

zalez Salinero (eds.), *Crisis en Roma y soluciones desde el poder* (Actas del XIII Coloquio de la Asociación Interdisciplinar de Estudios Romanos), Madrid, 2016, páginas 251-269.

[47] Con una dedicación preferente a países del Centro de Europa, véase H. Zaremska, *Les bannis au Moyen Âge,* París, Aubier, 1996.

[48] G. Boccaccio, *Vida de Dante, op. cit.,* pág. 66.

[49] Sobre esta cuestión hemos publicado una visión panorámica: E. Mitre, «Integrar y excluir (Comunión y excomunión en el Medievo)», *Hispania Sacra,* LXV, 132, julio-diciembre de 2013, págs. 519-542. Se basa en nuestra lección jubilar pronunciada el 9 de octubre de 2007 en la Facultad de Geografía e Historia de la Universidad Complutense. Cuestión abordada también por R. Torres, «El castigo del pecado: excomunión, purgatorio, infierno», en la ya citada XXII Semana de Estudios Medievales de Nájera, págs. 245-308.

día la vida de una forma de la que el cristianismo se lucraría: «En tres épocas se divide la vida: la que fue, la que es y la que será; de estas tres, la que vivimos es breve; la venidera es dudosa; la que hemos vivido es cierta e irrevocable»[50]. Y más adelante añadiría: «Brevísima es y agitadísima la vida de aquellos que olvidan el pasado; descuidan el presente y temen el futuro»[51].

En la órbita cristiana, la comunión de los santos constituiría una filosofía de la vida y de la muerte que hace de la Iglesia algo más que esa comunidad de fieles cristianos que —según la clásica visión católica— tiene como cabeza visible al papa[52]. La Iglesia, como ya hemos apuntado, se define también como una *communio* de vivos y muertos. En la segunda mitad del siglo IX el arzobispo Hincmaro de Reims afirmó que «Cristo es la cabeza de los cristianos y la Iglesia, que es el cuerpo de Cristo, está constituida, junto con los santos ángeles, por los cristianos tanto vivos como difuntos, de la misma forma que se reconoce que un cuerpo está formado por varios miembros»[53].

Andando el tiempo, y desde una óptica mucho menos trascendente, el autor angloirlandés Edmund Burke, en su crítica al adanismo del que hacían gala los revolucionarios franceses, definiría la sociedad como «Una asociación entre aquellos que están vivos, aquellos que están muertos y aquellos que todavía han de nacer»[54].

---

[50] Séneca, «De la brevedad de la vida», en *De la brevedad de la vida y otros escritos* (ed. de L. Riber), Madrid, Aguilar, 1987, pág. 27.

[51] *Ibíd.*, pág. 39.

[52] Reflexiones sobre esta definición las hemos recogido recientemente en E. Mitre, «Iglesia, salvación y teocracia romana en el Medievo (Un apunte en torno al axioma Extra Ecclesiam nulla salus)», *'Ilu. Revista de Ciencias de las Religiones,* 18, 2013, págs. 135-173, en especial págs. 140-155.

[53] M. Lauwers, «Le cimetière dans le Moyen Âge Latin. Lieu sacré, saint et religieux», art. cit., pág. 1050. Una comunidad que se completaría por una red de construcciones en piedra, arraigadas en la tierra en donde se encuentran sepultados los cuerpos de los cristianos.

[54] E. Burke, *Reflexiones sobre la revolución francesa,* Madrid, Alianza Editorial, 2009 (la obra se publicó originalmente en 1790); recogido por M. Cranston, *El romanticismo, op. cit.,* pág. 62. Aunque se trate de una afirmación calificada de atrabiliaria por T. Judt, en el fondo reconoce la razón de esa crítica, en *Algo va mal,* Madrid, Taurus, 2010, pág. 216.

La Iglesia adquiere una dimensión cósmica al constituir una comunidad de los santos que supera los límites de la muerte; «une a los que han recibido el Espíritu y su poder único y vivificante». La resurrección de la carne y la vida eterna, tal y como se proclama en el símbolo apostólico, supondrían una ampliación de la fe en el Espíritu Santo y en su poder transformador[55]. Valdría tanto como decir que «La comprensión subjetiva de la palabra de Dios acontece en la fuerza de la actividad divina en el Espíritu Santo»[56].

La «vida eterna», en principio, es antítesis de la «muerte eterna» identificada con la «muerte segunda»[57]. Tal expresión ha dado extraordinario juego entre destacados teólogos. Así, para J. Ratzinger no se contrapone forzosamente (como al lector común puede parecerle) a la vida actual. La «vida eterna» se viviría también en este tiempo, y es la vida verdadera que no tiene por qué ser rebatida por la muerte física[58]. Para Hans Küng la vida eterna implica la conciencia de transitoriedad de todas las manifestaciones e instituciones de este mundo. No será el retorno a esta vida espacio-temporal ni continuación de esta misma vida, sino una «asunción en la realidad último-primera absoluta». Si Jesús al morir no fue a la nada sino que pasó a esa «primera y última realidad inasible y omnicomprensiva que llamamos Dios», para el cristiano «la muerte es paso a Dios, entrada en el ser oculto de Dios, acogida en su gloria», una vez liberado con la muerte «de las condiciones que lo rodean y determinan»[59]. Y recientemente el cardenal Martini, en una suerte de testamento espiritual, reflexionaba sobre la vida después de la muerte como fundamento de la fe y la esperanza cristianas. Frente a los lógicos e inextirpables temores ante la muerte, invocaba con fervor el último pasaje del símbolo apostólico en el convencimiento de que la muer-

---

[55] J. Ratzinger, *Introducción al cristianismo, op. cit.*, págs. 278-279.
[56] G. Greshake, *Creer en el Dios uno y trino. Una clave para entenderlo*, Santander, Sal Terrae, 2001, pág. 21.
[57] J. L. Ruiz de la Peña, *La otra dimensión, op. cit.*, págs. 227 y ss.
[58] J. Ratzinger, *Jesús de Nazaret. Desde la entrada en Jerusalén hasta la Resurrección, op. cit.*, pág. 102.
[59] H. Küng, *¿Vida eterna?*, Madrid, Cristiandad, 1983, págs. 190-193.

te y la separación de las personas a quienes queremos no es la última palabra[60].

Expresiones como «Los muertos tenidos por justos siguen vivos en la fama póstuma o el recuerdo» o «los muertos perviven en su descendencia» pueden constituir soluciones provisionales al problema de la muerte[61]. Pero ¿no son también posibles puentes entre creyentes y no creyentes?, ¿y entre un pasado, llamémosle medieval, y un presente incluso posmoderno?

Desde el lado agnóstico, podrían valernos algunos ejemplos. Así, la recreación ensayística que el triestino Claudio Magris hace del mito órfico con toques claramente autobiográficos. El monólogo que su particular Eurídice (trasunto de su difunta esposa la escritora Marisa Madiero) pronuncia desde esa Casa de Reposo no es tanto metáfora del mundo de los muertos como referencia a la muerte misma[62]. Asimismo la afirmación del conocido autor checo Milan Kundera, novelista, pero también notable crítico literario. Invocando la figura de Goethe, ha dicho que, al lado de la inmortalidad del alma propia de la fe religiosa, existe otra completamente terrenal, típica de «quienes permanecerán tras su muerte en la memoria de la posteridad»[63]. De forma similar, otro autor también checo pero menos conocido, Ivan Klima, ha escrito que «el sentimiento de que la muerte no debería ser el final de todo es uno de los sentimientos existenciales básicos», ya que «una obra literaria es algo que desafía la muerte»[64].

Nuestro Jorge Manrique hablaba de la vida de la fama, y a la vida de la ética se remitía el mucho más universal Dante Alighieri, autores ambos a quienes nos hemos referido con anterioridad. Se trataría de una vida no plenamente eterna en el sentido cristiano de

---

[60] C. M. Martini, *Creo en la vida eterna*, Madrid, San Pablo, 2012.
[61] H. Vorgrimler, *El cristiano ante la muerte, op. cit.*, pág. 51.
[62] C. Magris, *Así que Usted comprenderá*, Barcelona, Anagrama, 2006.
[63] M. Kundera, *La inmortalidad*, Barcelona, RBA, 1992, pág. 60.
[64] I. Klima, *El espíritu de Praga*, Barcelona, El Acantilado, 2010, pág. 51.

la expresión pero mejor y más noble que la temporal, que es siempre perecedera.

Sería un consuelo al que ha contribuido esa «larga mano de la Edad Media» pero que solo parece al alcance de un grupo de privilegiados cuya proyección espiritual, moral, científica, política o literaria ha parecido superar las vicisitudes de un mundo cambiante. Consuelo ante el que manifiestan sus reservas otros autores de nuestros días, como el Premio Nobel de Literatura Ivo Andric. Ello en el caso de que hiciera suyas las reflexiones del personaje de una de sus celebradas novelas, el cónsul francés Daville, destinado en la ciudad bosnia de Travnik a principios del XIX. Identifica la muerte con lo que pudiéramos llamar «relevos generacionales» y dice: «Lo más terrible no es envejecer, consumirse y morir, sino que tras nosotros vienen y avanzan otros nuevos, más jóvenes y diferentes. En realidad en eso reside la muerte. Nadie nos arrastra a la tumba sino que nos empujan por la espalda»[65].

¿Podría así utilizarse para ese legado de los muertos, aunque de forma un tanto primaria y terrenal, la sentencia evangélica: muchos son los llamados y pocos los escogidos? (Mt. 22, 14).

---

[65] I. Andric, *Crónica de Travnik,* Barcelona, Debate, 2001, pág. 67.

Conclusión

Dentro de lo aparentemente simple —ya sea separación de cuerpo y alma, ya sea mero cese de la actividad física—, la muerte es un fenómeno al que las distintas sociedades han cargado de complejidad. Tanta como para que este libro admita ese subtítulo de contraposición (o ¿complementariedad?) entre realidad y sentimientos despertados. El Medievo propagó la creencia en diversas muertes, más allá de lo que hoy consideramos unívocamente por tal, cargando el vocablo de retórica y simbolismo.

En la base del cristianismo se situaba la especial muerte de su fundador, a la que se daba un significado salvífico. Se le dotaba con ello de un particular misterio y atractivo que, a su modo y manera, se trasladaba a lo que era el ineluctable final de todos y cada uno de los seres humanos. Los personajes más relevantes por sus condiciones sociales o morales constituirían los modelos y contramodelos con los que la *intelligentsia* del Medievo, casi en exlusiva vinculada al estamento eclesiástico, creará una filosofía de la vida y de la muerte con la que impregnar al conjunto de la sociedad. Filosofía que tiene uno de sus puntales en ese desdoblamiento semántico del vocablo «muerte» atribuido tanto a la extinción física (muerte *primera*) como a la caída en el pecado o a la condenación: la muerte *segunda,* que debía ser la más temida. Sobre esa dualidad surgirá toda una batería de figuras retóricas a fin de ocultar, o al menos suavizar, lo que era ese dramático paso marcado por la extinción física.

La existencia del miedo, o del respeto sumo, a la muerte en la Edad Media constituye un tema sobre el que los distintos especialistas no dejan de especular. ¿Desde qué momento se daría esa sensación? La respuesta no es fácil si tenemos en cuenta que muchos de los testimonios con los que jugamos tienen unas raíces cronológicas más profundas de lo que habitualmente se admite. Es el caso de las danzas de la muerte, a las que se considera quintaesencia del sentimiento de la muerte en los siglos finales del Medievo pero cuyos orígenes son mucho más remotos. Otro tanto podría decirse del *ars moriendi*, que, culminado institucionalmente con la recepción de tres sacramentos (penitencia, comunión y unción final), se expandiría en el Bajo Medievo, aunque su filosofía se remontaría a los orígenes mismos de la cultura de la muerte cristiana. Y algo similar cabría decir del *contemptus mundi* como sentimiento difundido desde la más rígida ascética cristiana. Una amarga filosofía que, paradójicamente, podía transformarse en posible salida a los problemas y miserias de esta vida presente.

A la grey se inculcará no tanto una búsqueda de la muerte como una paciente, serena... y vigilante espera sobre la base de que Dios era el señor de la vida (y de la muerte). Y, tratándose de una *muerte propia* como destino para el conjunto de la humanidad, en manos de nadie estaba saber ni el día ni la hora. El martirio era quizás la única forma de muerte deseada que resultaba aceptable. Pero estaba también recubierta de una cierta pátina de ambigüedad. Por un lado se consideraba que era el fin más noble, ya que asociaba al que la recibía con el mismo Cristo o con los testigos de la fe de tiempo de las persecuciones imperiales. Por otro, sin embargo, ciertas homologaciones martiriales aplicadas a personajes destacados social o moralmente podían parecer excesivas a algunas mentes críticas. Serán los casos de luchadores caídos en combate en defensa de la fe, especialmente frente al islam. La otra cara de la muerte deseada es el atentado contra la vida propia —el suicidio—, que es un especial crimen contra la vida, que es un don de Dios y a él solo corresponde ponerle fin. El suicidio, se ha dicho, es el *summum* no del lógico miedo a la muerte sino a la misma vida.

Cuando el romanticismo, a través de Goethe, ponga de moda la muerte por amor[1] con el especial caso protagonizado por el joven Werther, se daría un gran cambio en cuanto a la actitud ante la muerte y su ritual: su acristianización. Sin embargo, no estamos aún ante una transformación total a propósito de este tema. Unos años más tarde, y dentro de una corriente del romanticismo calificable de tradicional, Chateaubriand pondrá como estrambote al suicidio de Atala, reconciliada *in extremis,* una confianza en la religión de sus mayores: «la victoria del cristianismo sobre el más ardiente de todos los sentimientos y el peor de todos los temores: el amor y la muerte»[2].

La descreencia en un más allá después de la muerte ha resultado prácticamente inexplicable en todas las corrientes religiosas a lo largo de la historia. En el presente, y dentro de las sociedades de raíces cristianas, resulta ya poco frecuente comulgar con esos espacios (o estados) del más allá que el Medievo contribuyó a articular bien a través de las grandes construcciones teológicas, bien a través de una rica literatura popular. La espléndida recreación dantiana es para el común una «divina» representación (muy diferente a la posterior balzaquiana comedia «humana») de lo que a los mortales les espera al poco de la separación de almas y cuerpos. Esa metamorfosis de la que ha hablado algún especialista en el genial autor florentino. Pero también, a su modo y manera, esas representaciones de los mundos del más allá supondrían un intento de racionalizar para el común de los cristianos aquellas creencias que se les habían inculcado.

El Medievo, como ha recordado Alexander Murray, fue una edad de la fe pero también de la razón... aunque no del racionalismo entendiendo por tal «la creencia sistemática en la razón como el

---

[1] Aunque, como se ha destacado, el adelantado de este tipo de sentimientos sería Jean-Jacques Rousseau con *La nueva Eloísa;* véase M. Cranston, *El romanticismo, op. cit.,* págs. 20-23.

[2] R. Chateaubriand, «Atala», *op. cit.,* pág. 201.

único método de hallar la verdad»[3]. La *invención* del purgatorio como tercer lugar es una forma de trasladar al más allá lo que en el más acá era la progresiva distinción entre categorías de pecados. La razón humana no tenía por qué aceptar que todos ellos, sin distinción, tuvieran que ser objeto de condenación eterna. Entre la muerte primera (física) y la muerte segunda (condenación eterna) debía caber una situación intermedia. Junto al paraíso y el infierno, la propia explicación de la existencia del purgatorio, sugirió J. Le Goff, tenía bastante que ver con esa división tripartita de la sociedad consagrada en la plenitud medieval. Y también con esa economía crediticia que igualmente toma cuerpo por los mismos años; algo que permite aplazar el pago de las deudas y que hace posible que el usurero, figura generalmente execrable, pueda conservar su bolsa en este mundo y no perder en el futuro la vida eterna[4].

Investigar sobre la muerte en cualquier momento del pasado (cuando su omnipresencia podía resultar sordamente ominosa) y bucear en ella hoy día (cuando la obsesión por ampliar la esperanza de vida puede hacerse agobiante)[5] seguirán dando pie a muchas páginas como estas a las que ahora se pone fin.

---

[3] A. Murray, *Razón y sociedad en la Edad Media*, Madrid, Taurus, 1982, pág. 19.
[4] J. Le Goff, *La bolsa y la vida. Economía y religión en la Edad Media*, Barcelona, Gedisa, 1987, especialmente págs. 95 y ss.
[5] En el tiempo en que se redactó este libro (años 2016-2017) la esperanza de vida en España era de las más altas del mundo: 80,3 años para varones y 85,6 para mujeres. Por el contrario, el índice de fecundidad (2016) era de los más bajos: 1,33 hijos por mujer, cuando el relevo generacional estaba en el 2,1. Datos que abonarían una cierta alarma en sectores de opinión preocupados por un futuro a medio plazo.

Apéndice

Textos y documentos

1

Lágrimas y salmos en la muerte de Mónica (387), madre de Agustín de Hipona

A la par que le cerraba los ojos, una tristeza inmensa se agolpaba en mi corazón e iba revolviéndose en lágrimas. Simultáneamente, mis ojos, ante la orden tajante de mi espíritu, reabsorbían su fuente hasta secarla. Era una lucha que me hacía mucho mal. Al rendir ella el último suspiro, Adeodato rompió a llorar a gritos. Pero acabó por serenarse, calmado por todos nosotros. Así pues, del mismo modo, lo que en mí había de pueril y que resolvía en llanto quedaba reprimido por la voz adulta, por la voz de la mente.

Pensábamos que no era conveniente celebrar aquel funeral entre lamentos, lágrimas y gemidos, porque con tales extremos se deplora de ordinario cierta especie de miseria de los que mueren, algo así como su extinción total. Pero ella no se moría miserablemente ni moría totalmente. Estábamos plenamente seguros de ello por el testimonio de sus costumbres y por su fe no fingida, que son la mayor garantía de seguridad.

Pero entonces ¿qué es lo que tanto me dolía interiormente, sino la herida reciente provocada por el repentino desgarro de aquella costumbre tan dulce y tan querida de la convivencia? Es cierto que me sentía reconfortado con el testimonio que me había brindado durante su última enfermedad: como respuesta cariñosa a mis atenciones por ella, me llamaba piadoso. Con grandes muestras de cariño, recordaba que nunca había oído de mis labios la menor pulla o expresión dura ni ofensiva contra ella.

Pero, Dios mío, que nos has creado, ¿qué era este respeto y honor que yo le había guardado en comparación de la esclavitud a que ella se había sometido por mí? Por eso, al verme abandonado de aquel gran consuelo que su persona me proporcionaba, sentía el alma herida y mi vida casi despedazada. Esa vida que había llegado a ser una sola con la suya.

Después de calmar el llanto del niño, Evodio tomó el salterio y entonó un salmo. Toda la casa le respondía: Voy a cantar tu bondad y tu justicia, Señor. Enterados de lo que ocurría, se dieron cita allí muchos hermanos y piadosas mujeres. Mientras los encargados se ocupaban de los funerales, yo me retiré a un lugar donde oportunamente pudiera hablar con los amigos, que no habían estimado conveniente dejarme solo. Hablaba con ellos sobre temas relativos a las circunstancias. Con el bálsamo de la verdad iba mitigando mi tormento, conocido por ti, pero ignorado por ellos. Me escuchaban con toda educación y me consideraban insensible al dolor.

Pero yo reprendía a tus oídos, donde ninguno de ellos podía oírme, mi debilidad de sentimientos, a la vez que trataba de bloquear aquella oleada de tristeza. Esta cedía un poquito, pero luego volvía con empuje aunque no se resolviera en lágrimas ni me alterara el semblante. Bien sabía yo la pena que sofocaba en mi corazón. Y como me desagradaba muchísimo que estos achaques humanos tuvieran tanto poder sobre mí, cosa que es forzoso que ocurra debido tanto al orden natural de las cosas como a nuestra propia condición, me dolía de mi dolor con otro nuevo dolor, y una tristeza redoblada me iba consumiendo.

Tras levantar el cadáver, lo acompañamos, y luego volvimos sin llorar. Ni siquiera en aquellas oraciones que te dirigimos cuando se ofrecía por ella el sacrificio de nuestro rescate, con el cadáver al pie de la tumba y antes de su inhumación, según costumbre de allí, ni siquiera en esas oraciones, repito, lloré, sino que toda la jornada me invadió una profunda tristeza interior. Mentalmente desconcertado, te pedía, como me era posible, que curases mi dolor. Pero tú no lo hacías, según creo, para que fijara en mi memoria, al menos con esta única prueba, la fuerza vinculante de la costumbre incluso para un alma que ya se alimenta de la palabra no falaz...

Y en la soledad de mi lecho me vinieron a la memoria aquellos versos tan acertados de tu Ambrosio, que dicen así:

> Dios, que hiciste con mano poderosa
> la máquina del mundo primorosa
> por cuya providencia soberana
> el día se engalana
> con luz resplandeciente, y le da entrada
> a la noche callada
> que repara los miembros fatigados
> para que, por el sueño confortados,
> vuelvan a su ejercicio laborioso.
> Asimismo, las almas angustiadas
> con cuidados, disgustos, sutilezas
> mediante el sueño miran aliviadas
> sus penas, aflicciones y tristezas.

(San Agustín, *Confesiones* [ed. de J. Cosgaya, 5.ª ed.], Madrid, BAC, 2000, págs. 300-202).

2

Preparación para la muerte: ejemplo del rey Fernando I de Castilla y León (27 de diciembre de 1065)

El capítulo de como el rey don Fernando seyendo cierto del dia del su finamiento, partio los sus regnos et las tierras a sus fijos et dio su parte a las fijas.

Este rey don Fernando el Magno, pues que el sancto confessor sant Esidro le dixo el dia de su finamiento yl fizo cierto dend en aquel aparecimento que se lo mostro, dalli adelante ouo mayormientre cuedado de desembargar su alma de sus peccados pora enuiarla limpia al su criador Dios, et guisar por que los regnos et la tierra que Dios le diera a mantener después de su uida non fincasse en periglo. Temiendo que después de su muerte que aurie contienda et pelea entre sus fijos, partioles el regno en su uida festa guisa:

Los fijos et la fijas eran estos: don Sancho, don Alfonsso, don Garcia, donna Vrraca, donna Eluira; pues el rey don Fernando en la partida que fizo de los regnos, dio a don Sancho, que era el mayor, desde el rio Pisuerga a alla, Castiella et Naiera con quanto que es aquende Ebro; dio a don Alffonso, que era el mediano, Leon et Asturias et Tresmiera fasta el rio Oue, et Astorga et una partida del Campo de los godos, esto es de Campos, et Beriz fasta Villa Hux que es en mont Ezebrero; dio a donna Vrraca, que era la mayor hermana, de tierra de Leon la çibdad de Çamora con todos sus términos, et la meatad dell infantadgo; dio a donna Eluira, la hermana menor, Toro con sus terminos et la otra meatat dell inffantadgo; dio a don Garcia, que era ell hermano menor, tod el regno de Gallizia con aquello que el mismo ganara del regno de Portugal.

Quando el rey don Fernando esta partida fizo de su tierra entre sus fijos, ell infant don Sancho, que era el mayor hermano, non lo touo por bien; antes le peso, e dixo a su padre que lo non podie fazer, ca los godos antiguamientre fizieran su postura entresi que nunca fuesse partido el imperio de Espanna, mas que siempre fuesse todo de su señor, et que por esta razón non lo deuie partir nin podíe, pues que Dios lo auie ayuntado en el lo mas dello. Et el rey don Fernando dixo estonces que lo non dexarie de fazer por esso. Dixol estonces don Sancho: «vos fazet lo que quisieredes, mas yo non lo otorgo». Et finco assi esta partida entredicha de parte del rey don Sancho. Et empos esto a pocos días enfermo el rey don Fernando, et fizosse luego levar a Leon.

Et entro en la cibdad sábado XXIIII días andados de deziembre, et fue como solie, los ynoios fitos, et aoro los cuerpos de los sanctos pidiéndoles mercet por la su alma que los angeles la leuassen. Et en quella misma noche vigilia de Nauidad souo el rey a los matines cantando con los clérigos esso que el podie, maguer que era enfermo. Quando fue de dia llamo los obispos, et cantaronle la missa muy altamientre, et fizo el su confession general de quanto se acordaua fasta aquel dia en que era et muy complidamientre, et recibió el cuerpo de Nuestro Sennor Jhesu Cristo. Et allí mando llamar a Roy Diaz el Çid que era y, et comendol sus fijos et sus fijas que los conseiasse bien et touiesse con ellos do mester les fuesse. Et fizo allí yurar a sus fijos que non fuesen unos contra otros, et que uisquiesse cada uno en paz en lo suyo, ca assaz les dexaua en que; et a sus hermanas que les non tomassen nada de lo que les el daua, mas que las guardasen. Et prometieronle allí todos que assi lo complirien, el Cid lo quel mandaua, et los fijos otro tal, sinon don Sancho que lo non otorgo tod aquello paladinamientre por la razon de la partida de los regnos. Sobresso mando el rey a todos sus fijos que se guiassen por el conseio del Çid Roy Diaz, et non le saliessen de mandado.

Otro dia de Nabidad mando el rey don Fernando llamar los obispos et los abades et los omnes de orden et fizosse leuar a la eglesia, et uistiosse de sus pannos muy nobles assi como conuinie a rey et pusose la corona en la cabeça ant el cuerpo de sant Esidro, et llamo a Dios, et dixo assi: «Sennor, tuyo es el poder et tuyo es el regno, et tu eres sobre todos los reys et sobre todas las yentes, et todas las cosas son a tu mandamiento. Pues Sennor, tornote yo agora el regno que me diste; mas pidote mercet que la mi alma sea puesta en la luz que non a fin». Quando esto ouo dicho el rey don Fernando contra Dios, desnuyosse los pannos nobles que uistie, et tiro la corona de su cabeça, et uistiosse çilicio, et rogando a Dios, fizo de cabo su penitencia de quantos yerros auio fechos a Dios, et tomo de los obispos soltura ende quel asoluieron de todos, et recibió alli la postremera unción, et esparzio ceniza sobressi, et visco después dos días llorando en penitencia. Al tercero dia quando a ora de sesta en el dia de sant Johan euangelista, seyendo el ya de muchos días, dio a Dios la su alma sin manziella. Et fue enterrado cerca de su padre en aquella iglesia misma de Sant Esidro.

(II tomo de la tercera reimpresión de la *Primera crónica general de España,* editada por Ramón Menéndez Pidal con un estudio actualizador de Diego Catalán, Madrid, Gredos, 1977, págs. 493-494).

3

VISIÓN DEL MÁS ALLÁ DE SAN BRANDÁN
Y SUS COMPAÑEROS (SIGLO XIII)

Con el amanecer no tardaron mucho en darse cuenta que se iban acercando a algún lugar firme: una montaña envuelta en nubes; hacia allí les iba empujando el viento con apretura.

Pronto llegaron a la orilla, pero el acceso era muy escarpado. Entre todos los viajeros, ninguno pudo apreciar qué altura tendría esta montaña: por encima de las nubes se elevaba a más altura que lo que parecía desde la orilla, al pie de la misma; y la tierra es negrísima, como no han visto en todo el viaje.

Por qué motivo, nunca lo supieron sus compañeros, salta uno de ellos a tierra; en seguida lo perderían de vista. Todos oyeron lo que él les dijo, pero solo el abad pudo ver cuanto ocurrió:

«¡Señor!» gritaba, «me están apartando de vos, apresando por mis pecados, como sabéis».

Y el abad está viendo cómo está siendo arrastrado, por cien diablos vociferantes.

Huyen de allí los viajeros, marchándose a otra parte, y se miran unos a otros, asustados: despejada ya de nubes la montaña, ante sus ojos, abierto de par en par, aparece el infierno.

Fuego y llamas echa el infierno, y palos candentes y cuchillas, y pez y azufre, que salen disparados hasta las nubes, y recogen como suyos los demonios cuando vuelven a caer en su recinto.

Con enseñas de peregrinos ha armado Brandán a los hermanos, y así logra sacarlos de aquel lugar.

(Benedeit, *El viaje de San Brandán* [ed. de M. J. Lemarchand], Madrid, Siruela, 1983, págs. 43-44).

4

NO RESUCITAREMOS PARA EL MISMO MODO DE VIVIR

Aunque todos los hombres resucitarán con identidad numérica, sin embargo, no tendrán el mismo modo de vivir. Ahora gozan de una vida corruptible; entonces gozarán de una vida incorruptible; porque si la naturaleza en la generación del hombre tiene por fin la perpetuidad, con mayor razón Dios se propondrá la perpetuidad en la restauración del hombre. La tendencia de la naturaleza a la perpetuidad procede de que es movida por Dios. En la restauración del hombre resucitado no se atiende a la perpetuidad de la especie, porque esto podía conseguirse por la continuidad de la generación; a lo que se atiende es a la perpetuidad del individuo. De aquí es necesario deducir que los hombres, después de la resurrección, vivirán eternamente. Además, si los hombres después de la resurrección murieran de nuevo, las almas separadas de los cuerpos no podrían quedar eternamente privadas del cuerpo, porque sería contra la naturaleza del alma, como hemos demostrado antes. Necesario sería que resucitasen de nuevo, y lo mismo volvería a suceder si después de la segunda resurrección volvieran a morir. Si esto fuera así, la vida y la muerte se reproducirían en un mismo hombre en un círculo infinito, lo cual es un absurdo, y por lo mismo debemos fijarnos en la primera aserción, a saber; que los hombres, después de la primera resurrección, gozarán de la inmortalidad. Esta destrucción de la mortalidad no producirá diversidad ni en la especie ni en el número. En efecto, la mortalidad, según su razón propia, no puede ser de diferencia específica del hombre, supuesto que designa cierta pasión; la mortalidad está tomada en lugar de diferencia del hombre, a fin de que llamándole mortal, se designe la naturaleza del hombre, a la manera que llamándole racional se designa su forma propia, porque las cosas materiales no pueden ser definidas sin materia. La destrucción de la mortalidad no es producida por la separación de la materia propia, porque el alma no volverá a tomar un cuerpo celeste o aéreo, como se dijo antes, sino un cuerpo humano, compuesto de contrarios. La incorruptibilidad, sin embargo, se unirá al cuerpo por la fuerza del poder divino, mediante el cual el alma tendrá tal imperio sobre el cuerpo, que ya no podrá corromperse. Y esto será así, porque una cosa se mantiene en su ser tan largo tiempo como la materia esté bajo el imperio de la forma.

>(Tomás de Aquino, *Compendio de teología* [ed. de F. J. Fortuny y L. Carbonero], Barcelona, Orbis, 1986, págs. 125-126).

5

El milagro y su capacidad resucitadora

De esto os diré un milagro muy maravilloso, que es sabroso y digno de ser oído sin prisas // que hizo Santa María: de un hombre que hacía muchos males cada día, andando en un bosque // Porque asaltaba los caminos, y robaba panes y vinos, a los pobres, además del oro y la plata // y lo demás que hallaba, porque no dejaba nada. Pero confiaba mucho en Aquella que desata el mal // así que guardaba las vigilias de sus días y entonces no hacía fechorías y ni una zapatilla siquiera // robaba a nadie. Además, quien le pidiese algo por la Virgen que contase que era cosa hecha // y dar lo que tenía por amor a la Reina. Pero una muerte súbita que mata // a muchos, aína lo mató, pronto, a él; y una hueste de demonios por lo alto de una cuesta se lo llevaron, mucho más lejos que a Damiata // y lo maltrataron y lo pusieron tal como un paño de escarlata // Mas su madre, cuitada, hubo rogado mucho a la Virgen sagrada que ata a los demonios // que le devolviese a su hijo, y que lo hiciese vivir, y que al demonio pusiese rostro de gata // Su oración fue oída por la Virgen cumplida y luego le dio vida; desde entonces lo guardó diligente de la muy fea muerte // del infierno, y él hizo de grado los mandamientos de la Virgen que acaba con los males.

>(Alfonso X el Sabio, *Cantigas de Santa María* [ed. de J. Filgueira Valverde], Madrid, Castalia, 1985, pág. 297).

6

EL PODER LETAL DE LA ENFERMEDAD:
LA PESTE NEGRA (1347-1348)

En el año de Cristo de 1347, como parece que ocurre siempre después de una época de carestía y hambre, comenzó a darse en Florencia y en el *contado* enfermedad, luego mortalidad de gente, especialmente mujeres y niños, en general gente pobre. Esto duró hasta el mes de noviembre del año siguiente. Pero esta mortalidad no fue tan grande como la del año 1340, como hemos dicho antes. Se estimó que murieron en este tiempo más de 4.000 personas en su mayor parte mujeres y niños. Murieron en proporción de uno sobre veinte. El cálculo se hizo *grosso modo,* que de otra manera es imposible en una ciudad tan grande como Florencia. La comuna ordenó que no se debía anunciar ninguna muerte ni hacer sonar las campanas de las iglesias donde se enterraban los muertos, para que la gente no se asustase al saber de tantos difuntos. Esta mortalidad fue anunciada por los maestros de astrología; decían que cuando se produjo el solsticio de invierno, es decir cuando el sol entró en el principio de Aries en el mes de marzo pasado, el ascendente en dicho solsticio fue el signo de la Virgen y su señor, es decir el planeta de Mercurio, se encontró en el signo de Aries en la octava casa, lo que significa muerte y si no hubiese sido porque el planeta de Júpiter —que trae fortuna y vida— se encontró con el mencionado Mercurio en la mencionada casa y signo, la mortalidad hubiera sido infinita, si Dios lo hubiese querido. Pero nosotros debemos creer y tener por cierto que Dios permite las mencionadas pestilencias y las restantes desdichas que caen sobre los pueblos, las ciudades y las regiones como castigo de los pecados, y no solamente por el curso de los planetas y de las estrellas, aunque a veces, como señor del universo y del curso del cielo, según le place y cuando así lo quiere, hace acordar el curso de las estrellas a su juicio. Y baste lo dicho con respecto a Florencia y a sus alrededores en relación con las palabras de los astrólogos. La mortalidad que sufrieron Pistoia y Prato fue mayor que la de Florencia. Mayor aún en Bolonia y Romagna. Más grande todavía en Avignon, en Provenza, donde estaba la corte del Papa, y en todo el reino de Francia...

> (Giovanni Villani, *Crónicas florentinas* [selección y edición de Nilda Guglielmi], Buenos Aires, Centro Editor de América Latina, 1967, págs. 137-138).

7

Muerte y prisión en combate: la jornada Azincourt (1415)

Allí, en el lugar llamado Azincourt, en las cercanías de Rousseauville tuvo lugar la batalla el 25 de octubre, día de San Crispín y San Crispiniano. Los franceses (que doblaban en número a los ingleses) fueron batidos y muertos siendo capturados los más grandes señores de Francia.

Entre los primeros, el duque de Brabante y el conde de Nevers, hermanos del duque de Borgoña; el duque de Alençon, el duque de Bar, el condestable de Francia Carlos d'Albret, el conde de Marle, el conde de Roucy, el conde de Salm, el conde de Vaudémont, el conde de Dammartin, el marqués de Pont. Los citados fueron muertos en la batalla, aparte de tres mil espuelas de oro (caballeros distinguidos). Entre los conducidos prisioneros a Inglaterra se encontraban el duque de Orleans, el duque de Borbon, el conde de Eu, el conde de Richemont, el conde de Vendôme, el mariscal Boucicaut, el hijo del rey de Armenia, el señor de Torcy, el señor de Heilly, el señor de Mouy (monseñor de Savoisy) y otros caballeros y escuderos de los que se desconoce el nombre. Jamás desde la venida de Dios al mundo se habían hecho tantos prisioneros en Francia, ni por los sarracenos ni por otros. Además murieron varios bailíos de Francia que habían conducido las tropas de las comunas de sus bailiajes. Todos fueron muertos por la espada, como el bailío de Vermandois y sus gentes; el bailío de Mâcon y los suyos, el de Sens y sus gentes, el de Caen y sus gentes, el de Meaux y sus gentes. Se decía que quienes habían sido hechos prisioneros no habían sido buenos ni leales para con aquellos que murieron en la batalla.

(*Journal d'un bourgeois de Paris de 1405 à 1449* [ed. de C. Beaune], París, Librairie générale française, 1990, págs. 87-89).

8

El sentido socialmente igualitario de la muerte según *Las Danzas de la Muerte*

I. Yo só la Muerte cierta a todas criaturas
    que son e serán en el mundo durante;
    demando y digo: ¡Oh homne! ¿Por qué curas
    de vida tan breve, en punto pasante?
    Pues non hay tan fuerte nin recio gigante
    que desde mi arco se pueda amparar,
    conviene que mueras, cuando lo tirar,
    con esta mi frecha cruel, traspasante.

II. ¿Qué locura es esta tan magnifiesta?
    ¿Qué piensas tú, homne, que el otro morrá
    e tú quedarás, por ser bien compuesta
    la tu complisión, e que durará?
    Non eres cierto, si en punto verná
    sobre ti a deshora alguna corrupción,
    de landre o carbonco o tal implisión,
    porque el tu vil cuerpo se desatará.

III. ¿O piensas por ser mancebo valiente,
    o niño de días, que a lueñe estaré,
    e fasta que llegues a viejo impotente,
    yo la mi venida me detardaré?
    Avísate bien que yo llegaré
    a ti a deshora, que non he cuidado,
    que tú seas mancebo o viejo cansado,
    que cual te fallare, tal te levaré.

IV. La plática ser la pura verdad
aquesto que digo, sin otra fallencia,
la Santa Escriptura con certenidad
da sobre todo su firme sentencia;
a todos diciendo: Faced penitencia,
que a morir habedes, non sabedes cuándo;
si non verd el fraire que está pedricando,
mirad lo que dice de su grand sabiencia.

(«La danza de la muerte, Códice del Escorial, *ca.* 1440», en Hans Holbein, *La danza de la muerte. Seguido de un texto de John Ruskin y del Códice del Escorial* [ed. de J. Barja y J. Calatrava], Madrid, Abada, 2008, págs. 140-141).

9

Triunfo de la Eternidad en Francesco Petrarca *(ca.* 1356) (Después de los triunfos del amor, pudor, muerte, fama y tiempo)

Estos cinco triunfos en la tierra
hemos llegado a ver, y al fin el sexto,
si quiere Dios, veremos allá arriba...

Y el tiempo, en deshacer todo tan presto,
y la Muerte en lo suyo tan avara
yacerán muertos, juntos uno y otra.

Y aquellos que la Fama merecieron,
que extinguió el Tiempo, y cuyos bellos rostros
hizo afear el Tiempo con la Muerte,

cuando vuelvan de nuevo a ser hermosos,
dejarán a la Muerte la tristeza
y a los días ladrones el olvido;

en la edad más florida y más lozana
tendrán eterna fama y hermosura
Mas delante de todas las que vuelvan

está la que llorando el mundo llama
con mi pluma cansada y con mi lengua,
y a la que entera el cielo ver desea...

(Francesco Petrarca, *Triunfos* [ed. de J. Cortines y M. Carrera], Madrid, Editora Nacional, 1983, págs. 195-197).

10

FORMAS DE VIDA EN UN AUTOR CASTELLANO DE FINALES DEL MEDIEVO

Non se os haga tan amarga
la batalla temerosa
qu'esperays
pues otra vida más larga
de fama tan gloriosa
acá dexáys
Aunqu'esta vida d'onor
tampoco non es eternal
ni verdadera;
mas, con todo, es muy mejor
que la otra temporal,
peresçedera.

(Jorge Manrique, «Coplas de Don Jorge Manrique por la muerte de su padre», en *Poesía* [ed. de G. Caravaggi], Madrid, Taurus, 1984, pág. 130).

Siglas

SIGLAS MÁS COMUNES

AEM	*Anuario de Estudios Medievales.*
AESC	*Annales. Économies. Sociétés. Civilizations.*
AHDE	*Anuario de Historia del Derecho Español.*
BAC	Biblioteca de Autores Cristianos.
BAE	Biblioteca de Autores Españoles.
CSIC	Consejo Superior de Investigaciones Científicas.
EUNSA	Ediciones de la Universidad de Navarra Sociedad Anónima.
FCE	Fondo de Cultura Económica.
MGH	Monumenta Germaniae Historica.
PL	Patrología Latina, J. P. Migne.
PUF	Presses Universitaires de France.
VV.AA.	Varios autores.

Bibliografía

Selección de fuentes primarias

Abelardo, Pedro, *Cartas de Abelardo y Heloísa* (ed. de C. Riera y P. Zumthor), Palma de Mallorca, Olañeta Editor, 1982.
— *Ética o conócete a ti mismo* (ed. de P. R. Santidrián), Madrid, Tecnos, 1990.
Adalberón de Laón, *Poème au roi Robert* (ed. de C. Carozzi), París, Les Belles Lettres, 1979.
Aelred de Rievaulx, *Life of St. Edward the Confessor* (ed. de Fr. J. Bertram), Southampton, The Saint Austin Press, 1997.
Agustín, San, «De la gracia de Jesucristo y del pecado original», en *Obras completas de san Agustín* (ed. de V. Capánaga), t. VI, Madrid, BAE, 1956.
— *Ideario* (selección y estudio de A. Martínez), Madrid, Austral, 1957.
— *La ciudad de Dios* (ed. de F. Montes de Oca), México, Porrúa, 1978.
— *Tratado catequístico* (ed. de A. Seage), Sevilla, Apostolado Mariano, 1991.
— *Confesiones* (ed. de J. Cosgaya), Madrid, BAC, 2000.
Alfonso de Palencia, *Crónica de Enrique IV*, 3 vols. (ed. de A. Paz y Meliá), Madrid, BAE, 1973-1975.
Alfonso X el Sabio, *Código de las Siete Partidas,* 3 vols. (ed. del licenciado Gregorio López), Salamanca, Andrea de Portonaris, 1555.
— *Primera crónica general de España* (ed. de R. Menéndez Pidal), Madrid, Gredos, 1977.
— *Cantigas de Santa María* (ed. y adaptación de J. Filgueira), Madrid, Castalia, 1985.

Alighieri, Dante, *Vida nueva* (ed. de F. Almela), Madrid, Aguilar, 1931.
— *La Divina Comedia* (ed. de A. Echevarria y C. Alvar), Madrid, Alianza Editorial, 2014.
Ambrosio de Milán, *De bono mortis liber unus,* PL 7 14.
— *La iniciación cristiana* (ed. de J. de C. Basevi), Madrid, Rialp, 1977.
Amiano Marcelino, *Historia* (ed. de M. L. Harto), Madrid, Akal, 2002.
Andrés el Capellán (Andreas Capellanus), *De amore (Tratado sobre el amor)* (ed. de I. Creixell), Barcelona, Quaderns Crema, 1985.
Ángela de Foligno, *Libro de la vida* (ed. de T. H. Martí), Salamanca, Sígueme, 1991.
Anselmo de Canterbury, San, *Cur Deus Homo?* (ed. de Sidney Norton Deane), Forth Worth, Texas, 2005 (original de 1903).
Arcipreste de Hita, *Libro de buen amor* (ed. de A. Blecua), Madrid, Cátedra, 1992.
Arte de buen morir y breve confesionario (ed. de F. Gago Jover), Barcelona, Medio Maravedí, 1999.
Atanasio, San, *Vida de san Antonio Abad* (ed. de A. Ballano), Zamora, Monte Casino, 1975.
Beato de Liébana, *Obras completas* (ed. de J. González Echegaray, A. del Campo y L. A. Freeman), Madrid, BAC, 1995.
Beda, *A History of the English Church and People* (ed. de L. Sherley-Price y R. E. Latham), Londres, Penguin Books, 1968.
Benedeit, *El viaje de San Brandán* (ed. de M. J. Lemarchand), Madrid, Siruela, 1983.
Benito, San, *Regla del gran patriarca San Benito,* Burgos, Abadía de Santo Domingo de Silos, 1993.
Berceo, Gonzalo de, *Obra completa* (ed. de B. Dutton *et al.),* Madrid, Espasa Calpe, 1992.
Bernardo de Claraval, *Textes politiques* (ed. de P. Zumthor), París, Union Général de Éditions, 1986.
— *Elogio de la nueva milicia templaria* (ed. de J. Martín Lalanda), Madrid, Siruela, 1994.
— *Obras completas,* VI (Sermones varios), Madrid, BAC, 2016.
Boccaccio, Giovanni, *El Decamerón* (ed. de J. G. de Luaces), Barcelona, Plaza y Janés, 1973.
— *Vida de Dante* (ed. de C. Alvar), Madrid, Alianza Editorial, 1993.
Boecio, *Consolación de la filosofía* (ed. de P. Masa), Madrid, Sarpe, 1984.
— *Courts traités de Théologie. Opuscula sacra* (ed. de H. Merle), París, Cerf, 1991.

Brant, Sebastian, *La nave de los necios* (ed. de A. Regales), Madrid, Akal, 1998.
Buenaventura, San, «Breviloquium», en *Obras de San Buenaventura* (ed. de L. Amorós), Madrid, BAC, 1945.
Campos, J., *Juan de Biclaro, obispo de Gerona. Su vida y su obra*, edición crítica, Madrid, CSIC, 1960.
— *Idacio, obispo de Chaves. Su Cronicón*, Salamanca, Ediciones Calasancias, 1984.
Catalina de Siena, Santa, «El diálogo», en *Obras* (ed. de J. Salvador y Conde), Madrid, BAC, 1980.
Chaucer, Geoffrey, *Cuentos de Canterbury* (ed. de P. Guardia), Madrid, Cátedra, 1987.
Cicerón, *Sobre la vejez. Sobre la amistad* (ed. de E. Torrego Salcedo), Madrid, Alianza Editorial, 2009.
Cipriano de Cartago, «Sobre la peste», en *Obras completas* (ed. de J. Campos), Madrid, BAC, 1964.
Clara de Asís, Santa, *Escritos de Santa Clara y documentos complementarios* (ed. de M. I. Ormaechevarria), Madrid, BAC, 1982.
Commynes, Philippe de, *Mémoires sur Louis XI* (ed. de J. Dufournet), París, Gallimard, 1979.
Diego de Estella, Fray, *La vanidad del mundo* (ed. de Fr. Pío Sagüés), Madrid, Diputación de Navarra y Editorial Franciscana «Aránzazu», 1980.
Domingo de Guzmán, Santo, *Su vida. Su obra. Sus escritos* (ed. de M. Gelabert, J. M. Milagro y J. M. de Garganta), Madrid, BAC, 1966.
Dutton, B., y González Cuenca, J. (eds.), *Cancionero de Juan Alfonso de Baena*, Madrid, Visor, 1993.
Duvernoy, Jean (ed.), *Le registre de l'Inquisition de Jacques Fournier, évêque de Pamiers (1318-1325)*, 3 vols., Toulouse, Privat, 1965.
Eginhardo, *Vida de Carlomagno* (ed. de A. de Riquer), Barcelona, Promociones y Publicaciones Universitarias, 1986.
Eimeric, Nicolau, y Peña, Francisco, *El manual de los inquisidores* (ed. de L. Sala-Molins), Barcelona, Muchnik Editores, 1983.
El cantar de Roldán (ed. de M. de Riquer), Madrid, Austral, 1972.
Enríquez del Castillo, Diego, *Crónica del rey Don Enrique el cuarto*, BAE, vol. 70, Madrid, Atlas, 1953.
Ferrer, San Vicente, *Biografía y escritos* (ed. de J. M. de Garganta y V. Forcada), Madrid, BAC, 1956.
Francisco de Asís, San, *Escritos. Biografías. Documentos de la época* (ed. de J. A. Guerra), Madrid, BAC, 1980.

Froissart, Jean, *Chroniques* (ed. y selección de E. Bagué), Barcelona, Labor, 1949.
— *Crónicas* (selección y traducción de V. Cirlot y J. E. Ruiz Domenec), Madrid, Siruela, 1988.
Gelabert, M.; Milagro, J. M., y De Garganta, J. M. (eds.), *Santo Domingo de Guzmán. Su vida. Su obra. Sus escritos,* Madrid, BAC, 1966.
Glaber, Raúl, *Historias del primer mileno* (ed. de J. Torres Prieto), Madrid, CSIC, 2004.
González Dávila, Gil, *Historia de la vida y hechos del rey don Henrique III,* Madrid, 1638.
Gregorio de Tours, *Histoire des francs* (ed. de R. Latouche), París, Les Belles Lettres, 1999 (reproducción de la edición de 1963).
Gregorio Magno, *Vida de San Benito y otras historias de santos y demonios. Diálogos* (ed. de P. J. Galán), Madrid, Trotta, 2010.
Grimoaldo, *Vita Dominici Siliensis* (estudio, edición crítica y traducción de Vitalino Valcárcel), Logroño, Instituto de Estudios Riojanos, 1982.
Gui, Bernard, *Manuel de l'inquisiteur* (ed. de G. Mollat), París, Les Belles Lettres, 2006 (ed. original de 1926).
Guicciardini, Francesco, *Historia de Florencia (1378-1509)* (ed. de H. Gutiérrez), México, FCE, 1990.
Hildegarda de Bingen, *Vida y visiones* (ed. de V. Cirlot), Madrid, Siruela, 1997.
— *Scivias* (ed. de A. Castro Zafra y M. Castro), Madrid, Trotta, 1999.
Holbein, H., *La danza de la muerte. Seguido de un texto de John Ruskin y del Códice del Escorial* (ed. de J. Barja y J. Calatrava), Madrid, Abada, 2008.
Inocencio III, *De contemptu mundi sive de miseria conditionis humanae libri tres,* PL, t. CCXII.
Institoris, Enrique, y Sprenger, Jacobo, *El martillo de las brujas (Malleus maleficarum)* (ed. de M. Jiménez Monteseirín), Valladolid, Maxtor, 2004.
Isidoro de Sevilla, *Las historias de los godos, vándalos y suevos de Isidoro de Sevilla* (ed. de C. Rodríguez Alonso), León, CSIC, 1975.
— *Etimologías,* 2 vols. (ed. de J. Oroz Reta, M. A. Marcos Casquero y M. C. Díaz y Díaz), Madrid, BAC, 1983.
— *El libro de las sentencias* (ed. de M. Andreu y J. Oteo), Sevilla, Apostolado Mariano, 1991.
Jaime I, *Libro de los hechos* (ed. castellana de J. Butiñá), Madrid, Gredos, 2003.
Jean de Joinville, *Vie de saint Louis* (ed. de J. Monfrin), París, Garnier, 1995.
Jerónimo, San, *Cartas,* 2 vols. (ed. de D. Ruiz Bueno), Madrid, BAC, 1962.

Jiménez de Rada, Rodrigo, *Historia de los hechos de España* (ed. de J. Fernández Valverde), Madrid, Alianza Editorial, 1989.
Journal d'un bourgeois de Paris de 1405 à 1449 (ed. de C. Beaune), París, Librairie générale française, 1990.
Juan de Salisbury, *Policráticus* (ed. de M. A. Ladero, M. García y T. Zamarriego), Madrid, Editora Nacional, 1984.
Juan Manuel, Don, *Libro del conde Lucanor* (ed. de R. Ayerve-Chaux), Madrid, Alhambra, 1983.
Julián de Toledo, *Pronóstico del mundo futuro* (ed. de J. E. Oyarzun), Madrid, Ciudad Nueva, 2013.
Kempis, Tomás de, *La imitación de Cristo* (ed. de J. R. Nierenberg), Barcelona, Regina, 1947.
La muerte del rey Arturo (ed. de C. Alvar), Madrid, Alianza Editorial, 1980.
Lactancio, *Sobre la muerte de los perseguidores* (ed. de R. Teja), Madrid, Gredos, 1982.
Libro becerro de las behetrías de Castilla, 3 vols. (estudio y texto crítico de Gonzalo Martínez Díez), León, Centro de Estudios San Isidoro, 1981.
Libro de Alexandre (ed. de J. Cañas), Madrid, Editora Nacional, 1978.
Libro de miseria de omne (ed. de J. Cuesta), Madrid, Cátedra, 2012.
Llull, Ramón, *Blanquerna* (ed. de L. Riber), Madrid, Aguilar, 1944.
— *Provervis de Ramon* (ed. de S. García Palou), Madrid, Editora Nacional, 1978.
— *Libro de la orden de caballería* (ed. de L. A. de Cuenca), Madrid, Alianza Editorial, 1986.
— *Vida del maestro Ramón* (ed. de A. Bonner y J. M. Micó), Barcelona, Barcino, 2015.
Lopes, Fernão, *Crónica de D. João I,* 2 vols. (ed. de M. Lopes Almeida y A. de Magalhães Basto), Lisboa, Civilização Editora, 1983.
López de Ayala, Pero, *Crónicas de los reyes de Castilla* (Pedro I, Enrique II, Juan I y Enrique III), vols. 66 y 68, Madrid, BAE, 1953.
— *Libro rimado del Palaçio*, 2 vols. (ed. de J. Joset), Madrid, Alhambra, 1978.
Lorris, Guillaume de, y Meun, Jean de, *El libro de la rosa* (ed. de C. Alvar), Madrid, Siruela, 1986.
Lutero, Martín, *El Magníficat (seguido de método sencillo de oración)* (ed. de T. Egido), Salamanca, Sígueme, 2017.
Manrique, Jorge, *Poesía* (ed. de G. Caravaggi), Madrid, Taurus, 1984.
Maquiavelo, Nicolás, *Historia de Florencia* (ed. de F. Fernández Murga), Madrid, Alfaguara, 1979.

Marqués de Santillana, *Poesías completas,* 2 vols. (ed. de M. Durán), Madrid, Castalia, 1975-1980.
Martínez de Toledo, Alfonso, *Arcipreste de Talavera o Corbacho* (ed. de J. González Muela), Madrid, Castalia, 1970.
Mena, Juan de, *Laberinto de fortuna. Poemas menores* (ed. de M. A. Pérez), Madrid, Editora Nacional, 1976.
Metge, Bernat, *El sueño* (ed. de M. de Riquer), Barcelona, Planeta, 1985.
Moro, Tomás, *Piensa la muerte* (ed. de A. Silva), Madrid, Cristiandad, 2006.
Muntaner, Ramón, *Crónica* (ed. en castellano de J. F. Vidal Jové), Madrid, Alianza Editorial, 1970.
Orosio, *Historias,* 2 vols. (ed. de E. Sánchez Salor), Madrid, Gredos, 1982.
Otto de Freising y Rahewin, *Gestas de Federico Barbarroja* (ed. de E. Sánchez Salor), Cáceres, Universidad de Extremadura, 2016.
Pablo Diácono, *Historia de los longobardos* (ed. de P. Herrera), Cádiz, Universidad de Cádiz, 2006.
Pedro de Luna, cardenal, «Libro de las consolaciones de la vida humana», en *Escritores en prosa anteriores al siglo XV,* BAE, t. 51, Madrid, Atlas, 1952.
Pelhisson, Guillaume, *Chronique* (ed. de J. Duvernoy), Toulouse, Ousset, 1958.
Pérez de Guzmán, Fernán, *Generaciones y semblanzas,* vol. 68, Madrid, BAE, 1953.
Petrarca, Francesco, *Triunfos* (ed. de J. Cortines y M. Carrera), Madrid, Editora Nacional, 1982.
— *Cancionero* (ed. de A. Crespo), Barcelona, Bruguera, 1983.
— *Mi secreto. Epístolas* (ed. de R. Arqués y A. Sauri), Madrid, Cátedra, 2017.
Pío II, *Así fui Papa* (ed. y adaptación de las memorias de Eneas Silvio Piccolomini, papa Pío II, por A. Castro Zafra), Madrid, Merino, 1989.
Pisan, Christine de, *Le livre des faits et bonnes moeurs du sage roi Charles V* (ed. de J. Blanchard), París, Pocket, 2013.
Poema de Fernán González (ed. de H. Salvador), Madrid, Austral, 1995.
Poema de Mío Cid (ed. de Jimena Menéndez Pidal), Zaragoza, Clásicos Ebro, 1977.
Porete, Catalina, *Espejo de las almas simples* (ed. de B. Garí y A. Padrós-Wolff), Barcelona, Icaria, 1995.
Pulgar, Hernando del, *Claros varones de Castilla,* Madrid, Austral, 1948.
Rojas, Fernando de, *La Celestina* (ed. de F. C. Sainz de Robles), Madrid, Crisol, 1968.
Rutebeuf, *Poemas* (ed. de A. Martínez Pérez), Madrid, Gredos, 2002.

Saint-Pathus, Guillaume de, *Les miracles de Saint Louis,* París, Champion, 1932.
Séneca, *De la brevedad de la vida y otros escritos* (ed. de L. Riber), Madrid, Aguilar, 1987.
Suetonio, *Vidas de los doce césares,* 2 vols. (ed. de R. M. Cubas), Madrid, Gredos, 1992.
Tertuliano, *El Apologético* (ed. de J. Andión), Madrid, Ciudad Nueva, 1977.
Tomás de Aquino, *Suma teológica,* Madrid, BAC, 1954 y ss.
— *Compendio de teología* (ed. de J. Fortuny y L. Carbonero), Barcelona, Orbis, 1986.
— *La monarquía* (ed. de L. Robles y A. Chueca), Madrid, Tecnos, 1989.
— *Sobre la verdad. Cuestiones disputadas sobre la verdad* (ed. de J. Velarde), Madrid, Biblioteca Nueva, 2003.
Valera, Diego de, *Memorial de diversas hazañas,* vol. 70, Madrid, BAE, 1953.
Vaux de Cernay, Pierre des, *Histoire albigeoise* (ed. de P. Guebin y H. Maisonneuve), París, Vrin, 1951.
Venegas, Alejo, *Agonía del tránsito de la muerte* (ed. de R. Fiol), Madrid, Rialp, 1969.
Vicente de Beauvais, *Speculum maius,* 4 vols., Douai, 1624.
— *Epístola consolatoria por la muerte de un amigo* (ed. de J. Vergara y M. Calero), Madrid, BAC, 2006.
Villani, Giovanni, *Crónicas florentinas* (ed. y selección de N. Guglielmi), Buenos Aires, Centro Editor de América Latina, 1967.
Villon, François, *Poesía* (ed. de C. Alvar), Madrid, Alianza Editorial, 1980.
Vitry, Jacques de, *Histoire occidentale* (ed. de G. Duchet Suchaux y J. Longère), París, Cerf, 1997.
Vorágine, Jacobo de, *La légende dorée,* 2 vols. (ed. de J. B. M. Roze), París, Garnier-Flammarion, 1967.
VV.AA., *Cortes de los antiguos reinos de León y Castilla,* vols. I, II y III, Madrid, Real Academia de la Historia, 1861-1866.
VV.AA., *Crónicas de los reyes de Castilla,* I, II y III, vols. 66, 68 y 70, Madrid, BAE, 1953.
VV.AA., *Actas de los mártires* (ed. de D. Ruiz Bueno), Madrid, BAC, 1962.
VV.AA., *Sagrada Biblia* (ed. de S. de Ausejo), Barcelona, Herder, 1964.
VV.AA., *Lateranense I, II y III* (estudio y ed. de docs. de R. Foreville), Vitoria, Eset, 1972, y *Lateranense IV* (estudio y ed. de docs. de R. Foreville), Vitoria, Eset, 1973.
VV.AA., *Tristán e Iseo* (ed. de A. Yllera sobre textos de Thomas, Béroul, Eilhart y Gottfried), Madrid, Alianza Editorial, 1984.

VV.AA., *Textos cristianos primitivos. Documentos. Martirios* (ed. de T. H. Martín), Salamanca, Sígueme, 1991.
Widukindo de Corvey, *Gestas de los sajones* (ed. de P. Herrera Roldán), Cáceres, Universidad de Extremadura, 2016.

Una orientación bibliográfica

Obras de Emilio Mitre en directa relación con la muerte en la Edad Media

Como hemos indicado a lo largo de estas páginas, el presente libro es culminación (aunque las culminaciones sean siempre provisionales) de todo lo escrito por el autor en torno a la muerte en la Edad Media durante buena parte de una carrera académica. (Algunas aportaciones que vamos a incluir a continuación tienen directa relación con el tema aquí abordado. Dejamos para otros apartados bibliográficos aquellos títulos que tengan una vinculación menor o, por el contrario, un carácter más especializado).

Libros que tratan total o parcialmente de la muerte

La muerte vencida. Imágenes e historia en el Occidente medieval (1200-1348), Madrid, Encuentro, 1988.
Una muerte para un rey. Enrique III de Castilla (Navidad de 1406), Valladolid, Universidad de Valladolid y Ed. Ámbito, 2001.
Fantasmas de la sociedad medieval. Enfermedad. Peste. Muerte, Valladolid, Universidad de Valladolid, 2004.
Desprecio del mundo y alegría de vivir en la Edad Media, Madrid, Trotta, 2017.

Artículos de revista o comunicaciones en reuniones científicas

«Algunas cuestiones demográficas en la Castilla de fines del siglo xiv», *AEM,* 1970-1971, págs. 615-621.
«La muerte del rey: la historiografía hispánica (1200-1348) y la muerte entre las élites», *En la España Medieval,* núm. 11, 1988, págs. 167-183.
«Muerte y memoria del rey en la Castilla bajomedieval», en *La idea y el sentimiento de la muerte en la historia y en el arte de la Edad Media* (II),

Santiago de Compostela, Universidad de Santiago de Compostela, 1992, págs. 17-26.

«Las actitudes ante la muerte», en *La otra historia: sociedad, cultura, mentalidades* (ed. de César González Mínguez), Vitoria, Universidad del País Vasco, 1993, págs. 25-36.

«La muerte y sus discursos dominantes entre los siglos XIII y XV (Reflexiones sobre recientes aportes historiográficos)», en E. Serrano (ed.), *Muerte, religiosidad y cultura popular. Siglos XIII-XVIII,* Zaragoza, Institución Fernando el Católico de la Diputación de Zaragoza, 1994, págs. 15-34.

«La muerte primera y las otras muertes. Un discurso para las postrimerías en el Occidente medieval», en J. Aurell y J. Pavón (eds.), *Ante la muerte. Actitudes, espacios y formas en la Europa medieval,* Pamplona, EUNSA, 2002, págs. 27-47.

«Muerte y modelos de muerte en la Edad Media clásica», *Edad Media. Revista de Historia,* 6 (2003-2004), págs. 11-31.

«Lo real, lo mítico y lo edificante en la precaria salud de un monarca medieval: Enrique III como paradigma (1390-1406)», *Hispania Sacra,* 56 (2004), págs. 7-28.

«Muerte martirial y guerra en la Edad Media. A la búsqueda de analogías», en I. Bazán, J. A. Munita, E. García y E. Pastor (eds.), *Estudios en homenaje al profesor César González Mínguez,* Bilbao, Universidad del País Vasco, 2015, págs. 171-186.

«Realidades y figuraciones del Occidente medieval (I). La enfermedad», *XXXIII Ruta cicloturística del románico internacional,* Pontevedra, 2015, págs. 82-86.

«Realidades y figuraciones del Occidente medieval (II). La muerte», en *XXXIV Ruta cicloturística del románico internacional,* Pontevedra, 2016, págs. 94-98.

Títulos de distintos especialistas que, en mayor o menor grado, se hacen eco de la muerte, su preparación, sus formas, sus simbolismos, los sentimientos despertados, los enterramientos

(Nos remitimos a aquellos que pueden resultar de mayor utilidad para el lector, de entre los muchos —meritorios en su mayoría— que hemos citado en las notas a pie de página).

Sobre la muerte, sus causas, sus tipos, su ceremonial y su idea en Occidente (con especial referencia al Medievo)

ALEXANDRE-BIDON, D., *La mort au Moyen Âge, XIII-XVI siècles,* París, Hachette, 1998.
ALEXANDRE-BIDON, D., y LETT, D., *Les enfants au Moyen Âge, V-XV siècles,* París, Hachette, 1997.
ALVIRA, M., *Muret 1213. La batalla decisiva de la cruzada contra los cátaros,* Barcelona, Ariel, 2013.
AMASUNO, M. V., *La peste en la Corona de Castilla durante la segunda mitad del siglo XIV,* Salamanca, Junta de Castilla y León, 1996.
AMATO, A., *Santa Hildegarda de Bingen. Luz de su gente y de su época,* Madrid, San Pablo, 2016.
ARCO, R. del, *Sepulcros de la casa real de Aragón,* Madrid, CSIC, 1945.
— *Sepulcros de la casa real de Castilla,* Madrid, CSIC, 1954.
ARIÈS, Ph., *Essais sur l'histoire de la mort en Occident du Moyen Âge à nos jours,* París, Seuil, 1975.
— *L'homme devant la mort,* París, Seuil, 1977.
ARRANZ, A., «La reflexión sobre la muerte en el medievo hispánico: ¿continuidad o ruptura?», *En la España Medieval,* núm. 8, 1986, págs. 109-124.
AUER, J., *Los sacramentos de la Iglesia,* Barcelona, Herder, 1977.
AURELL, J., y PAVÓN, J. (eds.), *Ante la muerte. Actitudes, espacios y formas en la España medieval,* Pamplona, EUNSA, 2002.
BARBER, M., *El juicio de los templarios,* Madrid, Universidad Complutense, 1999.
BAZÁN, I., *Delincuencia y criminalidad en el País Vasco en la transición de la Edad Media a la Moderna,* Vitoria, Servicio de Publicaciones del Gobierno Vasco, 1995.
BEAUNE, C., *Jeanne d'Arc. Vérités et légendes,* París, Perrin, 2008.
BEIRANTE, M. A., «Para a história da morte em Portugal (séc. XII-XIV)», en *Estudos de História de Portugal. Volume I. Seculos X-XV. Homenagem a A. H. de Oliveira Marques,* Lisboa, Estampa, 1982, págs. 359-385.
BENEDICTOW, O. J., *The Black Death, 1346-1353. The Complete History,* Woodbridge, The Boydell Press, 2004.
BENITO I MONCLÚS, P., «Las crisis alimenticias en la Edad Media: caracteres generales, distinciones y paradigmas interpretativos», en *Comer, beber, vivir: consumo y niveles de vida en la Edad Media hispánica* (XXI Semana de Estudios Medievales, Nájera, 2-6 de agosto de 2010), Nájera, Lo-

groño, 2011, págs. 123-158. Acompañado de un completo anexo bibliográfico a cargo de I. Medel Marchena: «Consumo y niveles de vida. Bibliografía», págs. 433-471.

Bériac, F., *Histoire des lépreux au Moyen Âge. Une société d'exclus*, París, Imago, 1988.

Berthe, M., *Famines et épidémies dans les campagnes navarraises à la fin du Moyen Âge*, París, ASFIED, 1984.

Binski, P., *Medieval Death. Ritual and Representation*, Londres, British Museum Press, 1996.

Bloch, M., *Les rois thaumaturges. Étude sur le caractère surnaturel attribué à la puissance royale particulièrement en France et en Angleterre*, París, Gallimard, 1983 (original de 1924).

Bois, G., *La grande dépression médiévale, XIV et XV siècles. Le précédente d'une crise systémique*, París, PUF, 2000.

Borobio, D., *Sacramentos y sanación. Dimensión curativa de la liturgia cristiana*, Salamanca, Sígueme, 2008.

Boureau, A., *La légende dorée. Le système narratif de Jacques de Voragine*, París, Cerf, 1984.

Boureau, A., e Ingerflom, C.-S. (dirs.), *La royauté sacrée dans le monde chrétien*, París, École des Hautes Études en Sciences Sociales, 1992.

Bouyer, L., *Diccionario de teología*, Barcelona, Herder, 1977.

Brenon, A., *Les archipels cathares. Dissidence chrétienne dans l'Europe médiévale*, Cahors, Dire Éditions, 2000.

Brooke, Ch., *The Saxon and Norman Kings*, Londres, Fontana, 1977.

Brown, P., *Agustín de Hipona*, Madrid, Acento, 2001.

— *El culto a los santos. Su desarrollo y su función en el cristianismo latino*, Salamanca, Sígueme, 2018 (reedición del original de 1981).

Bultot, R., *Christianisme et valeurs humaines. La doctrine du mépris du monde en Occident de Saint Ambrose à Inocent III*, París, Nauwelaerts, 1963-1964.

Cabrera, M., «La muerte de los niños de sangre real durante el medievo. Aproximación al tema a través de las crónicas», *En la España Medieval* (31), 2008, págs. 217-248.

— «La muerte de los miembros de la realeza hispánica medieval a través de los testimonios historiográficos», *En la España Medieval* (34), 2011, págs. 97-132.

Cabrillana, N., «Los despoblados en Castilla la Vieja», *Hispania*, 1971, págs. 485-550.

Caro Baroja, J., *Las brujas y su mundo*, Madrid, Alianza Editorial, 1969.

Cátedra, P. M., *Sermón, sociedad y literatura en la Edad Media. San Vicente Ferrer en Castilla (1411-1412)*, Valladolid, Junta de Castilla y León, 1994.

Chadwick, H., *Prisciliano de Ávila. Ocultismo y poderes carismáticos en la Iglesia primitiva*, Madrid, Espasa Calpe, 1978.

Chaunu, P., *La mort à Paris. XVI, XVII, XVIII siècles*, París, Fayard, 1978.

Claramunt, S., «La muerte en la Edad Media. El mundo urbano», *Acta Historica et Archaeologica Mediaevalia*, Barcelona, 1986-1987, págs. 205-218.

Cohn, N., *En pos del milenio. Revolucionarios milenaristas y anarquistas místicos de la Edad Media*, Barcelona, Seix Barral, 1972.

Collard, F., *Le crime de poison au Moyen Âge*, París, PUF, 2003.

Contamine, Ph., *La vie quotidienne pendant la guerre de Cent Ans. France et Angleterre*, París, Hachette, 1976.

— *La guerre au Moyen Âge*, París, PUF, 1980.

Curschmann, F., *Hungersnöte im Mittelalter*, Leipzig, 1900 (reimpresión Vero Verlag, 2014).

Delumeau, J., *La peur en occident*, París, Fayard, 1978.

— *La confesión y el perdón. Las dificultades de la confesión, siglos XIII a XVIII*, Madrid, Alianza Editorial, 1992.

Díaz Martín, L. V., *Pedro I (1350-1369)*, Palencia, La Olmeda, 1995.

Duby, G., *Economía rural y vida campesina en el Occidente medieval*, Barcelona, Península, 1968.

— *Guillermo el mariscal*, Madrid, Alianza Editorial, 1985.

— *El amor en la Edad Media y otros ensayos*, Madrid, Alianza Editorial, 1990.

Duby, G., y Duby, A., *Les procès de Jeanne d'Arc*, París, Gallimard, 1973.

Duffy, M., *Royal Tombs of medieval England*, Gloucestershire, The History Press, 2003.

Dupuy, M., *El Príncipe Negro. Eduardo, señor de Aquitania*, Madrid, Austral, 1973.

Eliade, M., *Lo sagrado y lo profano*, Barcelona, Paidós, 1988.

Elorza, J. C., *El panteón real de las Huelgas de Burgos: los enterramientos de los reyes de León y Castilla*, Valladolid, Junta de Castilla y León, 1988.

Erlande-Brandenburg, E., *Le roi est mort. Études sur les funérailles, les sépultures et les tombeaux des rois de France jusqu'à la fin du XIII siècle*, París, Arts et métiers graphiques, 1975.

Espinar Moreno, M., «Costumbres y legislación sobre las sepulturas cristianas en la Baja Edad Media y la Alta Edad Moderna a través de algunos autores del siglo XVIII», *Estudios sobre Patrimonio, Cultura y Ciencia Medievales,* 1999, págs. 54-75.

Evans, M., *The Death of Kings. Royal Deaths in Medieval England,* Londres y Nueva York, Bloomsbury Academic, 2003.

Farmer, D. H., *The Oxford Dictionary of Saints,* Oxford, Oxford University Press, 1978.

Février, P. A., «La mort chrétienne», en *Segni e riti nella chiesa altomedievale occidentale* (Spoleto XXXII Settimane), 1987, págs. 881-941.

Filgueira Valverde, J., «El planto en la historia y en la literatura gallega», *Cuadernos de Estudios Gallegos* (1945), págs. 511-606.

Fumagalli, V., *Solitudo carnis. El cuerpo en la Edad Media,* Madrid, Nerea, 1990.

García, M., *Obra y personalidad del canciller Ayala,* Madrid, Alhambra, 1983.

García de la Borbolla, M. Á., *La «praesentia» y la «virtus»: la imagen y la función del santo a partir de la hagiografía castellano-leonesa del siglo XIII,* Burgos, Abadía de Silos, 2002.

— «El recurso a la intercesión celestial en la hora de la muerte. Un estudio sobre los testamentos navarros», *Acta Historica et Archaeologica Mediaevalia,* 26, *Homenatge a la professora Dra. Carme Batlle Gallart,* 2005, págs. 151-156.

García Gallo, A., «Del testamento romano al medieval», *AHDE,* 1977.

García Herrero, M. C., y Falcón Pérez, M. I., «En torno a la muerte a finales de la Edad Media aragonesa», *En la España Medieval,* 29, 2006, págs. 153-186.

Geary, P. J., *Furta Sacra. Thefts of Relics in the Central Middle Ages,* Princeton, Princeton University Press, 1990.

Giesey, R., *Le roi ne meurt jamais. Les obsèques royales dans la France de la Renaissance,* París, Flammarion, 1987.

Giordano, O., *Religiosità popolare nell'Alto Medioevo,* Bari, Adriatica Editrice, 1979.

Gómez Moreno, M., *El panteón real de las Huelgas de Burgos,* Madrid, CSIC, 1946.

González, M., *Fernando III el Santo. El rey que marcó el destino de España,* Sevilla, Fundación José Manuel Lara, 2011.

González de Cardedal, O., *Sobre la muerte,* Salamanca, Sígueme, 2003.

González Mínguez, C., *Fernando IV, 1295-1312,* Palencia, La Olmeda, 1995.

— *A vueltas con la crisis bajomedieval. El entorno económico del reinado de Fernando IV de Castilla (1295-1312),* Palencia, Círculo Rojo, 2016.

González Mínguez, C., y Bazán, I. (eds.), *El discurso legal ante la muerte durante la Edad Media en el nordeste peninsular*, Vitoria, Universidad del País Vasco, 2006.

González Sánchez, S., *Fernando I, regente de Castilla y rey de Aragón (1407-1416)*, Gijón, Trea, 2012.

Gonzalvo i Bou, G., *Poblet, panteó reial*, Barcelona, Episodis de la Historia, 2001.

Gottfried, R. S., *The Black Death*, Londres, McMillan, 1984.

Guenée, B., *Histoire et culture historique dans l'Occident médiéval*, París, Aubier, 1980.

— *Un meurtre, une société. L'assassinat du duc d'Orléans. 23 novembre 1407*, París, Gallimard, 1992.

Guiance, A., «Muertes medievales. Mentalidades medievales. Un estado de la cuestión sobre la historia de la muerte en la Edad Media», *Temas y testimonios*, 2, Buenos Aires, Facultad de Filosofía y Letras, 1989.

— «Morir por la patria, morir por la fe: la ideología de la muerte en la *Historia de Rebus Hispaniae*», *Cuadernos de Historia de España*, 1991, págs. 75-106.

— *Los discursos sobre la muerte en la Castilla Medieval (siglos VII-XV)*, Valladolid, Junta de Castilla y León, 1998.

Haindl Ugarte, A. L., «La muerte en la Edad Media», *Historias del Orbis Terrarum*, 2009, págs. 106-206; http://www.orbisterrarum.cl.

Hallam, E. M., «Royal burial and the cult of kingship in France and England, 1060-1330», *Journal of Medieval History*, 1982.

Heers, J., *Occidente durante los siglos XIV y XV. Aspectos económicos y sociales*, Barcelona, Labor, 1976.

Hildebrand, D. von, *Sobre la muerte*, Madrid, Encuentro, 1980.

Homet, R., *Los viejos y la vejez en la Edad Media. Sociedad e imaginario*, Buenos Aires, Universidad Católica Argentina, 1997.

Huizinga, J., *El otoño de la Edad Media*, Madrid, Alianza Editorial, 1961 (ed. original de 1919).

Isla, A., *Memoria, culto y monarquía hispánica entre los siglos X y XII*, Jaén, Universidad de Jaén, 2006.

Jankelevitch, V., *La mort*, París, Flammarion, 1977.

Jordan, W. C., *The Great Famine. Northern Europe in the Early Fourteenth Century*, Princeton, Princeton University Press, 1996.

Kantorowicz, E., «Mourir pour la patrie *(Pro patria mori)* dans le pensée politique médiévale», en *Mourir pour la patrie et autres textes*, París, PUF, 1984, págs. 105-141.

— *Los dos cuerpos del rey. Un estudio de teología política medieval,* Madrid, Alianza Editorial, 1985.
LADERO, M. A., «*De dono timoris Dei.* Miedos y esperanzas metafísicos en el siglo XIII», *Cuadernos de Historia de España,* 2012, págs. 403-417.
— *Las fiestas en la Europa medieval,* Madrid, Dykinson, 2015.
LADNER, G. B., «*Homo viator.* Medieval ideas on alienation and order», *Speculum. A Journal of Mediaeval Studies,* vol. XLII, núm. 2, abril de 1967, págs. 233-259.
LAWERS, M., *La mémoire des ancêtres, le souici des morts. Morts, rites et société au Moyen Âge (diocèse de Liège, XI-XIII siècles),* París, Beauchesne, 1997.
— «Le cimetière dans le Moyen Âge latine. Lieu sacré, saint et religieux», *Annales. Histoire, Sciences Sociales,* 1999, págs. 1047-1072.
LE GOFF, J., *Pour un autre Moyen Âge. Temps, travail et culture en Occident. 18 essais,* París, Gallimard, 1977.
— *Lo maravilloso y lo cotidiano en el Occidente medieval,* Barcelona, Gedisa, 1985.
— *La bolsa y la vida. Economía y religión en la Edad Media,* Barcelona, Gedisa, 1987.
— *Saint Louis,* París, Gallimard, 1996.
LE GOFF, J., y SCHMITT, J. C. (comps.), *Diccionario razonado del Occidente medieval,* Madrid, Akal, 2003.
LE GOFF, J., y SOURNIA, J. Ch. (dirs.), *Les maladies ont une histoire,* París, Seuil, 1985.
LE GOFF, J., y TRUONG, N., *Una historia del cuerpo en la Edad Media,* Barcelona, Paidós, 2005.
LE ROY LADURIE, E., *Histoire du climat depuis l'an mil,* París, Flammarion, 1967.
— *Montaillou, aldea occitana de 1294 a 1324,* Madrid, Taurus, 1981.
LEON-DUFOUR, X., *Jesús y Pablo ante la muerte,* Madrid, Cristiandad, 1982.
LEROY, B., «Vie et mort à Tudela en 1380-1383. Le testament de Bernarda de Pimbo», en J. G. Dalché, *Les Espagnes médiévales. Aspects économiques et sociaux. Mélanges offerts à Jean Gautier Dalché,* Niza, Faculté des Lettres et Sciences Humaines, 1983, págs. 141-152.
LIDA DE MALKIEL, M. R., *La idea de la fama en la Edad Media castellana,* Madrid, FCE, 1983 (original de 1952).
LOYN, H. R. (ed.), *Diccionario Akal de Historia Medieval,* Madrid, Akal, 1998.
LUBAC, H. de, *Exègese médiévale: les quatre sens de l'écriture,* 3 vols., París, Cerf, 1959-1969.

Maldonado, L., *Génesis del catolicismo popular. El inconsciente colectivo de un proceso histórico,* Madrid, Cristiandad, 1979.
Manselli, R., *La religion populaire au Moyen Âge. Problèmes de méhode et d'histoire,* París, Vrin, 1975.
Marañón, G., *Ensayo biológico sobre Enrique IV de Castilla y su tiempo* (prólogo de J. Valdeón), Madrid, Austral, 1997 (la edición original data de 1941).
Martin, H., *Le métier de prédicateur à la fin du Moyen Âge, 1350-1520,* París, Cerf, 1988.
— *Mentalités médiévales, XI-XV siècles,* París, PUF, 1996.
Martín, J. L., «El rey ha muerto. ¡Viva el rey!», *Hispania,* 1991, págs. 5-39.
Martín, J. L., y Linage Conde, A., *Religión y sociedad medieval. El catecismo de Pedro de Cuéllar (1325),* Salamanca, Junta de Castilla y León, 1987.
Martínez Gil, F., *La muerte vivida. Muerte y sociedad en Castilla durante la Baja Edad Media,* Toledo, Diputación Provincial, 1996.
Martínez Martínez, F., «El regicidio en las Partidas», *Clio & Crimen,* núm. 14, 2017, págs. 59-84.
Mattoso, J., «O poder e a morte», *Anuario de Estudios Medievales,* 1995, págs. 395-427.
Menjot, D., «Les funérailles des souverains castillans du Bas Moyen Âge racontées par les chroniqueurs: une image de la souveraineté», *Annales de la Faculté des Lettres et Sciences Humaines,* Niza, 1982.
Minois, G., *Historia de la vejez. De la Antigüedad al Renacimiento,* Madrid, Nerea, 1987.
— *Les origines du mal. Une historie du peché original,* París, Fayard, 2002.
Mitre, E., *Los judíos de Castilla en tiempo de Enrique III. El pogrom de 1391,* Valladolid, Universidad de Valladolid, 1994.
— «Iter Hierosolymitanum: alcance y limitaciones de un horizonte mental», en L. García Guijarro (ed.), *La primera cruzada novecientos años después: el Concilio de Clermont y los orígenes del movimiento cruzado* (Jornadas internacionales sobre la primera cruzada), Castellón, 1997, págs. 199-212.
— *Iglesia, herejía y vida política en la Europa medieval,* Madrid, BAC, 2007.
Montanari, M., *El hambre y la abundancia. Historia y cultura de la alimentación en Europa,* Barcelona, Crítica, 1993.
Moore, R. I., *La formación de una sociedad represora. Poder y disidencia en la Europa Occidental, 950-1250,* Barcelona, Crítica, 1989.
Moral, T., *Leyre, panteón real,* Pamplona, Abadía de Leyre, 1997.

Morin, E., *El hombre ante la muerte,* Barcelona, Kairós, 1974.
Moxó, F. de, *Sacra progenies. Aspectos genealógicos de la antroponimia religiosa,* Madrid, Real Academia Matritense de Heráldica y Genealogía, 1996.
Muchembled, R., *Una historia de la violencia. Del final de la Edad Media a la actualidad,* Barcelona, Paidós, 2010.
Murray, A., *Suicide in the Middle Ages,* Oxford y Nueva York, Oxford University Press, 1998-2000.
Neveux, H., «Les landemains de la mort. 1250-1300», *AESC,* 1979.
Nicolau, M., *La unción de enfermos. Estudio histórico dogmático,* Madrid, BAC, 1975.
Nieto Soria, J. M., *Fundamentos ideológicos del poder real en Castilla (siglos XIII-XVI),* Madrid, Eudema Universidad, 1988.
— *Un crimen en la corte. Caída y ascenso de Gutierre Álvarez de Toledo, señor de Alba (1376-1446),* Madrid, Sílex, 2006.
Nogales Rincón, D., «La memoria funeraria regia en el marco de la confrontación política», en J. M. Nieto (ed.), *El conflicto en escenas. La pugna política como representación en la Castilla bajomedieval,* Madrid, Sílex, 2010, págs. 323-355.
— «El color negro. Luto y magnificencia en la Corona de Castilla (siglos XIII-XV)», *Medievalismo. Revista de la Sociedad Española de Estudios Medievales,* núm. 26, 2016, págs. 221-246.
Núñez Rodríguez, M., *Muerte coronada. El mito de los reyes en la catedral compostelana,* Santiago de Compostela, Universidad de Santiago de Compostela, 1999.
Olivera Serrano, C., *Beatriz de Portugal. La pugna dinástica Avis-Trastámara,* Madrid, CSIC, 2005.
Orduna, G., «El *Rimado de Palaçio,* testamento político, moral y religioso del canciller Ayala», *Cuadernos de Historia de España. Estudios en homenaje a Don Claudio Sánchez Albornoz en sus 90 años,* t. IV, 1986, págs. 215-238.
Orlandis, J., «Sobre la elección de la sepultura en la España Medieval», *AHDE,* 1950.
Orme, N., *Medieval children,* New Haven, Yale University Press, 2003.
Pastoureau, M., *Una historia simbólica de la Edad Media occidental,* Buenos Aires, Katz, 2006.
— *Los colores de nuestros recuerdos,* Cáceres, Periférica, 2017.
Pavón, J.; Baldó, J., y García de la Borbolla, M. Á., *Anexos de Medievalismo,* 3: *Pamplona y la muerte en el Medievo,* Murcia, Sociedad Española de Estudios Medievales-CSIC, 2013.

Pavón, J., y García de la Borbolla, M. Á., *Morir en la Edad Media. La muerte en la Navarra medieval,* Valencia, Universitat de València, 2007.
Paxton, F.-S., *Christianizing death. The creation of ritual process in early medieval Europa,* Ithaca, Cornell University Press, 1990.
Perea Rodríguez, O., *La época del Cancionero de Baena: Los Trastámara y sus poetas,* Baena, Ayuntamiento de Baena, 2009.
Pérez Higuera, T., «Los sepulcros de los Reyes Nuevos (catedral de Toledo)», *Tekné,* 1, 1985, págs. 131-139.
Pérez Ramírez, D., «Los últimos auxilios espirituales en la liturgia del siglo XIII a través de los concilios», *Revista Española de Teología,* 1950, págs. 391-432.
Perroy, E., «À l'origine d'une économie contractée: les crises du XIV siècle», *AESC,* 4, 1949, págs. 167-182.
Piñol Alabart, D., *A les portes de la mort. Religiositat i ritual funerari al Reus del segle XIV,* Reus, Centre de Lectura de Reus, 1998.
Pirenne, H., *Historia económica y social de la Edad Media* (anexo bibliográfico y crítico de H. van Wervecke), México, FCE, 1963 (original de 1933).
Portela, E., y Pallares, M. C., «Muerte y sociedad en la Galicia medieval (siglos XII-XV), *Anuario de Estudios Medievales,* 1985, págs. 189-202.
Poschmann, B., *Pénitence et onction des malades,* París, Cerf, 1966.
Quintanilla, F., y Blázquez, C., *La forja de una casa nobiliaria bajo la monarquía de los Reyes Católicos: la casa ducal de Maqueda,* Murcia, Sociedad Española de Estudios Medievales, 2017.
Rahner, K., *Sentido teológico de la muerte,* Barcelona, Herder, 1965.
Rapp, F., *La Iglesia y la vida religiosa en Occidente a fines de la Edad Media,* Barcelona, Labor, 1973.
Rodrigo Estevan, M. L., *Testamentos medievales aragoneses. Ritos y actitudes ante la muerte (siglo XV),* Zaragoza, Ediciones 94, 2002.
— «Muerte y sociabilidad en Aragón (siglos XIV-XV)», en J. C. Martín Cea (coord.), *Convivir en la Edad Media,* Burgos, Dossoles, 2010, páginas 283-320.
Royer de Cardinal, S., *Morir en España (Castilla Baja Edad Media),* Buenos Aires, Universidad Católica Argentina, 1992.
Rucquoi, A., «Le corps et la mort en Castille XIV et XV siècles», *Razo,* 1981, págs. 89-98.
Ruffie, J., y Sournia, Ch., *Les épidémies dans l'histoire,* París, Flammarion, 1984.
Ruiz de la Peña, J., *El hombre y su muerte. Antropología teológica actual,* Burgos, Aldecoa, 1971.

Ruiz Moreno, A., «Enfermedades y muertes de los reyes de Asturias, León y Castilla», *Cuadernos de Historia de España*, núm. 6, 1946, págs. 100-130.
Russell, J. B., *Satanás. La primitiva tradición cristiana*, México, FCE, 1986.
Sabaté, F., *Lo senyor rei es mort!*, Lleida, Estudi General, 1994.
Sánchez Albornoz, C., *Despoblación y repoblación del Valle del Duero*, Buenos Aires, Instituto de Historia de España, 1966.
Sánchez Herrero, J., *Las diócesis del reino de León. Siglos XIV y XV*, León, Centro de Estudios e Investigación San Isidoro, 1978.
Sanmartín Bastida, R., *El arte de morir. La puesta en escena de la muerte en un tratado del siglo XV*, Frankfurt, Iberoamericana Vervuert, 2006.
Saugnieux, J., *Les danses macabres de France et d'Espagne et leurs prolongements littéraires*, París, Les Belles Lettres, 1972.
Schmitt, J. C., «Le suicide au Moyen Âge», *AESC*, 1976, págs. 3-28.
— *La raison des gestes dans l'Occident Médiéval*, París, Gallimard, 1990.
Seibt, F., y Eberhard, W. (eds.), *Europa 1400. La crisis de la Baja Edad Media*, Barcelona, Crítica, 1993 (original de 1984).
Silva, A., *Tomás Moro. Un hombre para todas las horas*, Madrid, Marcial Pons, 2007.
Slicher Van Bath, B. H., *Historia agraria de Europa Occidental (500-1850)*, Barcelona, Península, 1974.
Sobrequés, J., «La Peste Negra en la Península Ibérica», *AEM*, 7, 1970-1971, págs. 67-101.
— *Els reis catalans enterrats a Poblet*, Tarragona, Abadía de Poblet, 1983.
Sousa, A. de, *A morte de D. João I (Um tema de propaganda dinástica)*, Oporto, Centro de Estudos Humanísticos, 1984.
Tenenti, A., *La vie et la mort à travers l'art du XV siècle*, Cahiers des Annales, París, Librairie Armand Colin, 1952.
Thiry, C., *La plainte funèbre* (fasc. 30 de Typologie des sources du Moyen Âge occidental), Turnhout, Brepols, 1978.
Thomas, L. V., *Antropología de la muerte*, México, FCE, 1983.
Vaca, A., «La peste negra en Castilla. La primera et grande pestilencia que es llamada mortandad grande», *Fundación*, núm. 4, 2001-2002, páginas 19-50.
Valdaliso, C., *Pedro I*, Madrid, Síntesis, 2016.
Valdeón, J., *Enrique II de Castilla. La guerra civil y la consolidación del régimen, Enrique II de Castilla. La guerra civil y la consolidación del régimen*, Valladolid, Universidad de Valladolid, 1966.
— *Los conflictos sociales en el reino de Castilla en los siglos XIV y XV*, Madrid, Siglo XXI, 1975.

— «El movimiento cruzado y las actitudes antisemitas», en L. García Guijarro (ed.), *La primera cruzada novecientos años después: el Concilio de Clermont y los orígenes del movimiento cruzado*, Castellón, 1997, págs. 213-222.

VAUCHEZ, A., *La espiritualidad del Occidente medieval (siglos VIII-XII)*, Madrid, Cátedra, 1985.

— *Les laïcs au Moyen Âge. Pratiques et expériences religieuses*, París, Cerf, 1987.

VEYNE, P., *El sueño de Constantino. El fin del imperio pagano y el nacimiento del mundo cristiano*, Barcelona, Paidós, 2008.

VORGRIMLER, H., *El cristiano ante la muerte*, Barcelona, Herder, 1981.

VOVELLE, M., «Les attitudes devant la mort. Problèmes de méthode, aproches et lectures diférentes», *AESC*, 1976.

— *La mort et l'Occident de 1300 à nos jours*, París, Gallimard, 1983.

— *Ideologías y mentalidades*, Barcelona, Ariel, 1985.

VV.AA., *Villages désertés et histoire économique (XI-XV siècles). Les hommes et la terre*, París, SEVPEN, 1965.

VV.AA., *La mort au Moyen Âge*, Colloque de la Société des Historiens Médiévistes de l'Enseignement Supérieur Public, Estrasburgo, 1977.

VV.AA., *Le sentiment de la mort au Moyen Âge*, Montreal, Université de Montréal, 1979.

VV.AA., *Death in the Middle Ages*, Mediaevalia Lovaniensia Series, Lovaina, Leuven University Press, 1983.

VV.AA., *La idea y el sentimiento de la muerte en la historia y en el arte de la Edad Media* (I) (coord. de M. Núñez y E. Portela), Santiago de Compostela, Universidad de Santiago de Compostela, 1988.

VV.AA., *La idea y el sentimiento de la muerte en la historia y en el arte de la Edad Media* (II) (coord. de M. Núñez y E. Portela), Santiago de Compostela, Universidad de Santiago de Compostela, 1992.

VV.AA., *La royauté sacrée dans le monde chrétien* (dir. de A. Boureau y C. S. Ingelform), París, École des Hautes Études en Sciences Sociales, 1992.

VV.AA., *Savoir mourir* (coord. de C. Montandon-Binet y A. Montandon), París, L'Harmattan, 1993.

VV.AA., *Muerte, religiosidad y cultura popular. Siglos XIII-XVIII* (ed. de E. Serrano Martín), Zaragoza, Institución Fernando el Católico, 1994.

VV.AA., *Coups d'état à la fin du Moyen Âge? Aux fondaments du pouvoir politique en Europe occidentale* (ed. de J. P. Genet, F. Foronda y J. M. Nieto), Madrid, Casa de Velázquez, 2005.

VV.AA., *Formas de morir y formas de matar en la Antigüedad romana* (ed. de G. Bravo y R. González), Salamanca, Signifer, 2013.

VV.AA., *De la tierra al cielo. Ubi sunt qui ante nos in hoc mundo fuere?* (coord. de E. López Ojeda) (XXIV Semana de Estudios Medievales, Nájera, 29 de julio a 2 de agosto de 2013), Logroño, Instituto de Estudios Riojanos, 2014.

ZUMTHOR, P., *La mesure du monde. Représentation de l'espace au Moyen Âge*, París, Seuil, 1993.

Más allá de la muerte

ARIÈS, Ph., «Le purgatoire et la cosmologie de l'au-delà», *AESC*, 1983.

AUERBACH, E., *Dante, poeta del mundo terrenal*, Barcelona, Acantilado, 2008 (ed. original de 1929).

BALOUP, D., *La croyance au Purgatoire en Castille (v. 1230-v. 1530)*, tesis doctoral, Pau, Faculté des Lettres et des Sciences Humaines, 1999.

BRENON, A., *Le dico des cathares*, Toulouse, Éditions Milan, 2000.

CASAGRANDE, C., y VECCHIO, S., *I Sette vizi capitali. Storia dei peccati nel Medioevo*, Turín, Einaudi, 2000. Acompañado de un apéndice de J. Baschet, «I peccati capitali e le loro punizioni nell'Iconografia medievale».

CHIFFOLEAU, J., *La comptabilité de l'au-delà. Les hommes, la mort et la religion dans la région d'Avignon à la fin du Moyen Âge (vers 1320-vers 1480)*, Roma, École Française de Rome, 1981.

COLZANI, G., *La comunión de los santos. Unidad de cristología y eclesiología*, Santander, Sal Terrae, 1986.

CRESPO, A., *Conocer a Dante y su obra*, Barcelona, Dopesa, 1989.

DELUMEAU, J., *Historia del Paraíso. I. El jardín de las delicias*, Madrid, Taurus, 2005.

— *En busca del paraíso*, México, FCE, 2017.

DÍAZ Y DÍAZ, M., *Visiones del Más Allá en Galicia durante la Alta Edad Media*, Santiago de Compostela, Biblioteca de Bibliófilos Gallegos, 1985.

DUBY, G.; CAROZZI, G., y TAVIANI CAROZZI, H., *La fin des temps. Terreurs et prophéties au Moyen Âge*, París, Stock, 1982.

FOURNIÉ, M., *Le ciel peut-il attendre? Le culte de Purgatoire dans le Midi de France (1300 environ-1520 environ)*, París, Cerf, 1997.

GRESHAKE, G., *Más fuertes que la muerte. Lectura esperanzada de los novísimos*, Santander, Sal Terrae, 1981.

Gurievich, A., «Au Moyen Âge: Conscience individuelle et image de l'au-delà», *AESC,* 1982, págs. 255-275.
— «Le Purgatoire et la cosmologie de l'au-delà», *AESC,* 1983, págs. 151-157.
— «La aparición del purgatorio y cuestiones de metodología de la historia de la cultura», anexo a *Las categorías de la cultura medieval,* Madrid, Taurus, 1990, págs. 347-353.
Jiménez Sánchez, P., *Les catharismes. Modèles dissidents du christianisme médiéval (XII-XIII siècles),* Rennes, Presses Universitaires de Rennes, 2008.
Küng, H., *¿Vida eterna?,* Madrid, Cristiandad, 1983.
Ladero, M. A., «Espacios reales y espacios imaginados», en E. Benito Ruano (coord.), *Tópicos y realidades de la Edad Media* (II), Madrid, Real Academia de la Historia, 2002, págs. 231-305.
Le Goff, J., *La naissance du Purgatoire,* París, Gallimard, 1981.
Lida de Malkiel, M. R., *La idea de la fama en la Edad Media castellana,* Madrid, FCE, 1983.
McDannell, C., y Lang, B., *Historia del cielo. De los autores bíblicos hasta nuestros días,* Madrid, Taurus, 2001.
Minois, G., *Historia de los infiernos,* Barcelona, Paidós, 1994.
Mitre, E., «Apuntes sobre la representación del purgatorio en la Europa del siglo xiv», *Temas Medievales,* 3 (Formas de representación en la Edad Media), Buenos Aires, 1993, págs. 17-28. (Revisado y recogido en *Fronterizos de Clio. Marginados, disidentes y desplazados en la Edad Media,* Granada, Universidad de Granada, 2003, págs. 226-241).
— «Los espacios del Más Allá», en VV.AA., *De la tierra al cielo. Ubi sunt qui ante nos in hoc mundo fuere?* (XXIV Semana de Estudios Medievales, Nájera, 29 de julio a 2 de agosto de 2013), Logroño, Instituto de Estudios Riojanos, 2014, págs. 31-74.
Patch, H. R., *El otro mundo en la literatura medieval,* México, FCE, 1983.
Pomel, F., *Les voies de l'au-delà et l'essor de l'allégorie au Moyen Âge,* París, Champion, 2000.
Pons, G. (ed.), *El más allá en los padres de la Iglesia,* Madrid, Ciudad Nueva, 2001.
Ratzinger, J., *Escatología,* Barcelona, Herder, 1984.
— *Introducción al cristianismo. Lecciones sobre el credo apostólico,* Salamanca, Sígueme, 2005.
Ruiz de la Peña, J., *La otra dimensión. Escatología cristiana,* Santander, Sal Terrae, 1986.
Ruiz Domínguez, J. A., *La historia de la salvación en la obra de Gonzalo de Berceo,* Logroño, Instituto de Estudios Riojanos, 1990.

Saranyana, J. I., *Sobre la muerte y el más allá. Medio siglo de debate escatológico,* Pamplona, EUNSA, 2010.
Schmitt, J.-C., *Les revenants. Les vivants et les morts dans la société médiévale,* París, Gallimard, 1994.
Torres, R., «El castigo del pecado: excomunión, purgatorio, infierno», en *Los caminos de la exclusión en la sociedad medieval: pecado, delito, represión* (XI Semana de Estudios Medievales, Nájera, 2010), Logroño, Instituto de Estudios Riojanos, 2012, págs. 245-307.
Vidal, S., *La resurrección de los muertos. El testimonio bíblico,* Santander, Sal Terrae, 2015.

Para las representaciones plásticas

Alcoy, R., *Anticipaciones del paraíso. El donante y la migración del sentido en el arte del Occidente medieval,* Vitoria, Sans Soleil Ediciones, 2017.
Azcárate, J. M., *Arte gótico en España,* Madrid, Cátedra, 2000.
Curros, M. A., *El lenguaje de las imágenes románicas. Una catequesis cristiana,* Madrid, Encuentro, 1991.
Dubois, J., y Lemaitre, J.-L., *Sources et méthodes de l'hagiographie médiévale,* París, Cerf, 1993.
Duby, G., *San Bernardo y el arte cisterciense (el nacimiento del gótico),* Madrid, Taurus, 1981.
— *La época de las catedrales. Arte y sociedad, 980-1420,* Madrid, Cátedra, 1995.
Duchet-Suchaux, G., y Pastoureau, M., *La biblia y los santos. Guía iconográfica,* Madrid, Alianza Editorial, 2003.
Durliat, M., *Introducción al arte medieval en Occidente,* Madrid, Cátedra, 1979.
Eco, U. (ed.), *Historia de la belleza,* Barcelona, Lumen, 2005.
— *Arte y belleza en la estética medieval,* Barcelona, Debolsillo, 2012.
Español, F., «El encuentro de los tres vivos y de los tres muertos y su representación en la Península Ibérica», *Estudios de Iconografía Medieval Española,* Barcelona, Universidad Autónoma, 1984, págs. 53-136.
Focillon, H., *Arte de Occidente. La Edad Media románica y gótica,* Madrid, Alianza Editorial, 1988 (original de 1938).
González Zymla, H., «El encuentro de los tres vivos y los tres muertos», *Revista Digital de Iconografía Medieval,* vol. III, núm. 6, 2011, págs. 51-82.
Le Goff, J., *Una Edad Media en imágenes,* Barcelona, Paidós, 2009.

MÂLE, E., *El arte religioso del siglo XII al XVIII,* México, FCE, 1966 (original de 1945).
MARTÍN GONZÁLEZ, J. J., «En torno al tema de la muerte en el Arte Español», *Boletín del Seminario de Estudios de Arte y Arqueología,* Valladolid, Universidad de Valladolid, 1972, págs. 267-285.
MORALES CANO, S., *Moradas para la eternidad. La escultura funeraria gótica toledana,* Madrid, Biblioteca Nueva, 2012.
NÚÑEZ RODRÍGUEZ, M., *La idea de inmortalidad en la escultura gallega (La imaginería funeraria del caballero, siglos XIV-XV),* Orense, Servicio de Publicaciones de la Diputación, 1986.
PANOFSKY, E., *Estudios sobre iconología,* Madrid, Alianza Editorial, 1979 (ed. original de 1939).
REAU, L., *Iconografía del arte cristiano,* Barcelona, Ediciones del Serbal, 1996.
RUIZ MATEOS, A.; PÉREZ MONZÓN, O., y ESPINO, J., «Las manifestaciones artísticas», en J. M. Nieto Soria (dir.), *Orígenes de la monarquía hispánica. Propaganda y legitimación,* Madrid, Dykinson, 1999, págs. 341-370.
VV.AA., *Los Beatos,* Madrid, Biblioteca Nacional, 1986.
YARZA, J., *et al.* (eds.), *Arte Medieval II. Románico y gótico,* Barcelona, Gustavo Gili, 1982.

COLECCIÓN HISTORIA

COLECCIÓN HISTORIA

SERIE MENOR

Alabrús, Rosa M.ª y García Cárcel, Ricardo, *Teresa de Jesús* (La construcción de la santidad femenina).
Alabrús, Rosa M.ª, *Razones y emociones femeninas* (Hipólita de Rocabertí y las monjas catalanas del Barroco).
Alabrús, Rosa M.ª, *Mujeres y ejemplaridad en la historia.*
Alvar, Jaime (ed.), *Los enigmas de Tarteso*, 2.ª ed.
Alvar, Jaime y Blázquez, José M.ª (eds.), *Héroes y antihéroes en la Antigüedad clásica.*
Álvarez López, Ana, *La fabricación de un imaginario* (Los embajadores de Luis XIV y España).
Aranegui, Carmen (ed.), Mata, Consuelo y Pérez Ballester, José, *Damas y caballeros en la ciudad ibérica.* Las cerámicas decoradas de Llíria (Valencia).
Bahamonde, Ángel, *Madrid, 1939.* La conjura del coronel Casado, 3.ª ed.
Bahamonde, Ángel y Ruiz Franco, Rosario (eds.), *Los libros sobre la Guerra Civil.*
Baldasano, José María, *Dos grados más no son para tanto.* Una historia del negacionismo climático.
Benigno, Francesco, *Las palabras del tiempo.* Un ideario para pensar históricamente.
Beneyto Pérez, José M.ª, *La conquista, el imperio y la paz.* Vitoria y Erasmo ante Carlos V.
Blázquez, José M.ª, *Cristianismo y mitos clásicos en el arte moderno.*
Blázquez, José M.ª, *Fenicios, griegos y cartagineses.*
Blázquez, José M.ª, *Intelectuales, ascetas y demonios al final de la Antigüedad.*
Blázquez, José M.ª, *Oriente y Occidente en el Mediterráneo.* Estudios de arqueología, historia y arte.
Blázquez, José M.ª, *Religiones en la España Antigua.*
Blázquez, José M.ª, Alvar, J. y Wagner, C. G., *Fenicios y cartagineses en el Mediterráneo.*
Blázquez, José M.ª y Cabrero, Javier, *Israel y la Biblia.* Recientes aportaciones de la arqueología y de la historiografía a la historicidad de la Biblia.
Bottéro, Jean, *Mesopotamia.* La escritura, la razón y los dioses.
Braudel, Fernand, *Memorias del Mediterráneo.* Prehistoria y Antigüedad.
Bryce, Trevor, *El reino de los hititas.*
Calderón Argelich, Alfonso, *Olvido y memoria del siglo XVIII español.*
Canales, Esteban, *La Europa napoleónica 1792-1815.*
Capel, R. M.ª, Martínez, C., Nash, M., Ortega, M. y Pastor, R., *Textos para la historia de las mujeres en España.*
Carrasco, Rafael, *La empresa imperial de Carlos V* y la España de los albores de la modernidad.
Castels, I., Espigado, G. y Romeo, M. C. (coords.), *Heroínas y patriotas.* Mujeres de 1808.
Chartier, Roger, *Entre poder y placer.* Cultura escrita y literatura en la Edad Moderna.
Colomina Limonero, Immaculada, *Experiencias humanitarias en la Guerra de España.*
Enkvist, Inger Kristina y Ribes Iborra, Vicente, *La conquista de América,* España y el Nuevo Mundo (1492-1580), 3.ª ed.
Ferro, Marc, *El resentimiento en la Historia.* Comprender nuestra época.
Forner Muñoz, Salvador (coord.), *Democracia, elecciones y modernización en Europa.* Siglos XIX y XX.

Fox, Inman, *La invención de España*. Nacionalismo liberal e identidad nacional, 2.ª ed.
Fuster, Francisco, *Introducción a la Historia*
García-Guijarro Ramos, Luis, *Papado, cruzadas y órdenes militares*. Siglos xi-xiii, 2.ª ed.
Gil Ambrona, Antonio, *Historia de la violencia contra las mujeres*. Misoginia y conflicto matrimonial en España.
Gil Ambrona, Antonio, *Pasión intelectual y amor prohibido*, Madame Denis y Voltaire.
Gómez Navarro, José Luis, *El régimen de Primo de Rivera*.
Gómez Bravo, Gutmaro, *Geografía humana de la represión franquista*. Del Golpe a la Guerra de ocupación (1936-1941).
Gómez Bravo, Gutmaro, *Hombres sin nombre*. La reconstrucción del socialismo en la clandestinidad (1939-1970).
Grandio Seoane, Emilio, *Hora Zero*. La inteligencia británica en España durante la Segunda Guerra Mundial.
Grandio Seoane, Emilio, *La España espiada*. Redes de inteligencia en la Segunda Guerra Mundial.
Grau Torras, Sergi, *Cátaros e Inquisición en los reinos hispánicos (siglos xii-xiv)*.
Guijarro Mora, Víctor y González de la Lastra, Leonor, *La quimera del autómata matemático*.
Hernández Franco, Juan, *Sangre limpia, sangre española*. El debate sobre los estatutos de limpieza (siglos xv-xvii).
Hildebrand, Klaus, *El Tercer Reich*.
Husson, Geneviève y Valbelle, Dominique, *Instituciones de Egipto*. De los primeros faraones a los emperadores romanos.
Ibáñez Castro, Juan, *Visionarios y visionarias en la España moderna*. La política y el espíritu.
Lara Peinado, Federico, *Textos para la historia del Próximo Oriente Antiguo*.
Le Glay, Marcel, *Grandeza y decadencia de la República romana*.
Le Glay, Marcel, *Grandeza y caída del Imperio Romano*.
Lozano Navarro, Julián J., *La Compañía de Jesús y el poder en la España de los Austrias*.
Lucena, Manuel, *Breve historia de Latinoamérica*. De la independencia de Haití (1804) a los caminos de la socialdemocracia, 2.ª ed.
MacKay, Angus, *La España de la Edad Media*, 6.ª ed.
Mangas, Julio, *Textos para la historia antigua de Grecia*, 6.ª ed.
Margueron, Jean-Claude, *Los mesopotámicos*, 5.ª ed.
Martínez, Jesús A., *España siglo xx*. Las capas de su historia (1898.2020).
Martínez, Jesús A., *La democracia amenazada*. Siete años que cambiaron la historia de España (1975-1982), 3.ª ed.
Martínez Hoyos, Francisco, *¿Secta maléfica o trinchera de la razón?*, Una historia de la masonería en España.
Mitre, Emilio, *Historia y pensamiento histórico*. Estudio y antología.
Mitre, Emilio, *Ortodoxia y herejía entre la Antigüedad y el Medievo*.
Mitre, Emilio, *Ciudades medievales europeas*. Entre lo real y lo ideal.
Mitre, Emilio, *Morir en la Edad Media*. Los hechos y los sentimientos.
Möberg, Carl-Axel, *Introducción a la arqueología*, 2.ª ed.
Molinero, Carme, *La captación de las masas*. Política social y propaganda en el régimen franquista, 2.ª ed.
Morales Lezcano, Víctor, *La segunda cuestión de Oriente*. Egipto, Turquía e Irán en la encrucijada.
Morant, Isabel, *Discursos de la vida buena*. Matrimonio, mujer y sexualidad en la literatura humanista.

Morant, Isabel (dir.), Querol, M.ª A., Martínez, C., Mirón, D., Pastor, R., Lavrin, A. y Pérez Cantó, P. (coords.), *Historia de las mujeres en España y América Latina*. Volumen I. De la Prehistoria a la Edad Media, 2.ª ed.
Morant, Isabel (dir.), Ortega, M., Lavrin, A. y Pérez Cantó, P. (coords.), *Historia de las mujeres en España y América Latina*. Volumen II. El mundo moderno, 2.ª ed.
Morant, Isabel (dir.), Gómez-Ferrer, G., Cano, G., Barrancos, D. y Lavrin, A. (coords.), *Historia de las mujeres en España y América Latina*. Volumen III. Del siglo xix a los umbrales del xx, 2.ª ed.
Morant, Isabel (dir.), Gómez-Ferrer, G., Cano, G., Barrancos, D. y Lavrin, A. (coords.), *Historia de las mujeres en España y América Latina*. Volumen IV. Del siglo xx a los umbrales del xxi, 2.ª ed.
Navarra Ordoño, Andreu, *1914. Aliadófilos y germanófilos en la cultura española*.
Numhauser, Paulina, *Mujeres indias y señores de la coca*. Potosí y Cuzco en el siglo xvi.
Núñez Seixas, Xosé M., *Patriotas transnacionales*. Ensayos sobre nacionalismos y transferencias culturales en la Europa del siglo xx.
Olivari, Michele, *Avisos, pasquines y rumores*, Los comienzos de la opinión pública en la España del siglo xvii.
Opll, Ferdinand y Rudolf, Karl, *España y Austria*.
Ortega López, Teresa María; Cabana Iglesia, Ana; Cabezas Vega, Laura y Canalejo Alonso, Silvia, *Mujeres y agricultura en la política española del siglo xx*.
Paniagua, Javier, *El peronismo explicado a los europeos*. De Perón a Milei.
Peña Díaz, Manuel, *Escribir y prohibir (Inquisición y censura en los Siglos de Oro)*.
Pomian, Krzysztof, *Sobre la historia*.
Precioso Izquierdo, Francisco, *Melchor Macanaz. La derrota de un héroe*. Poder político y movilidad familiar en la España Moderna.
Rabanal, Manuel Abilio y Lara, Federico, *Comentario de textos históricos*, 12.ª ed.
Rudé, Georges, *Europa desde las guerras napoleónicas a la Revolución de 1848*, 2.ª ed.
Salinero, Gregorio, *Hombres de mala corte*. Desobediencias, procesos políticos y gobierno de Indias en la segunda mitad del siglo xvi.
Salvador, José Luis, *El deporte en Occidente*. Historia, cultura y política.
Salvador, José Luis, *El deporte en Occidente*. Grecia, Roma, Bizancio.
Santos Yanguas, Narciso, *Textos para la historia antigua de Roma*, 5.ª ed.
Serrano, José Miguel, *Textos para la historia antigua de Egipto*.
Sieburth, Stephanie, *Coplas para sobrevivir* (Conchita Piquer, los vencidos y la represión franquista).
Stradling, Robert, *La Armada de Flandes*.
Stradling, Robert, *Felipe IV y el Gobierno de España*.
Thomàs, Joan Maria, *La Batalla del Wolframio*. Estados Unidos y España de Pearl Harbor a la Guerra Fría (1941-1947).
Tucci Carneiro, Maria Luiza, *Diez mitos sobre los judíos*.
Vauchez, André, *La espiritualidad del occidente medieval*, 3.ª ed.
Vázquez García, Francisco y Cleminson, Richard, *Sexo, identidad y hermafroditas en el mundo ibérico, 1500-1800*.
Vázquez García, Francisco, *Pater infamis*. Genealogía del cura pederasta en España (1880-1912).
Vidal, César, *Textos para la historia del pueblo judío*.
Vilanova, Mercedes, *Mauthausen, después*. Voces de españoles deportados.
Vries, Jan de, *La economía de Europa en un período de crisis*, 6.ª ed.
Zenobi, Laura, *La construcción del mito de Franco*.
Zumthor, Paul, *La medida del mundo*.